# 非洲文化与当代发展

## African Culture and It's Contemporary Development

刘鸿武  著

人民出版社

# 国家社科基金后期资助项目
## 出版说明

　　后期资助项目是国家社科基金设立的一类重要项目，旨在鼓励广大社科研究者潜心治学，支持基础研究多出优秀成果。它是经过严格评审，从接近完成的科研成果中遴选立项的。为扩大后期资助项目的影响，更好地推动学术发展，促进成果转化，全国哲学社会科学规划办公室按照"统一设计、统一标识、统一版式、形成系列"的总体要求，组织出版国家社科基金后期资助项目成果。

全国哲学社会科学规划办公室

# 目　　录

# Contents

# 引　言

　　本书是一部对非洲文化历史演进过程及其当代发展做全景式透视的著作。作者秉持"非洲情怀、中国特色、全球视野"的治学理念,以在非洲实地考察的感受为基础,从世界文化的开阔视野上系统描述非洲文化的基本形态与历史进程,评价非洲文化的个性气质与精神遗产,分析非洲文化传统对当代非洲国家成长、民族建构、经济发展、社会变迁的复杂影响。此外,本书还从 21 世纪人类多元文化共存发展的角度关注非洲文化的当代命运,并就如何重估非洲文化的现代价值,如何推进中非文化交流对话与知识共享等问题做出思考。

　　开篇之初,作者略陈此项著述的缘由及对相关问题的若干思考,以为全书之引言。

## 一、怀揣温情,心存敬意

　　文化的价值与意义,对世界上任何一个国家一个民族都是不言而喻的。文化是一个国家一个民族在其漫长历史过程中积淀下来的价值理念与精神遗产,是一个国家一个民族的心灵生命,也是一个国家一个民族延续和发展的精神根基。[①] 国家之为国家,民族之为民族,不仅是因其有疆域国土需予守护开发,更因其有文化历史需传承光大。那世代承袭下来的经典文献、口头传说、文物遗产、历史古迹;那流传千年的思想、情感、记忆、荣誉,都是每

---

　　① 刘鸿武著:《故乡回归之路:大学人文科学教程》,清华大学出版社 2004 年版,第 5 页。

个民族每个国家生生不息的活水源头。这些流传千年的文化与精神,因保留了国家与民族的古老情感与遥远记忆,而使得每个国家与民族彰显其独特之精神,并因此让一个国家一个民族得以历千年风雨洗刷而命脉不断,经重重磨难而可复兴再生。

文化既是人类相通相联的基础,也是人类相异相别的原因。人类文化或人类文明,因其有地域之属性、民族之精神而相互有别,个性差异明显。在人类文化演进的漫长历史过程中,不同的族群和国家之文化,自会形成色彩斑斓的精神品质。因为有差异性,也便有了各国各民族间在文化方面进行沟通、交流、对话、合作的必要与可能。透过与他族他国的文化接触与交流,人们方得在"我与他"之关系对比的过程中发现自我,认知他者,并因此而汲取他者文化之精华,丰富自身的文化。因而,历史纵向上之传承光大,空间横向上之吸收扩散,构成了古往今来人类文化演进的基本形态。

非洲与中国在地理上天隔一方,相距遥远,从文化形态及其发展进程来看,非洲文化与中华文化亦各有不同,差异明显。对于这样一块遥远大陆他者他族的文化的认识与研究,中国人应该如何来认识理解?应当持何种的观察角度与认知心态呢?

对于人类文化历史的研究把握,可以有不同的路径与方法,可以用不同的理论工具与概念体系。中国古人求学问知,讲求"博学而慎思"(《礼记·中庸》),因为"学而不思则罔,思而不学则殆"(《论语·为政》)。又说,治史研经,需有"观古今于须臾,扶四海于一瞬"(陆机《文赋》)之心胸志意,有"视通万里"、"思接千载"(刘勰《文心雕龙·神思》)之飘逸神思。这些观点,都是主张治学者之才情志意,当开阔高远,慎思明辨,躬身力行。同时,中国古人求学问知,讲求"事理"与"史论"之结合,即先明事,后说理,以事求理,理由事出,论从史出,而不是作抽象概念的演绎,从一个概念推演出另一个概念。研究者必得深入实践,观察世界而后解释世界。非洲文化的研究也应如此,研究者只有深入非洲,置身于非洲文化场景与生活环境的实地中,才能真切感受和理解非洲文化的个性特征。研究非洲文化,研究者自己对非洲文化的个人经历与感受也是十分重要的,虽然到非洲大陆体验其文化与民族精神殊为不易,但舍此却并无其他捷径。

在今天的人文社会科学体系中,文化史学属于历史学的分支学科,是一个相对独立的知识体系与研究领域。依笔者所识,从事文化史研究的人,其学术旨趣或治学风格,往往会向两个有所不同的方向上倾斜,并表现出不同的学术旨趣与思想追求。一种趋势或倾向,是其研究在方法与思维上比较靠近了文学、艺术、哲学甚至诗歌,成为相对较为诗意感性的文化史研究。另一种趋势或倾向,是其研究在方法与思维上比较靠近了经济学、政治学、社会学,成为相对较为理性或规范实证的历史文化研究。也许,我们可以把前一种比较诗性的、艺术的文化史研究,归入所谓"人文科学"的范畴,它突出了研究者的主体阐释性与心灵体验。而后一种比较理性的、规范的文化史研究,则似乎可以归入所谓的"社会科学"领域,它突出了研究者遵循的普遍规范与价值中立。① 这两种治学求知的倾向,对于文化史的研究来说,都各有其特殊的优长之处及价值与意义。当然,治史研文的理想境界或理想风格,可能应该是将这"诗性"与"理性"的两种境界与风格都掌握运用得恰到好处,从而使历史与文化的研究"既有理性的智慧,科学的严谨,又充满了诗意的情感,艺术的美韵。"

当然,要进入这种治学的境界、养成这种求知的风格,并不是一件容易的事,需得有开阔的心胸、包容的情怀、高远的目光,还要有长期的磨砺与亲历感悟。但不管如何,有一点是可以肯定的,那就是对于以往时代人类各国各民族之文化与历史,研究也罢、评价也罢,我们都应怀揣一份"温情",心存一份"敬意"。②

本书就是从这样的视域与旨趣上来介绍与研究非洲文化及当代发展问题的。

# 二、山河壮阔,文化奇美

非洲与中国在地理上相距遥遥,天各一方,其文化成长与基本形态,自

---

① 参见刘鸿武著:《人文科学引论》,中国社会科学出版社 2002 年版,第 315 页。

② "温情"与"敬意"是钱穆先生在其《国史大纲》开篇时提出的研习中国历史文化史时首先需有的一种基本态度。

有不同之特点与个性。我们若要理解与体悟非洲文化的特性与魅力,就需要有一个适当的视角,有一个合适的心态,不持先入为主的偏见来客观地感受和评价非洲文化。

这方面,首先需要对非洲大陆的天地之大美,河山之壮阔,有某种基本的认知度与感受力。首先,非洲大陆的美是一种壮阔雄奇的美,这块大陆是这样的开阔无边,伸展绵延。在东部非洲那隆起的高原上,那如此深阔众多的大裂谷大湖与一望无际波状起伏的大草原台地,自北而南交错绵延达数千公里。在东非高原,当落日黄昏笼罩四野的时候,以"非洲五大兽"为主的热带野生动物成群结队,追逐奔腾,位于远方的赤道雪峰乞力马扎罗山耀眼的金晖仿佛来自天国。在内陆非洲,干旱无雨,骄阳似火,辽阔无垠的稀树大草原与萨赫勒地带的灌木旷野及无边无际的半荒漠大戈壁,呈东西向的带状分布而依次过渡,一直伸到炎热干旱的撒哈拉大沙漠与卡拉哈里大沙漠深处。在赤道雨林非洲,幽深茂密的巨大刚果河盆地与沿海热带雨林世界,降水如注,溽热潮湿,这里乔木遮天蔽日,藤萝攀缘交织,无数的蚊蝇虫菌和爬行动物滋生繁衍,热带雨林于人类生存往来之不易,被人称作"绿色沙漠"。① 而在东非印度洋沿海,在那蔚蓝色的天空下,万里海滨椰风轻拂,风帆点点,一座座古城旧堡里阳光明媚,热带植被千奇百怪,水底动物各竞神姿。②

千百年来,这块被称为"阳光大陆"的非洲,对外部世界来说,总有那么多动人心魄的神奇魅力,总有那么多吸引世界的故事发生。故而古希腊一直流传着一句有关非洲的谚语:"非洲总有新奇的事情发生"。③

非洲文化之独特,或者说非洲总有新奇的事情发生,在于非洲文化及非洲历史这一开阔广袤的天地之间成长起来的,大自然天造地化的巨大力量赋予了非洲文化强烈而鲜明的"自然属性与天然品质",赋予了它一种独特的南方热带大陆文化的个性精神。非洲文化的这种品质与精神,可谓是

---

① R.Olaniyan,(ed), *African History and Culture*, Longman Nigeria Ltd. Lagos, 1982.

② 刘鸿武、暴明莹著:《蔚蓝色的非洲》,云南大学出版社 2008 年版,第 2 页。

③ Jonathan T. Reynolds and Erik Gillbert, *Africa in World History*: *From Prehistory to the Present*, Pearson Education Asia Ltd. 2005, p.1.

"天然而纯美,质朴而开朗"。但凡接触到非洲文化的外部世界的人们,总会被非洲文化的奇特魅力和想象力所感动,并从中吸取创新文化的活力与动力。① 在过去几个世纪,与非洲毗邻的欧洲、中东与南亚,早已在文化上与非洲建立起紧密的交往关系,以不同的方式在吮吸非洲文化的原生品质,享受非洲文化的自然之美。相比之下,中国人在抵达并突破自己的文化圈边缘的途中消耗了许多的精力和时日,而在今日,在现代中国追求全面的文化复兴过程并走向世界的过程中,中非双方的人民正日益接近和熟知,中非交流的宽阔大道已近在眼前。

中非文化交流正给当代中国带来一片文化发展的新天地。过去,中国人曾接受了一些固定的"非洲形象",诸如"原始的非洲"、"落后的非洲"等等。但正是因为非洲文化的存在,我们才得以知道人类那不加修凿的本真文化应该是什么样子,我们才得以感受到那让我们心灵自由起来的本真的生命快乐是什么。非洲艺术的天然品质,非洲音乐的本真美感,往往可以冲洗现代物质文明施加在我们心头的铅尘,可以让我们那被现代都市文明压迫而扭曲的精神生命重新伸展起来。

事实上,我们对非洲文化艺术能作何种欣赏,我们能否看重非洲文化艺术的精神价值与生存意义,在很大程度上取决于我们内心有着怎样的感知力,取决于我们内心世界有着怎样的包容度。

在非洲,无论音乐与舞蹈,雕刻与服饰,或是农耕与畜牧,种植与收获,"它们都是作为一个统一的整体而生存在一起"的。② 在非洲各族群的文化生活世界里,处处都深深地刻着赤道大地的痕迹,蕴藏着阳光大陆的活力,实可称之为"天造地化之果,赤道骄阳之子"。③ 在过去漫长的历史中,非洲大陆各族人民,这些有着黝黑肤色的骄阳之子大地之子,以他们本真的生命活力和对大自然的独特适应能力,生存、延续、发展了起来,形成了与这壮阔大地浑然一体、既不属于西方文化也不属于东方文化的独具形态的非洲文

---

① E.O.Ayisi, *An Instruction to the Study of African Culture*, Heinemann Educational Books Ltd, Ibadan, Nigeria, 1972, p.32.

② Kariamu Welsh, *African Dance*, Second Edition, Infobase Publishing, New York, 2010, p.13.

③ 刘鸿武著:《黑非洲文化研究》,华东师范大学出版社 1997 年版,第 2 页。

化。非洲大陆于是成为与亚洲、欧洲并列的人类文化成长与发展的另一广阔世界。在这里,人类所创造的历史与文化,人类创造历史与文化的方式及所形成的鲜明个性与特点,都是与这块大陆之极其广袤无垠和辽阔壮观的基本品格相互适应并浑然一体的。人类在这块大陆上创造文化的过程中发展了自己,而这块大陆也将它的自然精神与环境力量持久地影响了人类的文化。同样,非洲文化与世界其他地区文化的关系是复杂而多样的,它既受外部文化之影响,也曾深刻地影响着外部世界的文化。

从上古时代起,非洲文化已对地中海世界、小亚细亚、阿拉伯半岛产生影响,对古代世界人类文化的演进做出过多方面的贡献。中古之时,通过伊斯兰世界的桥梁沟通,非洲与更广阔世界的中东、南亚、南欧及中国发生过形态多样的文化交往,著名的东非斯瓦希里文化其实就是当时世界文化体系中的一个重要组成部分,也是郑和远航访问的对象。即便是在近代以后,非洲文化的各种元素和形态,还是通过各种方式与途径传播到世界各地,对欧美、拉美文化产生了多方面的影响。

从学术史的角度上看,非洲文化是一个近代以后从西方兴起的研究领域,经过百多年演进,已经积累起丰富的成果与复杂的认知图景。① 虽然在20世纪60年代后非洲大陆逐渐终结西方殖民统治并因此使非洲文化的认识开始有了新的图景,但总体上这一知识领域依然还是一个西方知识与话语占据主导性地位的领域。在相当长的时间中,我们中国人,也包括整个东方世界,甚至非洲人自己,往往是通过西方的眼光,按照西方文化的标准或尺度,来理解、认知和评价非洲及其文化与艺术的。这百多年来西方主导下的"非洲文化认知史"进程,其所建构的"非洲文化观"或"非洲艺术观",其成就与不足、所得与所失,需要做出认真的反思与总结。非洲文化并非只是"原始"、"落后",它只是更多地保持了人类对于艺术的最纯真的理解,更多地保持了人类因艺术而得以呈现的那种本真的天性。

欣赏非洲之艺术与文化,有助于我们回到人类文化的本原中去,回到人

---

① Judith von D. Miller, *East Africa Art*, first published, Frederick Muller Ltd, Great Britain, London, 1975, p.6.

类最真实的心灵深处。因此,我们当怀揣一份"温情",心存一份"敬意",以一种平等的、尊重的心态,重新来认知非洲人民的天才创造、巨大活力及对现代人类的特殊意义。

毫无疑问,在世界史上,非洲从来就不是一些人想象中的那么落后那么荒蛮。从上古时代起,非洲文化已对地中海世界、小亚细亚、阿拉伯半岛产生影响,对古代世界人类文化的演进做出过多方面的贡献。中古之时,通过伊斯兰世界的桥梁沟通,非洲与更广阔世界的中东、南亚、南欧及中国发生过形态多样的文化交往,著名的东非斯瓦希里文化其实就是当时世界文化体系中的一个重要组成部分,也是郑和远航访问的对象。近代以后,非洲大陆虽然沦为殖民地并遭受悲惨的政治奴役与经济掠夺,灿烂多彩的民族文化更历经种种破坏摧残而趋于衰败流失,尽管如此,即便是在近代时期,非洲文化的各种元素和形态,包括它的音乐、艺术、语言、服饰、舞蹈,以及非洲世代种植培养的物产珍宝,还是通过各种方式与途径传播到世界各地,对近代以后的欧洲、北美、拉丁美洲各地区的经济变更、文化更新、生活方式的改革,产生了多方面的影响。在过去四百年中,非洲大陆各国各族群的文化,无论是在物质的层面还是在精神的层面,对于欧洲、美洲文化的影响都是十分广泛的,仅以狭义之文化而言,20 世纪的西方音乐、美术、舞蹈、体育,都深深烙着非洲黑人文化的痕迹。在今日的西方现代都市的生活世界里,广泛存在着非洲文化元素的或显或隐的痕迹,世界上各个角落也都可以找到来自非洲人民创造的物质与精神财富的遗产。

20 世纪 60 年代起,非洲大陆逐渐摆脱西方殖民统治而获得自由,开始了艰难的文明重建与文化复兴过程,非洲人民的自尊心与自信心,也在非洲历史文化的"重新发现"中开始复苏与成长。[①] 一些非洲民族主义的学者坚信:"非洲并不是人民心智天生低劣而从未进入文明殿堂的化外之地,非洲与世界上任何大陆一样,拥有让世界尊敬的历史与文化。"[②]今天,在经过了漫长岁月的沧桑洗礼与磨难后,非洲文化依然保持着它的个性与活力,依然

---

① ［英］巴兹尔·戴维逊著,屠佶译:《古老非洲的再发现》,三联书店 1973 年版,第 28 页。
② R.Olaniyan,(ed), *African History and Culture*, Longman Nigeria Ltd. Lagos, 1982, p.10.

作为现代世界文化体系中重要部分丰富着人类的精神文化世界。正如一位西方人类学家所说,无论人们怎样地轻视非洲、忽视非洲,从经济与政治的角度将非洲边缘化,但如果我们这个世界没有非洲,没有非洲大陆的音乐与舞蹈,没有非洲的森林与草原,那这个世界一定会"因失去许多的奇异光彩与生命激情"而变得更单调乏味,当代人类的面孔与心灵都会因少了那种种本真的原生态土著艺术而变得更机械刻板。① 实际上,离开非洲文化的元素和贡献,现代世界文化几乎是不可想象的。

## 三、多维视野,古今融通

长期以来,在外部世界人们的心目中,非洲总有着不同的"印象":非洲既是古老的,又是全新的;非洲既是质朴的,又是神秘的;非洲既是贫穷落后的,又是令人向往的;非洲既是原始荒蛮的,又是距离人类现代性目标最近的……"非洲印象"的这种多棱性,正缘于人类所追求之生活理想与生命目标的多样性,或者说源自于人类对"生活在别处"或"另一种生活"的期待与向往。这不同的"非洲印象",正满足着人类心灵上与精神上的对于生命自然形态与生活本真状态之多样性的不同理解与追求,而这正是非洲对于人类始终具有特殊魅力的根源所在。

近代时期,西方人开始系统全面地进入非洲大陆,探险、殖民、瓜分和统治,从传教士、探险者、殖民官员到人类学家、博物学家,西方有关非洲的知识与思想逐渐堆积起来,它们传播于世,大体上塑造了一个欧洲知识话语体系中的"非洲印象"。这个"欧洲的非洲图景"迄今还是世界认知非洲、解释非洲的基本框架。

当然,情况正在改变中。20 世纪中期非洲大陆各国独立后,开始以自己的眼光重新来理解自己,发现自己,东方世界与发展中国家也开始以自己的方式与独立后的年轻非洲建立了直接的交往联系,于是,一种新的关于非

---

① W.Beby, *African Music: A People's art*, New York, Lawrence Hill, 1975, p.29.

洲的图景及其解释,开始在现代世界呈现,它代表着亚非人民对自己文化权利与发展利益的维护与追求。

为更好地分析把握非洲文化,本书选取开阔的历史视野与当代眼光,对非洲文化及其当代命运进行全景式透视,并着眼于 21 世纪人类发展的现实挑战与前景,讨论非洲文化遗产的价值重估与现代重建问题。笔者希望通过这样一种对历史与现实、文化与发展的复杂关系的思考研究,为理解当代非洲大陆复杂的政治经济变革与发展问题提供一个基于非洲本土视角的丰富图景。此外,作为一位中国研究者,笔者在撰写本书的过程中,也试图从中非关系快速推进的现实角度上,对于 21 世纪中华文化世界化进程中的中非文明对话、交流与融合问题,做出相应的思考。

为此,笔者在本书中构建了如下几个各有侧重而又相互交叉、相互依持的分析与论述视域。

其一,对非洲文化及其相关成长背景做出总体上的介绍与述说,努力表述清楚非洲文化究竟是一种什么形态与特征的文化。为此,笔者选择了非洲文化的若干重大领域,通过对这些重大领域的分析说明,努力勾勒出非洲文化的一个总体轮廓与结构形态,它的基本历史进程与现实走向,从而努力说清楚非洲文化究竟是什么。

其二,从世界文化体系的开阔视野上,以比较研究的视野,深入探究和揭示非洲文化的个性精神与世界史意义,它在世界史上所处的位置,它与世界其他文化之相异与相同,以及这些异同之缘由,从而更好地揭示古老而又现代的非洲文化有别于世界其他地方文化的个性形态、发展品格与演进特征。

其三,透过非洲文化来理解当代非洲发展问题,从文化的角度思考分析当代非洲现代化进程与政治经济发展路径。笔者特别关注进入近代特别是当代以后,在整个世界历史宏观环境和非洲大陆历史命运发生重大变迁的时代条件下,非洲文化经历的广泛而深刻的变迁转型过程,这些变迁转型的复杂而矛盾的特点和性质,以及它与当代非洲大陆现实政治经济格局的复杂关系。

其四,结合当代中非关系之实践,关注当代中国与非洲大陆在追求现代复兴与发展进程中所开展的文化交流与合作,探讨不同文明与文化在经济社会发展和文明复兴方面彼此相关的一些共同命题。

其五,着眼于 21 世纪人类发展前景,本书试图从一个更为广阔的世界史大视野上,对亚非文明遗产的现代重建、人类文化多样性、不同文明之对话、未来世界体系之转换及走向等等这样一些更为一般性的理论与现实问题,也尝试着做了自己的思考与探寻。

# 四、中非合作,文化为要

今日中国与非洲的复兴与发展,今日中非双方的政治经济合作,自然不能离开各自文化尊严与权利的复兴与守护,及在此基础上中非双方开展平等友好的思想对话与文化交流合作。

人类文明的交汇,如海河相汇,多元而壮观。在 20 世纪中华民族追求现代复兴并努力与外部世界建立新型关系的过程中,与非洲大陆的文化交流合作对于中华文化的复兴与发展,对于东方形态的中华文化在承续传统的过程中转变为日益具有开放性质与开阔胸襟的中华文化,具有特殊意义。

首先,与非洲大陆各国各族之文化交往与文明往来,如激动人心的不同文明之碰撞,必有异彩闪烁,奇葩绽放,其对中华民族在全球化时代形成更开阔的文化视野,更包容的文明胸襟,更多样的艺术欣赏力,当有促进作用。就此来说,21 世纪的中国应当采取更加多样性的对外文化交往战略,需以新的思想理念,以大的勇气去开怀拥抱包括非洲文化在内的世界多元文化。当然,这需要当代中国学人放开眼界,做出更多的努力。①

---

① 1990 年,笔者首次到热带非洲留学,在尼日利亚拉各斯大学进修非洲文化史课程。回国后许多年,提及留学非洲的事,人们总觉是件有点奇怪的事,留学?怎么去非洲呢?非洲那么落后,有什么可学的,有什么前途呢?近年来,随着中非关系的快速推进,情况正在变化,在国家的支持下,在社会各界的重视下,中国的一些学术机构每年都已经可以把相关专业的博士生、硕士生及青年教师派送到非洲去留学、进修或考察调研,还有许多青年志愿者到非洲孔子学院任教,传播中国语言文化。这些年轻的中国学子分布于非洲各国各地,感受着中非文化之相同与相异,相信在经过许多年的坚持后,他们中的一些人终会成长为新世纪里中国新一代的非洲研究专家并能有所成就。

其次,总体上说,相对于西方对非洲文化、历史、艺术的认知,中国是一个晚到者。在过去一百多年西方汲取非洲文化与艺术财富的过程中,西方也垄断了对非洲文化与艺术的解释话语权。西方实际上是按其需要,按自己的历史观、价值观、艺术观来解释与评价非洲的文化与艺术世界的。于是,丰富多彩、形态各异的非洲文化与艺术,通常被贴上了一些武断而简单的标签,诸如"原始的"、"史前的"、"野蛮的"等等。百多年来,世界所认知的非洲文化与非洲艺术,或者说,世界对非洲文化与非洲艺术的认知方式与认知角度,很大程度是被西方建构出来的,那其实是一个"西方的非洲",一个西方理解与解释出来的非洲。今天,应该对非洲文化有一个多维的认知视野,多元的认识框架,这样的非洲文化才是立体的、综合的、全面的。

第三,随着中国与非洲关系的全面发展,中国得以自己的眼光来重新认知非洲,这使得我们有可能超越西方主导的非洲认知框架与传统,从一个更开阔与多元的视野上来重新认知非洲文化与非洲艺术的价值与意义。这种认知与理解,自然不是重新建构一个纯粹是中国视界下的"中国的非洲文化",将非洲文化做中国式的图解与重建,也不是仅出于猎奇心理将非洲做夸张扭曲的渲染,而是既需要有中国自己的独特眼光,更需要从开阔多元的全球史背景上来重新认知非洲和感悟非洲。

当代非洲各国向现代社会的过渡与发展,是一个内容更为复杂、过程亦更加漫长的文化重建的问题,其中孕育着人类知识与理论创新的巨大空间与机会,在此方面,当代中国学术思想界应该能够有所作为有所贡献。而非洲与中国天各一方,文化更有诸多差异,我们若要全面理解当代非洲发展问题的独特性,需要对非洲文化及其核心精神有深入而全面的理解与把握,从非洲独特的文明演进背景上来理解当代非洲的发展问题及其道路选择,并因此更好的制定符合非洲社会真实需要的中非合作战略及政策措施。①

今天,文化交流对中非关系可持续发展、对中非经贸合作的稳定推进都日显重要。2010 年,中国已经成为非洲的第一大贸易伙伴,但包括文化在

---

① 周海金、刘鸿武:《论文化之互通性与差异性对中非关系的影响》,载《浙江社会科学》2011年第6期,第58页。

内的广义的人文交流却依然是中非合作的短板。未来,文化交流应该成为推动中非合作的第三种力量。

今天,思想自立、知识创造、精神独立,对于发展中国家或南方国家日益具有重要意义。中非的发展都必须以文化的复兴为基础,自主发展权利及正当的文化阐释能力与思想探索能力的获得,将在很大程度上直接影响中国和非洲国家的后续发展进程。

人文交流是一个长期的过程,需要一点一滴的积累。要推进中非人文交流,应该在如下方面做出持久努力。第一,需要大力加强中国高校涉非专业研究生的培养,扩大规模、提升层次,或与非洲大学联合培养,到当地学习本土语言,感受当地社会与文化。第二,需要逐渐建设好一批非洲专业图书资料中心、专业化的非洲博物馆、非洲图像影视中心、非洲网络数据库。在一些有条件的大学建立非洲翻译馆,以开展系统性的中非文献互译、出版和推介工作。第三,积极支持非洲国家的大学、政府机构、非政府组织建立各种类型的中国研究中心,争取在非洲重要国家的名牌大学中建立一批中国非洲研究中心,积极推进孔子学院的本土化进程。第四,在中国和非洲建立中非联合报社与合作出版机构,联合电台或电视台,扩大中国和非洲国家在文化、媒体、出版、音像、网络等领域的产业合作,让中国和非洲国家的人民有更多途径相互接触和了解。

# 第一章　文化权利与非洲的自主发展

　　非洲的传统文化与本土知识是非洲追求当代发展必须依持的基础与前提,非洲不可能通过移植外部世界的文化与制度来实现自己的当代发展。但在全球化的背景下,非洲传统文化与本土制度也不可能完全保持原样,非洲传统如何得以传承和保护,本土文化与知识传统在现代条件下如何变迁转型与重建提升,并进而转换为促进当代非洲发展与现代化的内源性资源与积极力量,对当代非洲国家实现经济增长、社会稳定、国家强盛日益具有根本性的影响。①

　　非洲大陆广土国众,驰地有 3000 万平方公里之广,列国则有 50 余个之众,其幅员之辽阔、国家之众多,使得非洲的发展问题不仅十分复杂多样,而且在某种意义上已经超出这块大陆本身的范畴而成一个世界性的难题。总体上看,非洲各国的命运前途,总是建立在非洲自身的历史文化的基础上,与其民族个性、文化精神有内在的关联。从当今世界发展的角度上看,非洲大陆问题的复杂性及艰巨性也提供了广阔的思想探索与知识创新的空间,非洲不仅是当今世界发展资源与市场潜力的竞争场所,也是国际发展思潮与国家意识形态竞争的领域。围绕着非洲发展道路的选择与发展政策的实施,具有不同理念追求与战略目标的国际力量展开了长期的碰撞与较量,成为当代国际学术文化场域中一道特殊的风景线。相对而言,中国是这一国际思想与发展理念竞争大潮中的后来者,但也是一个更有特色与潜力的参

---

　　①　刘鸿武:《发展研究与文化人类学:关于非洲发展问题研究的一种新综合》,《思想战线》1998 年第 1 期。

与者。中国对非洲文化与发展问题的理解和解释,当然是基于中国文化与发展问题的历史经验及对非洲的深入观察与思考,但在此过程中,也需要形成更具人类文化普遍意义的知识工具与解释能力,这对中国文化的当代发展与世界化进程,是一个特殊的机会与挑战。

# 一、文化自觉与文化权利

如何追求发展,如何实现繁荣,是当代非洲大陆面临的根本问题,也是当代非洲各国必须解决的共同历史任务。无论选择什么样的政治制度,无论建立什么样的经济形态,其优劣与得失,对错与好坏,都只能看其能否让非洲国泰民安,人民安居乐业。我们看一个国家是否治理得好,就看它的人民是否享受着丰衣足食、和平稳定的人生。如果一个国家战乱不已,人民流离失所,这个国家这个社会肯定不是一个有良治、民主和人权的社会。

今天,对于非洲大陆各国和包括中国在内的整个非西方世界的发展中国家或新兴国家来说,思想自立、知识创造、精神独立等方面的自觉与自立,对其获得可持续的经济增长、社会发展、国家稳定,都日益具有特殊的基础性意义。没有思想独立与精神自觉,没有独立自主的文化创造与本土性精神理念的自立、自强与成长,无论是发展中国家还是新兴国家,无论是亚非拉国家还是南方国家,世界要完成自己的现代发展事业终究是没有基础,难以持续的。面对强势的西方文化与价值体系,发展中国家必须在文化与精神上明确自己的追求,知道我是谁,我需要什么,我应该往哪里去,我如何维护自己的发展权利与发展道路选择。自主发展的权利及其文化阐释能力与思想探索能力的获得,将在很大程度上直接影响中国和非洲国家的发展进程。[①]

与众多的发展中国家一样,当代非洲各国的发展问题,并不只是一个单方面的经济与政治问题,它其实涉及到社会变迁转型的多方面复杂内容,这

---

① 刘鸿武:《国家主权、思想自立与发展权利——论当代非洲国家建构的障碍及前景》,载《西亚非洲》2012 年第 1 期,第 3—10 页。

既是一个追求经济增长、科技进步、政治发展、国家建设的过程,同时也是一个漫长曲折的现代性思想成长、国家文化体系建构与国家自主发展理念探寻的过程。过去,对于非洲大陆的发展问题,人们主要关注的是经济与政治领域的问题,讨论更多的诸如贸易、投资、援助、民主、人权等问题,但事实上,从思想与文化的角度来理解非洲发展问题,从身份建构与文化自觉的角度来理解非洲发展的困境与难题,应该具有更重要的意义。今日非洲,无论是经济增长还是政治建设,都需要从非洲内部的精神自立、思想创造与文化重建开始。

制约和阻碍非洲发展的障碍,来自许多方面。从发展需要独立的发展理念与思想体系的角度上说,非洲发展面临的困境往往与非洲缺乏自己的当代思想家群体及其民族化本土化的发展理论有很大关系。今天在非洲大陆流行的是种种来自外部世界特别是来自西方国家的五花十色的理论、主义和知识。这些外来的理论与主义,往往带着普世真理的光环,蒙着文明世界的外衣,并且还往往自居于道德之高地,形成对于非洲本土知识与思想的绝对支配优势,让非洲人不仅在经济上、政治上,而且在精神上、思想上、文化上,也从属于外部世界,这从根本上瓦解着非洲人民的自主创造精神与自主发展意愿,让非洲大陆始终为外部他者的力量所左右,并产生日益严重的对外部世界的物质与精神上的依赖性。今日的非洲大陆如不改变这种精神现状,就不会有经济社会的真正复兴与发展。

当代非洲的发展,需要一种基于自身需要的文化自觉与精神独立,一种源自对民族历史文化的继承创新而产生的民族自信心,并在此基础上形成非洲人民的当代发展理念、理论体系与治国方略。因此,非洲发展问题需要回归到文化重建与精神自觉的层面上来理解。非洲需要重建属于自己的当代思想文化体系,这种思想文化体系应该体现非洲历史文化的基本特质与个性精神。在思想与文化展开全球竞争的时代,实现非洲的复兴与发展大业,需要重建当代非洲思想的民族独立性,由非洲人民自己来探讨属于自己的发展道路。① 正如尼日利亚学者克劳德·阿克教授认为的那样,当代非洲的发展

---

① 刘鸿武、张永宏、王涛:《基于本土知识的非洲发展战略选择》(上、下),《西亚非洲》2008年第1、2期。

问题,当代非洲的经济增长与政治变革问题,在某种意义上其实是一个"传统与现代如何互动"的问题,一个非洲文明在当代之如何重建与发展的问题。①

多样性与本土性,是文化之生命力所在,也是文化于人类精神生活具有不可替代之意义的根本所在。千百年来,非洲人以自己的方式生存于天地间,生息、繁衍、劳作、创造,形成与环境相适应的文化形态与文明形态,成为世界文化体系中的一个内在的组成部分。因而我们对非洲文化的理解,需要立足于非洲本土之视角,需要从非洲的内部来认知与把握。

自公元 15、16 世纪西欧一隅之地率先逐渐进入现代文明发展进程并将其影响波及于世界各地之后,向现代文明过渡成为一个世界性的趋势。在这个过程中,世界各个地区、各个国家及各个民族,因种种各有不同表现形态之原因,其适应与推进现代变革的过程显现出明显的差异性与不同步性。近代以后,非洲日见被动地卷入西方主导的世界体系中,成为西方全球殖民体系的一个从属部分,这块大陆上原有的文化演进过程也在外力破坏冲击下发生断裂解体的痛苦演变过程。

历史上的非洲,一些区域文明与国家共同体,在经济与文化方面也曾达到很高的水平,但是近代以后,非洲大陆整体上沦为西方殖民入侵之对象,数百年黑奴贸易的灾难深渊,让整个大陆文明凋败,文化沉沦,逐渐坠入世界体系的边缘落后位置。第二次世界大战结束后,非洲大陆民族解放运动风起云涌,到 20 世纪 60 年代后,非洲大陆各殖民地逐渐获得独立而组建成新兴国家。较之于世界其他地区,从现代性的角度上看,非洲大陆各国,特别是撒哈拉以南的非洲各国,是从一种相对较低的历史起点上开始其独立后的现代化发展进程的。非洲大陆因其地域之广、民族之多、原有文明形态之特殊与复杂,使得其向现代发展进程显得尤为复杂和艰辛不易。非洲各国在当代所面临的发展任务,它在发展进程需要克服的障碍,所可能遭遇的困境,都构成了巨大的理论难题与实践挑战,外部世界也并无前车可鉴或现成理论可简单搬用。在迄今为止的包括西方在内的国际社会所积累的理论殿堂与知识工具箱中,并无可以完整解释非洲历史与现实发展的理论与知

---

① C. Ake, *The Political Economy of Crisis and Underdevelopment in Africa*, Lagos, Nigeria, 1989, p.53.

识工具贮备,源自西方经验或东方经验的各种理论、知识、模式,都不能简单移植于非洲的现实,这是对当代世界学术与思想界的一个巨大挑战,也是实现知识创新、理论重建的广阔舞台,要求研究者需有相对开阔之学术视野与综合化把握的能力,同时还需做出扎实坚苦的实地调研与田野考察努力,从非洲的角度来理解非洲,研究非洲。

## 二、文化研究与发展研究

从文化的角度来理解当今非洲大陆的发展问题,具有特殊的理论与实践意义。首先,在人类发展史上,辽阔的非洲大陆,既是人类的起源地,也是直到今日人类依旧与大自然保持着最多天然联系、拥有最多生物多样性的大陆。它提供了从文化角度理解非洲的广阔平台与基础。过去一个多世纪,来自世界各地的研究者、探险者、旅行家,就已经深入非洲大陆各地,对这块大陆的人类文化、文明、社会形态及其当代发展做了长期的认识与把握。一些研究与调查者们或长期驻守于非洲边远的部族村寨,或终其一生往来于这块大陆各地之间,观察、描述、分析、写作,贡献出他们的思想智慧与研究成果。虽然他们的研究过程、关注角度、认知结果,有基于时代与文化的限制而形成的种种局限,但他们的学术探寻精神却值得后人敬重。总体上说,非洲问题研究不仅需要动用各种思想智慧与知识资源,而且要求研究者有足够的学术献身精神,及对这片大陆之历史文化与自然山川的源自心底的关爱情感,只有这样,或许才能在此领域长期坚守并终有所成。

其次,非洲大陆因为有着内容丰富而个性鲜明的各民族文化,又比较多地保留着人类文化发展早期阶段的一些原生态特征,因而是现代文化人类学(包括广义形态上的专门以亚非不发达社会或民族为研究对象的文化人类学、体质人类学、语言学、民族学、社会学、土著艺术学等)的重要诞生之地。① 在当代,非洲大陆的发展难题与发展影响力,又在许多方面激起人们

① G.P.Murdock,*Afria*,*Its Peoples and Their Cultural History*,New York,1959,p.6.

关于人类自身未来发展的特殊想象与理论创新期待。

早在 17、18 世纪西方探险和分割非洲时期,来自欧洲各国的探险家、传教士、旅行者、奴隶贩子与征服者,以各种方式留下了一些文献资料,包括他们的探险记录、旅行日记、传教经历,从事奴隶贸易与殖民征服的报告。这些早期文献以不同的方式记录和反映了当时非洲各地区各民族文化与社会方面,可以作为后人研究非洲文化与社会的参考。[①] 但因受欧洲中心主义的影响,又缺乏认知非洲复杂社会与文化现象的科学方法,这些文献对非洲黑人民族及其文化存有种种偏见与蔑视,记载多有不实之处,不可当作严肃的科学文献看待。[②] 到 19 世纪中期以后,在西方知识世界中,作为现代意义上的历史学、社会学、政治学与文化人类学逐渐形成并获得了初步的发展,这期间,非洲大陆黑人各族群、北美印第安人、亚洲一些少数民族,开始成为许多学者们特别是人类学家和社会学家研究的重点对象。[③] 从西方学术发展的角度看,过去百年,人类学或文化人类学获得了巨大的发展,产生了许多重要的学者,他们的研究及著述,提供了相对完整的关于非洲大陆社会文化图景与知识,外部世界对非洲的了解基本上是在那个时期建立起来的。[④] 这一传统进入 20 世纪以来还在延续,直到今天,那些来自世界各个古老学府和人文学院的文化人类家们,无论是研究人类语言、种族、宗教、民俗、历史的,还是研究人类音乐、舞蹈、雕刻、神话或口传文学的,或是研究人类文化结构、文化功能的,都把非洲大陆看成为验证他们的理论模式、检验他们的研究方法的最具挑战性的场所,"非洲文化人类学"这一学术领域因此而根基深厚而享有盛誉。[⑤] 而随着现代性的深化与扩展,非洲及非洲文化研究对于人类及其整体发展的认识将具有越来越重要的价值,这也是我

---

[①] A.R.Radcliffe-Brown,(ed), *African System of Kinship and Marriage*, Oxford University Press, 1950, p.20.

[②] 参见(英)A.C.哈登著:《人类学史》,山东人民出版社 1988 年版,第 5 页。

[③] Bennett, Norman, (eds), *Reconstructing African Cultural History*, Boston University Press, 1967, p.37.

[④] A.R.Radcliffe-Brown, *Structure and Function in Primitive Society*, London:Cohen and West, 1952, p.15.

[⑤] B.Davidson, *The African Genius:An Introduction to Africa Social and Cultural History*, Boston: Little, Brown, 1969, p.80.

们认为当代中国学术界应该十分重视非洲研究这一独特的学科领域的一个重要原因。

第二次世界大战以后,非洲大陆成为"发展学"这一新兴综合性学科产生的基地。发展学也称为发展研究,一般用于统称那些专门以当代世界不发达国家、不发达民族之经济、政治、社会发展及其现代化问题为研究对象或领域的学问。这是一个综合性的内容庞杂的领域,可以包括广义范畴上的发展经济学、发展政治学、发展社会学、发展人类学及现代化理论研究等学科领域。

非洲有 54 个国家,它们大多是在 20 世纪 60 年代后逐渐获得独立成为年轻国家的。这些年轻非洲国家的相继诞生和成长,是具有世界历史进步意义的大事,但这些非洲年轻国家,基本上都是从一种特殊的、按现代文明标准而言不发达的历史起点上开始它们的当代发展与现代化进程的。这些非洲国家有着十分不同于近代欧洲国家与古老东方国家的新生国家创建模式。由传统的部族社会急速过渡到现代民族国家并步入国际社会,由松散的传统农业社会急速卷入现代工业社会甚至信息化社会,由封闭分割的传统地区性政治族群快速卷入充满激烈竞争的全球化时代,非洲国家在其间所经历的种种困难与挑战,以及由此而引发的一系列全新的年轻国家之政治、经济、社会的发展问题,皆足以在全球范围内激发思考,启迪理论,为当代世界各国的经济学家、政治学家、社会学家们提供极为复杂多样、也更具挑战性的全新研究课题,为检验、修正各种古典理论正统学说提供了广阔的实验空间。

在过去的半个多世纪里,国际学术界对非洲大陆的社会经济与政治发展问题一直十分关注,这块大陆面临着如此复杂而艰难的发展问题,而那些基于西方发达国家历史经验所形成的各自自由主义的古典政治学、经济学、社会学理论,其各种理论假设与理论提前,运用于非洲的现实生活时往往不能得到预想的结果,人们必须从非洲的实际出发,对理论本身做出修正、调整、变通,甚至重构新的理论概念、方法与工具,提出新的假设与命题。而非洲大陆包含数十个国家,各国的情况又是千差万别,这更增添了非洲研究工作难度与风险。

过去数十年,来自世界各地大学、科研机构的一些有着学术使命感的研究者们,长期扎根于非洲大陆的广大乡村,在那些遥远的山区村寨、内陆深处,做着艰苦的田野考察、实证调研。在一些研究者看来,任何一个从事不发达国家发展与现代化问题研究的人,如果对当代非洲大陆的现实无所关注,如果对当代非洲各国那形形色色的发展模式及其成败得失无所了解的话,其任何现代化理论或发展理论的假设、观念与结论,都是要受到很大限制的。① 因而一直有许多优秀的学者跻身于非洲研究领域,努力将非洲研究提升到学术研究前沿地带,形成了一支相对可观的研究队伍,也取得不少高水平的成果。非洲学术研究的这种景致,与非洲大陆本身在政治经济领域的相对落后格局似乎形成了反差。当代西方社会科学领域的不少一流学者,都与非洲研究有关联,即使是关注全球问题或社会科学基础理论的学者,也有最初是从非洲研究开始构建他们的理论的,比如以构建所谓"世界体系理论"著称的美国著名学者沃勒斯坦,"文明冲突论"的论述者塞缪尔·亨廷顿,研究人类起源的考古学家利基博士等,都是从研究非洲起家,或与非洲研究有紧密的关系。

这一点,似乎与中国的情况很不一样。在过去相当长时间中,中国学术界似乎并未充分意识到非洲研究对于当代中国的知识发展与思想创造可能具有的意义。究其原因,有当时中国国家的经济社会发展与开放水平尚相对低下之影响,有中国与非洲相距过于遥远之原因,有中国与非洲确实存在历史文化特征相异、发展国情各有不同所带来的理解与认识的困难与隔膜,除此以外,还有一些是观念与认知上的偏差与误区问题。长期以来,中国的知识界中有一种习惯性倾向,那就是总是以西方唯马首是瞻,"言必称欧美",以研究西方国家、发达国家为自豪自尊,而对研究非洲往往是不屑一顾的,似乎因为非洲落后则研究非洲之学科也必落后,欧美发达则研究欧美之学问也必先进。然而,这两者之间似乎并无如此的对应关系。毕竟,研究亚非贫困民众生存问题的"贫困经济学"家、印裔英国经济学家阿马蒂亚·

---

① E.O.Ayisi, *An Instruction to the Study of African Culture*, Heinemann Educational Books Ltd, I-badan, Nigeria, 1972, p.2.

森,因揭示了贫困产生与持续存在的复杂机制却获得了诺贝尔奖,他因总是关照穷人的状况,揭示饥荒的根源而使其学问成为"最富"的学问——最富含真理的学问。可见,研究对象的穷富与学问水平本身之高低这两者之间,似乎并无直接的对应关系。当然,要做非洲研究却也是相当不容易的,因为面对的研究环境,所具有的研究条件,都会有种种艰难之处。尽管如此,在过去50年里,非洲文化研究与发展研究领域都有许多重要的成果,出现过许多著名的研究者。目前中国学术界应该重视这方面的译介与研究工作,做出更具专业性与开放性的对话研究。

长远来看,当代非洲的发展问题研究,需要与文化研究、人类学研究、本土知识研究结合起来。自从20世纪60、70年代起,在关于非洲研究的发展学和文化学这两个学科之间,已经出现了各种对话及相互靠拢渗透的跨学科沟通努力。一些学者试图将这两个本来分属于社会科学和人文科学不同范畴的学科沟通衔接起来。这种努力来自两个方面。一方面,包括非洲大陆在内的来自世界各地的专业经济学家、政治学家和社会学家们,在研究当代非洲发展问题的过程中,渐渐意识到他们有必要超越或突破以往那种仅以自己的专业眼光来进行纯经济技术与政治分析的局限,而应该把当代非洲大陆的发展问题放置到非洲大陆独特的历史、文化、传统这样一个更广阔的背景上来进行。他们中的一些人开始尝试着从非洲内部的历史文化视野上来理解把握当代非洲的政治经济发展问题。并且认为,在某种意义上,当代非洲大陆的发展问题,本质上是一个文化的问题。而文化问题又与各民族生存发展的自然与历史环境息息相关,其中包含着许多在理论与方法的层面上都更为复杂的、有待深入研究认识的发展命题和知识命题。

另一方面,那些古老学府人文学院里研究非洲文化的专业人类学家们,也开始改变他们那根深蒂固的学院派风格和漠视现实社会问题的孤傲态度,走出了纯学术研究的象牙塔而以一个熟知当地民族精神与文化特质的人类学家的敏锐眼光,来对当代非洲各国的现实经济政治行为加以审视分析,并把他们对非洲文化的研究更多地转向了与非洲现实政治经济发展互为因果的现实文化变迁与文化转型问题。因为在非洲大陆,各种传统文化形态,诸如音乐、舞蹈、面具、祭祀、巫术,都不是单纯的文化现象,它们总有着更复杂的社会功能,对该族群的经济与政治生活有着内容各异的影响与制约。在非洲"宗教其实是与日常的生产与生活融合在一起的,戏剧与说唱艺术也是一种社会交往方式",①尼日尔河口三角洲的嫩贝部族,司法裁判是通过全族成员参与的面具舞蹈仪式完成的,我们必须对其社会背景与结构有更多的了解。② 于是,在古老的文化人类学领域中形成了一个关注现实问题的新兴分支学科,即所谓的"应用人类文学"或"文化变迁研究"。

从学术本身之嬗变的角度上说,发展研究与文化变迁研究这一会通与综合,扩展了非洲研究的新的广阔空间,在过去那些无人问津涉足的学术边缘地带上,这样一种学术交叉与综合,产生了许多意想不到的突破性成就。而这种学术研究变动趋势的出现,其动因却更多的是来自于当代非洲发展现实的推动,是学术研究对时代要求的一种回应调整。

不发达国家的发展问题,或者说第三世界的现代化问题,是当代世界的一个全球性核心问题。从 20 世纪 60 年代非洲大陆独立以来,无论是新生的非洲各国抑或是国际社会,都为非洲大陆的现代化与发展作出过不懈的努力,这些努力在许多方面已经产生了重要成效和积极结果。而众多的国际研究机构,分布于世界各地的研究当代不发达国家经济、政治和社会问题的学者们,在 50、60 年代就提出过许多直接针对非洲大陆或是以非洲为背景的种种现代化理论、发展政策和具体的行动方案,这些研究活动为当代人类解决自身问题积累了许多有价值的思想与智慧财富,为现代经济学、政治学和社会学的进步注入了新的知识内容。③ 但是,与世界其他发展中地区相比,当代非洲的现代化进程无论是它的现代经济增长、政治发展还是社会进步,却显得步履维艰,一波三折,呈现许多为非洲大陆独有的令国际社会困惑不已的"现代化阻断"或是"发展危机"现象。④

---

① B.Traore, *The Black African Theatre and its Social Functions*, Ibadan University Press, 1972, p.59.

② O.O.Oreh, *Traditional Modes of Communication in Africa*, Nsukka, Nigeria, 1978, p.129.

③ B.Lawal,(ed), *Issues in Contemporary African Social and Political Thought*, Ibadan, Nigeria, 1989, p.29.

④ B.Lawal,(ed), *Issues in Contemporary African Social and Political Thought*, Ibadan, Nigeria, 1989, p.6.

这种现象表现在许多领域。首先,在政治领域方面,20世纪60年代非洲大陆纷纷推翻西方殖民统治而获得自由解放,创建了一系列充满朝气的独立国家。当时,国际社会和非洲大陆都普遍乐观地注视着这一热带大陆的政治巨变,对非洲未来也充满希望。应该说,非殖民化的完成和一系列新生国家的创建,确已使非洲大陆在现代政治发展方面迈出了关键性的最初一步。但是,这以后这些新生国家政治发展的主要任务或核心主题应该是什么,如何从非洲社会的真实需要来建立合适的政治制度与政府体制,人们并没有明确的看法。不久,当非洲大陆还弥漫着获得独立和宣布建国的激动人心的乐观气氛的时候,像流行病一样漫延开来的年轻国家内乱分离,接踵而至的军事政变与政治冲突,却已很快给非洲大陆的未来发展前景蒙上了一层阴影。在随后的年代,非洲各国在政治发展方面可谓荆棘密布道路坎坷——无论是保留有议会民主体制还是走上军人政权,无论是多党政治还是一党独裁,亦无论是宣称搞社会主义或是遵奉自由主义——撇开这些形式上的或只是写在宪法条款上而已的政体差异不论,非洲大陆普遍存在的政治现象,是接连不断的军事政变,此起彼伏的部族冲突、司空见惯的行政低效和几乎已是习以为常的贪污腐败,以及随之而来的国家结构解析与政府权力衰朽。这一切,使非洲大陆在独立后最初年代的政治进程呈现出十分典型的所谓"后殖民地国家的衰退模式"。①

在经济发展方面,非洲大陆在独立之后的一段时间,在民族工业、现代城市经济、制造业等方面有明显的进步增长,但由于发展战略与追求目标方面的种种偏差缺陷,70年代以后许多国家经济局势逐渐恶化,80年代经济衰退更为严重,与世界的差距逐渐扩大,呈现出在世界经济体系中日趋"边缘化"和"第四世界化"的现象。在社会发展方面,情况也十分堪忧。由于忽视传统农业与乡村建设,经济的增长与工业化往往没有带来相应的民生改善。诸如贫困、失业、文盲、人口增长失控、医疗卫生条件差、婴儿死亡率高、平均寿命短、生态环境恶化、灾害频繁、城市拥挤混乱等问题,深深困扰

---

① B.Lawal,(ed), *Issues in Contemporary African Social and Political Thought*, Ibadan, Nigeria, 1989, p.17.

着非洲各国。90 年代,为了扭转非洲各国的发展危机,一些非洲国家在国际货币基金组织、世界银行等国际金融贸易机构的帮助督促下,实施了广泛的经济结构调整和体制改革方案,但总的来说收效还是离原定目标甚远。

# 二、以文化为基础的发展

非洲大陆为何普遍陷入严重的发展危机,非洲大陆面临的主要发展障碍是什么? 应该说,造成当代非洲各国困境的原因是复杂多样的,各国具体情况也不尽相同,但其中一个重要方面,是过去的种种发展战略,国际社会的援助及调整改革方案,大多都只是着眼于经济的、技术的、贸易的方面,为急于取得成效而照搬照抄的外部制度与发展政策多脱离非洲社会实际,忽视非洲传统文化与观念对现实各国的经济、政治与技术行为所可能产生的潜在制约力量,从而使得那些发展战略和国际社会的种种援助努力都因缺乏来自非洲社会内部坚实的文化支持作依托而难以产生持续稳定的效力。

从 20 世纪 80 年代起,非洲和国际上一些学者开始探索非洲发展的新途径,其中的一项重要努力,便是试图纠正以往各种发展模式"都只将关注重点放在经济、生产力和技术方面的缺陷,而开始重视发展的文化方面"。[①] 一些研究报告已经提出,非洲特别不能照搬西方的制度与经验,"每一个社会应该根据本身的文化特征,根据本身的思想和行为结构,找到自己的发展类型和方式",因为"确认自身的文化特征,不仅是维护民族尊严的条件,而且对于动员一切力量来发展而言,具有根本性意义"。[②]

20 世纪 80 年代,联合国教科文组织也曾将它的工作目标之一,确定为"研究符合不同社会实际和需要的内源与多样化的发展过程,它的社会文化条件、价值系统、居民参与这种发展的动机和方式"。在发展努力中强调人的因素、强调以满足广大民众的需要为目的的文化发展战略或新发展观

①   V.C.Ferkiss, *African's Search for Identity*, Cleveland, Ohio, 1969, p.29.

②   参见联合国教科文组织编:《内源发展战略》,社科文献出版社 1988 年版,第 8 页。

进一步得到国际社会的重视。联合国教科文组织在 1987 年制定的《世界文化发展十年:行动纲领》已经明确提出了应"将文化置于发展的中心位置"的指导思想。从非洲传统文化的角度来理解当代非洲的发展问题,各国在制定实施任何有关非洲经济增长、技术进步、政治变革的政策方案时,必须把非洲的文化模式、历史传统、价值观念、行为方式等,视之为内部性制约因素纳入考虑的范围。可以说,非洲文化的特殊性与多样性,文化因素在非洲经济社会发展中特殊的重要性,既促使人们在认识非洲发展时更加关注文化与文明的作用与影响。同时,非洲的发展实践,也启发国际社会更多地重视文化因素和文明差异在人类交往与发展中的普遍意义,这可以说是非洲发展进程及实践努力对当代人类发展及人类的自我认识的一个突出而重要的贡献。

在非洲研究领域将文化与发展问题联系起来的研究,表现出如下的特点。

第一,作为一种尝试与努力,当人们试图从传统文化的角度来研究当代非洲政治经济与技术发展问题时,便有可能将一些具有人文研究或文化研究性质的学科,诸如人类学、民族学、宗教学、伦理学、民俗学、哲学、语言学、黑人舞蹈、雕刻、音乐研究等学科的理论、方法、概念等,引入到当代非洲发展研究中来。通过对非洲各国各民族在历史上积淀下来并继续对当代社会产生影响的种种精神文化事项,比如文化模式、思维特征、行为方式、心理结构、宗教情感、伦理习俗以及蕴含于这一切当中的非洲各民族心灵深处的价值观念等等的分析研究,来解释说明当代非洲在现代化和发展努力中的种种经济的、技术的、政治的行为。[①] 把发展研究赋予某种人文研究的色彩,使得研究中不仅仅是运用诸如国民生产总值、增长速度、效率等概念,而且还更多地运用诸如理性、情感、公正、价值、人格等概念,不仅只关注经济技术本身,而且还更多地关注经济与技术所赖以运行和发展的人文背景,关注存在于非洲各民族心灵深处顽强而持久地制约着他们的现实经济技术与

---

① B.Traore, *The Black African Theatre and its Social Functions*, Ibadan University Press, 1972, p.86.

政治行为的观念、意识、传统、宗教等。①

在这里,非实用性的人文学科开始介入到现实社会生活中来,以其对人类精神、文化、历史、价值的深切把握来对当代非洲大陆种种独特而似乎又为单纯的经济学、政治学所难以完全解释把握的经济政治现象作出独特的分析说明。同时,这些人文学科还与经济学、政治学、社会学等社会科学以至自然科学相互交叉渗透,从而使当代非洲发展研究形成了一种建立在本土文化背景或本土知识结构之上的跨学科综合研究格局。② 这样一种交叉渗透,使得非洲发展研究这一领域里,学科之间的界限越来越不清楚,而是各种理论与知识结合在一起来共同解决某个问题。

比如设在西非伊巴丹的联合国"国际热带农业研究所"(IITA,Ibadan),它在 20 世纪 60 年代刚成立的时候,其成员主要是来自农业、生物、工程方面的自然科学家和工程技术专家,从事着热带农业作物的研究工作。70、80 年代以后,它开始聘请来自经济学、社会学、历史学、人类文化学、本土知识等方面的专家顾问,共同"研究热带农业的生产模式、经济结构、人口增长对自然资源和农业的压力问题,以及黑人传统农业体制和传统技术的现代适应能力",③它所致力于推行的"次撒哈拉热带农业绿色革命"计划,作为一个包括了自然科学、社会科学、人文科学在内的综合性的系统工程,正是当代非洲发展研究新近变动趋势的一个典型窗口。④ 事实上,传统非洲的一大特征,在于它是这样一个社会形态,即它的经济生活、政治生活、宗教文化生活乃至音乐舞蹈都是浑然一体密不可分的,因而这个社会的现代发展进程,对这个进程的研究,也必然是综合的整体的。然而,这样一种特殊的努力及它所提供的思想与智慧,却往往不易为人们所重视,在许多时候,对于非洲的发展问题,人们还依然只能从投资、技术、资金的狭窄视野上来理解。

第二,当发展研究学者试图从文化角度来研究非洲发展问题时,这种研

---

① 刘鸿武:《关于非洲传统文化现代化研究中的若干问题》,《西亚非洲》1996 年第 3 期。

② A.Mazrui, *Nationalism and New States in Africa*, London, Heinemann, 1984, p.15.

③ R.Olaniyan,(ed), *African History and Culture*, Longman Nigeria Ltd. Lagos, 1982, p.185.

④ A.A.Nwankwo, *National Consciousness for Nigeria*, Enugu Nigeria, 1985, p.26.

究活动往往带有较为浓厚的价值评判与价值选择的色彩。研究者不仅试图说明非洲传统文化中的哪些因素影响或制约着当代非洲各国的经济增长与技术进步,试图说明非洲各国应进行什么样的结构调整和制度改进从而使非洲能有更有效率的经济制度,而且它还更想说明为何生产为谁而生产这样的问题,想说明什么样的制度安排与结构变革不仅在功能上是有效的,而且在道德价值上也是合乎人道的,是符合非洲最广大民众的福利与需要的。① 在这类研究中,研究者往往将自己的情感因素、价值评判与选择标准带进研究过程中,得出某些带有倾向性的看法或结论。从许多研究论著来看,虽然都强调要关注非洲历史文化与传统对于当代各国现实发展进程的制约与影响力,但出发点与结论却并不一样。

一般来说,一些处于非洲文化"客位"状态、具有西方文化优越倾向或西方中心主义观念的西方学者,往往会更多地以西方的标准和理想,以所谓"现代性原则"和"普世理想"来评价非洲传统文化,从而将非洲传统文化视为应加以抛弃的历史包袱,至少要进行较为彻底的改造,才能使其适应现代经济与技术发展的需要。而另外一些学者,主要是处于非洲文化"主位"状态的非洲本土学者,又更多地持文化相对主义的态度,更多地强调非洲生存环境的特殊性和非洲传统文化的独特性,并将其视之为当代非洲各国现代化进程中不可回避的内在性限制因素,主张当代非洲各国的现代化必须采取不同于西方甚至反西方的"另一种"发展模式,一种以非洲传统文化及其独特性为根基的"内源式"的民族主义现代化模式。

与发展研究的上述变动相联系,文化学家们对于其所从事的非洲文化研究工作也做出了调整,他们开始更多地关注非洲文化自身在当代的变迁转型问题,研究这种变迁的性质、动因、历程和走向,进而提出一些政策建议与理论模式,用以影响非洲各国当下的现代化与发展进程,文化人类学家将这类研究称之为"文化变迁研究"或"文化现代化研究",这是一种由将非洲文化的研究历史转向现实、由理论转向实际的变动趋势。

自 19 世纪以来,研究世界各地土著居民的文化人类学逐渐形成了专业

① A.Mazrui, *Nationalism and New States in Africa*, London, Heinemann, 1984, p.21.

化的学术体制与理论与方法,欧美国家不少老牌大学都有这样的研究机构。那些职业性的人类学家们遵循着本学科内部的规范和原则,遵循着学术研究的内在规律,对那些所谓的史前民族、原始部族及土著群体进行专业很强的田野考察、资料搜集、理论概括等工作。非洲曾是与美洲印第安人、南太平洋土著部落并列为西方体质人类学和文化人类学研究的三大地区。在西方人类学研究传统中,所谓的"非洲文化"是有较明确的限定的,在空间上,它只是指撒哈拉以南热带大陆尚未伊斯兰化的土著黑人部族文化(虽然也可把现在人数已经很少的土著俾格迈人和科伊桑人包括在内),而北非文化则属于阿拉伯伊斯兰文化研究的范畴。所以在文化研究方面,所谓的"非洲文化"实际上就是指黑人文化。① 在研究的内容上,人类学家们主要集中在热带大陆人类的生物特征、体质结构、各种族的起源、分布、演变的历史过程等问题上,同时对非洲各地居民的语言、音乐、舞蹈、巫术、习俗等进行实证性的或微观个案的考察、描述、分类、解释,说明这些文化现象的产生、传播的进程及其功能结构的演变历史。②

　　一般来说,早期的文化人类学家并不太关注其研究对象地的政治经济现实问题。虽然在殖民地时期人类学家在其殖民地上的研究活动,他们对于土著居民的种族、语言、宗教、血缘家庭关系及生活习俗文化习惯的描述、整理和研究,对于宗主国和殖民当局更好地理解土著居民的状况,以便制定更有效的殖民政策有所帮助,但大多数人类学家们主要是从他们自己的专业角度来理解他们研究工作的性质和作用的。事实上,许多职业化的人类学家们还往往持一种"文化相对性"的观念,认为每一种文化都有其产生的背景,都有其特定的功能,因而也都是合理的,其存在的合法性和价值只能从该社会的角度上来理解,不能用别的文化标准来衡量。③ 受着这样一种观念的影响,早期的人类学家们一般都采取了一种超然的旁观者的态度,在

　　①　B.Davidson, *The African Genius*: *An Introduction to Africa Social and Cultural History*, Boston: Little, Brown, 1969, p.90.

　　②　A.R.Radciffe-Brown, *Structure and Function in Primitive Society*, London: Cohen and West, 1952, p.6.

　　③　O.O.Oreh *Traditional Modes of Communication in Africa*, Nsukka, Nigeria, 1978, p.137.

他们的研究中,并没有对当代文化的裁决评判,没有以倡导文化变迁的方式介入当地社会的现实政治经济问题中。

但是,今天越来越多的人类学家们感觉到他们承担着专业要求以外的更多的责任,因为一方面他们不能不日益强烈地感受到他们研究地区所正在发生的急速而广泛的文化变迁过程,这种文化变迁的性质和结果都显得十分地复杂矛盾,既可能是一种进步、发展,也可能是一种不幸的灾难,从专业的角度来看,他们也需要关注研究这些变迁。另一方面,他们更感到他们应运他们的知识和理论来帮助第三世界国家的人民过渡到更现代化的生活方式上来,并使当地的文化变迁向着正确的方向推进。① 于是,"文化变迁研究"逐渐成了西方人类学当然也包括非洲文化研究的一个日渐重要的分支领域。这一分支领域,在有些学者那里,被称之为"应用人类学"。② 他们开始关注非洲各民族的文化在进入近代以后面对西方政治经济和文化技术的冲击如何发生变迁,尤其是在当代急剧变动的社会条件下,随着现代工业的广泛而深刻的变迁。当着文化人类学介入这样的研究中时,往往便与发展研究有了对话,或者是把现代经济的出现和发展看成是文化变迁的核心动因,或者植入一般性的现代化理论与研究方法,运用诸如"冲突与融汇"、"解构与整合"、"抗拒与变迁"这样的概念,来分析研究当代非洲大陆正在发生的文化变迁以及这种变迁与当代非洲政治经济和社会生活其他方面变化的相互关系,说明当代非洲各国如何改造它从殖民地时代就逐渐形成的那种沿海文化与内陆文化、都市文化与乡村文化、西方文化与土著文化"二元结构"分立的局面,走向文化上的一体化的发展。③

从文化角度来理解当代非洲发展问题虽然有其特殊的意义,但对于起源于西方的人类学与发展问题研究,我们还是要有所批判有所反思。这方面要注意克服两种极端倾向,一种是过度夸大非洲社会的特殊性,夸大传统对非洲现实的制约,认为现代市场经济与政治民主完全不适合非洲,另一种

① M.Jahn, *An Outline of the New African Culture*, New York Grove Press,1961, p.49.

② B.Traore, *The Black African Theatre and its Social Functions*, Ibadan University Press, 1972, p.19.

③ O.O.Oreh *Traditional Modes of Communication in Africa*, Nsukka, Nigeria, 1978, p.38.

则认为非洲文化现代变迁就是放弃自己的文化个性,全面移植西方文化。而这样的问题,在过去百年整个亚非世界或非西方世界寻求现代复兴的过程上,都曾以不同的形式存在过。

为了说明这样的问题,需要简单地回顾一下战后50年来世界各国在发展中国家现代化和经济发展问题研究方面的某些经历。

在二战后初期的最初年代,无论是西方国家还是发展中国家的研究者,基本上都是把西方的正统经济学和各种古典主义理论模式用以指导或解释这些新近独立的发展中国家的经济实践。但是由于这些古典的抑或是所谓新古典主义的经济学理论与增长模式,在理论形成的历史背景上来看,都是从当年西方世界的历史经验中总结概括出来的,是西方当年特定的环境下的产物。因而这些理论与模式所概括出的那些规律与属性,这些被视为普世意义的规律与属性,其内部实际上却暗含着许多基于西方社会特殊情况的假设与前提。而问题的关键就在于,这些假设与前提恰恰在当代发展中国家是不存在或不充分的,忽略了这一点而把这些理论与模式不加修正地直接用于指导解释当代发展中国家的经济实践,自然会留下许多失败的记录。因而在20世纪60、70年代以后,人们开始探寻源于发展中国家内部条件与历史文化背景的现代发展理论,发展经济学、发展社会学之类的理论思潮应运而生。这些新发展理论,由于重视理论经济学以外的制度文化因素和历史分析、重视各发展中国家各不相同的经济增长初始条件,因而要比西方古典经济学说更切合发展中国家的实际与需要。

但是,早期的发展理论或发展经济学有一些时代留下的痕迹,其政策主张存在明显缺陷。发展理论是一个庞杂的理论混合体,其内部的一些流派和思潮由于过多地强调发展中国家的特殊性,过多看重发展中国家经济运行中的各种文化的、历史的及民族传统的等等非经济参数的作用,因而在强调或纠正古典理论的局限性时,走到了否定全部古典理论的地步,从而也就抛弃了古典理论中那些并非仅为西方特有而实际上仍是人类经济现代发展所普遍共有的原则,尤其是其中的市场经济体制的一些基本要素、原则和作用也就抛弃或否定掉了。20世纪60、70年代,主要由一些激进的制度学派和发展中国家民族主义文化色彩浓厚的经济学发展起来的一些发展理论与思潮,由于过于忽视市场经济一般机制与现代经济共同属性的非理性倾向,使得这些发展理论越来越背离一般经济学的框架而变成一种"反经济学"的意识形态。① 正是受着这种时代思潮的牵动,当时一些非洲学者往往过分强调非洲社会的独特性和特殊性,认为非洲现代化只能走另一种完全不同于西方乃至世界其他地区的道路,并把当代非洲各国现代化进程中出现的种种危机和困境,都简单地归因于不恰当地搬用了与非洲特性不相适应的西方市场经济模式、民主议会政体、多党政治等等。② 自然,以这些激进或偏执的发展理论或意识形态为指导的实践,也只会留下许多同样失败的记录,以至到 80 年代以后,这些较为激进的发展中国家不得不重新选择自己的发展理论并对现有的经济体制和经济结构进行调整改革。

过于夸大非西方世界文化的特殊性及其现实制约力,同不加修正地照搬西方正统自由主义市场经济理论一样都是不可取的。因为有着各种特殊形态的不发达国家的经济与制度文化运行,就人类文明的内在要求来说,在本质上是一致的。人类现代经济成长的一般属性,市场机制的运行规则和作用,在不发达国家同样发生作用。只不过是在不同的民族中,尤其是在那些有特殊社会形态和历史文化传统的落后民族中,一般性的现代经济规则,市场经济的作用机制,受着该民族独特的历史文化、宗教伦理和社会结构等种种非经济因素的更多的制约影响而会呈现出非西方式的运行方式特点。然而要把握这其中的尺度,在两者之间寻求一种适当的动态平衡,于学者们的智慧担当,于政治家的治国理政能力,都是一个极大的考验,而这正是研究非洲这样的发展中国家经济与社会发展问题的挑战所在,也是它的魅力所在。

事实上,研究像非洲大陆这样的不发达地区的现代发展时,不能仅进行纯经济学专业经济学的分析,而应有更开阔与综合的眼光与思想维度。按照西方社会或世界其他国家的经验归纳而出的一般理论,必须作某些创造性的修正或审慎的限制,才能用于解释非洲的现实经济问题。但是,如果过

---

① C.Young,*Ideology and Development in Africa*, New Haven,1982, p.45.

② B.Lawal,(ed),*Issues in Contemporary African Social and Political Thought*, Ibadan, Nigeria, 1989, p.206.

多强调非洲社会与文化的特殊性,过多看重非洲经济运行中的各种非经济变量或参数的作用,以致否认了人类经济运行的共同属性,排斥了市场机制的普遍性作用,陷入另一种民族主义的"意识形态陷阱",那么同样也难以达到对非洲现实经济与发展问题的科学认识。①

不过,我们并不能简单地认为非洲文化的现代变迁就意味着非洲各民族要放弃或改变自己的文化个性文化特征的问题,这是因为,各民族文化的现代化必须以各民族的传统文化为基础,对其作创造性的转换与发展,而不是遗忘或废弃。而且,在今天这样一个全球世界日渐现代化的年代,保持世界各民族各地区的文化个性与文化特征的长久存在,精心地保护各民族传统文化的珍贵遗产,才能使人类在未来的年代也有支流纵横的精神川流,有矿藏丰富的文化家园。而这,是符合人类的长远利益与根本利益的。② 对于今天正在变革中的亚非国家与民族来说,保持这方面的警觉意识,主动地维护民族文化精神遗产及其现代活力,仍然是一个没有得到充分重视的问题。③ 然而这个问题不仅对非洲重要,对当代之中国,也有特殊的意义。

# 四、非洲困局的文化解读

非洲大陆数十个年轻国家的国家成长与政治发展问题,一直是国际非洲研究界广为关注的核心问题。无论是从理论的层面还是从实践的层面上看,在过去数十年间非洲国家在政治发展领域所经历的曲折过程,在此期间各国之政体模式与政治形态所呈现的种种混杂与矛盾的现象,以及迄今为止许多国家依然并不稳定也不明朗的政治发展前景,使得当代非洲国家的政治发展问题一直是一个具有巨大学术挑战性与现实关切性的研究命题。

关于非洲国家的当代政治发展问题,迄今为止世界各国观察者与研究

---

① C.Young, *Ideology and Development in Africa*, New Haven, 1982, p.25.
② 刘鸿武:《文化多样性与中华民族的长远利益》,载《思想战线》1997 年第 5 期。
③ 刘鸿武:《民族文化关系结构的独特性与中国文化的连续性发展》,载《思想战线》1996 年第 2 期。

者的看法依然十分地不一样。相关的分歧与争论，集中在如下一些复杂的问题上。

首先，当代非洲国家政治发展的首要任务或核心问题是什么，在非洲国家发展的这个特定阶段上，什么样的国家制度与政府体制才是可行的、有效的、能稳定存在的？

第二，对于非洲年轻国家来说，衡量其国家政治制度是否合理、判定其国家政权体制是否正义的标准应该如何确立，如何选择，是由实践需要和有效性来判定还是由某种先定的理念或意识形态来判定？

第三，独立后的非洲国家是建立一种适应非洲国家社会经济发展需要的内生型的、本土化政治体制与政治结构，形成一种有助于推进国家经济发展、社会稳定、民生改善的有统一行动能力的集权化强势政府，还是按照西方的政治理念移植一种在西方文化背景下看来更具有所谓道德合法性的议会政体与选举制度？

第四，什么样的政党制度选择与国家制度安排是有助于促成非洲国家在包容、并存的基础上推进本国的一体化进程与民族认同，凝聚国家的统一意志与共同目标，而不是简单地移植某种排他性或冲突性的竞选制度而强化各族群间的矛盾并最终导致国家的分裂瓦解？

第五，是建立一种可以集中国家资源以便举国一致地努力去为国家的长远发展目标奋斗的强势政府，还是建立一种仅追求本族群眼前利益或局部利益并导致持续的相互排斥恶性竞争的弱势政府？

所有这些问题，在过去数十年非洲国家的政治发展进程中一直没有得到很好地理解与解决。而在这种理论与观念混乱的背后，现实的非洲政治更呈现出长期的动荡与混乱局面。

如何从文化上克服非洲传统部族部落社会的分裂性与离散性，推进现代主权国家的统一建构与民族一体化融合，是 20 世纪中期独立后的非洲绝大多数国家面临的最大政治发展挑战，也是实现国家稳定、经济增长、社会安全的基本前提。但是，在一些国家，这一进程从一开始就受到内外因素的干扰而进展缓慢。今天，一些非洲国家甚至日益处于国家体系消解与政府功能瓦解的无政府状态中。

当代非洲国家治理与发展面临的挑战之一,是国家主权日趋弱化甚至消解,一些国家的统一管辖能力严重不足,国家体系与政府功能日益陷入瓦解与退化的状态中。今天,对非洲国家统一建构进程形成阻遏障碍、消解国家存在基础的内外因素更变得十分复杂而多样,大体上看,如下几个方面的挑战是最明显的。

第一个消解力量,是西方发达国家主导下的全球性的经济全球化和政治自由化进程。对于贫困落后的弱小非洲国家来说,这一外部主导的进程,作为一种巨大的强制性政治经济与文化力量,明显地从外部消解着非洲国家的主权,侵蚀着非洲国家的政治权威与行动能力。总体上看,非洲国家是在国内一体进程远没有完成,统一国家的主权建构与民族认同问题远未解决的背景下,被动地卷进全球化洪流中来的。作为小国寡民的弱势国家,非洲国家常常面临着国家主权丧失与被肢解的压力。

第二个消解力量,是在国家一体化建构与民族融合远未完成的情况下,一些非洲国家在内外压力下被迫移植和照搬西方竞争性的多党制与选举政治,结果往往引发持续的群族冲突、宗教冲突、文化冲突,这又从内部侵蚀着非洲国家主权的统一性与政府执政能力。

第三个消解力量,是近二十多年来急速涌现的大量非政府组织及其这些组织间广泛发生的对抗性政治诉求,这些非政府组织往往具有境外力量支持与操控的复杂背景,也在一定程度上从内部消解了非洲国家的内在包容性、凝聚力、国家权威与行动能力。

事实上,在今日世界,没有一个国家可以在无国家主权保护与缺失政府管理的情况下还能获得发展所必需的社会稳定、国家安全与经济增长。今天,在非洲一些国家和地区,政府能力严重缺失,基层政权形同虚设,看不到条块分明、上下联通的功能化的政权网络与管理系统,在政府机构和行政体制瓦解、"有社会而无政府"的状态下,千千万万的百姓苍生在广阔无边的大草原和大荒漠中陷入一种无助的、自生自灭般的艰难处境。国家统一体制的消解和政府管理能力的丧失导致了巨大的灾难。虽然今日非洲国家拥有巨大的人力资本,有大量的年轻人口,却因缺乏组织者和动员机制将他们组织成国家的建设大军,庞大的人口资源无法转化为服务国家建设的人力资源与生产要素,人们只能无所事事,四处游荡生存,巨大的人口红利远没有利用起来。

# 五、文化自立与非洲未来

当代非洲国家成长进程中面临的另一个长期思想理念方面的障碍,是许多国家在过去数十年中始终不能从经济的角度来理解政治的本质,始终没能从理念上认识清楚自主性的经济发展才是最终解决国家贫困落后的根本途径。在许多年里,一些非洲国家在外力压迫下,始终不能将国家工作的重心转移到经济建设上来,长期忽略经济发展这一根本目标而深陷无谓的空头政治纷争之中,造成整个国家社会生活与价值观念的泛政治化倾向。

在今日的非洲大陆,越来越多的人认识到这样一个基本的事实,即贫困与落后是非洲一切动荡、冲突、战乱及恐怖主义的源头,不集中精力发展经济,不努力改善民生,不保持一个稳定有效的国家体制,一切都无从谈起,政府也迟早要垮台。过去几十年,无论是威权主义的强势政府还是议会政体的民主政府,许多非洲国家的执政者往往没有将经济发展、民生改善放置在工作的首要位置上,而是就政治谈政治,缺乏推进经济增长的意愿与能力。

多年来,西方在非洲推进的政治变革,往往过度迷信选举政治和投票功能,以为只要有了选举,有了多党制,一切问题就会获得解决。但劣质选举政治与无序政党竞争使国家的任何长期规划与发展都无从落实,政治许诺盛行,短期行为泛滥。多年来,非洲大陆空头政治充斥,政治挂帅盛行,选举迷信左右一切,这是非洲国家面临的一个根本性困境。[①] 对于今日的非洲国家来说,经济建设与社会发展才是最大的政治,非洲国家需要进行政治改革,但政治改革的出发点和归属点应该是如何促进非洲的经济发展与民生改进,应该是围绕着经济建设能力的提升来进行政治变革,而不是如何将自

---

[①]　Liu Hongwu, "China-Africa Development Cooperation and Reshaping of Modern Human Civilization", *China International Studies*, [J] No.5, 2010.

己的政治变得与西方一样。同样,今日的非洲国家需要保持稳定,但稳定不是为了稳定而稳定,稳定的目标是为了更好的促进经济发展、民生改善。过去十多年,一些西方国家为了反恐而支持一些非洲国家的强势政府,只求其保持政权稳定以配合西方的反恐战略,但却忽视了支持和敦促这些国家的强权人物或威权政府致力于本国的经济发展与民生改进。事实上,如果反恐与稳定牺牲了经济发展与民生,或无助于发展的推进,稳定最终难以维系,反恐也最终难获成效。

因此,当代非洲必须从国家与社会的文化价值理念与思想体系上作出新的努力,必须寻求可以真正支持与支撑国家自主发展的本土文化与现代文化,并在此基础上确立国家长期而稳定的发展战略与发展目标,让全体人民树立通过长期努力、自力更生、艰苦奋斗、长期努力的决心与意志,而不能指望通过外部援助迅速解决非洲的所有问题。目前,许多非洲国家还十分落后,与西方国家甚至新兴国家的差距很大,不能指望在短期内解决所有的问题。为此,国际社会应该从积极的方面鼓励非洲国家的政府和人民树立长期艰苦奋斗的信念与决心,并对非洲国家的任何进步都要给予充分的肯定。非洲国家需要努力保持政局和政策的稳定与连续,只有政策的连续性与长期性才能使一些非洲国家面临的一些根本性难题逐渐获得解决。研究非洲发展障碍问题的美国学者约翰·伽思维尼恩也认为,中国发展的重要原因,是中国有采取长期策略的能力和埋头苦干、坚忍不拔的精神。因此,中国在援助非洲的过程中,也应该更注重非洲基础设施的配套建设,更重视维护非洲国家的政治稳定与国家主权。

国家观念与国家认同是支撑一个国家生存、发展和稳定的基础,也是一种持久发挥作用的国家文化体系。国家意味着在此版图内生活的人们,对于自己的国家有基本的归属感,对于本国的历史、传统、文化、国家利益有源自内心的体认、尊重和维护意识,对国家兴亡有所担当。但长期的政治动荡与族群分裂,往往造成非洲国家缺乏坚实有力的国家核心理念与核心价值体系,维系和动员全体国人的国家整体利益观念也往往难以建构起来。在国家认同感薄弱的情况下,国内各竞争性的政治团体与对抗性的族群政党往往不能共同来制定和持续地追求国家的长期战略与发展目标,这也是非洲国家必须努力克服的一个结构性与观念性障碍。

多年来,中国一直恪守"不干涉原则"及不主动输出中国政治思想的原则,这一原则今后仍需坚持,但这并不意味着中国可以不参与国际间的思想竞争与合作,因为国际思想高地是一个不同思想观念激烈竞争的领域。近一二十年来,随着中非合作发展的快速发展与中国影响力在非洲的提升,来自中国的发展经验和理念促进了非洲社会发展思想和政治发展理念的积极变化,而非洲的稳定发展与中国国家利益之间的联系也日益紧密。在此背景下,如何以更积极主动的合作姿态和创新政策,帮助非洲国家实现政治稳定,推动改革,促进开放,加快发展,提升能力,越来越成为中国对非战略中应予以关注的基本命题。

2000年中非合作论坛成立后逐渐建立起来的中国与非洲国家的新型战略合作关系,是一种以追求各自经济与社会发展为核心内容的新型南南合作关系。今天,这一以"合作发展"为核心内容的新型国际合作关系的快速拓展与提升,不仅深刻地改变着中非双方在国际体系中的身份与地位,也对西方发达国家主导世界、西方发达国家治人而南方发展中国家治于人的传统"北南治理关系"造成越来越大的冲击,并因此而形塑着一种新的趋向平等、合作、共赢、共治的国际关系新理念、新模式。

在南南合作与南北对话领域,中国不仅需要重视和维护发展中国家的"经济发展权",也需要重视和维护发展中国家的"思想发展权"、"话语发展权",需要加强与非洲国家的思想智库的合作,提供创造维护发展中国家权益的思想智慧与知识产品。从今后之发展趋势上看,中国应该以积极而稳妥的方式,在相互尊重、平等对话的前提下,更多地关注和介入非洲内部事务的发展,在把握双方共同的利益与合作空间的基础上,通过思想对话与经验交流,帮助非洲尽力消除那些出于各种原因,至今仍明显妨碍其社会持续健康发展的深层障碍,支持非洲国家的改革进程。

就此意义上说,当代中国与非洲国家的文化交流与思想对话,具有特殊的战略意义。人文交流与文化合作,应该成为推进新时期中非合作的第三大战略力量。

# 第二章 自然环境与非洲文化之生成

非洲是地球上一块古老的大陆,其自然生物之进化与人类文化之发展都有着漫长久远的历史。在非洲文化的演进过程中,非洲自然环境从许多方面深刻地影响着人类文化的生成与发展,赋予非洲文化强烈的地域属性与环境特征。作为在这块大陆上成长起来的文化形态,域外的人们若要理解非洲文化的基本精神与个性品格,应该不是靠抽象理论的推演或书本知识的掌握,而是让自己置身到这块大陆的广袤天空下,实地去感受、体验和观察。当我们置身于这块大陆炽热的大草原上、大峡谷中,我们或许能够更真切地理解这块大陆人类文化的独特个性与精神气质。

因而开篇之初,我们先从自然生态与地理环境的角度来谈谈非洲文化的一些基本属性与特征。

## 一、"文化非洲"及与自然环境之关联

非洲既是一块自然的大陆,更是一个复杂的文化系统,一种文化的历史存在。而从文化的角度来理解非洲,不能不联系这块大陆独特的自然环境与生态条件。千百年来,这块大陆的环境特征与生态力量,是如此强烈而深刻地将其影响深嵌在非洲人的文化形态及其历史深化过程中。[1] 许多研究非洲文化的学者都认为,较之世界其他地区,非洲的社会与文化,非洲的历

---

[1] 刘鸿武:《黑非洲文化的自然环境与区域结构》,天津《历史教学》1993 年第 3 期。

史进程与文明形态,都"表现出对其生存环境的更为直接紧密的依存关系"。① 之所以如此,是因为非洲大陆的自然环境确实具有一些区别于世界其他地区的明显特点,一些对人类生存与发展造成持久而广泛影响的因素。虽然我们并不应无限夸大环境对于非洲各族社会及其文化成长的作用,在世界上任何地方,人类的发展都与环境有复杂的关系,但我们若要更真切地懂得非洲的社会与文化,就不能不知晓这块大陆的极为多样性的自然环境与生态条件。②

千百年来,人类总是在某种特定的地理环境下创造他们的文化与历史的。地形地貌、空间位置、气候条件、资源物产,作为人类生存发展的前提与基础,会是以不同的方式对人类文化施加影响。自然环境是由许多要素组成的,人类的生存环境,是指对人类生存有着直接或间接影响和作用的那一部分环境要素。从生态学的角度看,我们可以把这众多的环境要素分成两大类,一类是非生物环境,如地形、地貌等地质状况;光、温度、湿度、水分、空气、降雨、风等气候因素,以及土壤、矿产等资源因素。另一类是生物环境,包括各种动物、植物、微生物的种类、数量、分布以及它们的相互关系。人类的生存环境就是指这两大类环境的要素构成、关系及它们对人类的作用。

近代以来,有一种普遍的认识是,越是人类文明与文化的早期发展阶段,越是在人类知识技术和生产能力较为落后的地区,自然环境对人类文化施加的影响就越大越广泛,而随着人类文化的发展、随着知识的积累、技术的进步、人类生产能力的提高,人类越来越多地获得对其生存的自然环境和地理条件的认识,有了更多地利用自然、改造自然的技术与文化手段,于是,自然环境和生态条件对人的制约、限制程度也就会相应地减少,人类便更多地脱离了完全依附于自然环境和生态条件的状况,获得更多的自主发展其文化的空间与能力。也就是说,人类施加于自然的能力越强,自然力量施加于人类发展的影响越弱。这种关于人类进步和自然与人类文明关系的进化观点,很长时间内,在相当大的程度上支配着人类关于自然、社会及自我的

---

① E.O.Ayisi, *An Instruction to the Study of African Culture*, Heinemann Educational Books Ltd, Ibadan, Nigeria, 1972, p.8.

② R.Olaniyan, (ed), *African History and Culture*, Longman Nigeria Ltd. Lagos, 1982, p.3.

认识,并形成一种共识。然而,随着时间的推移,随着对人类文明演进的表现及自然与人类关系的作更深入的观察分析,人们可能正在得出相反的结论。即人类社会的实际情形是,越是人类社会的早期,自然对人类发展所起的影响与作用越小,相应的是地球上不同区域人类社会之间的差异越小。而随着时间的推移,随着人类文明的发展程度和复杂水平的日益提高,自然因素对于社会及人类发展的作用越来越大,结果是人类越是发展,人类内部,在地球上不同区域间,人类社会的发展差异越来越大。事实上,今天而不是过去是人类内部发展出现分化与差异最大的时候。长期以来,人们一直认为,作为有意识有组织的社会动物,人类不断增长的知识、社会组织和工具制造能力,不断地突破自然力量对人类发展的限制,因而,人们将进步归结为文明本身,归结为人的主观的社会努力。许多时候,人们并不否认自然的重要性,然而人们又实际上只在最低的意义上提及自然的基础作用,而把社会进步和演变的原因归结为人自身,归结为知识的增长、组织的演进、制度的效率、工具的水平。在解释过去数百年来人类文明加速发展,以及同时在地球的不同地区急剧出现的发展差异时,人们更是以"社会科学"的名义建立了一套复杂而精确地解释现代文明的起源与内部差别的理论。

自然被矮化放逐的结果,是对自然力量的无知和误解,这最终导致了对人类文明与社会的错误且肤浅的理解。回顾现代文明在过去数百年快速兴起的过程,可以看出,在现代性形成的早期阶段,科技在西方的成功对于人类形成轻视自然的观念起了引导的作用。

事实上,一部人类文化发展史,在某种意义上也可以说就是人类自身对其所处环境做出反应,以自己的文化和生产方式来适应其所处的环境的历史,是一部人类组织社会、掌握技术、积累知识,从而一步步地认识自然、利用自然、改造自然的历史,人类文化正是在适应环境的过程中,在最大限度的利用本地资源的过程中发展起来的。但最终,人们还是不得不承认,自然力量与人类文化的互动关系,自然环境对人类的制约从来不曾消失过。因此,自然环境和生态条件对于人类文化来说,是一种双向的相互关系,是一种相互影响相互作用的关系。

不过,在不同文化状态下,在不同的人类物质发展水平下,在不同的人类科学技术条件下,环境因素、地理因素所发生的作用各有不同。一方面,世界各地区的自然条件与生态环境因素是十分不一样的,生存于世界各地区的人类,受着不同的生态因素的作用和影响,不得不以自己的方式,以自己的技术手段和知识能力来对各不相同的环境因素作出反应,形成不同的适应环境的方式。在这个过程中,人类不同的文化模式和社会组织,各具特色的物质经济制度和生活方式也就逐渐形成了,这是造成人类文化发展的多样性和特殊性,造成人类相互有别的文化个性与文化特征的重要原因。

非洲文化是在一种十分特殊的热带大陆自然生态环境下发展起来的,它有着如此"异乎寻常的气候地带以及独特的自然环境"。① 这不能不对非洲文化的整个历史进程产生极广泛而持久的影响,对非洲文化的独特形态和它的基本特质产生多方面的制约。或许在历史上,非洲文化的发展水平并不能与欧亚大陆的一些文化相提并论,但是,非洲各族人民在适应这种热带大陆独特环境方面所表现出的顽强和坚韧,非洲各族社会在适应热带大陆气候条件、生存艰巨性方面所表现出的智慧、能力、乐观精神与勇气及活力,则应该说又是许多别的民族不可比拟的。

首先,在地理位置和文化地缘关系上,非洲被世界上最大的大沙漠撒哈拉大沙漠隔于北非和欧亚大陆之外,尽管这种阻隔从来不是绝对的,但是它在历史上对于非洲文化所造成的影响,却是如此之大,以至于有的历史学家认为,"这一与世隔绝至今仍是非洲大陆发展中的一个首要而又持久的因素"。②

第二,非洲大陆是世界唯一一块几乎全处于亚热带地理范围中的大陆,虽然它的许多地方因海拔较高而相对凉爽。同时,非洲拥有如此幅员辽阔地域广袤的草原大漠,却无西欧和东亚那样利于航海贸易的众多港湾、半岛、岛屿和曲折的海岸线,它的绝大部分地区都是深处大陆腹地而远离海岸线的。由于缺少港湾和起中途站作用的岛屿,历史上除东非沿岸以外,非洲

---

① J.基-泽博主编:《非洲通史:编史方法与非洲史前史》,第一卷,联合国教科文组织编写,中国对外翻译出版公司1984年版,第318页。

② 斯塔夫里阿诺斯:《全球通史,1500年以前的世界》,上海社会科学院出版社1988年版,第479页。

巨大而漫长的沿海地区和海岸线上，在 15 世纪以前几乎不曾利用海上交通来与外界接触，整个非洲的沿海地区在以往漫长世纪里一直是这样的寂静无人，这无疑大大强化了非洲历史上的自我封闭状况。

第三，非洲是一块隆起于大洋上的"高原大陆"。它的海岸大陆架狭小而陡直，沿海地带大多是一系列大致与海岸平行的巨大山系，从而形成沿海十分复杂陡峭的地形、山势。从内陆奔腾而来的大江大河在沿海地区大多形成湍急的险滩、台阶、瀑布和急流，因而非洲的大多数河流都不利于航行，这限制了历史上非洲各族人民由内陆河流航道进入海洋的航行事业。历史上，非洲沿海居民主要靠独木舟和小划船在近海三角洲活动，除东非沿海外，撒哈拉以南非洲历史上并未形成远航业。

第四，非洲大陆是一块热带大陆，它日照充足，热量丰富，赤道地区和沿海地带雨量丰富，这使它发展起来了独特的热带农业经济和消费模式，但相对而言它又缺少养育东方灌溉农业文明那样开阔肥沃的大河冲积平原，这对非洲历史上没有形成其他大陆那样的大河文明和平原农业有很大关系。

第五，在气候方面，撒哈拉以南的非洲大陆因位于赤道线上，气候基本上是呈带状分布，对称于赤道。溽热潮湿的赤道雨林气候带与干旱燥热的内陆热带草原、热带荒漠气候带东西横向排列相连，终年无春来秋往四季变化而只有旱雨两季交替。人类既受惠于大自然动物繁多植物丰茂之利，又倍遭热带蚊蝇虫菌滋生繁衍和疾病流行之苦。这种独特的气候与生态条件，使黑非洲的历史文化进程带有一些十分值得注意的特点。比如非洲虽然雨量充沛、日照长、热量高，但它的沿海平原地带、肥沃的雨林地区、大河两岸水草丰美土地肥沃的地区，历史上却人烟稀少，相反，人口聚集地和文明发达之地，却主要是在似乎生存条件比较差的干旱少雨、燥热贫瘠的大沙漠边缘地带、荒漠边缘和空旷的稀树草原地区。同时，非洲历史上虽然早就有农业，但一直停留在使用人力的锄耕阶段，而没有形成驯养大牲畜发展运用畜力的犁耕，畜力驮运和灌溉农业。这些都与非洲的独特的气候因素和生态条件有相当大的关系。

作为一片特殊的大陆，非洲自然环境对非洲的社会与文化的影响，需要从非洲自身的角度，同时也要从全球的角度来观察。这方面，非洲的社会与文化发展包含着许多对人类理解自身发展有重大价值的信息。与此同时，在将非洲的自然环境与非洲的社会与文化联系起来进行解释时，也需要采取一种科学的慎重点的态度，不要过于夸大环境对于非洲文化的影响的程度和意义，正如有的学者所说，"整个非洲结构上的特点，其异乎寻常的气候地带及其独特的自然环境，虽然曾经世世代代地限制或促进人类的活动，但对其发展进程并无决定性的影响"。① 我们需要采用比较研究的方法具体地来探讨热带大陆地理环境和生态条件的哪些特点在历史上对非洲文化具体产生了哪些影响。"对于一个不断变化的非洲，重要的是研究其某些突出的地理特点，从而说明该大陆漫长的地理和政治历史中的一些重大事件"。② 正如美国学者哈特维希在谈到研究非洲的一般原则时曾正确指出，"准确把握非洲地理环境与热带气候条件的特点，以及这些特点对非洲文化的影响，仍是理解传统非洲文化的基本前提"。③

# 二、"南北非洲"之隔离与交往

有许多环境与生态的因素持久而深刻地制约着非洲大陆的人类文化进程，其中，世界级的大漠撒哈拉是首先要说到的。多少个世纪以来，这块大漠对非洲文化的发展进程，对非洲文化的地缘结构，造成了如此巨大而广泛的影响。

所谓文化发展的地缘结构，主要是指某种文化在世界文化的整个地域空间格局和体系中所处的相对位置，它与世界其他文化在空间上的距离之远近，相互交往接触的机会与可能之大小，以及由此引起的该种文化对外交往是便利还是困难、与外部其他文化是往来密切还是隔绝封闭。

从世界文化史的角度来看，文化交往在人类文化发展进程中地位之所

---

① J.基-泽博主编：《非洲通史：编史方法与非洲史前史》，第318页。
② J.基-泽博主编：《非洲通史：编史方法与非洲史前史》，第319页。
③ O.U.Kalu,(ed),*African Cultural Development*, Fourth Dimension Publishers, Nsukka, Nigeria, 1978, p.8.

以重要,在于交往乃是人类文化发展进步的重要动因与推进力量。一般来讲,在环境与人文因素相同的情况下,一个社会进步的快慢取决于它获得文化交往机会的多少;与外界文化交往越多,交往的范围越广泛,可供选择发展的机会就越多,就越有可能利用其他民族其他文化的成就、知识、技术、思想、资源来发展自己的文化。反之,与外界联系越少,越封闭狭隘,就越可能被排斥隔离在世界文化和人类文明的主流之外而无法分享其他民族其他文化的成就,一切发明创造全靠自己,这样,该社会就越可能在文化上陷于停滞、缺乏活力和进取精神。在广泛的文化交往中,一个民族才可以从其他民族的成就和经验中吸取先进有益的文化养料,在外力的刺激下使自身增强新的生机活力,获得不断发展的空间和机会。

但是,人类文化是否能与外界发生交往联系,这种联系与交往是否方便,是否可以经常地进行,在以往漫长的人类文化发展史上,却常常要看这一文化所处的相对地理位置,即它与世界其他文化在地理空间上的相对位置,是相距遥远还是相互毗邻,是交通便捷还是关山险阻。

15 世纪以前,亚欧大陆一直是人类文明的主要舞台,是世界文化的最发达的地区。非洲大陆与亚欧大陆毗邻,不像美洲大陆、澳洲大陆那样一直是与亚欧大陆相隔离的。在世界文化发展史上,人们常常是把非洲大陆与亚欧大陆视为一个整体,有时甚至泛称之为"欧亚非旧大陆"。地中海是一片狭窄且容易渡过的水域,它在历史上是一条把非洲与欧洲联结起来的大道。非洲东面的西奈半岛是通往亚洲的桥梁,是非洲与亚洲人类迁徙往来的通道。红海比地中海狭窄,也易于通过。此外,东非地区与南亚隔着浩瀚无垠的印度洋,但印度洋上盛行的季风,也提供了古代人类在东非与南亚之间来回交往的动力。

然而,非洲大陆与亚欧大陆之间这些便捷通道,却限于非洲北部及东非沿岸地带,而南部非洲却被排除在欧亚大陆古代人类文化的主流之外而处于半封闭的状态。撒哈拉沙漠横贯了整个非洲大陆,构成了一道阻隔南北之间相互往来的巨大屏障。历史上,沿地中海沿岸狭长地带的北非各族人民,他们与欧洲和中东的联系,比较起与撒哈拉大沙漠这一天然屏障以南地区的联系要密切得多。在某种意义上,撒哈拉以南的非洲实际上是一座岛屿,它的北岸是撒哈拉沙漠,而不是地中海。撒哈拉以南非洲虽然不像美洲大陆、澳洲大陆那样被茫茫无际的大洋阻隔于亚欧大陆之外而处于长期的与外界完全隔绝的状况中,但除东非沿海地带外,却也不像非洲北部那样可以如此便利直接地与欧洲、中东、南亚乃至东亚建立文化联系交往。撒哈拉大沙漠拉大了南部非洲与欧洲亚洲的实际空间距离。

非洲并非在其最初萌发阶段就被撒哈拉大沙漠所阻隔。大约公元前3000年前,撒哈拉曾是河流纵横、动植物繁多的地区。在今日的撒哈拉许多地区还遗存着数量极多的岩画,这些岩画的内容,有被人类猎获的动物,有飞奔着的马拉战车,这说明远古时代的撒哈拉,曾经是把整个非洲南北联结起来,并进而使整个非洲当然也包括南部非洲与欧亚大陆联系起来的人类广泛居住活动的地区。在非洲人类发展的早期阶段上,南北之间并不存在巨大的差异。埃及早期的文明是与整个非洲的人类活动联系在一起的,来自非洲南部的早期人类参与了埃及远古文明的创造,尼罗河上游地区与东部苏丹地区的关系十分紧密。同时,尼罗河流域与北非的马格里布地区也有联系。正是因为在撒哈拉沙漠化之前整个非洲的南北之间、东西之间有着紧密的联系,当时作为一个整体的非洲大陆,在人类文化的早期石器阶段,曾走在世界的前列,是当时人类文明最为发达的地区。

从目前已有的考古学和人类学研究资料与成果来看,非洲大陆是人类最主要的起源地,是人类文明最先获得发展并且在整个旧石器时代一直处于世界领先水平的大陆。来自北非地区、尼罗河流域的文明曾经影响过非洲的中部,西部和更遥远的南部地区,同样,撒哈拉以南的人类文明也对早期尼罗河文明和北非文明有广泛的影响。只是到公元前3000年左右,撒哈拉才逐渐干旱沙漠化,北非与南部非洲的联系越来越少,迫使古埃及和整个马格里布北非文明转向地中海北方世界寻求联系与交往。而这时,由于人类在地中海活动能力的增强,航海技术与手段的进步,地中海已逐渐变成一个便于人类交往的通道,从而促成了环地中海古代文明的兴起。北非地区与欧洲、与中东地区的联系随着环地中海文明的兴起而日益紧密,进一步减弱了北非与南部非洲的联系。不过需要指出的是,由于撒哈拉大沙漠在扩展过程中向北一直几乎抵达了北非地中海沿岸,尤其是在今阿尔及利亚和利比亚地区,沙漠一直延伸到地中海沿岸。因此所谓的北非地区,相对于如此广袤巨大的南部非洲地区来说,实际上只是沿地中海的一条十分狭窄的地带,一些沿海的城市、狭窄的沿海平原和绿洲。而撒哈拉地区的沙漠化,也最终确立了今日被称作"撒哈拉以南的非洲地区"这一特定的地理和历史文化概念的存在。

多种因素促成了撒哈拉地区沙漠化。在地球地质年代第四纪更新世的后期,由于北极冰川的消融和减退,使来自北极地区的湿冷空气对非洲的影响减弱,引起撒哈拉地区几次出现长时期的严重干旱期,撒哈拉地区逐渐变得越来越干旱炎热。原来的河流干涸,植物和动物难以生存,或者死亡消失、或者随着沙漠化程度的加深和沙漠的扩展而一步步地退出了撒哈拉地区,迁徙到尼罗河河谷或尼罗河上游的丛林及沼泽地区,或者是向南方散布到沙漠边缘的西非地区。及次,撒哈拉沙漠化与非洲大陆巨大的板块地形构造有关。撒哈拉位于非洲大陆的北半部,横跨纬度达 69 度、宽度达 7000 多公里,形成十分典型的大陆性气候特征。撒哈拉的中心部分因远离海洋数千公里,在大陆性副热带高压气候作用下,炎热干燥,一旦外部总的气候条件改变,降雨减少,气候由潮湿转变为干燥,如此巨大的大陆腹地就会逐渐干旱沙漠化。这一点与亚欧大陆内陆腹地的干旱沙漠化是有相似之处的。考古和历史文献材料也都表明,诸如中国的新疆和青海、内蒙这些地区,在历史上并非如今天这样干旱和沙漠化,历史上的中国西域,曾经也有过潮湿、植被丰茂的时期,但它远离海洋,受海洋气候影响较少,容易趋于沙漠化。撒哈拉地区地处非洲大陆的腹地,远离海洋,气温极高,沙漠化是很容易发生的,尤其是当全球气候转暖,潮湿期结束的时候。

撒哈拉逐渐干旱沙漠化这一巨大的环境变迁,对非洲人类历史文化进程产生了持久而广泛的影响。第一,随着环境变得越来越恶劣,原住居民被迫撤出撒哈拉地区向外迁徙。这种迁徙引起了一系列对非洲历史文化进程产生深远影响的事件。一是向东迁徙的人口进入到了尼罗河谷地,这些主要是游猎的部族首先到达尼罗河中上游地区、并进而远及红海沿岸和阿拉伯半岛。他们在尼罗河中上游发展起早期的牧业和种植业,并与当地原有的居民形成杂居状态。随着人口的增加,开始出现由尼罗河中上游向中下游迁徙的现象,一批批的远古居民迁徙到中下游后利用尼罗河谷每年的洪水泛滥发展灌溉农业。而沙漠化的扩展使尼罗河谷地也逐渐变得烈日炎炎,引水灌溉成了尼罗河文明的关键,从而推动了埃及古代灌溉农业水利技术的进步和社会组织的变化。二是撒哈拉腹地以养牛为主的原始游牧业向南部西非内陆的萨赫勒地带和稀树大草原迁移,推进了这一地区早期畜牧业的发展。三是更多的撒哈拉居民随着沙漠化的扩展而从撒哈拉地区向南和东南迁徙,聚集到了今尼日利亚和喀麦隆这一地区,使这一地区的人口越来越多。随着人口的增长和资源的短缺,这个地区开始出现大规模的人口向外迁徙现象。这一迁徙,据认为是引发对非洲大陆历史文化产生重大影响的班图人大迁徙的最初动因之一。这一起自撒哈拉沙漠化而牵动起的非洲人口向南迁徙,持续了上千年,引起非洲大陆农业文明、人口布局和以后铁器技术的全大陆扩散传播,构成了非洲大陆古代历史文化的核心内容之一。

第二,撒哈拉沙漠化的另一后果是使北非的历史文化也出现了新的走向。由于大沙漠一直向北扩散到了北非地中海边缘,以后的北非文化,便一直处在沙漠世界的包围之中,或者是收缩在一些星星点点的沙海绿洲之中,或者是飘浮游荡在荒漠世界里,或者是隔居于沿海的被沙漠包围着的城市弹丸之地,形成北非沙漠绿洲的游牧文明和沿地中海海岸城市文明二元并立的独特形态。从而使以后的北非文明带上了一种明显的沙漠世界的色彩,沙漠上的游牧民柏柏尔人的迁徙性文明和沿海那些商业化的城市文明是古代北非文明的主体。以后东来的阿拉伯人及其文明在北非扎根,也是因为阿拉伯人同样来自沙漠的世界阿拉伯沙漠,其文明和生存形态与北非文明十分相似,以至于以后的北非成了阿拉伯文明的中心。同时,撒哈拉沙漠化并扩展到地中海沿岸,在很大程度上造成了北非东西之间的阻隔,尼罗河古埃及文明与马格里布文明形成许多差异。只是靠着地中海上发展起来的海上交通,才使北非的文明保存了新的联系和统一性。而这却已使北非文明更多的具有一层沿海城市文明与海上文明的色彩,像古亚历山大城、腓尼基城文明都是北非古代文明的核心。

第三,撒哈拉沙漠化造成非洲大陆北南分隔,强化了南部非洲文化形态的封闭程度,并使非洲南北文化的分化日渐扩大。随着撒哈拉的沙漠化,地理结构上十分完整统一的非洲大陆,逐渐从文化上被分割成南北两部分,北方是与地中海周边文化融为一体并与欧亚大陆东西方文化有紧密联系的北非文化,南方则是相对封闭独立发展的黑人文化,这正是人们习惯上所说的"撒哈拉以南非洲"这一特定的自然与历史文化概念产生的原因。非洲文化之所以成为世界文化史中一个既不属于西方文化也不属于东方文化的相对独立的文化形态,很大程度上就在于撒哈拉沙漠对非洲文化所起的这种封闭分割作用,它使非洲大陆在人种、语言、宗教等方面都形成了自成一体的格局。同时,这种封闭分割使非洲大地处在了古代亚欧大陆(及北非)各大文化相互影响洪流的边缘位置,乃是造成非洲文化的发展逐渐明显落后于亚欧大陆文化的重要原因。

不过,撒哈拉并未完全断绝南部非洲与外界的联系。撒哈拉沙漠对于南部非洲黑人世界所造成的封闭阻隔,很像一个过滤阻隔器,它虽然挡住了南北交往的洪流而造成南部非洲的严重封闭状态,但却并未完全阻断南北往来的涓涓细流。尤其是沙漠之舟骆驼被引入非洲之后,人类有了穿越茫茫沙漠险恶环境的交通手段。这以后,穿越撒哈拉的商旅、牧民、游客、僧侣便时断时续一直维持了下来。并逐渐在这近千万平方公里的巨大沙漠世界里,形成了数条自北向南的穿越大沙漠的古商道。这些商道大多延着沙漠上的那些有水源或绿洲的星星点点的中继站而弯弯曲曲的联结起来,并且随着气候的变化,水源和绿洲的变动而变动,有的持续许多个世纪,有的出现不多久便消失了。尽管如此,它还是使撒哈拉以南非洲同北非,并通过北非而与欧亚大陆建立了有限的联系。特别是到了公元 10 世纪以后,随着北非地区的阿拉伯和伊斯兰化,来自阿拉伯半岛的阿拉伯商人和伊斯兰传教士,以及其他已经接受阿拉伯文化和伊斯兰教的北非人,开始以较大的规模频繁地向撒哈拉以南地区的黑人世界进行扩散,由阿拉伯文化和伊斯兰教的扩散而引起的商业、文化传播及其人口迁徙、物产流传都似乎在撒哈拉南部边缘地区得到了明显的增强。逐渐,阿拉伯文化和伊斯兰教,当然与这一文化及宗教相伴随而来的中东世界的技术、制度、工艺和物品,也进入南部非洲。

撒哈拉商路开辟与发展的结果,是在撒哈拉南缘的西非内陆大草原半荒漠地带形成了一些古代非洲著名的文化中心,一些规模庞大的政治组织和经济区域。这一地区大致西起西非塞内冈比亚地区,中部经乍得湖而向东延伸到尼罗河上游的沼泽地带,历史上,这一地区被称之为"苏丹"。苏丹文化区乃是非洲古代土著黑人文化与经撒哈拉而来的阿拉伯伊斯兰文化混合而成的一种区域文化。它并不是一种十分统一的文化有机体,而只是用以统称在非洲的内陆热带大草原与沙漠边缘交接地带上逐渐形成的一种有某些相似特征的文化类型,其基本特征是以非洲黑人文化为主体,而混入了程度不同的阿拉伯文化和伊斯兰教的内容与形式,形成一种既不完全是纯黑非洲文化,也不是充分发展的阿拉伯文化的混杂文化。

传入非洲苏丹地区的伊斯兰教,大多与当地黑人的传统土著宗教、巫术、万物有灵论和祖先崇拜混杂在一起,形成非洲式的伊斯兰教。不过,这种土著的非洲化的伊斯兰教,在相当长的时期中还仅限于在当地的上层社会、商人阶层、统治集团或城镇居民中得到传播,广大的土著部落民众还是长期保持了自己的传统土著宗教。从北非地区经撒哈拉大沙漠传入非洲的阿拉伯文化和伊斯兰教,受到了热带雨林和湿热的非洲气候的阻挡,一直停留在热带雨林的边缘地带,那些起源于阿拉伯半岛大沙漠上的贝都因游牧民族及其文化宗教,与北非和撒哈拉沙漠边缘的稀树大草原"萨赫勒"地带相吻合,但难以在赤道雨林那样湿热的环境中生存。历史上,伊斯兰教及阿拉伯文化的影响一直停滞在热带非洲赤道雨林的边缘地带而难以进一步向更广阔巨大的南部非洲渗透。

从阿拉伯和伊斯兰文化向非洲大陆的扩散传播角度上来看,在非洲文化发展的古代后期,非洲文化大体上逐渐地形成了两大部分,第一大部分虽以非洲各民族土著文化为主体,但已程度不同地受到伊斯兰教和阿拉伯文化的影响,混入了外来的阿拉伯文化和伊斯兰教的内容。在这种混杂过程中,土著文化和外来的阿拉伯文化与伊斯兰教都因相互融汇整合而使自己原有的文化形态发生改变,从而形成一种新的"非洲土著文化阿拉伯文化"混合型文化。这类文化大体上以两大区域为主体,一是所谓的"苏丹文化区",包括从大约北纬6度到15度的这一紧邻撒哈拉沙漠南缘、西起大西洋沿岸、东到尼罗河上游沼泽地带的地区。历史上,这里曾出现一些与阿拉伯文化和伊斯兰教的传入有紧密关系的黑人文化重心,如古代加纳、马里、桑海文化,豪萨诸城邦文化、乍得湖盆地的加涅姆博尔努文化。二是东非沿印度洋海岸形成的"斯瓦希里文化区",主要是今肯尼亚和坦桑尼亚沿岸狭窄地带及附近岛屿,一种以土著黑人文化和从印度洋及红海而来的阿拉伯人文化与伊斯兰教混合而成并不同程度上受到古代印度南亚文化、印度尼西亚东南亚文化乃至中国东亚文化影响的混合型的文化。

　　非洲文化的另一大部分则是未曾受到阿拉伯文化和伊斯兰教影响的土著文化,有更加纯正更加典型的黑非洲土著文化传统和特征。土著文化所包括的地域更加广阔,大体上从北纬 8 度以南开始的西非大西洋沿岸地区、赤道雨林地区、以及从赤道线开始往南一直到南非之角开普敦的整个南部非洲大陆地区。这两大类型文化内部,各地区各部族间的文化差异还是很大的。

　　在公元 15、16 世纪以前,非洲的对外封闭状况虽然由于有了穿越撒哈拉沙漠的通道而有所改变,但是这条通道是一条穿越世界上最大的沙漠的特殊通道,通过这条通道而进行的人类联系交往在内容、形式和规模上受到了严重制约。沙漠通道的最大特点是往来极为困难,必须有丰富的沙漠穿行的经验和相应的条件。往来的多是一些专业的特殊商旅、冒险的游客和富于献身精神的宗教人士,一般百姓是难以参与这种交往活动的。撒哈拉大沙漠是如此广大茫茫无边际,循着那些珍贵的水源和茫茫大漠中点点绿洲连结成的通道,人们从北而南长途跋涉数千公里,一次旅行往往费时数月甚至半年。恶劣的环境、狂暴肆虐而且变幻莫测的沙石风暴,使得穿越撒哈拉的物流、人流只能是小规模的。

　　往来于撒哈拉南北两侧的古代撒哈拉贸易,主要的交换物品必须是体积小、重量轻、便于携带、可以长期保存而且有较高的价值,大宗的商品是无法经撒哈拉商路长途贩运的。因此在历史上,撒哈拉商路虽然历史久远,但规模一直很小,交易的商品也较稳定单一,主要是黄金、食盐以及可以自行穿越大沙漠的特殊商品——黑人奴隶。

　　向外输出黄金和黑奴,历史上一直是非洲经撒哈拉对外贸易的主要商品。而这却不能为经济的不断进步发展提供十分广阔的基础。能够促成交往双方的经济生活发生重大变化的大宗商品,如物产贸易、生产技术、工艺、大宗消费品,却在撒哈拉商业贸易中未得到真正的发展。因而撒哈拉贸易对于古代非洲生产力的提高、物质生产水平与技术的进步所能起到的作用就受到严重限制而并不十分重要。相比之下,在漫长的古代撒哈拉通道上,作为精神、观念、宗教的信息流,似乎要比作为物质形态的实物流更加重要。这种信息流包括制度的扩散、宗教的传播、语言文字的交往,以及生活习俗、观念文化的相互影响。

由于受撒哈拉大沙漠特殊自然条件的制约,撒哈拉商路更多的是一条文化通道、宗教通道。即便如此,由于这种自然条件的制约,使穿越这一大沙漠的任何一种文化的扩散都变得十分缓慢。同样作为非洲大陆的一部分,北非地区接受伊斯兰教和阿拉伯化从公元 8 世纪到公元 10 世纪大体只用了一二百年,而撒哈拉以南的非洲,却花了近千年的时间才有所发展。即便是"苏丹"地区,从公元 9、10 世纪开始受到阿拉伯文化和伊斯兰教的渗透扩张,但在漫长时代里反反复复,经过了近千年的时间,直到 18、19 世纪阿拉伯文化和伊斯兰教在苏丹地区也还没有占据绝对的支配地位,非洲黑人传统的土著的宗教与文化,依然深刻地存在于此并发挥着它的特殊作用。在这里,我们可以感受到热带非洲那异乎寻常的自然环境因素,对于人类文化历史进程的巨大影响。

事实上,近代时期,西方殖民者和西方文化在热带非洲的扩张同样受到了非洲特殊的自然条件的限制。只不过这一次从海上而来的西方人受到的不是撒哈拉大沙漠的阻挡,而是沿海与赤道地区的所谓"绿色沙漠"——那超乎寻常的非洲沿海热带雨林茂密的丛林、湿热的气候、肆行的蚊蝇病菌对西方殖民入侵者的阻挡。这一"绿色沙漠"似乎比撒哈拉大沙漠还要难以通行与生存,这使得西方人尽管最先向非洲扩张,尽管早在 15、16 世纪西方人就开始了在非洲沿海的入侵与扩张活动,但却一直被阻隔在沿海一线而不得深入内陆。直到 19 世纪末,当西方人已经在北美洲、南美洲、澳洲和南亚建立起大规模的殖民地,西方文化已经在这些地区获得统治地位或大规模扩散的时候,西方人在非洲的征服才真正开始。从 15、16 世纪以后的几百年之中,热带非洲对于欧洲人来说,仍然只是一条海岸线而不是一块大陆。

历史上,非洲在世界文化的地缘结构中的真实位置,与其在世界自然地理结构中的实际状况有很大不同。它与欧亚大陆相连接,由直布罗陀海峡、地中海、西奈半岛和红海都可到达欧亚大陆,因而它曾从欧亚大陆诸如冶金技术、农业这样的基本技术的传播中得到好处,非洲大陆本身也对欧亚各文明做出过自己的贡献,向外扩散传播过各种文明成果,但是撒哈拉的阻隔又使它与欧亚大陆的交往如此困难而与欧亚大陆的距离似乎变得如此遥远。非洲大陆在人类起源的早期阶段,在人类远古石器文化时代曾走在世界前列的大陆,但在进入金属文明和国家发展阶段后却逐渐落后于亚欧大陆各文明,在某种程度上都与撒哈拉大沙漠造成的人类交往障碍有关。

# 二、"内陆非洲"之封闭与开放

撒哈拉大沙漠将非洲大陆的南部与北部分割开来,使非洲从陆地上与北非文化及欧亚大陆各古代文化的联系交往十分困难。然而,历史上的非洲黑人并没有发展航海事业来与外部世界交往。这又是什么原因造成的呢?

撒哈拉以南,开阔的非洲大陆朝一望无际的海洋展开,在大西洋和印度洋之间向南延伸数千公里,一直延展到南半球大洋的最南端,并以南非之角的开普敦和好望角外开阔的海域而将大西洋和印度洋联结起来。公元 15 世纪,西欧人便是循着非洲的海岸线,先自北而南,然后再自西向东绕过好望角开辟了联结大西洋和印度洋、沟通东西方世界的新航线,并由此揭开了现代世界一个全新的海洋世界海洋文明的帷幕的。即便是在西方人开辟绕过南非好望角的 15 世纪以前的漫长岁月里,远在南亚甚至东亚的印度人、中国人,也曾一次次地航抵非洲的东海岸,远在东亚数万里之遥的中国人,曾多次率大型船队抵达东非,并从东非之角的海岸南下一直抵达今莫桑比克北部沿岸地区。

然而,在 15 世纪以前漫长的岁月里,撒哈拉以南非洲并没有形成发达的航海传统。除了东非沿海出现过经红海和印度洋而来的阿拉伯、印度、中国的海商外,非洲的东西两岸除偶尔出现简陋的独木舟游弋之外,几乎不曾有过更大的航海活动。向内倾斜、向北穿越内陆大漠而背离周边海洋可以说是非洲文化的一大历史特点。而这一特点,既是非洲各民族经济生活、技术发展水平和生存方式作用和影响的结果,反过来这一特点又大大强化了非洲文化的封闭性,缺乏航海传统而北方又为大沙漠所阻隔,使非洲历史上的对外封闭和隔绝状态更加严重。应该说,在分析研究人类文明及其历史发展时,自然地理因素的差异在长时段的层面上对不同地区文明发展演变的影响和形塑作用,是一个非常重要、同时迄今人们对其的理解认识还非常模糊的问题。在这方面,研究非洲历史文化时是特别需要深入体会的。

非洲之所以没有航海传统,主要因素是受非洲内部经济技术发展水平的制约,但非洲大陆地形地貌构造上的特点,也对非洲古代航海业的发展起到了抑制作用。

首先,较之欧洲和亚洲大陆,非洲大陆的沿海地形轮廓十分简单,海岸线十分地平直而很少有亚欧大陆那样的曲折海岸线。它既没有明显突出开来的半岛与延伸出去的地峡,也没有深深切入大陆的内海与港湾。这使得非洲大陆尽管面积比欧洲大,海岸线却要比欧洲短得多。比如,整个非洲大陆面积达 3000 万平方公里,但海岸线长度只有 3 万公里,平均 1000 平方公里陆地面积才有 1 公里海岸线,而欧洲面积只有 1100 余万平方公里,但却有长达 3.8 万公里的海岸线,平均每 300 平方公里陆地面积就有 1 公里海岸线。由于没有深深切入陆地的海湾和延伸出去的半岛,非洲大陆的大部分地区都远离海洋而深处内陆腹地,许多地区距海的直线距离在上千公里以上,这意味着非洲文化更多地是在远离海洋的大陆性地理环境中成长起来的,而在西欧,大部分地区距海都在几十公里到上百公里,因而海洋性也可以说是西欧地理环境的一大特征。

第二,非洲大陆又是世界上各个大陆之中岛屿最少的一块大陆。它的周围除马达加斯加岛之外,几乎是空荡荡茫茫大洋一片。非洲岛屿面积共约 62 万平方公里,岛屿面积只占全洲面积的 2%,岛屿面积与全洲面积的比例要远比欧洲和亚洲小得多。而在这62万平方公里的岛屿面积中，马达加斯加岛就占了98%的面积，如果不算马达加斯加岛的话，非洲岛屿的面积几乎可以说是微乎其微。相比之下，欧洲和亚洲却是大陆周围岛屿星罗棋布，形成一系列环状岛、卫星岛。西欧陆地面积的三分之二以上实际上是由岛屿和伸向海洋的半岛组成的。由于海岸平直而缺乏平静的内海、深水港湾和半岛与岛屿，非洲不仅绝大部分地区远离海洋而深处内陆腹地，有着很明显的封闭性，而且也因为沿海地区不利的地理条件而难以发展航海事业，难以建立沿海港口和建立深水码头，以及利用星罗棋布的岛屿作为中介站走向海洋。在人类航海历史的早期阶段，当人类还只有十分简陋的、只能航行较短距离的船只和航海技术时，大陆附近的岛屿对于人类一步步地走向广阔的海洋，发展远洋航行及建立对外经贸文化关系，是具有关键性的作用和意义的。14、15世纪，早有航海传统和对外贸易历史的葡萄牙人及其他西欧人，也是通过首先航行到离欧洲大陆远近不同的大西洋上的马德拉群岛、亚速尔群岛、加那利群岛和佛得角群岛，往返于这些岛屿大陆本土之间，逐渐积累航海知识、地理知识、提高造船水平之后，才一步步地走向更加遥远的美洲、非洲和亚洲的。对于只有独木舟简陋航行手段的非洲沿岸各族人民来说，缺乏作为中继站和跳板的近海岛屿，无疑限制了他们走向茫茫大洋的可能。

第三，非洲大陆除海岸线平直而较少港湾与岛屿外，在地貌上又是一块边缘隆起的高原大陆。从地貌形态上看，非洲大陆很像一个翻过来的巨大的茶托。在其内陆腹地，分布着一系列盆地、洼地和较低的高原和台地，但大陆边缘四周却分布着一系列急骤隆起的山地、裂谷、悬崖峭壁。在许多地区，临海一面的山脉大多急剧地下切，形成一些峻峭崎岖的坡面，这使得非洲许多海岸地区终年被惊涛恶浪包围着，沙洲和险滩使人类进行航行登陆都十分困难。总体上看，相对于世界其他地区，非洲缺乏天然的良港，缺乏船只航行和停泊的源水港湾和安全的航道。

第四，非洲虽然河流众多，但由于非洲大陆边缘多是隆起的山地和巨大的裂谷断岩，大多数河流从内地高原滚滚而来，在接近沿海的下游段落大多穿过边缘山地裂谷而湍急奔腾，跌落成许多急流险滩和道道瀑布，它们与沿海那些沙洲、三角洲、沙嘴和激流一起,构成了通过入海河道沟通海洋和内陆的障碍。这种情况在几内亚湾、刚果河流域、东非沿岸地区都很突出,非洲的几条大河,如尼日尔河、刚果河、赞比西河、林波波河,以及其他众多的河流,由于下游段落都有许多道瀑布、险滩,水流湍急,大多不利于航行。这些河流不像欧亚大陆和美洲大陆的一些河流那样,在下游段落大多水流平缓河道开阔,大型船只可以沿大河航行进入内陆,非洲既没有像圣劳伦斯河和亚马逊河那样为进入美洲内地提供通道的、水流平缓的河流,也没有像莱茵河和多瑙河那样为进入欧洲内地提供通道的河流,非洲的河流大多不利于或很难发展与海洋相通的内河航行,从而限制了内陆人民经由大江大河的航道跨出大陆走向海洋的可能。在非洲那些大河入海的三角洲,要建立深水港也很困难。在西非几内亚湾,从塞拉利昂首都弗里敦,一直到尼日利亚境内的尼日尔河入海三角洲之间,都没有良好的天然深水港,非洲的几条大河,除了刚果河具备深水的三角港,其他的河流如尼日尔、赞比西等河口都有不利航行的面积很大的三角洲。上述所有这些沿海地区的自然地理条件,共同强化了黑非洲文化发展的大陆内倾性特点及其封闭状态。

不过,并不是整个撒哈拉以南非洲在古代时都缺乏与外部的海上联系。在东非沿岸的今坦桑尼亚、肯尼亚沿岸,并一直向南扩展到今莫桑比克北部的沿岸地区,历史上曾有过较为发达的海上交往及对外经贸联系,历史上这一地区通过印度洋海上贸易而在种族、宗教、语言、经济等方面受到中东、环印度洋文化乃至东亚中国文化的不同程度的影响。这一地区的航海活动和海上贸易交往的持久存在,使这一地区的非洲黑人文化可以得到来自中东、南亚、东亚各大文化的多重影响,当然东非各族黑人也同时影响了外部世界。在这种交往过程中,东非沿海地区明显受到了来自古代阿拉伯、波斯、印度和东亚各民族较为先进的技术、知识的影响,尤其是宗教、文字和语言的传入,使这一地区的黑人各族的文化获得了重要的推动力量,这是这一地区古代黑人文化在总体上比其他地区的黑人文化发展水平要高,尤其是民族和文化一体化程度要高得多的重要原因。其中,由土著的黑人班图文化与外来的阿拉伯文化、伊斯兰教、印度文化混合而成的"斯瓦希里文化",对整个东非沿海地区的民族、语言、宗教、社会的文化整合与一体化产生了重要推动作用。斯瓦希里文化也可以说是古代撒哈拉地区发展程度最高的具有海洋传统的区域文化。[①] 但这一文化仅限于东非沿海狭窄地带,因为它被东非大湖地区巨大的裂谷断岩的崎岖地带及刚果河与尼罗河上游的巨大沼泽地和茂密森林所阻挡而没能进一步向非洲内陆扩散传播。

# 四、"热带非洲"之生态与影响

非洲是一块热带大陆,非洲文化也可以称之为热带文化。这块大陆的环境要素,包括温度与湿度、降水量、日照与热量、温差和蒸发、水文条件、植物、动物和微生物的种类、数量、分布结构等等,千百年来一直对非洲文化有持久而深刻的影响。在适应、利用、改造热带大陆生态环境的过程中,非洲各族人民创造了自己的文化。

环境因素与非洲文化之关系十分复杂。就气候因素而论,下述几个特征的影响力巨大。首先,非洲是一块真正炎热的"热带大陆",长夏无冬,终年炎热。非洲全称"阿非利加",在拉丁文中是"阳光灼热"的意思。由于赤道线横贯非洲大陆中部,非洲大部分地区处于赤道线两侧南北回归线热带纬度以内的热带上,成为世界上最炎热的大陆。第二,由于非洲位于赤道线上而横跨南北两半球,形成了整个大陆的气候状况和自然景观基本上呈带状分布,并对称于赤道,这在世界各大陆中也是独一无二的。第三,非洲终年高温,几乎没有春夏秋冬四季的变化,它的气候变化不在温度而在降水量的变化。非洲许多地区季节变化表现为干湿两季或旱雨两季的交替,雨季潮湿闷热,旱季干燥炎热,以降雨量的多少和时间长短划分为不同的气候带。赤道线和沿海地区降雨量最多,然后向赤道南北两侧递减,内陆地区也一般比沿海地区要少。在赤道地区,一年里太阳基本上是在头顶上空南北徘徊,长年累月雨水不断。随着纬度的升高,雨量也逐渐减少。在南北回归

---

① 刘鸿武著:《蔚蓝色的非洲——东非斯瓦希里文化研究》,云南大学出版社 2008 年版,第2页。

线以上的广大区域,形成南北两个副热带高压带,在副高压干热空气控制下,整个地区干旱炎热,逐渐形成非洲南北对称的两个大沙漠区域,北方是撒哈拉大沙漠,南方是卡拉哈里沙漠、纳米布沙漠。一般来说,在热带非洲的旱季和雨季交替中,越是靠近赤道,雨季越长,反之,越是靠近南北回归线以上的副高压带,旱季越长,雨季越短,甚至终年无雨。在赤道附近,由于太阳一年中两次从头顶移过,尽管移动幅度不大,但还是会有一定的降雨量变化,从而形成一年之中大小雨季和大小旱季四季交替变化的特点。①

在上述气候因素的作用下,非洲文化大体上形成三大气候文化形态。

第一,赤道热带雨林气候区。非洲是世界上热带雨林分布最广袤的大陆。在非洲赤道两侧南北纬度 10 度以内面积约 400 万—500 万平方公里的广大地区,都有热带雨林分布。最集中的地区包括赤道刚果河流域盆地、西非几内亚湾沿岸地区,以及尼日尔河、冈比亚河、刚果河、赞比西河、林波波河等大小河流入海口的三角洲地区。热带雨林的气候特征是多雨潮湿闷热,密林遮天蔽日,藤萝攀缘交织,植物动物和微生物种类繁多,年降雨量一般都在 1000—2000 毫米。在热带雨林地区,形成了最具非洲本土文化个性特征的黑人热带雨林文化。

第二,热带稀树草原气候区。这一气候区大致位于赤道热带雨林区两侧,大约处于南北纬度线的 10—18 度之间,但因地形地貌差异的影响,南方和北方的热带稀树草原气候区并不完全对称。在靠近撒哈拉沙漠的北方,大约从北纬 8 度到北纬 15 度的整个地区,大体都属热带稀树草原区。在非洲文化史上,北方的热带稀树草原地区大体上是所谓的"苏丹文化区"的南部。在赤道以南,大约从南纬 10—20 度之间,也属高原型的热带稀树草原区。此外,在非洲中部赤道线的东部地区,由于地势隆起,受高海拔地势的影响,虽然位于赤道线上,却形成了热带稀树草原气候特征,一般将这个地区称之为"东非高原热带稀树草原气候区"。热带稀树草原气候区的年降雨量一般在 500—1200 毫米左右,自赤道线向南北高纬度递减,降水一般集中在半年之内,一年形成十分明显的旱季和雨季两个季节。雨季草木茂盛,

① N.P.Lloeje, *A New Geography of Nigeria*, Longmans of Nigeria, 1981, p.45.

大草原上以草木和低矮的丛木为主,并散落着一些高大的乔木和热带树木,到了旱季草枯叶落,一片枯黄萧条景象。

第三,热带荒漠沙漠气候区。从赤道南北两侧的热带稀树草原气候区再往南北推进,大约在南北纬15—30度之间,便是广阔巨大的热带荒漠沙漠气候区。这一气候区,在北方是撒哈拉大沙漠,在南方是卡拉哈里沙漠和纳米布沙漠。从热带稀树草原地区两侧向北和向南,降雨越来越少,从年降雨量500—600毫米逐渐减少不到100毫米,有的地区甚至常年干旱无雨。这个地区植被十分稀疏,许多地方只有低矮耐旱的沙荆、灌木、硬草,更多地方是寸草不生的荒漠。南方的卡拉哈里和纳米布沙漠,要比北方的撒哈拉大沙漠面积少得多,而且也较为湿润一些,生长着一些低肉质灌木草丛。

上述三个大的气候区,实际上也可归成两大气候类型,即多雨、潮湿、闷热的热带雨林区和较为干旱炎热的内陆热带草原荒漠区。

此外,在南部非洲的最南方,主要是限于开普敦及其附近地区,有小面积的类似地中海气候区,冬季较为湿润多雨,也较暖和。夏季较为干热。在南部非洲一些海拔较高的地区,如今南非联邦的东部和南部,由于海拔高,纬度较南,没有热带非洲大陆那样终年的高温炎热气候,而有着类似于温带或亚热带那样的温和气候。在东非和东南非一些海拔较高的山区和高原,比如肯尼亚高原等地,也有一些气候较温和凉爽的温带性气候,但范围都不大。

对上述三大气候生态区分布结构的把握,有助于我们对历史上非洲文化一些独特现象做出合理解释。首先,就非洲文化的发展史来看,一个值得注意的特征,是历史上撒哈拉以南非洲主要的政治、经济中心和人口稠密区地,既不是在湿润多雨的沿海平原和赤道雨林巨大的刚果河盆地及赤道线两侧附近的雨量丰沛土地肥沃的地区,也不是在土地肥沃地势开阔平缓的大河下游的三角洲地带,而是集中在干旱少雨、土地较为贫瘠的内陆腹地的稀树大草原甚至是在大沙漠边缘的那些炎热干旱的热带荒漠旷野地带。历史上非洲最为重要的几个文化中心,马里文化、加纳文化、桑海文化、豪萨文化,以及中非地区的加涅姆博尔姆文化等等,都处于大陆腹地沙漠的边缘"萨赫勒"地带。这些地区,植被稀疏,干旱少雨,风沙大,旱季长,干燥炎热,农业条件比较差。但是,历史上非洲的经济文化中心却一直集中在这一地区,即所谓"苏丹文化区"。而大西洋沿岸那些湿润多雨的沿海平原地带,却一直是较为落后的人烟稀少的地区。历史上,非洲的人口除集中在西非内陆沙漠边缘的苏丹地区外,较稠密的人口聚集地是在远离河流和沿海的山地高原上,比如东非高原和南非高原上的一些分散的聚居点。

此外,非洲虽然河流众多,有多条世界上有名的大河,如尼日尔河、刚果河、赞比西河、冈比亚河、林波波河等。然而,相比内陆那些较干旱荒芜的萨赫勒地区和高原山地来说,非洲的这几条大河在非洲文化史上似乎并没有发挥太大的作用。我们知道,在古代世界的各大洲中,尤其是在欧亚大陆的东方与西方世界,人类文明与大河都有十分紧密的关系。在许多东方国家,人们把大河比之为人类文明的摇篮,许多文明实际上都是与大河联系在一起的,比如所谓的黄河文明、印度河文明、两河流域文明等等。即便是在非洲大陆的北部,尼罗河仍是埃及文明的母亲,或者说古埃及是尼罗河的献礼。这些大江大河,大多是重要的农业中心带,尤其是大江大河中下游的河道开阔的冲积平原区和入海口肥沃的三角洲地带,更是人口稠密、开发较早、农耕发达的经济中心区域。但是,在撒哈拉以南热带非洲的这些大河的两岸,尤其是大河中下游靠近沿海的地段和入海口三角洲地区,却迟迟没有进入农耕开发,人口稀少,长期处于原始蛮荒的状况。比如非洲最重要的大河尼日尔河,在非洲文化发展史上并非没有发挥过作用,在它的上中游向北方形成一个巨大弧形弯曲的地区,就是西非几大重要古代文化的中心,然而尼日尔河的一大特点,是它河水的流量是上游和下游巨大,中游因向北弯曲流经大沙漠的边缘,降水少,蒸发大,渗漏严重,河水很少,几近干涸。然而与尼日尔河有关的古代非洲文化,却不是在水流丰沛的上游和下游,而是在中游地段。在尼日尔河下游入海口几内亚湾巨大开阔的三角洲,一直是西非人烟最稀少、开发最落后的地区,到近代以后,情况才有所变化。

非洲文化生态景观方面的上述这些与欧亚大陆文化十分不同的特征,在很大程度上是非洲热带气候条件和生态环境影响的结果。首先,非洲沿海平原、大河中下游肥沃开阔的地带,尤其是赤道雨林地区和刚果盆地,虽然较之内陆稀树草原和荒漠旷野地区要雨量充沛、植物生长丰茂、土地也较肥沃,但是非洲的热带雨林地区,却有一些对人类生存十分不利的因素。这些地区热带密林遮天蔽日,藤萝攀缘交织缠绕。稠密的雨林往往比沙漠还难穿越,人称"绿色沙漠"。[1] 交往的困难使这些地区只能形成小规模的森林王国和三角洲沼泽地区的渔猎部族政治团体,比如刚果河口的那些小王国,尼日尔河三角洲上那些伊贾人的部族联盟,而难以建立地域广大、结构复杂庞大的官僚集权国家,难以形成地域广大联系紧密的政治经济体制。

更重要的是,沿海平原和刚果河流域与刚果盆地那些热带雨林地区,气候潮湿闷热,沼泽密林之中蚊虫蝇菌滋生繁衍,由各种动物、微生物和虫蚊传播的种种热带雨林特有的传染性疾病、病毒、病菌很容易流行。历史上,诸如恶性疟疾、萃萃蝇、河盲症、黄热病和其他各种各样的热带雨林传染病的危害极为严重。许多古代的文明都是由于这类传染性疾病的肆虐蔓延而人烟凋敝、村庄被毁,灾难性地走向衰落消亡。虽然在与大自然恶劣环境的抗争中,非洲各族人民尤其是生存在沿海地区和赤道地区热带雨林环境中的人们,掌握了许多适应生存环境的知识、制度方式和生产技术,在生理方面也逐渐获得一些在热带雨林那潮湿、闷热、多雨的环境下生存的特别能力,形成一些抵抗热带蚊虫和病菌的能力。但是,在人类掌握足以真正战胜这些热带疾病的现代医学之前,非洲的热带沿海平原和赤道雨林及三角洲地带,是很难进行大规模的农耕开发和形成庞大的社会组织及国家形态的,在这方面,热带气候和生态环境对黑非洲文化的影响是值得充分关注的。直到 18、19 世纪,当欧洲人已经来到非洲大陆进行殖民扩张并开始向内陆推进的时候,欧洲人还看到,仅萃萃蝇传播给人的昏睡病和牲畜锥体虫病,便常常足以使成片村庄被毁,人和牲畜数量锐减,乃至某种文化的消失。

在撒哈拉以南非洲文化发展史上,还有一些值得关注的独特的文化现象。一是在农业及畜牧业方面,非洲多数地区一直停滞在较为落后的使用人力和简陋工具的锄耕阶段而迟迟没有过渡到使用畜力的犁耕阶段,尽管非洲农业的起源很早,也曾受到中东和北非地中海农业技术的影响,但牛耕技术却始终不曾在热带非洲得到扩大。而这无疑是严重限制非洲农业生产

---

① N.P.Lloeje, *A New Geography of Nigeria*, Longmans of Nigeria, 1981, p.45.

发展的重要因素。另一个值得注意的现象,是在非洲的沿海地区、赤道地区和刚果河流域,基本上没有发展起饲养大牲畜的畜牧业,也没有使用大牲畜驮运货物和用牛、马拖拉的车子,没有形成使用圆轮的技术。只在东非高原、埃塞俄比亚高原有过相对发达的牲畜农业文化。三是历史上撒哈拉以南非洲多数地区长期没有形成较发达完备的使用水利建立灌溉农业的传统,尽管水利是非洲发展农业的关键。

　　非洲之所以没有进入使用大牲畜来发展牛耕农业和牲畜驮运的轮车运输方式,没有形成发达的大牲畜畜牧业,一个重要原因是在非洲热带雨林地区和沿海地带和大河流域,对大牲畜危害极大的锥体虫病肆虐,牛锥体虫病流行快,危害大,大牲畜畜牧业很难生存。实际上,在潮湿闷热多雨的热带雨林地区,大型的哺乳类动物如虎、豹一类都很难生存,由于牛锥体虫为害,非洲的大型动物一般生存在较干旱燥热的内陆稀树大草原上。在非洲,畜牧业也只是在内陆大草原和东非海拔较高气候较干燥的地区生存,比如斯瓦希里文化区,畜牧业发展较快。但是这些地区因为受传统文化的影响,将牛视为圣物或作为财富的象征,并不广泛使用牛来犁地和拖拉货物,因而东非和苏丹地区农业中使用牛耕仍然很少,主要还是用锄耕。

　　由潮湿气候和雨林地区茂盛的水草而导致萃萃蝇的迅速繁衍滋生,会引起人体和大牲畜患上危害极大的昏睡病。同时,雨林潮湿地区流行的河盲病、恶性疟疾等疾病,也迫使非洲黑人被迫迁徙到内陆较为干燥的稀树大草原和荒漠旷野及山地高原上去,或是远远躲开有沟渠河道的大河大江两岸地带,因为在湿热的非洲,凡是在有水草的地方,都会迅速滋生起这类病菌。在古代,人类尚没有办法防止这类病菌,建立灌溉农业引入水源往往会导致这类病菌滋生蔓延,这或许正是非洲没有发展起灌溉农业的重要原因。[①] 非洲历史上的文明中心和人口稠密之地主要集中在内陆稀树大草原地带和东非、东北非一些封闭的高原山地上,而沿海平原、赤道盆地却人烟稀少,原始落后。之所以如此,一个重要原因也是与这类病菌的危害有关。在凡是有水源的地方,低洼的水滩,淤积的沟渠都会因炎热气候下茂盛的水

---

① 尼日利亚伊巴丹国际热带农业研究所编:《热带农业问题》,1988 年,第 10 页。

草急速生长而成为各种蚊蝇病菌滋生的场所。热带非洲的许多疾病都有快速的传染流行性,一旦被人畜感染会蔓延开来,唯一的办法是居住在远离水草的地方,并尽量不要与别的部落和居民点发生交往联系。

这种生存压力是导致许多非洲居民世代相互孤立分割,相互交往十分有限的重要原因,它大大强化了非洲各地区间的封闭分割状况,使商品交换、贸易、人口流动和联系,迟迟不能有效地建立起来。

在这里,我们可以更深切地体验到热带非洲独特的气候与生态环境对于非洲各族人民历史文化进程所具有的那种制约和影响力,能更具体地明白为什么历史上非洲文化的主要中心和大的王国及政治共同体,会集中在大陆腹地深处那些靠近撒哈拉大沙漠边缘的干旱少雨的旷野上,明白为什么在漫长的历史岁月非洲各族人民被深深封闭于大陆之内而不曾走出大陆建立沿海文明和发展航海贸易,当着非洲各族人民在试图打破大陆的封闭局面而与外界联系时,却选择了穿越北方那块世界上最大的大沙漠作为通道。在那个人类医疗卫生条件落后、防病治病能力极低的年代,或许沿海雨林茂密的原始森林和湿热的气候条件,要比那茫茫大沙漠更加难以穿越,更加对人类构成威胁。

可以这样说,在历史上没有任何其他的一块大陆,它的气候、生态、地形地貌等自然环境因素曾对人类文化历史的进程产生过如此之大的影响。①北方巨大的撒哈拉大沙漠,曾阻碍了阿拉伯文化和伊斯兰教向南部非洲的扩散和传播,使南部非洲的阿拉伯化和伊斯兰化,只限于大沙漠的边缘和东非沿海地区,而且在时间上也要比北非晚了好多个世纪。到了近代,南方赤道雨林和沿海湿热茂密的热带雨林及气候环境,又构成了阻挡西方殖民者从海上进入非洲内陆的巨大障碍,使西方人对非洲的真正征服、分割和建立有效的殖民统治要比在美洲、澳洲、亚洲晚几个世纪。尽管非洲仍是西方近代全球扩张的第一站,是最早受到西方侵略扩张的大陆,它的殖民地历史却要比美洲晚和短得多。

今天,由于现代工业、现代交通和通讯技术的发展,飞机、火车、汽车和

——————————

① 刘鸿武:《黑非文化的自然环境与区域结构》,《历史教学》1993 年第 3 期。

轮船,已经打破了非洲大陆以往年代那种封闭隔绝状态,无论是非洲大陆与外界的联系交往,还是非洲大陆内部各地区间的联系往来,都已十分便捷。同时,危害人类生存和经济活动的那些热带疾病,有害的蚊蝇病菌,诸如疟疾、萃萃蝇、河盲症等等,也由于现代医疗卫生技术和新的药物的普及推广,对人类的危害已经得到控制,热带雨林已经不是人类生存的可怕环境,穿越撒哈拉大沙漠的航空飞行也十分便利了。地理环境和气候生态因素,对当代非洲各族人民的制约和影响力,已经大大减弱和下降。然而尽管有了这么多巨大的发展进步,热带非洲的环境因素仍然在许多方面有着广泛的制约与影响。

相比之下,许多非洲国家和地区,封闭还是十分严重的,目前非洲有十几个内陆国,是世界各大洲中内陆国最多的一个,这些内陆国对外联系交往还是十分困难的。那些靠近撒哈拉大沙漠边缘的居民,或是内陆高原上分割破碎的大裂谷和山地中的居民,依然处在一种封闭的生活环境中,经济和文化还十分落后,而热带雨林中那些潮湿的气候、疾病、蚊蝇,对人类的危害还是不同程度的存在的。同时,严重的干旱、风沙,也是当代非洲各国面临的巨大灾难。目前非洲的自然灾害在各大陆中依然相对最为严重,环境条件依然对当代非洲有广泛的制约影响力。

# 第三章　非洲的族群结构与语言文化形态

近代以前,非洲大陆居民的主体是尼格罗黑种人,因而非洲文化总体上可以称之为尼格罗黑种人文化。不过,尼格罗黑种人却是一个相对于欧罗巴白种人、蒙古利亚黄种人而言的人种集团。黑种人不仅分布广泛,其内部基于体质、语言或经济社会等方面的差异而可以划分为成数千个大小不等的族群集团,文化也可谓是千差万别。同时,在撒哈拉以南非洲,还存在别的一些目前人数已经很少的古老人种,如称之为俾格米人的尼格利罗人种,他们是热带非洲最古老的独立人种群体,称之为布须曼人和霍屯督人的科伊桑人种群,这个种群有着尼格罗黑色人种与蒙古利亚黄色人种混合的特征。此外,在撒哈拉地区、苏丹地区、东非沿岸和马达加斯加岛屿,其居民具有黑种人与欧罗巴白种人、蒙古利亚黄种人混合的特征。近代以后,非洲成为西方侵略征服对象,非洲的人种结构也出现了巨大变化,混合型人口开始广泛分布非洲大陆各地。不过,直到今天,撒哈拉以南非洲大陆,黑种人依然还是居民的主体。

## 一、非洲族群的分析框架

人类的种族与族群是一个复杂而有争议的概念。因为划分人类种族与族群的标准本身并无严格而一致看法,同时人类各种族或族群在历史上一直存在交往与融合,人类的体质与文化也存在程度不同的变化,从而也模糊了人类种族与族郡的界限。不过,按照人类学的一般性观点,人类还是可以从体质和文化上划分为不同的种族或族群。当然种族与族群的概念是不一样的。所谓种族,是基于人类不同群体间在生理遗传特征方面的差异而形成的具有不同生理特征的群体,即人类的种族群体或人种群体。而族群,或称之为民族,则主要是一个文化上的概念。总体上说,人类生理特征在历史上是相对稳定的,而文化特征却在不断变化与发展着。

从总体上讲,我们这个世界上的所有人类,在自然生理特征方面总体上都是一致的,但是人类在其体质进化发展的过程中,由于分处于不同的自然地理环境之中,自然地理环境的种种因素,如气候、食物、生态等因素互有差异,这些不同的环境因素对人类的体质进化有不同的影响,而人类自身对这些各不相同的自然地理环境因素也会做出不同的适应和选择,从而会使分处于世界不同地理环境中的人类在其生理特征方面出现一些差异和不同的特征。这些差异和特征经过世代的遗传而稳定下来,就形成了不同的人类种族或种族集团。在人类相互间处于彼此隔绝或交往极少的情况下,这种生理遗传特征上的差异,还可能会得到强化,比如人的体型、身高、肤色,主要的是由人类相对稳定的遗传基因决定的。不过,人类的种族、民族、语言之间的关系十分复杂,研究文化与语言也需要考察不同人类文化语言群体的种族背景,探究种族差异对人类语言体系之形成的关系。人类的种族特征也会影响到人类的文化形态,它们之间存在着一定程度或某种情况下的相互转化或相互强化对方特征的可能,尽管种族差异在人类文化发展中只是一个十分次要的因素。

一般来说,种族划分的标准主要是体质方面的,而民族的划分则主要是语言或文化方面的,因而种族基本上是一个生物学方面的概念,而民族则主要是文化学、语言学方面的概念。人种的划分主要以人类的自然体质特征为根据,民族的划分则是以人类的语言、生活方式、心理、性格、习俗为依据的,民族性是一种文化属性、社会属性而不是生理属性或自然属性。尽管民族的形成与种族有一定的联系,但种族差异却不是民族差异的主要原因,民族差异主要是文化差异的结果,研究文化问题,一般都要对民族问题给予十分的重视。① 在我国学术界,习惯上一般把非洲正在形成中的民族称为部

---

① A. R. Radcliffe-Brown, *Structure and Function in Primitive Society*, London: Cohen and West, 1952, p.80.

族,虽然对此一直存有争议,但它在一定程度上可以表示非洲民族问题的特殊性与复杂性。

在民族的形成过程中,语言是一个十分关键的因素,民族、语言、文化三者之间,有着十分紧密的相互作用关系。相对于人种生理自然特征的长期稳定性来说,民族、语言和文化却是随着人类历史活动的发展而不断变化的。

全世界的各个种族,虽然有生理方面、体质方面的差异,有不同的肤色、体形、体质特征,但这种差异和不同特质并不能说明人类在种族上有优劣高低之分,那种以种族差异或种族特征来说明人类的先进与落后是没有依据的,而且往往带有种族偏见和种族歧视的倾向。人类不同群体间的差异主要是文化上的差异,有的群体在文化上处于较为发达的阶段,有的处于较为落后的阶段。这种文化上的先进与落后是相对的,而且可以通过人类自身的活动,通过相互间的文化交往而加以改变。

就非洲大陆的人种结构来说,世界上的三大主要人种群体白色人种群、黄色人种群和黑色人种群都有分布,但是撒哈拉以北的北非地区,包括撒哈拉大沙漠在内,基本上是白色人种群,或称之为欧罗巴人种群,包括古代埃及人、柏柏尔人、阿拉伯人,以及他们的混合型人种。而在撒哈拉以南的非洲,居民的主体则是黑色人种群,即尼格罗人种群。但是,这里需要指出的是,尼格罗人种群只是相对于白色人种群和黄色人种群而言的一个十分庞大的种群,其内部的成分十分复杂,肤色体质等生理特征并不完全一致。不过,在近代以前,除了南太平洋一些岛屿及澳大利亚大陆上有一些居民可归之于黑色人种群之外,黑色人种群都集中在撒哈拉以南的热带非洲大陆上,他们构成了撒哈拉以南非洲居民的主体。因而撒哈拉以南非洲的古代文化史,基本上可以说是尼格罗人种群的文化史。[1] 非洲古老的俾格米人(尼格利罗人种)和布须曼-霍屯督人(科伊桑人种),在撒哈拉以南非洲的全部居民中只占极小的比重,他们对非洲大陆历史文化进程的影响远远不能与尼格罗人相提并论。

---

[1]　R.Olaniyan,(ed), *African History and Culture*, Longman Nigeria Ltd. Lagos, 1982, p.29.

# 二、非洲族群类型及特征

撒哈拉以南非洲大陆是世界上三大主要人种之一的尼格罗黑色人种群的起源地和古老的家园,是世界上唯一的以尼格罗黑色人种群为居民主体的大陆,因而我们可以把撒哈拉以南的非洲大陆称之为黑人家园。撒哈拉以南非洲同时也还存在一些其他的种族,一是更加原始古老的种族,即科伊桑人种(霍屯督人与布须曼人)和尼格利罗人种(俾格米人);二是属于欧罗巴白色人种群和蒙古利亚黄色人种群的人种;三是由尼格罗黑色人种群与欧罗巴白色人种群和蒙古利亚黄色人种群混血而成的混合人种群,这些种群主要分布在北非与撒哈拉沙漠以南非洲相联结的地带,如撒哈拉沙漠南缘、尼罗河上游地区、东非之角的埃塞俄比亚、索马里到肯尼亚,以及马达加斯加岛和印度洋上的几个小岛屿如科摩罗群岛、马斯克林群岛等。

下面我们对黑非洲的人种类型及特征作具体说明。

1. 尼格罗黑种人及群族集团

在世界人种体系中,尼格罗黑色人种群作为一个单一的人类种族,实际上只是相对于欧罗巴白色人种群和蒙古利亚黄色人种群而言的。尼格罗黑色人种内部结构复杂,可划分成若干个亚种族或种族支系,其人种特征如肤色、身高、体型等并不完全一致。不过,相对于白种人和黄种人而言,尼格罗人在人种生理特征方面的共同性还是十分突出的。比如,尼格罗人有着黝黑的皮肤,除手掌脚掌呈浅白色外,全身的皮肤都是黑色的,尽管黑的程度有所不同。尼格罗人的头发都是短曲的,如颗粒状卷曲在头上。黑人的体毛一般较少,额部较为突出,鼻宽、鼻梁较低,嘴唇较厚,等等。

从体质人类学的角度来看,一般将非洲大陆上的尼格罗黑色人种群划分成两大类型,一是肤色深黑的尼格罗种苏丹型黑人;二是肤色浅黑的尼格罗种班图型黑人,这只是一种较为简便的分类方法,若作详细比较,便可划分成更多的类型,但学术界目前大多接受较为简便的苏丹、班图两大类型划分法。

苏丹类型的尼格罗黑人分布在撒哈拉沙漠以南非洲大陆的北部地区,即从撒哈拉大沙漠南缘到赤道地区的这一巨大广阔的地区。其界线大致是这样的,北方界线大体上从大西洋岸边的塞内加尔河口开始,向东蜿蜒曲折地经过廷巴克图、穿过今尼日尔和乍得两国的北方,再向东经过提贝斯提高原和达尔富尔高原,直抵达尼罗河上游的今苏丹与埃塞俄比亚两国接壤处。尼格罗种苏丹型黑人分布的南方的界线则同样西起大西洋岸边的几内亚,沿大西洋几内亚湾海岸向东穿过喀麦隆北方而一直延伸到今埃塞俄比亚南部地带。即北方抵撒哈拉大沙漠边缘、南方抵赤道雨林地区的这一几乎横贯整个非洲大陆的广大地带,都是属于尼格罗苏丹黑人居住的地区。

苏丹型黑人的普遍特点是皮肤黝黑,头发卷曲,体毛少,鼻子扁平,鼻孔较大,嘴唇厚,上唇翘起,额部突出较明显。在语言上,苏丹型黑人存在着较明显的亲缘关系,有许多文化上的共同特征或相似之处。

苏丹型黑人又可分成两大类型,即以乍得湖为界,乍得湖以东称之为东苏丹人,乍得湖以西称为西苏丹人。东苏丹人与西苏丹人在体质特征上的最主要差异是在身高和体型方面。东苏丹人要普遍比西苏丹人高得多。东苏丹人大多身材高大、躯干瘦削,两腿修长,尤其是那些讲尼罗特语的东苏丹人部族,如丁卡人、希卢克人、努埃尔人等,身高一般在 1.80—1.85 米之间,有的高达 2 米以上,是世界上身材最高的民族之一。有的学者甚至将这些高大的操尼罗特语的黑人统称之为"尼罗特人",并作为是与苏丹人、班图人并列的三大黑人类型之一。① 相比之下,西苏丹人的身材却矮得多,尤其是靠近几内亚湾地区的一些黑人部族,比如西非的约鲁巴人,身高一般在 1.60—1.65 米之间。在肤色方面,苏丹型黑人要比班图型黑人黑,但一般越是靠近赤道雨林地区的居民,肤色要更黑,而向北靠近撒哈拉沙漠地区的居民肤色要浅一些。

苏丹型黑人是由数百上千个大小不同的部族构成的,乍得湖以西的西苏丹人部族中较大的有曼丁哥人、沃洛夫人、塞雷尔人、图库洛尔人、索宁凯人、苏苏人、泰姆奈人、基西人、古尔马人、莫西人、宋盖人、豪萨人、卡努里

---

① R.Olaniyan,(ed), *African History and Culture*, Longman Nigeria Ltd. Lagos, 1982, p.36.

人、提布人、阿散蒂人、丰人、约鲁巴人、埃维人、伊博人、巴米累克人、提卡人等。在乍得湖以东的被称为东苏丹人的主要部族有巴吉米尔人、卡内姆布人、巴亚人、萨拉人、班达人、赞德人、努埃尔人、努巴人、丁卡人、希卢克人、巴萨伊人、努比亚人等。这些部族，在古代非洲历史文化发展史上，都占有较为重要的位置，其内部虽大多还可细分为众多支系旁族，但大多都有着较为统一的语言、文化、历史传统和生活方式，有的还曾建立过规模较大的地域性政治实体，如城邦、王国，甚至有着帝国规模的政权组织，它们实际上是非洲历史上已经有某种一体化发展进程的古代民族。

除上述这些较大的部族外，苏丹型黑人还有更多的小规模的部族集团，分割极为破碎，其语言、宗教、历史背景和生活习俗都各有不同，从而使苏丹型尼格罗黑人呈现出分割十分复杂的部族结构状态。即便是那些规模较大、一体化程度较高的非洲古代民族，进入近代以后，由于西方殖民势力的入侵，这些古代非洲民族遭到了肢解、分割，有的在黑奴贸易中衰亡了，有的被后来的殖民地分割成几个部分而分属于不同的殖民政府，内部的分化和多样性明显被强化。比如豪萨人在西方殖民统治年代被分割成分别讲英语和法语的好几个殖民地，豪萨人原有的一定程度的民族一体化实际上被破坏了。后来非洲独立之后又分属于几个国家，因而使非洲古代民族发展的进程发生变异。可以说，非洲现代民族的形成并非完全是以这些古代民族共同体为基础的，而是以殖民地为范畴，以后又是以独立国家为基础来寻求现代民族的发展道路的。

在苏丹类型的尼格罗黑人各部族中，存在着一些与北非的欧罗巴种群白色人种混血而成的部族，这些部族大多集中在撒哈拉沙漠的边缘地带和尼罗河上游盆地到埃塞俄比亚高原地区。比如在苏丹地区广为分布的讲富拉尼语的富拉尼（富尔贝）人各部族，实际上是属于欧罗巴白色人种群的古代北非柏柏尔人的后裔，居住在乍得湖东南岸的舒瓦人，有着属白人种群的阿拉伯人的血统。豪萨人、努比亚人也都有明显的黑人与阿拉伯人、柏柏尔人混血的体质特征。今苏丹共和国、埃塞俄比亚、索马里及肯尼亚的一些部族，都有明显的古代白种人与黑种人混血的体质特征，因而在文化方面，我们一般把今天的毛里塔尼亚、苏丹、埃塞俄比亚、索马里这几个国家，看成北非文化与黑非洲文化的交替重叠地带,其文化是两大文化区域的混合型文化或过渡型文化。

与苏丹型尼格罗黑人相对应的是班图型尼格罗黑人。"班图"一词,是赤道以南成百上千个黑人部族的统称,这些部族,最初都集中于喀麦隆高原地带,在过去两千年中,他们不断地向非洲东部、南部迁徙。虽然逐渐发生分化,在文化上出现了不同的特征和新的属性,但这种共同的人种源流,使他们在血统及语言方面一直保持了某种程度上的共同的传承关系。

班图型黑人在体质方面有别于苏丹型黑人的共同特征,一是肤色呈浅灰黑,有的呈浅肉桂色;二是额部不太突出,鼻翼也较高较直,嘴唇不太厚。在文化方面,班图类型的尼格罗黑人最为明显的共同点在于语言方面的相通或相近。尽管班图族群黑人在上千年的迁徙中分布到了广阔的非洲大陆中部、东部和南部,分成了数百个不同的部族,相互间地域相隔十分遥远而且封闭隔绝,但是在语言上却十分接近,语法结构相近似,还有许多核心词汇都是统一的,因而较之苏丹型黑人在语言方面严重分割破碎的情况,班图型黑人却是语言上较为统一的黑人类型。

班图人最初的起源地,目前学术界一般趋向于认为是在赤道线附近的尼日利亚与喀麦隆交界处的地区。在一千多年的迁徙过程中,班图人的迁徙大致分为向东、向西、向南三个大的方面,每一个方面又分成多少不等的几个支线,迁徙时间有早有晚,而且迁徙方面也不是直线的,往往还有曲折迂回和反复,迁徙中也不断发生分化、重组和汇融,结果是使非洲古代的民族结构形成较为复杂交织的局面,在整个班图类型黑人种族中分化成数百个不同的部族。

大致说来,向东非和印度洋方面迁徙的班图型黑人,一部分在东非的大裂谷湖区和尼罗河上游地区停留下来,并与当地的属欧罗巴人种群的含米特人混合而形成所谓的"班图含米特人",与属东苏丹尼格罗种黑人的尼罗特人部族混合形成"班图尼罗特人"。这类混合型部族中较主要的部族有吉库尤人、坎巴人、戈戈人、卡维朗多人、干达人等。吉库尤人是今肯尼亚的主要民族之一。干达人在 19 世纪建立过一个较为强盛的国家布干达,并成为今乌干达的主体民族。继续向东迁徙的班图人,有的到达了今肯尼亚和坦桑尼亚的沿岸地区,甚至出海到达了桑给巴尔岛、奔巴岛诸岛屿上,与先后来到这里的阿拉伯人、波斯人、印度人混合,形成独具特征的"斯瓦希里人"。斯瓦希里人是一种以尼格罗班图黑人为主体而又混合了中东、南亚诸人种的一种混合型人种。这一人种后来在东非大洋岸地区不断繁衍扩散,成为东非一个一体化程度较高的、有统一语言"斯瓦希里语"的非洲古代民族。其中一些人甚至还渡海扩散到了科摩罗群岛、马达加斯加岛上,对这些群岛的古代文化产生了不同程度的影响。

　　向南迁徙的班图人,也称之为中路迁徙的班图人,扩散范围和路径更为复杂并且形成几次迁徙高潮,一次比一次更加遥远的向非洲东南部、中南部和南部推进。后来者越过早先迁徙部族的居留地带继续向前。大体说来,中路向南迁徙的班图人,分布到了今赞比亚、莫桑比克、津巴布韦、博茨瓦纳、马拉维、南非等国境内,较大的班图型部族如马夸人、亚奥人、绍纳人、马卡兰加人、茨瓦纳人、祖鲁人、恩戈尼人、恩森加人、图姆布卡人、曼德贝莱人、聪加人等。这些大的班图族支系,往往也相互重合、分化和交织在一起。在一千多年的迁徙历史进程中,他们排挤或同化了当地落后的原始居民即科伊桑人种的布须曼人和霍屯督人,或将他们驱赶到了南部非洲边远的今安哥拉、纳米比亚等国的地带。在迁徙过程中,班图族人各自的文化发展水平、生存方式和社会结构也发生了许多变化。祖鲁人作为其中一个较大的班图支系,形成若干支祖鲁人部族,建立了较为发达和稳定的祖鲁人政治共同体,是南部非洲较有影响的古代民族。有的班图人支系,如属于绍纳人一支的马卡兰加人,曾建立过以巨型石头材料建筑城堡为特征的古津巴布韦文化,又称之为莫诺莫塔帕文化,但这一文化后来消亡了。

　　向西迁徙的班图人中,除小部分迁徙到几内亚湾的地区与苏丹类型黑人混杂外,主要在赤道非洲的西部热带雨林地区散布开了。他们在以巨大的刚果扎伊尔河流域及刚果盆地为中心的地区,形成独特的赤道非洲热带雨林型班图族各黑人部族文化,在这个巨大的热带雨林地区,班图人利用掌握了冶铁技术和金属工具武器,以及初步发展起来的热带雨林农业技术,开辟了原始茫茫的热带雨林,排挤或灭亡了当地土著的原始居民尼格罗利人种的俾格米人,形成了有别于北方苏丹型黑人文化亦有别于东非、南非班图型黑人文化的赤道非洲热带雨林班图黑人文化。这种热带雨林班图黑人文化,包括今喀麦隆、刚果、加蓬、扎伊尔,以及安哥拉的北部地区。较大的支系有刚果人、基姆本杜人、乌姆本杜人、芳人、姆庞圭人、奥万博人、赫雷罗人、太凯人、班吉人、隆达人、本巴人、库巴人、卢巴人等。为了与散居在东非的东班图人相区别,一般把上述西部的班图人称为西班图人。西班图人的某些支系,历史上曾在热带雨林地区建立过初具古代王国规模的政治实体,如公元5—19世纪的库巴国、15—19世纪的刚果国、5—19世纪的隆达国、14—19世纪的卢巴国等。其余的西班图人曾长期分布在赤道雨林深处,只形成过小规模的热带雨林部族组织。

非洲尼格罗种人的生理体质的形成,许多研究者认为,与尼格罗种人生存的非洲大陆自然环境与生态条件有紧密关系,是尼格罗种人在适应非洲热带大陆气候环境的过程中逐渐形成的。[①] 比如,尼格罗人的许多生理特征,比如黑色的皮肤,较发达的汗腺,皮肤较薄,皮肤中的丰富的毛细血管,有助于防止阳光照射的伤害,而且散热快,有助于在热带潮湿闷热的环境中生存。而白色人种和黄色人种较之黑色人种在热带生存的能力就要差些。黑人的体质也有较强的抵抗或适应一些热带疾病的能力,如疟疾对黑人的侵害就要比对白人的侵害较轻些。从全球人口的肤色来看,黑色素的多少是随距离赤道热带地区的近远而增减的。热带地区的居民,穿戴少,终年受阳光直接照射,皮肤内的黑色素积淀不断增多并世世代代遗传下来,是尼格罗人肤色呈黝黑的重要原因之一。

2. 非洲的其他种族及分布

除了尼格罗黑色人种群外,撒哈拉以南的非洲大陆上还存在一些次要的种族,大致可分成两类,一是赤道以南地区当地原始古老的土著种族;二是非洲的混合型种族,包括赤道以北靠近撒哈拉边缘和东非印度洋沿岸直到马达加斯加、科摩罗群岛的混合型种族。前者在整个非洲文化发展史上没有发挥过什么重要的作用,基本上是一种边缘性的落后文化,后者则在非

---

① B.Davidson, *The African Genius: An Introduction to Africa Social and Cultural History*, Boston: Little, Brown, 1969, p.38.

洲文化发展史上扮演过十分关键性的角色,是联结非洲文化与外部世界其他文化的一种起中介纽带作用的过渡性种族的文化。

(1)原始古老的土著科伊桑种人和尼格利罗种人。在今天的非洲西南部,即安哥拉、纳米比亚和博茨瓦纳境内,那广阔的稀树大草原和卡拉哈里沙漠上分布着一些属科伊桑种人的古老居民。他们分成若干个大的支系,如布须曼人和霍屯督人。他们在生理体质特征方面,似乎兼有尼格罗黑人和蒙古利亚黄种人的人种特征,如卷曲的头发,宽矮的鼻子,但肤色又是黄黑色。目前学术界对科伊桑人的种族和起源尚有不同的看法,有的认为他们是一个独立的种族,有的认为他们与黑人有紧密的关系,但至少可以肯定,他们是南部非洲一些更为古老的居民,早在班图黑人迁徙来到之前已生存在南部非洲的广大地区。只是后来受到了班图人的排挤、人数不断减少、分布的范围大大缩小,有的被班图人同化了,有的被灭绝了,残存下来的集中到了南非的开普地区和奥兰治河流域。到了近代,布须曼人和霍屯督人又一次受到西方殖民入侵者的残杀,幸存的少数人逃进了遥远的干旱草原深处和卡拉哈里沙漠中。另一个原始古老的土著人种是俗称为俾格米人的尼格罗利人,他们或许是非洲热带雨林地区最古老的原始人类中残存下来的一支,他们在班图人迁徙过程中受到排挤,命运同科伊桑人大体相似。残存的少数人生活在刚果河盆地热带雨林深处,过着小群体的原始狩猎和采集生活,俾格米人已经没有自己的语言,而是讲班图黑人各部族的语言。这两个古老原始的人种在非洲历史文化进程中的地位和影响,由于尼格罗黑人的兴起和扩散蔓延而迅速地下降减弱了。今天,他们在非洲总人口的比重已不足百分之一。但是,从整个非洲历史文化发展的角度来看,由于他们是非洲最为古老的土著居民,因而探讨他们的历史起源,他们早期进化发展的历史和特征,以及他们与非洲远古不同阶段上古人类化石文化的关系,对非洲早期文化形态,对非洲人类早期历史之谜的揭示有重要的意义。① 这是这两个古老人种一直引起学术界关注的重要原因之一。

(2)马达加斯加岛及附近岛屿上以蒙古利亚黄种人为主体混合而成的

---

① R.Olaniyan,(ed), *African History and Culture*, Longman Nigeria Ltd. Lagos, 1982, p.5.

居民。马达加斯加岛与附近的毛里求斯、留尼汪、科摩罗、塞舌尔诸岛屿上的居民,是由许多人种成分混合而成的。马达加斯加从很古老的年代,就有了人类的居住。在漫长岁月里,不断有人渡海登上这块巨大的岛屿居住下来,这些人分别来自遥远的南亚、东南亚和大洋洲,还有的来自阿拉伯半岛和东北非,当然也有来自非洲的东部和东南部,他们世代混合杂居,形成混合型的马达加斯加人,现在一般统称之为马尔加什人,从人种上看,马尔加什人是以东南亚的印度尼西亚蒙古利亚黄种人为主体的混合人种,操马来波利尼西亚语言,岛屿西部一侧受非洲黑人文化影响要更明显些,中部和东部则以古代东南亚文化为主体。马达加斯加人分成若干个不同的支系,中世纪时曾形成一些初具规模的小王国政体,到 19 世纪全岛的文化一体化和政治统一达到较高的水平,建立了以中部梅里纳人为核心的封建化的统一国家。从非洲文化发展史的角度来看,马尔加什人的形成及其文化的发展,提供了一种在非洲唯一的尼格罗种黑人与蒙古利亚种黄种人相混合的"黑人黄种人"文化发展的模式,因而具有特殊的文化史含义和研究价值。① 事实上,马达加斯加岛的古代文化在许多方面与非洲大陆本土的黑人文化颇不相同,比如它那将全岛大多数居民等统一起来而形成的具有某种多元一体色彩的马尔加什民族文化,它那一体化程度较高的文化模式,它那具有一定中央集权形态和以水稻灌溉农业为核心的古代集约化农业,都具有很浓厚的东方文化的色彩。但另一方面,马尔加什人文化中的尼格罗黑人因素又是十分重要的。因而马尔加什人和马达加斯加文化史,为我们提供了研究古代亚非混合型文化,黑种人与黄种人两大人种文化混合而成的封建化国家的典型。

　　(3)撒哈拉沙漠南缘地带的混合型人种。在非洲大陆的北方地中海沿岸,包括埃及尼罗河中下游地区、马格里布地区,以及撒哈拉地区在内,很早就居住着属于欧罗巴白色人种群的居民,他们的体质特征是肤色较浅,眼睛深黑色,脸窄,额部不突出,鼻子细窄且有隆起。这些居民在上古时期大体

---

① 　B.Davidson, *The African Genius: An Introduction to Africa Social and Cultural History*, Boston: Little, Brown, 1969, p.163.

分成两大类,一是居住在埃及尼罗河中下游地区及其附近的古埃及人,古埃及人讲科普特语,不断有来自中东地区、波斯、罗马的征服者融汇其中,二是讲柏柏尔语的北非古老游牧民,一般称之为柏柏尔人或利比亚人。公元8世纪以后阿拉伯人大举迁徙到埃及和北非地区,并使埃及和北非的原住民族逐渐地阿拉伯化和伊斯兰化,形成中古时代北非居民的主体。

上述欧罗巴白色人种群,很早以前就与撒哈拉以南的尼格罗黑人有交往联系。一些柏柏尔人和阿拉伯人穿越撒哈拉沙漠而进入尼格罗种苏丹人地区,并在那里居住下来,从而在黑非洲形成一些有欧罗巴血统的居民。如在西非广为分布的富拉尼人(富尔贝人),是柏柏尔血统的居民,他们到处迁徙,过着游牧民生活。并且与苏丹类型的黑人,如豪萨人长期混杂居住,相互通婚交往,使豪萨人带上了尼格罗苏丹黑人与北非欧罗巴白人混合的人种特征。这种人种混合,同时也是文化、语言混合的过程,是北非文化与非洲文化交往整合的过程。① 豪萨人中还混杂了一些阿拉伯人的血统,并且接受了伊斯兰教和阿拉伯文化,创立了以阿拉伯字母符号为基础的豪萨文化。在毛里塔尼亚、西撒哈拉、马里,也有不少由沙漠柏柏尔游牧民与黑非洲居民混合而成的部族,使这些地区的人种、文化、语言也具有过渡性的特点。

(4)东北非地区的埃塞俄比亚、索马里、苏丹等国的居民,不同程度地有着欧罗巴白色人种与尼格罗黑色人种混合的特点,这个地区的居民,是由古代讲库希特语的埃塞俄比亚人、讲尼罗特语的东苏丹黑人、讲阿拉伯语的阿拉伯人三部分混合而成的,其体质特征是皮肤暗黑稍红,头发呈深棕色,眼睛暗黑,颅骨呈椭圆形,鼻直而窄,今天这一混合人种主要分布在埃塞俄比亚、索马里、苏丹三国境内,并是这三国现代居民的主体。他们分成许多个支系或部族,如阿姆哈拉人、提格雷人、提格里尼亚人、盖拉人、阿法尔人、萨马勒人、萨布人和贝贾人等。在历史上,这一地区的居民所创造的古代文化,比如古代埃塞俄比亚的阿克苏姆文化等,相当发达,在非洲与北非、埃及、阿拉伯世界的联系交往中发挥了十分重要的作用。

---

① R.Olaniyan,(ed), *African History and Culture*, Longman Nigeria Ltd. Lagos, 1982, p.20.

# 三、非洲的族群语言体系

相对于人种结构来说,非洲文化中的语言体系和语言状况,则似乎要复杂得多。人种结构和人种差异,包括人种的体质特征、血缘关系,对非洲文化的影响和制约,并没有什么太多的或直接的对应关系。而语言则不同,非洲复杂的语言体系,语言状况的变化,对非洲文化进程却有十分紧密的关系,许多文化现象都是由于语言方面的因素引起的。比如,非洲文化中的封闭性是造成非洲语言十分破碎、分割严重的重要原因,反过来,非洲语言的破碎与分割,又进一步强化了非洲文化的封闭性,造成非洲各地区各民族间交往的困难。

非洲语言体系的突出特点是它的分割性和零散状况,大大小小的成百上千种语言交织混杂在这块大陆上,使非洲大陆的语言分布图犹如一块五光十色斑斑点点的拼图。就居民的数量同语言的种类相比较,非洲可以算得上是世界上语言最多样化的地区,按语言学家 D.多尔比观点,非洲语言大约有 1650 种。[①] 但学术界对此一直有争论。因为语言的分类和统计常常有不同的标准,有的可算是独立的语言,有的可能只是方言或土语。目前学术界一般认为非洲的独立语言有 800 种左右。[②]

对于这成百上千种独立语言,人类学家们一直在进行研究归类,按照各种语言的谱系关系、民族和地理因素、语言中的语法结构和词汇词根进行分类描述。这方面,各国学者的分类有很大不同。美国语言学家 J.H.格林伯格将非洲语言分为四个语系的分类方法,在世界学术界影响较大。[③] 这四个语系是:一、亚非语系;二、尼日尔刚果语系;三、尼罗撒哈拉语系;四、科伊桑语系。四个语系中,亚非语系又称闪含语系,主要是北非古埃及人、柏柏

---

① D.Dalby, *Language and History in Africa*, New York, 1970, p.80.

② M.J.Herskovits, *The Human Factor in changing Africa*, New York, 1974, p.124.

③ J.H.Greenberg, *Languages of Africa*, 3rd ed, Indiana University Research Ceuter for Language Sciences, 1970, p.2.

尔人、埃塞俄比亚人、苏丹人、阿拉伯人的语系。在非洲,属于闪含语系或亚非语系的尼格罗黑人语言,有豪萨语。豪萨人是属尼格罗黑色人种群的一支,人种上属非洲,语言上则属北非地区的亚非语系。

下面我们大体依格林伯格的方法概述一下非洲黑人的语言状况。

(1)尼日尔刚果语系,这是非洲黑人种族最主要的语系,黑人种族的两大类型苏丹人和班图人的语系,大多可以归入这一语系。这一语系的范围包括了从撒哈拉以南非洲的大西洋几内亚湾地区,一直到整个非洲中部和南部的广大地区黑人的数百种语言,尼日尔刚果语系一般分成5个语族。它们是:(a)曼德语族,主要分布在今马里、几内亚、塞内加尔、冈比亚、利比里亚境内,较大的有马林凯语、班巴拉语、索宁凯语、迪乌拉语、门德语、克佩勒语等;(b)西部大西洋语族,主要分布在塞内加尔到利比里亚的大西洋沿岸,较大的有沃洛夫语。值得注意的是,在西非广为分布的富尔贝人,其人种属白色人种,但其语言又属尼日尔刚果语系中的西部大西洋语族;(c)沃尔特语族,主要分布在沃尔特河流域上游和加纳,较大的有莫西语、古尔马语、达贡巴语、卡布雷语、塞努福语;(d)克瓦语族,主要分布在从尼日利亚到利比里亚的几内亚湾沿岸地区,较大的有约鲁巴语、伊博语、巴乌莱语、阿尼语、埃维语、特威语、芳蒂语;(e)贝努埃刚果语族。这里一个十分庞大的语族,包括了班图尼格罗黑人众多部族的语言。它起源于尼日利亚与喀麦隆交界的贝努埃河地区,扩散到广大的非洲赤道地区、东非和南部非洲。较大的有布隆迪、坦桑尼亚、扎伊尔地区的隆迪语;卢旺达、扎伊尔地区的卢旺达语;扎伊尔、刚果、安哥拉地区的刚果语;喀麦隆和加蓬的芳语;喀麦隆的林加拉语、蒙戈语、卢巴语;肯尼亚、坦桑尼亚、乌干达和扎伊尔西部的斯瓦希里语;津巴布韦的绍纳语;安哥拉的隆达语、基姆本杜语、乌姆本杜语;莫桑比克的马夸语和聪加语;博茨瓦纳的茨瓦纳语;南非的祖鲁语;莱索托的索托语;马拉维的马拉维语。

尼罗撒哈拉语系主要分布在乍得湖到尼罗河上游地区之间,大体上尼格罗黑色人种苏丹类型黑人中的东苏丹人部族语言都属这一语系。较大的有尼日利亚北方的卡努里语;苏丹、埃塞俄比亚、肯尼亚的丁卡语、希卢克语、努埃尔语、卢奥语、马萨伊语。

科伊桑语系是非洲南部原始古老居民科伊桑人种的语言，主要有霍屯督语和布须曼语。目前讲这个语系语言的非洲居民已经很少。

# 四、非洲族群语言的演变

古代非洲黑人语言文化的基本特点是它分割严重。在源流上有共同亲缘关系的语言，在以后漫长的历史进程中由于相互间处于封闭而没有交往的状况下，逐渐发生分化，形成了许多种不同的独立语言。历史上，各个不同语言族体的古代黑人居民大规模长时间的往返曲折的迁徙和分化，使非洲的语言分布十分混乱和零碎。加上黑人各部族成百上千种语言中，除豪萨语、斯瓦希里语等极少数语言在较晚的年代通过阿拉伯文字的引入而创立文字外，其余非洲的语言都是没有文字的口头语言。没有文字的语言，更容易分化和变异，并因缺乏稳定性而衰退甚至消失。

语言的分割和缺乏长期的稳定能力，对非洲文化产生了许多不利的影响，历史上，除了少数几种规模较大的语言如豪萨语、斯瓦希里语、约鲁巴语、伊博语、马林凯语、绍纳语有着较稳定的语言传统，并使其成为民族文化一体化的有力手段而促使用这类语言的黑人民族形成一体化程度较高的机体外，大多数黑人语言群体的民族一体化程度都是很低的，族群间的交流十分不便，这也是造成非洲社会分割严重的重要原因。[①] 但另一方面，古代非洲黑人的语言发展历史，又给人类留下了一份内容十分丰富的语言文化遗产。一份庞大的人类语言文化财富，为现代语言学家、人类学家研究人类语言文化的历史和体系提供了极富挑战性和极富价值的语言文化资源。[②]

近代以后，随着西方殖民主义对非洲大陆的入侵，以及西方教育文化的传播，欧洲语言在非洲许多地区有了较快的普及流行，尤其是进入 19 世纪后期对非洲大陆实行分割并建立起有效的西方殖民地以后，欧洲语言中的

---

① O.O.Oreh *Traditional Modes of Communication in Africa*, Nsukka, Nigeria, 1978, p.19.

② R.Olaniyan,（ed）, *African History and Culture*, Longman Nigeria Ltd. Lagos, 1982, p.58.

英语、法语、西班牙语、葡萄牙语在非洲有了不同程度的迅速扩散,在许多地区日益显示出取代当地土著语言而成为通用语言的趋势,非洲大陆的传统语言结构开始发生深刻的变化,这种变化对非洲文化的演进产生了多方面的影响。

首先,欧洲语言的传播流行过程,同时也就是欧洲文化在非洲传播流行的过程。在某种程度上可以说,欧洲语言取代当地黑人土著语言的过程,也就是欧洲文化取代黑人传统文化,欧洲文化得到扩张而黑人传统文化走向衰落的过程。西方的宗教、教育、生活方式、价值观念都是伴随着欧洲语言的扩散而在非洲传播开来的。

第二,随着欧洲语言成为非洲各个地区各个殖民地的通用语言或官方语言,非洲传统语言的分割封闭状况开始被打破,近代各殖民地的建立,实际上开始了以欧洲外来语言为媒介或纽带的非洲区域性的语言文化及民族与社会统一聚合过程。英语、法语、葡萄牙语的流行使非洲极为分化复杂的传统语言结构在外力的推动下趋于统一简化。分割破碎的非洲语言状况,由于欧洲某个宗主国单一语言的流行普及而趋向统一整合,众多的部族开始使用一种统一的外来欧洲语言。以这一外来的殖民宗主国语言作为通用的、官方的、共同的语言,在公共的交往活动,商业贸易、学校教育、宗教活动和其他一些社会性的活动中,有了共同的交往媒介和沟通手段。这一状况,在后来获得独立的各新兴非洲民族国家中,大多沿袭了下来。

第三,欧洲宗主国语言在黑非洲各殖民地的传播流行,还引起非洲文化由传统的非文字文化向文字文化转换过渡。这种转换过渡大致分两个阶段或两种方式:第一种方式开始时间较早,近代早期当西方殖民主义入侵非洲以后,为在非洲那些所谓的土著黑人"异教徒"民族中传播西方宗教福音,使当地的黑人在皈依欧洲天主教或新教之后能参加宗教活动,读懂宗教经典和宗教文献,并培养土著黑人神职人员,欧洲传教士曾用拉丁字母符号给许多非洲土著语言配制了文字系统,比如用拉丁字母创制的约鲁巴文、伊贾文等。[①] 然后用这种文字将基督教的《圣经》和一些宗教文献翻译成当地语

---

① R.Olaniyan,(ed), *African History and Culture*, Longman Nigeria Ltd. Lagos, 1982, p.169.

言文字的书籍,有的传教士还利用这种拉丁字母文字编纂了许多种非洲土著语言的词典字典,对土著语言加以整理和统一。这类文字,有的直到目前还在使用。第二种方式,是到了19世纪以后,随着欧洲人在黑非洲各地创办了一些学校,尤其是在19世纪末以后,欧洲完成了对非洲的分割并建立殖民地政权机构,欧洲人直接的政治统治、商业贸易活动、教育机构的发展,殖民当局推行欧洲宗主国的文字,使英文、法文、葡萄牙文在非洲得到推广使用,越来越多的黑人有了英文、法文、葡文书写能力,从而推动非洲社会逐渐从无文字社会向文字社会过渡。这种过渡,在许多方面引起非洲文化发生巨大而深刻的变化。①

---

① O.O.Oreh *Traditional Modes of Communication in Africa*, Nsukka, Nigeria, 1978, p.29.

# 第四章 "非洲摇篮"与人类起源问题

在人类从自然界分化出来而成长为具有智慧与情感的生命的过程中，具有高原大陆地理条件和热带稀树大草原生态环境的非洲，显然发挥了"关键性的作用"。① 这块大陆，以它的某些独特的环境与条件，不仅提供了人类起源的某些基本要素，也足以引起早期人类发生基于环境挑战与压力而发生的"生存技能成长与文化适应性的提升"。② 尽管对于人类的起源与进化问题，科学家们迄今还不能做出完全肯定的说明，还有许多争论与疑问，但从现有的考古学、古人类学、生物学研究成果来看，人类进化的许多重大事件都是在非洲大陆发生的。③ 因而从较为审慎的态度上来看，我们也可以说，人类也许有多个起源之地，但人类似乎确实是从非洲大陆迈开它最初的历史步伐的。

## 一、人类起源的探究意义

探索人类起源问题是人类一种持久的追求与信念，这是一个哲学问题，也是一个科学问题，同时也是一种文化的问题。这一问题的持久存在，体现

① E.O.Ayisi, *An Instruction to the Study of African Culture*, Heinemann Educational Books Ltd, I-badan, Nigeria, 1972, p.5.

② Erik Gilbert & Jonathan T.Reynolds, *Africa in World History：From Prehistory to the Present*, 2nd ed. Pearson, p.13.

③ Erik Gilbert & Jonathan T.Reynolds, *Africa in World History：From Prehistory to the Present*, 2nd ed. Pearson, p.13.

着人类生命意义的自觉,及对生命本质的思考与未来的担忧。事实上,当着探索人类起源作为一个科学与文化的问题进入现代科学研究的范畴,人类在本质上是作为一个不分种族、不分区域的命运共担、祸福共有的整体而存在的状态就充分地呈现了出来。"人类共同的祖先"、"只有一个地球"、"人类与大地母亲"等等这样一些概念的提出,都是超越了种族、地域、国家、民族之差异而包含着全人类的普世价值与共同情感的。① 在这方面,作为人类摇篮地的非洲大陆,对于人类更有着特殊的家园意义,至少从目前人类已有的知识来看,非洲大陆是人类的起源地,是人类的故乡,它属于全世界。

许多世纪以来,人类学家、哲学家、科学家们一直在非洲探寻着、讲述着人类起源的遥远故事。虽然人类的起源是一个十分漫长而复杂的过程,世界各国学术界对人类起源问题一直存在争议。这种争议与分歧的存在,总的来说是属于科学研究和学术探索的现象。② 总体上看,今天人们对人类起源问题的认识,无论是在方法上、技术上还是理论上,都还没有完全成熟,尚难以取得一致的意见。随着考古发掘及古生物学的进步,随着现代生物遗传技术的进步,不断会有新的发现,实证研究和理论推演都有可能不断推翻旧观点提出新观点,因而争议和分歧的存在是正常的。

不过,从最近几十年来世界各国各地区在人类起源问题上的争论来看,也隐含着一种似乎超出学术探索和科学研究范畴之外的不正常的争论现象,尤其是在人类起源于什么地方这一问题上,争论的目的常常不在问题本身,而是另有关注。每一个地区、民族、国家,似乎都在竭力想证明自己是人类的起源地,并以此来服务于自己的某种现实政治、文化、民族意识方面的目的。这不能不说是一种不正常的超越人类起源这一学术科学研究范畴的争论,而这样的争论,对于这一科学研究的正常推进并无益处。

实际上,人类起源问题,是一个超越国家、民族、种族、文化和政治观念的全人类问题。③ 在人类起源这一问题的探讨中,相对于人类"具体起源于

---

① 刘鸿武:《故乡回归之路》,清华大学出版社 2008 年版,第 178 页。

② Y.科彭斯:《人类形成的过程:一般性问题》,见联合国教科文组织编:《非洲通史》第一卷,中国对外翻译公司 1984 年版,第 157 页。

③ 刘鸿武:《黑非洲文化研究》,华东师范大学出版社 1997 年版,第 89 页。

什么地点"这一问题来说,"人类是如何起源的"这一问题似乎对现代人更有价值更为重要。而研究这一问题,必须要有一种全人类的普遍意识、一种宽阔博大的全人类的容纳性和包容性,着眼于全人类共同的历史、命运、现实和未来的真正价值和意义,以一种普世性的情感与胸怀来研究这一人类的共同问题。在这种研究中,狭隘的种族意识、民族情绪、文化偏见都是应该避免的。在我们看来,探索人类起源问题的真正价值,并不在于用它来说明世界上的哪一个种族,诸如白种人、黑种人或是黄种人,是人类起源的贡献者,不在于用它来证明哪块大陆亚洲、非洲、欧洲或别的任何地区是人类的起源地,并借此作为增强某个地区现代人们的某种自尊心理。那种试图通过争得本民族所生存的地区是人类起源地从而提高本民族在国内或国际上的地位的努力,并不符合现代人类的需要。

作为现代人探索人类自身的起源问题,它的价值和意义在于通过对这一问题的科学、理性、严肃的探讨,能为现代人类提供一种普世价值的、哲学意义上的观念与启示。说明人类如何在与大自然的相互依赖的过程中,借助于大自然提供的环境和条件并通过人类自身的努力,在与大自然的交互作用中完成了人类的形成和演进过程。换句话说,关于人类起源的这一问题的真正现代价值,在于说明作为"大地之子"的人类是如何、怎样从动物界分化出来,如何依存与改造大自然而形成了人类,现代人应该从中得到什么样的启示,珍惜爱护"大地母亲",在高度发达的现代工业与科技条件下也能保持一种与大自然和谐、统一的关系。今天的人类,更需要从全球的角度,更理智地来把握人类现实和未来的命运,更具温情与敬意地来理解大地母亲对人类的永恒价值。①

探索人类的起源,应展示一种普遍的全人类的价值观和伦理观,应该有助于现代人类超越种族的、民族的、国家的、文化的差异和偏见,共同来解决现代人类面临的一系列共同问题。从这一点上来说,人类具体起源于何地并不是最重要,它只是为解决人类如何起源这一问题时才显得重要。我们关注的,是某个特定的地区,它有什么样的环境条件和生态因素,对于人类

---

① 刘鸿武:《故乡回归之路》,清华大学出版社 2008 年版,第 178 页。

之起源是必要的前提,从而它成为了人类的起源地。我们是从这样的角度上来看待人类的起源地的问题,来探讨非洲大陆在人类进代发展史上的贡献和意义的。

# 二、"非洲摇篮"与人类起源

在人类从与大自然完全融为一体的动物界中一步步地分化出来的艰辛而又漫长的早期人类进化史上,具有热带高原大陆地理条件和热带稀树大草原与热带雨林生态环境的非洲大陆,曾经有过关键性的作用。[①]

从理论上讲,人类的起源,即作为人类前身的猿的进化和发展,以及由猿进化为人,必然要有相应的条件和动力。[②] 这种条件,指的是为猿类的生存、进化和发展提供环境条件、生态因素和食物资源的环境。而这种动力,则是指由于生态条件的某种巨大变迁而形成的压力,迫使猿类必须做出一系列缓慢但却意义深远的适应性变化才能生存延续,这种压力引起的改变和适应,便成为促使猿类一步步地进化为人类的动力。最近几十年来,世界各国的考古学家、人类学家和历史学家们对非洲大陆的人类早期起源问题进行了广泛深入的研究,在理论上和实际方面都有许多进展。[③] 如果把最近几十年考古学在黑非洲的一系列重大发现加以归纳,并从全球各地现代考古学进展状况的大背景上加以分析比较的话,我们可以提出如下重要的看法。

其一,从到目前为止已经取得的考古学发掘材料来看,非洲大陆有着世界上人类如何由最初的尚完全属于动物范畴的"攀树的猿",一步步地进化到人猿同形的过渡性古猿"正在形成的人",进而人猿相揖别而告别动物世

---

① B.Davidson, *The African genius: An Introduction to Africa Social and Cultural History*, Boston: Little, Brown, 1969, p.26.

② M.J.Herskovits, *The Human Factor in Changing Africa*, New York, 1962, p.9.

③ E.O.Ayisi, *An Instruction to the Study of African Culture*, Heinemann Educational Books Ltd, I-badan, Nigeria, 1972, p.7.

界、最终转化为"完全形成的人"的人类进化史的最为完整的考古发掘线索,因而把非洲大陆看作是人类起源地之一是较有依据的。目前国际学术界亦已普遍认为非洲大陆是人类最重要的发源地之一。①

其二,在非洲大陆上最近几十年来获得的考古学发掘材料和研究成果,都把人类形成的各个阶段,人类各种体质进化特征的出现,在时间上提前了许多年代,因而非洲大陆也可能是人类最早起源的地区.比如,在非洲发现的"原上猿"、"埃及猿"、"森林古猿"等,距今大约3000万年到2000万年,是迄今为止世界上发现的年代最早的猿类。作为由猿类动物向人过渡的猿人"正在形成的人",以腊玛古猿为代表,其中,以肯尼亚特南堡发现的腊玛古猿年代最早,距今大约1400万年。此外,在非洲大陆的许多地区,包括撒哈拉以南非洲的南部、东部还发现许多称为从猿到人过渡性发展旁支的"南方古猿"化石。1974年,考古学家在埃塞俄比亚哈达尔地区发现的化石,即所谓的"露西小姐"化石,其年代约为300万年前,是两足行走的猿人,被认为与早期人类有着最紧密的关系。

其三,20世纪的60、70年代以利基博士为代表的考古学家在非洲东部大裂谷地区发现的人类化石和"奥都瓦伊石器文化",已经把人类诞生的年代,即"完全形成的人"出现的年代,确定为约200万年到300万年之前。1972年利基博士在肯尼亚东图尔卡纳发现的代号1470的头骨化石,被考古学家称为"能人",已经会使用砍砸石器和刮削石器。这些都是迄今世界上发现的最早的人类化石和石器文化。在某种意义上可以这样说,人类也许是在非洲大陆上迈出了在我们这个星球上的"最初一步"的。

非洲大陆之所以可能是人类最重要或最早的起源地,其原因首先在于它有着适合人类起源进化的地理气候条件和植物动物生态环境。尤其是在非洲大陆东部地区,有着适合于人类起源进化的一些独特条件。在东非地区,大约在地质年代的中新世到上新世的数千万年中,由于一系列地质运动形成了一条巨大的断裂谷带,这条长达8000余公里的大裂谷,

---

① Y.科彭斯:《人类形成的过程:一般性问题》,见联合国教科文组织编:《非洲通史》第一卷,中国对外翻译公司1984年版,第157页。

分布着一系列纵向排列的高原湖泊,在各大裂谷和湖泊的周围,是开阔的波状起伏的稀树大草原、疏林低林,在这种广阔的空间范围内,有着人类起源所需的水源。可供食物来源的动物种类,还有可供人类起源所需的迁徙转移空间,因为从这里再往南和东推进,便可进入植物茂密的赤道雨林地区,那里有着极为丰富的可供果腹的叶、果、根、块、茎天然食物和其他热带雨林食物。两大地区的毗邻为早期人类起源进化提供了迁徙转移,尤其是在气候条件发生重大变迁时候迁徙移动以继续获取生存资源的可能。而其中的东非地区因地势较高,虽然气候较热,但又不像赤道雨林低海拔地区那样闷热。在东非大裂谷、大湖和高原地区,水源丰富、气温湿热适中,降水丰盛但又不至溽湿闷热。这里植物、动物种类繁多,但又不像热带雨林那样有严重的蚊蝇病的为害。这样的环境,无疑为人类的起源提供了较有利的条件。

尽管目前的考古学成果说明非洲大陆可能是人类最重要的起源地,但是对于任何结论性的人类起源看法还是应持一种审慎的态度。因为利用现代考古发掘材料来说明人类起源问题,只能是一种不完全肯定的推测。一来考古发掘的材料是有限的,今后还会有新的考古材料发掘出来,也许会修正或改变现有的结论。二来古人类在起源和进化的过程中并非每个地区每个时代都留下了化石,因为化石的形成需要一些特定的条件,比如死亡了的猿类或早期人类的遗骨被迅速覆盖到地下,并且该地点的特定小环境比如光照、氧气、分解速度,以及在气候、湿度等其他方面有助于其形成化石留下来。而有的地区,可能因没有这种条件而没有留下化石。因此,发现化石的地区,自然有可能是人类的起源地,没有发现化石的地区,却不一定肯定不是人类的起源地。有的地方尽管形成了化石,但在今后相当长的时间内,甚至永远,现代人都可能发现不了这些化石,因为目前为止人类化石的发现,还是带有许多偶然性的。何况,人类现代用以研究这些化石的科学手段和方法,也还并非完全正确可靠,因而我们在关于人类起源问题方面的任何探讨和结论,都只能是某种相对近似或相对正确的,不应武断地下绝对的结论。

# 三、非洲文化初始与早期发展

因缺乏文字记载,近代以前的非洲文化一直是世界文化史中晦暗不清的领域。历史上由域外的阿拉伯人、波斯人、印度人和欧洲人留下的有关非洲的文献,不仅数量很少,而且大多仅限于当时他们的目光所及的范围,大多是有关阿拉伯人和欧洲人在非洲活动的记录,极少关注到非洲大陆自身的历史文化发展进程,以及当地社会的真实状况。很长的时期内,外部世界对于非洲文化的早期历史知道得非常少,在有限的知识中实际上还存在着许多荒诞不经的传说。

进入 20 世纪以后,情况有了很大变化。非洲大陆逐渐从西方殖民统治的奴役中挣脱出来,非洲建立了一系列主权国家并开始追求自己历史文化的复兴,倡导黑人历史文化的价值和意义。现代考古学的一系列重大发现,逐渐揭开了非洲远古人类的起源和成长的神秘面纱;随着口述史料学、口传文化理论与方法日渐完善,借用这些理论和方法去搜集整理黑人世界丰富的口头传说,逐渐地把非洲大陆那些缺乏文字记载的民族带进了当代历史学研究的范围。① 此外,一些现代新兴学科,如现代人类学、文化学、语言学、传播学运用于非洲文化史的研究,使人们可以涉足许多传统史学无法涉足的领域,并利用这些知识重建非洲的过去。② 这样,一部以非洲各民族为主体的,反映着当代非洲各族人民自我历史文化意识觉醒的非洲文化史图景,便日渐清晰地展现在现代世界的面前。③

在撒哈拉沙漠以南非洲大陆这个广大的空间范围,已经发现了许多人类早期石器时代文化的遗址。从大约 260 万年前的"奥都瓦伊石器文化"

---

① B.Davidson, *The African Genius: An Introduction to Africa Social and Cultural History*, Boston: Little, Brown, 1969, p.28.

② E.O.Ayisi, *An Instruction to the Study of African Culture*, Heinemann Educational Books Ltd, Ibadan, Nigeria, 1972, p.64.

③ 刘鸿武:《非洲文化之源与古代的多元发展》,《历史教学》1993 年第 6 期。

到数万年前的"桑戈石器文化",再到公元前 1000 年的"新石器铁器诺克文化",可以看出非洲的人类文化呈现出经旧石器文化的从低到高各个阶段,直到新石器时代和铁石并用时代的完整发展图景。在这个演进过程中,非洲大陆上人类的石器制作日趋精细,种类和功能日见增多分化,文化遗址的分布则逐渐遍及非洲大陆的东西南北各个地区。它们是非洲文化的远古源头,反映着非洲大陆人类文化的漫长演进历程。

撒哈拉以南非洲出现铁器的时期是一个有争议的问题。一般认为,世界上最初发明冶铁技术的是小亚细亚的赫梯人,他们在大约公元前 15 世纪左右开始冶炼铁矿并制造了工具。后来冶铁技术从这里传播到世界其他地区,包括传入非洲大陆。北非埃及人的冶铁技术来自赫梯人的征服,并从这里逐渐流传到尼罗河南方及非洲其他地区,不过,这一过程显然经历了漫长的岁月与复杂的路径。在尼罗河南方的努比亚地区,公元前 4—前 3 世纪时,走向鼎盛的麦罗埃—库施王国出现了发达的冶铁工业,它制造的铁制品还曾出口到北方的埃及和中东。[①] 随后冶铁技术进一步向南方传播,到达东非大湖地区与沿海一带,到公元 4 世纪,铁器已经出现在非洲大陆最南端的草原地区。

冶铁技术传播的另一个方向是西非内陆。公元前 5 世纪繁荣的位于今日尼日利亚南方的诺克文化,显然已经进入了铁器文化时代。掌握了冶铁技术及铁制工具与武器的诺克人,要比周围的其他民族有更大的优势,这是诺克文化能在西非广大地区产生影响的重要原因。也有一些人认为,诺克人其实是自己独立发明了冶铁技术,但目前并无确切的材料可证明这一点。[②] 事实上,在诺克文化时期,铁器的使用还是十分罕见的现象。

冶铁技术在非洲大陆引起了巨大的文化变革与发展,不过,在撒哈拉沙漠以南非洲,许多黑人古代族群技术与文化演进表现出两个特别值得关注的特点,第一,这块大陆的多数地区都是从石器时代直接过渡到铁器时代,中间没有经历过较为典型明显的青铜时代。[③] 第二,许多地区在进入铁器

---

① 巴兹尔·戴维逊著,屠佶译:《古老非洲的再发现》,三联书店 1973 年版,第 100 页。

② R. Olaniyan,(ed),*African History and Culture*,Longman Nigeria Ltd,Lagos,1982,p.29.

③ Bennett,Norman,(eds),*Reconstructing African Cultural History*,Boston University Press,1967,pp.24-28.

时代后,实际上仍长期保持着铁石并用的特征而继续普遍的使用石器工具,因而直到很晚近的公元 15、16 世纪,在热带非洲许多地区,依然还在使用着石器工具。①

应该说,非洲文化的演进显然具有一些不同于世界其他大陆的特点。出现这种文化史上的特殊现象,不能离开非洲大陆的自身特点来理解,总体上看,非洲有些地区铁的获取较为不易,许多地区的居民通过交往而掌握的冶铁技术并不稳定,因而在传播过程上有可能中断流传。或者是因为非洲较为独特的生态环境,铁器工具与武器实际上在炎热潮湿的环境下易于锈蚀,长期保存与使用其实要有比较高的成本。我们今天通过考古材料也比较难获得遥远年代非洲大陆上存留下来的铁器,因为它们早就在热带气候下变成粉末了。此外,非洲大陆有丰富而且易于人类获取的动物、植物食物,可能也抑制了人类更快地由铁石并用时代完全过渡到铁器时代的动力。当然,非洲小型的部族社会集团与相对封闭的地区文化结构,缺乏产生运用在规模的铁器工具与武器的动力,可能也是一个重要的原因。历史上,大规模的国家形态所需要动员巨大的人力物力,组织大型军队所需要的武器,都是刺激金属工具与武器技术发展的重要动力,而热带非洲多数社会缺乏这方面的普遍要求。

铁石并用时代的长期延续,可能滞缓了非洲各地区文化发展和人类物质生产进步的步伐。非洲大陆尽管进入铁器时代的时间并不算晚,但这以后的文化与技术进步却要相对缓慢得多。从世界文化发展史的总体格局上看,在人类文化发展的早期阶段上,特别是在石器文化发展阶段上,非洲大陆是走在世界的前列的,是世界石器文化阶段的领先者。但是在向铁器时代过渡的阶段,尤其是在进入铁器时代以后,如何利用更加有效更加有力的铁制工具来发展新的生产方式,从而为人的增长提供更多的食物,如何靠铁器工具来解决资源短缺对人口增长造成的压力方面,非洲古代社会却逐渐落后了。

非洲大陆幅员辽阔,加之自然因素的阻隔,各地区进入铁器时代的时间

① 刘鸿武:《黑非洲文化研究》,华东师范大学出版社 1997 年版,第 89 页。

其实有很大的差异。西非内陆的部分地区,主要是在靠近撒哈拉沙漠边缘的一些较为干旱燥热的稀树大草原地区,大约在公元前9—前8世纪已开始使用铁。到公元前5世纪,尼日利亚北部地区已有相当规模的冶铁工业,并向南方雨林地区传播,抵达喀麦隆高原。居住于此的班图族黑人大概也是在这个时期掌握冶铁技术的。而更南方西非地区、赤道非洲和南部非洲则是在随后1000年间才逐渐进入铁器时代的。

非洲是人类农业的重要起源地,并形成自己独特的热带农业形态。不过,撒哈拉沙漠以南地区,农业的起源与演变历史依然还是个有争议的问题。非洲的农业有自己独立的起源地,同时在漫长世纪里也包含着非洲大陆与外界复杂的农业技术与产品的传播与交流过程。大约是在公元前3000—前2000年前后,在西非内陆地区出现种植粟现象,这是世界上一个较为重要的古代农业独立起源地。在西非和非洲其他地区古代农业发展进程中,来自中东、欧洲各地,尤其是来自北非和尼罗河流域、南亚和东南亚马来群岛土著居民的农业技术、农业品种的传入起过十分关键的作用。不过,可以肯定的是,在公元前2000年前后,西非内陆地区已独立发展起自己的热带农业,种植非洲粟、高粱、豇豆。随后,在沿海雨林地区出现以根块作物为主的农业,人们开始普遍地种植薯蓣、大蕉等热带雨林地区的作物。热带非洲的大蕉(香蕉)有着许多种品种,是历史上非洲黑人的重要食物,一些非洲的香蕉需要制作成熟食方能有较好的营养与口味。

热带非洲的农业演进历史有一个值得关注的特点,就是它虽然起源较早,但以后的发展进程却一直比较缓慢。直到公元17、18世纪,当欧洲人开始进入这块大陆深处的时候,热带非洲的大多数地区一直处在较粗放农业经济的阶段,有的甚至还停留在采集食物阶段或采集食物与原始种植农业经济混合存在的阶段。千百年来,非洲农业的一个突出特征,是人们更多地是依靠环境提供的丰富资源与天然禀赋,开发出与环境相适应相对粗放与低投入的热带农业,其作物生产、管理与贮存的方式,多比较简单,使用的工具也一直停留在手锄、镢头的水平上,而没有向集约化、高产化的精细农业过渡。特别是,热带非洲一直没有发展起像东南亚那样的劳动力高投入的精耕细作、灌溉农业和犁耕农业。

非洲农业这些历史特点形成,有多方面的背景与原因。总体上看,在非洲热带环境下,天然动物、植物品种较丰富,可供人们搜寻、采集和猎获的食物来源较多,也较易获得。在此环境下,人们一方面比较早地掌握并开发了热带的农业牧业,通过人为之力与技术来生产食品,养育自己,但同时也长期保留着从大自然中获得天然食物的传统,这两种传统长期得以并存,在一定程度上抑制了非洲农业技术进步的动力与压力。此外,非洲大陆如此开阔无边,可供人们迁徙拓展的内际腹地纵横南北东西,每当人口繁衍过度,对土地资源形成压力的时候,人们可能会选择迁徙、远走他乡以开辟新土地的方式来解决问题,而不一定像东方社会那样,因人多地少,必须安土重迁,耕种有时,除非万不得已,人们不会轻易放弃世代居住的村庄与土地而远走他乡。东方社会通常的解决办法,是通过发展更有效的农业技术与经营方式,通过发展更集约化的精细农业,或以新工具新技术来解决日益越多人口的衣食问题。在这个过程中,农业技术与经营管理方式得以进步提升,村社与国家制度也向集约化集中化方向过渡。

非洲的环境对发展集约化农业或精耕细作农业的压力形成影响。在热带雨林地区,天然的食物如大蕉、木瓜、刺皮蓣薯,经人口初步驯化培育后,便可自然生长于村庄周围的广大地区,人们并不需要投入太多的栽培管理成本。非洲这类食品的资源是十分丰富的,比如非洲大蕉,品种就达一百多个,适合于热带雨林地区及河谷三角洲地区广为种植,一个大蕉重可达数百克,它生长在蕉树上随时可供采取,但需要加工成熟食或淀粉食用。非洲蓣薯也有这样的特点,人们食用它的块根,块根可以长年埋在地下缓慢生长,既有助保存,也可随时采食。事实上,在热带非洲的热带雨林湿热环境中,因为流行病菌蚊蝇,一旦发展有水利浇灌的种植业,水草中就会迅速蔓延,导致热带流行病菌,给人类生存以危害。这些特殊的因素也抑制了非洲灌溉农业和使用牛马的犁耕农业的发展。

非洲农业发展的这些特点,在特定的历史与技术条件下,其实是适合于非洲独特环境的经济形态与文化模式。不过,非洲一些地区因为与外界很早就建立了人口与技术的传播关系,农业也得到了较显著的发展。比如,东北非的埃塞俄比亚高原,及东非大湖地区的社会,很早就有类似于亚洲那样的农耕文化、犁耕技术。历史上,二牛抬杠的土地深耕技术提升了埃塞俄比亚古代文明的基础,阿克苏姆古代国家的政治制度与结构也达到很发达的程度。在马达加斯加岛、科莫罗及附件岛屿,亚洲农业模式比较早地传入,还有一批批来自亚洲的马来族群居民迁入,与当地的班图黑人融合,加上当地气候相对适于农耕,也促成了马达加斯加岛形成相对发达的农耕文化。

非洲大陆经历了复杂的农业发展过程,总体上说,以往时代非洲农业发展水平相对低下,也为今日非洲农业发展留下了很大的空间。如果有好的投入与管理,有适应的技术与生产方式变革,现代非洲农业其实具有广阔的发展前景。事实上,近代以后,在南部非洲,东非与西非,比如开普殖民地、罗得西亚殖民地,也出现了一些现代化的农业经济区。外来的欧洲人曾使用奴隶劳动,或以自己的移民社会,开发出现代的种植园经济。西非沿海也出现了种植园经济,出口于世界市场。今天,非洲大多数国家,国家经济的基础基本上还是农业,包括传统农业与现代农业及两者的混合形态。开发自然资源,发展现代农业,在非洲依然具有巨大的潜力。

# 四、"非洲大迁延"及其文化影响

非洲历史文化的变化与成长,与一些重大历史事件有着复杂的关系。比如,热带农业的出现与传播,冶铁技术的出现,都是古代非洲文化发展史上的重要事件,对非洲文化的进程产生了广泛而深刻的影响。

农业经济与铁器技术的出现,在非洲引起的重大变化之一,是它直接或间接地导致了班图大迁徙(The Bantu Expansion)的发生。这些古代尼格罗班图各族群,在长达 1000 多年间持续不断的迁徙活动,并在迁徙过程中开发更广阔的非洲中部和南部地区,一直是历史学家们关注的重大事件。

大约从公元 1 世纪前后,原先居住在尼日利亚与喀麦隆交界的贝努尔河流域地区的黑人族群,开始向非洲的西部、南部和东部迁徙。这些迁徙的族群,在非洲文化史上被称之为"班图人",这主要是因为他们的语言有着共同的联系与特征,语言学家将其称为班图语(Bantu)。从语言学上分析,在班图语中,"Bantu"一词,由表示"人"的通用词根"-ntu"与表示"许多"的通用前缀"ba"由两部分组合而成,表明这是一个很大的族群共同体。① 班图语是非洲的尼日尔—刚果语系中重要语族之一,其内部还可分为许多语言分支或民族语言,但所有班图人之间,都有明显的语言联系。这种语言上的联系与统一性,也是非洲大陆黑人各族群具有共同文化属性及一体化特征的重要标志之一。②

班图人迁徙的原因十分复杂,应该是多种因素综合作用的结果,其中一个重要原因,是那些掌握了农业技术和铁器工具的班图族黑人,开始获得在更广阔非洲大陆上生存的能力。他们有条件和能力在迁徙中寻求更好的土地与资源,并穿越茂密的赤道雨林地区在那里开辟森林,发展热带农业。班图人的迁徙似乎是一个复杂的过程,并不是一次完成,也不是一开始就有明确的方向与目标。最初,他们进入到了非洲中部的赤道雨林地区和巨大的刚果河盆地,随后的世纪,有的进一步向东和向西迁徙,到达东非的大裂谷地区,并进一步抵达东非的印度洋沿岸地区。班图人的迁徙持续的时间十分漫长,在近一千年的岁月中,班图人逐渐地流向非洲更广阔的地区,一些向南的班图人更先后到达了非洲的最南部的今日南非开普敦与津巴布韦地区。在迁徙的过程中,一些人会往回迁徙,再向前迁徙,各支系也有融合现象发生,最终他们分布到了非洲中部、东部、南部的广大地区。

班图人迁徙的过程,也就是非洲广大地区进入农业和铁器时代的过程,是非洲广大地区早期人类演进和古代文化发展的过程。班图人在迁徙过程中,或者是在过去从未有人类出现的地区发展起来了农业和畜牧业,或者是排挤掉了那些土著的比班图人要落后的科伊桑人或俾格米人。这些土著原始的人种,有的消亡了,有的被班图人同化了,有的迁徙到更加遥远的或更难以接近的大漠深处及热带森林地带。班图人的迁徙过程,使撒哈拉以南非洲的民族分布也发生了很大变化。在东非地区,班图黑人与含米特人融合成含米特班图人,与尼罗特东苏丹人融合成班图尼罗特人。与阿拉伯人、

---

① Erik Gilbert & Jonathan T. Reynolds, *Africa in World History*: *From Prehistory to the Present*, 2nd ed. Pearson, p.50.

② 刘鸿武:《黑非洲文化研究》,华东师范大学出版社 1997 年版,第 89 页。

印度人、波斯人融合而形成为斯瓦希里人。那些迁徙到非洲东南部、南部和西南部的班图人，几经变迁融合与分化，分别形成为今日南部非洲大陆共同具有班图血统渊源的黑人各部族。

由于农业的发展和铁器传入而促成的持续上千年之久的班图族黑人大迁徙，构成了古代非洲最重要的历史文化事件之一。伴随着这一历史文化事件的发展，非洲的整个历史也发生了一系列深刻的变化。由于这些迁徙的范围广阔，东至印度洋沿岸，西起大西洋雨林地区，向南抵南非之角的开普敦，使以后在这上千万平方公里面积上生存着的黑人各族，都有着共同的班图族黑人的最初文化渊源。这种共同的渊源使广大地区的黑人各部族在文化上、语言上、人种体质上有一种无法割断的联系。

虽然在以后的漫长历史进程中，迁徙于不同地区和不同环境下的班图各族发生了许多分化，出现了各不相同的文化特征，社会经济和技术水平也有了新的差异。尤其是那些迁徙到遥远地区之后便长期处于与外界封闭的状况下孤立发展的部族，文化上的停滞落后更加明显。而有的部族，比如迁徙到东非沿岸地区而接触到来自阿拉伯、印度、波斯地区的先进文化和技术，很快就形成古代较为发达的东非班图黑人文化。尽管有这些差异，但是整个班图黑人文化的一致性和相似性还是始终存在的。我们曾经分析过的非洲黑人文化所具有的文化特征上的外部相似一致与内部差异多样性并存的特点，在班图族人那里表现得更为明显。

目前，非洲东部、南部各国间存在着世界班图文化联合体一类的组织机构，班图文化也是世界黑人文化研究中的一个重要分支领域。

# 第五章　非洲文化的地域结构与特征

今天,人们说起非洲,常常会问这样一些问题,比如"非洲落后吗","非洲是不是很炎热"? 通常,这类以非洲为对象的问题往往很难回答,因为非洲实在太广阔巨大,差异明显,难以用一句话来形容与解释非洲。比如,我们可以说非洲确实很炎热,但实际上非洲也有许多地方气候十分的温和凉爽,而非洲气候凉爽宜人的地区分布之广阔,可能要远远超出一般人想象。所以,理解非洲社会及其文化的一个重要方面,是不能简单地将整个非洲大陆作为一个地理与文化单位来看待。非洲大陆广阔无边,生态极其多样,生存在此广袤大地上的各族群,经济发展水平高低不一,政治结构各有特点,所创造的文化形态多元而差异明显。在不同的自然条件和生态环境之下,各族群相互间往来与接受外部世界文化影响的程度也各不一样。

事实上,地区间与族群间的发展不平衡一直是非洲文化的突出特点,在某种程度上,古代非洲社会与文化已经具有区域化的发展倾向,这种区域化可以从不同的层面与角度上进行把握,或大或小,或细或粗。① 从细致的角度上看,有的学者认为,撒哈拉以南非洲的黑人文化可分成为 800 至 1000 个具有独立语言和民族群体的文化单位,②有的甚至划分得更细小。③ 这取决于我们用什么样的文化形态尺度。一般来说,这需要综合考虑非洲的

---

① M.J.Herskovits, *The Human Factor in Changing Africa*, New York, 1962, p.20.

② B.Davidson, *The African Genius: An Introduction to Africa Social and Cultural History*, Boston: Little, Brown, 1969, p.16.

③ O.U.Kalu,(ed), *African Cultural Development*, Fourth Dimension Publishers, Nsukka,Nigeria, 1978, p.96.

人种、语言、历史传统、宗教、社会形态、经济与政治结构等因素,并根据研究需要把非洲文化划分成若干个具有大体相似特征或共同性的文化区。① 这方面,各国学者划分的标准和方法有所不同,有的划出 10 多个,有的划出 20 多个,②这里我们采用较简略的一种,把撒哈拉以南的非洲文化划分成五大文化区。

# 一、"西苏丹"文化区

"苏丹"(Sudan)一词作为非洲大陆历史文化方面的一个概念,有其特定的范围和意义。在历史上,它作为一个人种集团的泛称,曾广泛地被阿拉伯人、埃及人、北非人和欧洲人用来统称撒哈拉以南的黑人种群。③ 而作为一个地域空间范围的概念,它是指西起大西洋沿岸的塞内加尔河口,东至尼罗河上游盆地,北抵撒哈拉沙漠、南至赤道雨林地区,大约北纬 8—18 度之间的广阔地带,一块面积约 400—500 万平方公里的非洲内陆半干旱热带稀树大草原和半荒漠的所谓"萨赫勒地带"(Sahel)。④

在阿拉伯语中,萨赫勒有"海"、"海岸"之意,历史上主要是用以指非洲内陆靠近撒哈拉地区的广阔无边的内陆稀树大草原地区。凡是去过非洲内陆旅行的人都知道,在非洲内陆上广为分布的这种热带稀树大草原,是如此的广阔,远远望去,波状起伏的草原显得是这般苍苍茫茫,无边无际,确如大海般给人以心灵的震撼。所以古代的阿拉伯人将非洲内陆的稀树大草原称之为"大海",应该是有道理的,因为它确实是人类并不容易穿越的"陆上海洋"。

因此,"苏丹"一词在历史上包含的人群和地域范围要宽泛得多,它与

---

① M.J.Herskovits, *The Human Factor in Changing Africa*, New York, 1962, p.216.

② Otfenberg, (ed), *Cultures and Societies of Africa*, Random House, 1960, p.36.

③ B.Davidson, *The African Genius: An Introduction to Africa Social and Cultural History*, Boston: Little, Brown, 1969, p.33.

④ 参见 O.U.Kalu, (ed), *African Cultural Development*, Fourth Dimension Publishers, Nsukka, Nigeria, 1978, p.70。

整个所谓的"萨赫勒世界"有大致相同的范围,而不是指今日的苏丹共和国。①

苏丹文化区可以以乍得湖为界分成东西两部分,即西苏丹文化区和东苏丹文化区,两者之间有着十分广泛的文化相似性和联系,但相互间的区别还是很明显的。

西苏丹文化区是古代非洲文化中最重要的地区,也可以说是古代黑人世界的文化核心地带。这里是非洲独立的农业起源地,虽然这一地区位于非洲内陆并靠近北方的撒哈拉大沙漠,气候炎热,干湿季节分明,雨季降雨量并不太多,旱季盛行从北方撒哈拉大沙漠上刮来的"哈马丹"风,沙尘满天,干燥炎热,许多地区也十分缺水。但是这个地区却在历史上一直是非洲黑人最主要的农业区域,形成了锄耕农业与畜牧业混合的经济。有种植各类非洲粟、高粱、豇豆、南瓜等作物的热带锄耕农业文化传统,其北部则更多地以游牧文化为主,西苏丹的聚落景观为带有篱笆圈围场地的圆形茅草土屋。

历史上,西苏丹地区曾出现过一些有名的城市如廷巴克图、卡诺等,这些城市既是西非内陆历史的政治经济及文化中心,又是连结北非的撒哈拉商路的南方起点或重镇,以这些城市为重心,历史上西苏丹地区曾在政治方面兴起过一些由部落联盟构成的具有帝国规模的政治军事中心,如加纳(公元 3—11 世纪)、马里(公元 10—15 世纪)、桑海(公元 15—16 世纪)。这些古王国的疆域很大,但实际有效统治范围并不太明确,忽大忽小,其内部实际上只存在某种松散的政治联系,并未形成系统完备的官僚政治体制和中央集权的政体结构。② 在经济上,这些古王国是以热带农业和游牧业为基础的,但更多的是以向北非阿拉伯世界输出黑奴和黄金而兴盛。西苏丹地区还有过小规模的但文化上却比较发达的类似城邦式的政权组织。如豪萨族黑人在 15—16 世纪建立过的一些以城市为中心的城邦小国。③

西苏丹地区的黑人种族文化成分是比较复杂的,这里存在着众多的黑

---

① 刘鸿武、姜恒昆编著:《列国志·苏丹》,社会科学文献出版社 2008 年版,第 78 页。

② A.A.Nwankwo, *National Consciousness for Nigeria*, Enugu Nigeria, 1985, p.3.

③ R.Olaniyan,(ed),*African History and Culture*, Longman Nigeria Ltd. Lagos, 1982, p.14.

人部族集团,语言和宗教也很分割破碎,但是相对于非洲大陆其他地区而言,西苏丹地区由于存在一些规模较大的文化上较先进的部族,历史上也建立过众多跨地域的帝国政治结构或古王国,加上西苏丹地区内部各地之间的商贸往来和文化联系较为发达,因而西苏丹地区是古代非洲大陆在文化和民族方面整合与一体化程度较高的地区,"一些部族实际上已经发展成较为稳定的有共同语言、传统、生存方式和心理素质的古代民族,"①而且规模也很大,比如豪萨人、曼丁哥人、索宁凯人等。其中,像豪萨语、马林凯语或索宁凯语,已经成为跨地区多民族共用的贸易文化通用语言。②

西苏丹的历史文化进程还与撒哈拉商路的存在有很大关系,并因此而在 10—12 世纪以后深受阿拉伯文化和伊斯兰教的影响。撒哈拉商路和伊斯兰教实际上是西苏丹地区作为一个在文化上有着某种共同传统和开始呈现早期一体化性质的地区的两个关键因素。阿拉伯文化和伊斯兰教在西苏丹地区的传播时间开始得很早,在公元 8—10 世纪就开始了,但进展却比较缓慢。③ 经过许多世纪的渗透,到公元 18、19 世纪以后,西苏丹地区在某种意义上已经是伊斯兰世界的外缘部分。④ 不过,伊斯兰教和阿拉伯文化对西苏丹地区政治和社会的影响并不像在北非那么深刻与广泛,"非洲本土黑人文化的传统因素改造了外来的伊斯兰教,使西苏丹的伊斯兰教带上了非洲本土的形态特点"。⑤

# 二、"东苏丹"文化区

从乍得湖周围地区向东,包括尼罗河上游盆地在内的这一非洲内陆中

---

① B.Davidson, *The Africans: An Entry to Cultural History*, London, Longman, 1969, p.49.

② A.A.Nwankwo, *National Consciousness for Nigeria*, Enugu Nigeria, 1985, p.20.

③ R.Olaniyan, (ed), *African History and Culture*, Longman Nigeria Ltd. Lagos, 1982, p.80.

④ O.U.Kalu, (ed), *African Cultural Development*, Fourth Dimension Publishers, Nsukka, Nigeria, 1978, p.137.

⑤ O.U.Kalu, (ed), *African Cultural Development*, Fourth Dimension Publishers, Nsukka, Nigeria, 1978, p.36.

心地带,是东苏丹文化区地带,这一地区大体上是历史上尼罗特黑人生存的世界。

尼罗特人是黑人中体型高大、皮肤深厚的一支。东苏丹文化区基本上是以尼罗特人的各部族为居民的主体。东苏丹文化区在许多方面都与西苏丹文化区十分相似,但它有着更为明显的荒漠大草原游牧文化的传统,而农业却不如西苏丹地区发达。东苏丹因处于非洲内陆的一个中心地带上,是西非黑人文化、北非文化、古埃及文化、埃塞俄比亚文化和东非斯瓦希里文化交汇重叠的地区,因而文化上曾受周边的多重影响,也是历史上非洲人口聚集和向外迁徙的核心地带或"交往的走廊"。[①] 在东苏丹地区,历史出现过像加涅姆博尔努王国之类的松散的政治实体。历史上,东苏丹文化区也逐渐受到阿拉伯伊斯兰文化的影响,但整个苏丹文化区的伊斯兰教都有着十分浓厚的黑人文化的色彩,与北非和中东地区的纯正伊斯兰文化是很不一样的。

# 三、"几内亚"文化区

与"苏丹"一词相似,"几内亚"作为一个历史文化概念,在非洲文化史上是指大约北纬 8 度以南、尼日尔河入海口三角洲以西的几内亚湾沿海热带雨林地区,而并非只是指今日的几内亚共和国。[②] 几内亚文化区与西苏丹文化区相毗邻,两者在人种、语言、历史传统方面有许多共同的渊源传承关系或相似性,但几内亚文化区在经济生活、生产方式,尤其是艺术、音乐、宗教方面则与赤道非洲和南部非洲的班图文化更为相似。[③] 比如,几内亚文化区有着十分典型的黑人面具、木雕、通话鼓、传统舞蹈、原始宗教,有以种植薯蓣、大蕉等根块作物为主的热带雨林锄耕农业。历史上,几内亚文化区几乎没有大牲畜畜牧业传统,也没有灌溉农业和犁耕技术。

---

① B.Davidson, *The Africans：An Entry to Cultural History*, London, Longman, 1969, p.205.

② A.A.Nwankwo, *National Consciousness for Nigeria*, Enugu Nigeria, 1985, p.29.

③ B.Davidson, *The Africans：An Entry to Cultural History*, London, Longman, 1969, p.29.

不过,几内亚文化区在黑人艺术方面却有一种多元的形态。一方面,它的大多数居民有着十分典型的热带雨林部族的那种抽象变形的面具木雕,这些黑人雕刻大多造型奇特、面目鬼怪夸张。但是在几内亚地区却又出现了与此风格十分不同的"伊费贝宁铸雕",这是一种在非洲罕见的造型精美典雅的现实主义美学风格的雕刻艺术。伊费贝宁的人物雕刻不是以变形抽象的几何状形态来表现某种紧张强烈的情绪,而是以写实性很强的人物造型来表现一种理智的精神。过去,西方人曾认为伊费贝宁雕刻所具有那种现实主义美学风格和理性精神非黑人世界所能创造,而是 15 世纪西方葡萄牙殖民者传入的。但到 20 世纪 40 年代在尼日利亚乔斯高原发现"诺克文化"之后,诺克文化与贝宁艺术却表现出一种内在的艺术联系与传承关系,说明伊费贝宁艺术是非洲黑人自己的创造。①

几内亚文化区与苏丹文化区的一大区别是它在历史上几乎没有或很少受到阿拉伯文化与伊斯兰教的影响,从而使其保留了较为纯正典型的黑人热带文化的形态。几内亚地区虽然濒临大西洋几内亚湾,河流众多,但历史上这里的黑人却始终没有发展起航海事业,到了近代以后,它成为西方殖民扩张的最主要的地区,几百年的黑奴贸易主要集中在这一地区,以后西方人又在几内亚地区建立了一系列商站、城市和殖民地,基督教势力也增长很快,是近代以后,非洲受西方影响较深、西化程度较高的地区。

# 四、"大刚果"文化区

这一文化区从喀麦隆和加蓬开始,包括整个刚果河扎伊尔河流域在内,并直到安哥拉北部的热带雨林地区。其中,以巨大的刚果河盆地为中心地带。这一地区因赤道从中部穿越,巨大而支流纵横密布的刚果扎伊尔河的丰富的森林资源和水量,使这一地区构成了除南美亚马逊河流域之外世界

---

① 刘鸿武等:《从部族社会到民族国家——尼日利亚国家政治发展史纲》,云南大学出版社 2000 年版,第 86 页。

上热带雨林气候和生态特征最为典型的地区。

历史上,这一地区的人类文化是以班图类型的尼格罗黑人的迁入和随后的开发经营而形成的,这是一种以班图人为主体,星散着一些土著原始的俾格米人的热带雨林文化。① 从班图黑人文化的角度来看,刚果河盆地热带雨林文化可称之为班图文化的西支,或西班图文化。处于巨大的刚果河盆地和刚果河各支流附近的这种东班图文化,历史上最大的特点是它严重的封闭性。这种封闭一是其内部各地区、各部族之间的封闭。巨大而茂密的热带雨林不仅极难穿越通行,而且要建立大范围的政治与社会组织也是很困难的。② 因而历史上刚果河盆地和热带雨林流域内的班图族黑人,始终处于分散的小规模部族群体,社会机体的发育程度很低。虽然班图人南迁后带来了冶铁技术和早期农业开发了热带雨林地区,形成了星星点点的种植根块作物的粗放原始的锄耕农业,但却一直处在一个较低的发展水平上。只是到了15、16世纪,在刚果河中下游和支流宽果河流域,才出现了有一定规模的部落联盟组成的小王国,如刚果王国、库巴王国等。

在文化上,刚果文化区与几内亚文化区都是十分相似的,都有着热带雨林黑人文化的许多特征,没有成熟的畜牧业文化传统,极少饲养牛等大牲畜。③ 在聚落景观方面,刚果文化区大多数是三角形屋顶的长方形土屋。刚果文化区封闭性的另一方面是它与外部世界的隔绝状况。

历史上,无论是从北方撒哈拉方向南下的阿拉伯人还是从尼罗河上游流域而来的古埃及人和埃塞俄比亚人,还是从东面印度洋上来的阿拉伯人和印度人,从而不曾有能力进入这一刚果河巨大盆地的赤道雨林地区,因而这一地区历史上几乎完全没有受到外部世界文化的影响,包括伊斯兰文化和北非文化的影响。这种封闭性使刚果文化区的黑人文化有着典型而又纯正的班图族黑人传统文化的特征,其土著音乐、艺术、舞蹈、雕刻都有浓厚的黑人文化气氛。

---

① G.P.Murdock, *Afria*, *Its Peoples and Their Cultural History*, New York, 1959, p.89.

② B.Davidson, *The Africans*: *An Entry to Cultural History*, London, Longman, 1969, p.30.

③ B.Davidson, *The Africans*: *An Entry to Cultural History*, London, Longman, 1969, p.28.

# 五、"东南非"文化区

东非畜牧文化区,也可称之为班图文化东支,或东班图文化区。是以东非大裂谷地区的大湖文化和沿海文化为中心的东非高原畜牧农耕混合型文化。在地域范围上,这一文化区的范围十分广大,大致北起肯尼亚南至非洲最南端、从东非大裂谷一线以东到印度洋的整个东非、南非地区。这是古代班图人文化的东部。其特点是因地势较高、气候干燥,较少苹苹蝇等热带雨林病菌之害,在历史上形成广泛的大牲畜饲养和游牧文化传统。盛行着以牛作为彩礼和社会地位象征的习俗。

从肯尼亚、坦桑尼亚到莫桑比克的沿海地区,历史上通过印度洋海上贸易和文化交往而在种族、宗教、语言、经济等方面受环印度洋文化乃至东亚文化的不同程度的影响。尤其是班图文化与阿拉伯文化、印度文化混合而成的"斯瓦希里文化",对整个东非沿海地区的民族、语言、宗教和社会的文化整合与一体化产生了重要推动作用。斯瓦希里文化也是古代撒哈拉以南非洲大陆黑人世界中唯一具有海洋传统的区域文化。

在东非内陆地区,沿南北走向的巨大漫长的大裂谷地带,断裂地形构成的一系列湖泊和湖泊周围的高地,是撒哈拉以南非洲较为适合于人类生存和发展定居农业和大牲畜畜牧业的地区。在这些地区,历史上形成了一些人口密度较高的定居点。较为干燥的气候和开阔巨大的高原台地和大裂谷及湖泊,也为人类的交往提供了较便利的通道。因而在某些居民较集中的地区,比如在今乌干达、布隆迪、卢旺达这几个国家的某些古代居民集中定居点上,逐渐形成了在非洲处于较先进水平的集约化锄耕农业,形成过一些官僚化程度较高的政权组织。[①] 如19世纪的乌干达王国,其传统政治体系的发育程度和国家功能已较完备。

南部非洲班图人的各部族,文化发展的程度差别较大。相对于赤道非

---

[①]　G.P.Murdock, *Africa, Its Peoples and Their Cultural History*, New York, 1959, p.88.

洲和西非萨赫勒地带,整个南部非洲的自然地理条件和生态环境是比较温和适宜的。它的环境基本上属热带稀树大草原,只在西南部分布着广大的沙漠、荒漠和干燥不毛的旷野。在今津巴布韦地区,历史上班图人曾形成过大规模的政治联盟,建立过较完备有效的地域政权机构,其中以建造了巨型石头圆形城堡为特征的大津巴布韦文化为代表。而南部非洲班图人中的祖鲁族各支系,其内部的一体化程度已达到较高的水平,已经大体上具备了古代民族的各种发展特征。只有在西南非洲的荒漠沙漠中散布着的布须曼人和霍屯督人较为原始落后。布须曼人以原始的采集狩猎为生,但已会驯养狗。霍屯督人相对先进一些,已有初步发展的畜牧文化。

除上述文化区之外,还有两个介乎北非文化与撒哈拉以南黑人文化的过渡性文化区,一是撒哈拉文化区,二是东非之角文化区(包括今苏丹沿海地区、埃塞俄比亚和索马里在内)。这两个文化区同时兼有北非文化和黑人文化的某些特征,是非洲古代南北两大文化的交汇重叠的地区,一种混合过渡性的文化。

将非洲文化按文化形态之异同而划分成若干区域,是一种综合性的文化类型划分方法。我们也可以只选取文化特征的某一方面,某个单一的标准,比如语言、宗教、生活方式、艺术等来划分文化类型。其中,以非洲各族在经济形态和生产方式的异同来划分文化类型,也曾是一种广为使用的方法。比如美国学者 G.P.默多克在他那本较有影响的著作《非洲各族人民及其文化史》(1959 年)中,便以生存方式之异同而将非洲文化归纳成如下 13 个类型:(1)狩猎采集文化;(2)霍屯督人的原始初级畜牧文化;(3)撒哈拉沙漠上的沙漠畜牧文化;(4)萨赫勒和苏丹边缘地带的农业文化;(5)西苏丹农业文化;(6)沃尔特河流域和尼日利亚高原农业文化;(7)努比亚走廊的农业文化;(8)中苏丹农业文化;(9)撒哈拉南缘的畜牧文化;(10)东非畜牧文化;(11)几内亚湾沿岸热带雨林地区农业文化;(12)赤道雨林地区农业文化;(13)东、南部非洲的农牧混合型文化。[①] 当然,我们也可以用语

---

① G.P.Murdock, *Africa*, *Its Peoples and Their Cultural History*, New York, 1959, p.78.

言、宗教、艺术形式作为尺度来划分非洲大陆上的黑人文化类型。①

无论怎样划分，各种类型的文化形态或文化区的形成，都是非洲各民族历史活动的结果，是非洲文化在形成共同的纽带或基础方面最初的一步。它为非洲文化的同质一体化发展提供了不同层次和不同侧面的前提因素，也是近代以前非洲黑人文化在区域结构方面所形成的一种客观的结构与布局。这些区域性的文化结构虽然松散，但却也复杂的历史影响，对当代非洲的地区化进程的兴起，是一个需要考虑的历史文化背景。

进入近代以后，随着西方外部殖民侵略扩张势力的介入，随着西方文化的渗透侵蚀，非洲文化的传统形态和原有体系结构被打破，有的逐渐趋于解体了。伴随着这种解体与破坏的过程，同时也开始了另外一种混杂型或过渡型文化形成的过程。一方面，以往世纪非洲传统文化那种以内陆为重心的格局发生转变，转向了沿海地区，沿海较之于内地，在非洲政治经济结构中的地位开始上升。研究表明，"沿海地区随近代历史的推进而成为非洲历史的关键地区，非洲文化也就形成了内陆传统文化与沿海殖民地混合文化并立的二元结构。"②另一方面，西方势力的介入又打破了原有的那种非洲文化传统纽带或共同体，其内部的许多联系，诸如语言上的、民族上的、宗教上的、经济生活上的内部联系都不同程度地被分割、被肢解、被打乱或切断了。而原来没有什么内在联系或共同纽带的民族，那些文化背景和文化传统相异的民族或部族，又被西方人人为地组合在一起，以至于最后形成了当代非洲大陆几十个国家林立，政治版图和国家疆界往往与历史文化共同体不相吻合的局面，为当代非洲各国的分离内乱埋下了一些文化方面的冲突根源。③ 比如，20 世纪 60 年代在尼日利亚发生的大规模内战"比夫拉内战"，战争中北方豪萨人与南方伊博人的冲突，在某种意义就隐含着历史上形成的北方苏丹文化与南方几内亚文化差异而导致冲突的倾向。④ 今天，

---

① B.Davidson, *The Africans：An Entry to Cultural History*, London, Longman, 1969, p.26.

② A.A.Nwankwo, *National Consciousness for Nigeria*, Enugu Nigeria, 1985, p.39.

③ A.A.Nwankwo, *National Consciousness for Nigeria*, Enugu Nigeria, 1985, p.42.

④ 刘鸿武等：《从部族社会到民族国家——尼日利亚国家政治发展史纲》，云南大学出版社 2000 年版，第 29 页。

非洲各国内部复杂的民族文化结构,各国间交织影响的边界与民族问题,都与这些在历史上形成的文化地缘结构有着复杂的关系,从中我们可以感受到非洲原有文化是如何影响着当代的国家与地区发展进程的。

# 第六章　"具象非洲"与"符号非洲"

　　从世界文化发展的整体背景上看,非洲文化的民族个性与地域特征是十分鲜明的。受着独特发展环境、历史演进过程等诸多因素的影响,非洲文化有着许多明显区别于世界其他文化的个性品质与独特形态,并有因为这种个性品质与独特形态的存在,而使非洲文化对外部世界总是充满了魅力与吸引力。

　　非洲文化的个性品质与独特形态体现在许多方面,而具象化是非洲文化的基本属性之一。在某种意义上我们可以说,非洲文化在总体上是一个人之感官可强烈触及和感受得到的具象与符号世界。明媚的阳光、斑斓的色彩、充沛的激情、强烈的动感、神奇的仪式、变幻的节奏,所有这些,构成了非洲文化的基本元素,构成了非洲文化的基本品格。是非洲各民族人民自我认同、对外认同的文化基础与心灵空间。[①]

　　这是一个借助于繁复的象征符号、鲜活的口头语言来完成人际沟通、族群往来的世界,一个用"口传文化"与"符号文化"传承知识、思想、情感的文化与生活融为一体的世界。[②]每当你进入非洲大陆,置身这块大陆时,你可能就面对着这样一个文化世界,那独特的部族艺术、丛林音乐、逝者法器、祖先面具、图腾装饰、服饰文身、歌舞神话,还有各种形态的村寨仪式、长老谚语、本土知识、巫术表演、秘密结社、宗教庆典等等,都带着热带大陆的气息与活力,充满了人与自然的本性与激情。

---

　　① Kelly M.Askew,*Performing the Nation:Swahili Music and Cultural Politics in Tanzania*, Kapsel Educational Publitions ,Dar es Salaam, 2002, pp.224-227.

　　② Werner Gillon,*A Short History of African Art*, Penguin Books Ltd, London, 1991, p.19.

我想,任何一个外部文化世界中的人,要真正理解非洲文化,欣赏非洲文化,理解非洲文化对于世界的意义,不能离开对这个大背景的把握与感知。①

# 一、书写文字与具象符号

人类因处于不同的生长环境和自然条件之中,具有不同的政治经济形态与民族结构,其文化演进的历史过程与社会背景又各不相同,从而逐渐形成了文化上的地域特征与民族个性,形成了文化发展的多元模式与多元走向。虽然人类作为一个整体,其文化在本质上是相通的,是可以相互理解与沟通的,构成人类文化的基本要素也都是一样的。但是,人类文化的基本要素,人类文化的表现形态与存在方式,在不同民族那里,却有种种的差异与区别。

文化表现为鲜明的民族性与地域性,文化个性差异的长期存在,既有合理之依据,又能满足着人类生活的不同需要,发挥不同的文化功能。因而我们理解与评价一种文化,理解与评价一种文化的个性与特点,总体上应该持一种历史主义和相对主义的态度,一种开放与包容的观念,将自己置身于该文化产生与发展的背景环境上去理解,而不能从某种绝对的原则,从某种外部的他者的尺度上去简单地断定某种文化某种艺术之优劣高低。世界文化本身始终具有多元性与多样性,每个民族的文化都享有其存在之权利,有平等相待和相互尊重要求。事实上,正是人类文化在结构形态和品质特征上的差异与区别,才使得人类不同群体与民族之间可以自我认同和相互识别,可以产生文化上的民族意识与民族情感,使得人类通过相互接触交流以获得文化上的更新发展成为必要和可能。人类文化的多样性与人类不同文化特征的存在,始终是人类文化保持活力和生机的前提。因此,对非洲文化结构形态和特征的分析,将有助于我们从总体上来更好地理解非洲文化,理解

---

① Werner Gillon,*A Short History of African Art*,Penguin Books Ltd,London,1991,p.25.

它的精神特质和个性魅力。非洲文化的个性特征是十分鲜明的。近代以前，撒哈拉以南非洲各民族基本上没有出现文字，其文化主要是借助于口头语言而非书面语言来传承，因而可以把非洲文化称之为"口传文化"。① 近代以前，口传文化曾广泛存在于非洲、美洲及世界许多地区。不过，非洲与欧亚大陆并不完全隔绝，它受到欧亚文字文化的影响。阿拉伯、印度、欧洲、波斯、中国的古代文献，记载着当时外部世界对非洲的了解情况。当然这些文献记载的只是当时外部世界对非洲大陆视野所及的那一部分地区的情况，如阿拉伯人记载的主要是伊斯兰教势力所能达到的苏丹地区和东非沿岸，中国人的历史文献也只涉及到东非沿岸的部分地区，且存在着不少片面、夸张甚至杜撰的成分。公元8世纪后非洲受到伊斯兰教的影响，一些黑人掌握了阿拉伯文字。公元12世纪，非洲出现若干种利用阿拉伯文字符号记录当地语言而形成的非洲文字。如豪萨文、斯瓦希里文、阿雅密文、富尔贝文和卡努里文等。18、19世纪里，非洲一些黑人部族还发明了一些类似于象形文字的非洲土著文字，如喀麦隆的巴蒙文、利比里亚的多伊文，尼日利亚的恩西比文等。不过，这些文字流行区域十分有限，还未作为大众传媒手段和交流工具。因而总体还是可以把非洲文化称之为无文字的口传文化。19世纪以后，欧洲的英文、法文、葡萄牙文开始在非洲传播，非洲才进入文字文化发展阶段。②

过去，人们曾把文字的发明与运用当成了人类文明出现的标志，没有文字的民族被称为"史前民族"，其文化就是"史前文化"或"原始文化"。传统史学对书面文献材料的过分依赖，不可能有效涉足非洲大陆这样的口传民族的历史与文化，于是便简单地断言非洲没有历史文化。第二次世界大战结束以后，随着对非西方世界的各地区各民族历史文化研究的日益重视，人们开始突破传统史学的局限，运用语言学、文化学、人类学和考古学的理论方法涉足非洲大陆的历史文化。当代世界学术变动的一个显著趋势，就是对第三世界各个民族历史文化研究的加强和扩展。③

---

① R.Olaniyan,(ed),*African History and Culture*, Longman Nigeria Ltd., Lagos, 1982, p.26.

② O.O.Oreh, *Traditional Modes of Communication in Africa*, Nsukka, Nigeria, 1978, p.110.

③ R.Olaniyan,(ed),*African History and Culture*, Longman Nigeria Ltd., Lagos, 1982, p.3.

口传特点对非洲文化产生了持久的影响。首先,口传特征使非洲文化不易纵向积累世代承继,文化成果因积累困难而进步很慢。在非洲大陆,随着一个个文明的兴起又衰落,许多发明、技术、观念、知识没有留下来。总的来看,非洲大陆的文化史,是由一些在不同时期中孤立出现,或是前后无明显承继关系的不连贯的阶段性文化构成的。其次,口传特征也使非洲文化较难在空间上扩散传播,制约了非洲文化的同质一体化发展,造成非洲文化一直较为封闭和分割。非洲大陆却由于没有文字,语言的分化极为严重。非洲有近千种独立语言,占世界语种总数的三分之一还多。

语言分割强化了非洲地区间的文化封闭隔绝状态,难以形成规模较大、结构复杂、功能分化的社会政治结构,民族国家一体化发展程度很低。① 世界上那些形成较稳固统一的民族有机体和统一文化体系的国家,都是形成了自己成熟规范的文字体系的。

以中国为例来看,中国能在辽阔地域上形成高度一体化的中华文化,与汉字有直接的关系。特别是,汉字是一种表意性的文字,它可以突破方言亚文化区的局限,在不同的汉语系统的方言区流行使用。许多属汉语系统的方言,比如闽南语、吴越语、粤语、客家语等,尽管与中原语言相差很大,甚至不能相互交谈对话,但都共同使用统一的汉字。这样,汉字就成了联系凝聚各方言区民众的重要纽带,使它们聚合成一个统一的汉民族。中国历史上,汉字的使用和流行限制了方言进一步分化,而且作为统一的交流媒介把大江南北、九州八方广阔空间上的民众统一在汉民族机体内。如果没有表意性的汉字的这种凝聚与沟通,各方言区的居民就可能分化成不同的民族。② 不仅如此,中国一些少数民族还直接接受了汉字,或是利用汉字符号来创造自己的文字,这对具有共同文化传统的统一中华民族的形成起了十分重要的作用。这种具有表意特征、可以在各种不同的语言群体中担任共同文字媒介的汉字的流行和运用,仍是中华民族得以形成,中华文化得以持续发展的重要因素。我们可以把汉字看成是统一中华各民族的关键性纽带之一。

---

① O.Ogunsola, *Leadership and Nation-Building in Africa*: *the Paradox of the Nigeria Experience*, I-badan, Nigeria,1989, p.78.

② 刘鸿武、李子贤、段炳昌:《中国少数民族文化简史》,云南人民出版社 1996 年版,第 69 页。

# 二、书面文化与口传文化

在无文字的口传社会中,知识与思想的传播与交流都是通过口耳相传、口传心授的方式进行的。人类创造的文化财富凝结在由口头语言中,神话、史诗、故事、歌谣、谚语、咒语,都是非洲各民族的"口碑史书"或"有声文献",是非洲的"流动博物馆"。

历史上,非洲各民族充分利用和发展了口头语言的文化传承功能,口头语言具有重大的文化与社会意义。非洲人用口传文化进行教育活动,管理社会与国家。口传文化往往是社会性的而不是个体性的。传统非洲各民族,文化是一种民间大众的文化,精英文化多不发达,文化形态的分化水平也较低,并无严格意义上音乐、艺术、诗歌等文化形态的区别,它们往往与经济政治活动与大众生活融为一体。口传文化经过许多代人的传承加工,成为集体精神生活的世界。口传在传承过程中会不断被再加工,被赋予新的内容而不断变化。长篇史诗、大型神话、故事传说、民歌民谣,反映着非洲各民族发生发展的历史,记载着他们的宗教、伦理、习俗、技术和生产经验。

非洲口传活动可分为三种形式。一是以叙述性口语讲述神话故事;二是用规范的戏剧化韵语传唱民歌民谣;三是以韵散兼行、讲唱结合的方法传唱大型英雄史诗。从文化学的角度来看,还可以将非洲口传史料依其内容而分成三种类型,一是叙事体,讲述的是非洲各族历史上的重大事件、种族起源、人物、战争、家族荣誉等内容;二是诗体,是在各种礼仪和庆典活动中的使用的颂辞赞歌及诗歌民谣;三是惯用体,记载与日常生活及文化活动有关的信息,如人名、地名、箴言、谚语、咒语等。[①]

非洲各族大多没有记谱方法,各族流传演唱的歌曲故事、民歌民谣和神话史诗等,都靠人的记忆。口传社会的人们有着比文字社会的人们更加发达的记忆力和很强的口语使用技巧。那些掌握重要口传材料的部族长老和

---

① 联合国教科文组织:《非洲通史》第 1 卷,中国对外翻译出版公司 1987 年版,第 150 页。

专事文化宗教活动的祭司、巫师,那些被称之为"格里奥"的民间艺人,能把如烟往事用口语清晰而有层次地一幕幕展示出来,并编织得井然有序。他们"像给留声机灌音一样,应予记忆的材料一举便铭记在记述者的记忆中,它全部继续留存于脑海,永远可资利用。"①在西非广为流传的大型史诗《松迪亚塔》由今人整理记录,它来自西非几内亚"格里奥"世袭家族的一位传人之口,他的祖辈据说就是这部史诗所记载的西非古代马里帝国时代的宫廷格里奥,从那以后这部口传史诗一代代地传承直到他这一代。他说,"我的语言是纯洁的,在里面找不到丝毫谎言杂质,这是我父亲的语言,也是我祖父的语言。我要把我从父亲那里听到的话原原本本地告诉你们,国王的格里奥从不说谎。"②

口传社会有特殊的时空概念与宇宙意识,时间被看成循环的而不是直线运动和不可逆转的。人们以部族世系、大饥荒、传染病、彗星的出现等现象来建构一种计算时间的年表,比如一个老人会说他经历了多少次雨季来表示他的年龄。许多时候,时间对于口传社会却有着另一种文化上的意义。当部族的长老们、那些德高望重的"格里奥"在热带大陆辽阔星空的晦暗的光线下伴随着忽明忽灭的烟火叙述先辈们的故事业绩时,时间已显得并不重要了,重要的是他们的先辈们是怎样触怒或讨好了天神,从而招来了人类的不幸或繁荣。先辈们的经验教训就这样在一种敏感、非理性的氛围中传给了后代,并构筑了后代的习俗、传统和心理规范。由于口传文化的脆弱性,文化在承袭上易出现断层,不连贯性和缺乏系统性使非洲文化显示出神秘的色彩。

在传统非洲,口头语言并不只是交流媒介和传承工具,它本身就构成了文化的重要部分而发挥着广泛的功能。首先,对于非洲各族社会而言,语言活动是社会活动的重要内容,"说就是做"。讲述口传史事便是传授先人积累的知识、经验和技能,便是传喻社会道德规范,也是施行文化教育活动,这些活动也就成为非洲各族社会自我调节控制的方法。其次,对于非洲传统

---

① 联合国教科文组织:《非洲通史》第1卷,中国对外翻译出版公司1987年版,第146页。
② D.T.尼亚奈整理:《松迪亚塔》,上海译文出版社1983年版,第2页。

社会来说,语言有着奇特的创造能力和魔法,他们相信口头语言包含着巨大的力量,口传史事也往往成为政治权力和社会地位的象征。在非洲到处流行这样的谚语:"一个老人就是一座图书馆"、"老人的嘴臭气难闻,但说出来的却是金玉良言"。这些掌握着口头传说、故事、咒语、谚语、家族秘闻和历史经历的老人,是这个社会知识、文化、才能、权威的享有者和象征者,他们受人尊敬,享有很高的地位和特权。

在一般情况下,口传分为民间与官方、大众与精英、公开与秘密不同的类型,其传播方式和传播范围也不一样。那些在秘密结社内传播的口传,可能记载着王朝世系、家族谱系、公共财产的来源等重要信息,只有属于社会核心的成员、权势人物才能掌握。如在西非的阿散蒂人中,只有部族王室成员才掌握着他们部族起源及迁徙的秘密故事。在伊博人的所有重大宗教祭祀仪式上,部族长者才会讲述秘密传说。非洲社会中大多处于尚不系统完整的土著宗教阶段,巫术和泛神论对人们的行为和精神的制约力量是很大的。这些口传是道德训诫和规范行为,是社会关系的准则。许多谚语被作为裁断案件和调解纠纷的依据。诉讼当事人往往要援引谚语指责对方,或为自己的论辩增加分量。在非洲的某些地区,谚语的效力就相当于英美法系中的箴言。①

口传特点对非洲各民族的心理素质、思维模式和行为特征产生了重要影响,对当代非洲各国的政治经济进程也有潜在而复杂的制约。语言是一种精神文化现象,也是思维存在的方式与交往的工具,在这方面,口头语和书面语是有重大差异的。由于书面语言和口头语言有不同的信息传递方式和理解结构,书写文本与口述语言表层背后蕴藏的文化内涵亦有不同的表现形式,从而导致文字社会与口传社会的心理结构、思维模式、行为特征出现种种差异。比如,书面语言有较固定规范的文法语法,可以形成书面文本而流传和保存,人们从事信息交换、知识传递和人际交往,不一定非要人与人面对面进行,可以用传递书信、阅读文献、传承典籍的方式进行,人与人之间可以保持不同的距离。而口传则始终是人身体力行的亲历活动,是人与

---

① 参见李保平:《论黑非传统文化的基本特征》,《北京大学报》1993 年第 6 期。

人面对面的直接交往。非洲传统社会的社会组织与行政管理行为,都是以人与人口头交往、面对面直接对话的方式进行的。人们习惯于人与人直接交往的关系,看重交往中的人情因素与人缘关系。这使得社会管理体制和政治体制的有效性,只能是小规模和有限的。当到了现代社会,传统的部族社会被大规模的国家所取代,口传文化就会失去它往昔的效能。当代非洲各国普遍存在的行政低效,国家管理能力的混乱和无秩,以及严重的政府官员与民众的隔膜,大众对国家政府的疏离和陌生状况,从文化角度上来分析,是因为独立以后各新生国家形成的这一整套大体上是从西方文字工业化社会搬来的以文牍主义和书面行政管理为特征的官僚体制,在一个以口传为特征的、文盲占多数的传统农业社会中仍是一种"异体"。现代政府及其受过西式教育的国家政府官员们,以西方模式用书面文件、通告、指示来行使权力及管理民众,而这种外来的"现代性"与内源的"传统性"形成了二元政治文化的隔膜与冲突。普通民众理解不了政府的文牍主义管理行为与决策信息,政治参与如同神话。与民众的隔膜使政府缺乏民众的合法性认同,降低了政府的权威和行政管理的有效性。① 因而有人认为,今日非洲的各国政府,必须充分考虑到下层民众的这种文化心理传统,将自己的统治行为更多地接近普通民众,采取广大民众可以接受的行为方式和管理方法。正如联合国教科文组织强调的那样,各国的发展必须以自身的历史文化为基础的,以人为中心的内源式发展,需要"确认自身的文化特征",并把"民族文化特征当作人类创造性的环境与源泉",发展才能有效推进。②

# 三、"具象文化"与"符号文化"

作为没有文字的社会,传统非洲社会是以口头语言作为交往沟通的基本方式的。但口传语言无论怎样富于技巧和发达,它始终受着时间和空间

---

① 联合国教科文组织:《参与式行政与内源发展》,中国对外翻译出版公司1988年版,第7页。
② 联合国教科文组织:《内源发展战略》,中国社会科学文献出版社1988年版,第1页。

条件的限制。在空间范围上,口传只能面对面地进行,无法脱离人的口述而传递到遥远的地方,文化信息的传递范围因此而大受限制。而在时间上,口头语言都是即时性的,语言说出后也就即刻飘逝了,除非它留在了人的记忆中,否则是无法传承下去的,这又使口传在时间上受到严重限制。在非洲文化发展的漫长历程中,靠讲述人的记忆和口头语言来传承文化,有着很大的不稳定性和脆弱性,极易发生信息的失传中断。人们积累起来的知识、技术和文化,会由于岁月流逝、战争和灾难的发生,由于讲述人的生死而消失湮灭。这对非洲社会的延续、发展和维系是一个巨大障碍。为此,非洲各族群在充分发挥口头语言的作用和功能的同时,发展了一整套复杂的符号传承系统,来努力使自己的文化信息传承下去。①

从人类学的角度上说,所谓符号传承是指人类用语言之外的一些特殊信息媒介工具来达到传递、沟通、保存信息的方式。在热带大陆非洲各族传统社会中,这种符号系统传承的内容和手段大体包括指意实物、雕刻绘画、图腾巫术、音乐舞蹈、仪式行为、人体动态等,它们构成一个与语言和文字有相似意义的神秘的符号世界,发挥着类似于口头语言和书面文字的功能,使各族社会的文化得以传承,社会得以沟通,信息得以交往。在这个符号世界里,非洲各族传统社会中人的观念、情感、传统、伦理等等被某些物质客体或行为仪式所表征,无形的神灵外化于可感知的物质实体和行为举止。具体直观的物化符号记载和叙述部族生活中的重大事件、历史人物和知识经验,趁着沟通人际、组合社会、承续传统的作用。正是这些非语言文字传承媒介与方法,体现着非洲文化的历史特质和民族特征,显示着非洲文化不同于东西方文化的独特模式与文化精神。

1. 物化符号文化

物化符号传承又称指意实物传承,是利用某些被赋予特定意义的物质客体为媒介来传承文化信息。这些物品作为特殊的物化符号,以其形状、数量、规模之不同而表示不同的意义,从而具有一定的与书写文字符号相似的

---

① W.Hartwing, *The Africanist's Handbook*, *a Guide to Resources*, Longman Group Limited, Essex, UK, 1976, p.59.

记载、表述、传递信息的功能。比如在西非尼日尔河三角洲的伊贾人社会中,棕榈叶有多种为人们共识的表征意义。放置于市场物品之上的棕榈叶,依其放置方式和形状,过往行人便知该物品是否在出售以及售价,在这里,棕榈叶起到了表示出售商品物价的作用。而许多黑人族体社会中,手杖和扇羽是表示家族首领、部族酋长地位高低、权势大小的特殊物品。在部族交往中,有的物品的意义都是十分明确的,比如以弓箭表示宣战,有的部族用送酒和盐表示友好,送辣椒表示仇恨愤慨。[1] 这些物化符号引导指示着人们的行为,它们可以超越时间的限制而传递保存信息和观念。人们通过彼此对这些符号无声的然而相通的理解来进行交往沟通。

非洲各传统社会中最具文化传承功能的物化符号是广为流行的面具。非洲面具是一种特殊的文化现象,其种类十分繁多,有只遮盖住面部头部的,也有遮盖住全身的,制作的材料有木雕的、布料的、皮革或各种植物材料。非洲面具的文化意义很复杂,作为通往神灵鬼魂和祖先神祇世界的桥梁,面具沟通着人与祖先神灵的关系。面具传递着复杂的文化信息,如宗教观念、族体归属、祖先源流等。黑人族体集团都有自己尊奉珍藏的面具,这些传袭久远的、看上去大多神形怪异的面具以象形、指意、表现等方式,借助于在各族体中世代相承的集体意象和传统观念,或传递祖灵、神祇、先人的喻训,或指述部族群体的历史,或宣判宗室纠纷、财富配置。人们被这些抽象图形构成的雕刻语言造型语言引导着,于心领神会的无言之境实现述古记事、寻根忆祖、储存文化、承袭传统的目的。[2] 一些部族社会的面具往往相传许多世代,具有神圣的权威,成为部族的象征和尊奉的神灵。面具及其它所包含的文化意义和面具在各种公共场合重要活动中的运用,对强化各个部族社会共同文化心理和文化凝聚力起着重要的作用。

非洲千姿百态的服装及服饰也具有物化符号的文化传承功能。利用传统服装变化复杂的象征性图案和抽象线条、色彩花纹,并饰以繁多的符咒物,如珠贝壳骨,许多时候还用树枝条叶和羽毛等物重叠插衬,便构成了一

---

① O.O.Oreh, *Traditional Modes of Communication in Africa*, Nsukka, Nigeria, 1978, pp.110, 97.

② 《非洲大百科全书·非洲面具》,牛津大学出版社 1974 年版,第 328 页。

套在祭祀舞蹈时的服饰符号系统,象征着非洲各族人民丰富而独特的文化内容、观念、情感、信仰及个性。这时,服饰在传递神谕、述往记事、沟通人际、保存文化信息、承继传统方面的文化功能正好与面具相互配合。因此,各国的研究者都十分关注非洲面具和服饰的文化学意义,透过面具与服饰可以更好把握非洲文化的个性精神。

2.约定符号文化

非洲各族群有许多处于象形文字初始状态的约定符号,其中以种类繁多的象征性表意性的符号、图案以及绘画符号为代表。这些符号以约定的方式表述、记载和传播文化信息,其所表示的内容及意义,在一定区域的社会族体或集团内可被普遍理解。比如,各个家族、氏族或部族的标志、图腾符号、巫术祭祀符号等。约定符号使用较普遍的是刻面文身符号和身体各部位的涂抹染饰符号。西非各地区的黑人社会,诸如约鲁巴人、伊博人等,一直流行在面部刺刻条状花纹的传统,无论男女,在面部总是有深浅不一、形状各异的道道疤痕,有的还在手背、臂部、躯体上也刻出条纹,这些刺刻在面部、手、臂、胸、背各处的斑痕条纹,并不仅仅只是出于审美方面的装饰点缀,它们大多包含着复杂的意义,诸如部族归属、社会地位、宗教信仰、性的成熟、战绩功德等,在社会交往、战争掠杀中有重要的识别作用。中部非洲的尼格罗班图人部族,在祭祀、庆典、歌舞场合都会用当地的白尘粉、树木染料涂抹面部及全身,形成花花绿绿的线条形状繁杂多样的图案,用来传递种种信息。喀麦隆的芳族人在舞蹈时总是全身涂满各种花纹符号,对于芳族人来说,他们一看便知道这些符号讲述着记载着舞蹈者本人的身份、一生中经历的重大事件、或是他的权势地位。尼日利亚东部沿尼日尔河三角洲的伊贾人有种种组织其社会的方法,诸如按年龄分成各个秘密结社。如果某个男人的左眼上画上了白粉圈,它可能告诉人们此人已加入某个秘密结社,或者他将成为部落的首领。①

3.体态语言文化

体态语言又称之为动作语言,是利用手势体势及面部表情构成一套体

---

① O.O.Oreh, *Traditional Modes of Communication in Africa*, Nsukka, Nigeria, 1978, p.105.

态语言符号系统,在交往中传递信息。当我们说到热带大陆非洲黑人的文化时,总是会想到那热带大陆特有的节奏强烈、动作千变万化的黑人舞蹈,会被黑人舞蹈那种热烈的气氛和场面所吸引,实际上,非洲黑人的舞蹈之所以如此发达如此丰富,正在于舞蹈在黑非洲远远超出世界其他民族舞蹈的意义。非洲传统舞蹈其实是一种独特的传承文化信息的体态语言。从文化学上看,非洲舞蹈与世界其他民族的舞蹈相比,它至少有这样几个独具的特点:一是除了其娱乐、欢庆和审美方面的意义外,它更是表述、传递、沟通文化信息的活动,是黑人社会独特的社会交往方式,发挥着传递信息的作用;二是黑人舞蹈本身并不存在单纯意义上的舞蹈活动,而是更多的与日常的社会生活、生产活动、物质的与精神的活动融为一体。正如从事劳作、交往一样,舞蹈也就是黑人生存内容的一部分。在世界其他民族那样,舞蹈已经从日常生产生活中分离出来而变成一种专门性的精神活动,只在特殊的场合或只由专门的人来从事,非洲舞蹈与社会生活本身互为一体。三是黑人舞蹈始终是一种大众性、民众普遍参与的活动,它没有演员与观众之分,所有的黑人无论男女老幼,都是舞蹈活动的参与者。

　　非洲舞蹈种类繁多,功能和作用在不同场合各有不同。有的舞蹈模仿祭祀、渔猎农耕、战争掠杀及日常生活,有的舞蹈表现神灵鬼怪世界,也有的舞蹈表现着抽象的观念和复杂的心理与情感,传递着十分繁杂的内容,或是讲述着部族的历史,或是向年青人传授着先人的喻训,或是向别的部族表示着友好、仇恨、抗议或挑战。几乎所有重大事件重大场合都有舞蹈伴随,在日常生活中的种种喜怒哀乐也是用手舞足蹈来表现,一般来说,较之世界其他民族的舞蹈而言,比如印度、阿拉伯民族的舞蹈,黑人的舞蹈更多是足蹈而不是手舞,是以双足猛烈的踩踏大地,发出节奏千变万化音感强烈的踩踏大地之声,并以身躯,尤其是膝关节和臀部的剧烈扭动来表述内心的话语和情感。双足踩踏大地发出的咚咚声响,是黑人部族向自己的祖先神祇传递语言信息的独特方式,是与先人神灵的对话交往。不同的黑人部族与氏族集团,都有自己的舞蹈,由于非洲部族集团分割破碎,非洲的舞蹈形式和手法也是十分多样。这些不同的舞蹈凝聚着每一个部族集团的文化形式、源流和种族关系,传递着直观生动的文化信息,我们可以通过对非洲舞蹈的分类研究,判明各族体的种族源流关系。

4. 仪式符号文化

仪式符号传承是指通过一系列规定性的并且有着特定象征意义的行为来传承文化信息。每个民族都有自己的礼仪规范、宗教祭祀活动的规则,以及族体社团特殊的集体行为方式。尚处于万物有灵或祖先崇拜阶段的非洲各族人民,有自己从事祭祀活动和族体公共活动的特定仪式与行为规则。这些仪式或行为规则,是非洲各传统社会进行文化传承的方式,也是一种有文化信息的行为仪式符号。仪式行为也可以看成是动作语言,但这些象征性行为往往是许多世代传承下来的,具有象征、表示和记述特定观念、神灵、信仰、情感等文化信息的约定规范的操作程序,行为举止更为固定、统一和规范化。非洲各族群在祭祀祖先神灵、占卜凶吉祸福、加入成年人团体和秘密结社、纪念历史事件时,多举行特殊的仪式活动。在日常的生产劳作和生活中,如外出渔猎、祛病除邪、祈雨消灾和婚嫁丧葬等,也都有仪式活动,非洲传统社会崇拜大自然和祖先,万物有灵和超自然神力支配人事的观念使非洲社会的仪式活动十分繁复。人们相信借助于这些世代相承的象征仪式行为,并且遵循十分规范的仪式程序,活着的人们就能与鬼神、大自然和祖先相互沟通,能得到神灵祖先或其他超自然力量的保佑。这些仪式活动为社会成员表达情感、排泄焦虑和保持自我心理平衡提供了合适的方式,是传统社会自我控制调节、保持文化之稳定与延存的基本手段。它记载了众多的因没有文字而难以记载传承下来的文化信息。由于仪式活动都是集体行为,而且是定期的或不定期的反复举行的,这样,仪式活动作为一种大众可以接受理解的文化符号,强化了社会成员的群体意识和整体意识,以及社会成员对于自己所属的文化宗教体系的认同心理与归属感,有助于维系社会机体,并使文化传统得以延续。因此,对这些仪式符号的内容加以解读,可以透过非洲无文字文化的晦暗迷雾,看出非洲文化内部的种种差异与多样性。

5. 音乐符号文化

用音乐符号传播、保存、记载文化信息是非洲各传统社会突出的现象之一。所谓音乐符号传承文化,是指利用乐器发出与语言有相似意义的声音听觉符号来传承文化信息。非洲音乐特点之一是有古老而漫长的打击乐器音乐传统。非洲各族群具有种类繁多的传统击鼓音乐,它并不只是一种单纯的音乐或娱乐活动,而是一种社会交往活动,其间包含着丰富的历史信息与文化含义。文化人类学家普遍认为,作为形式的非洲音乐活动,往往不只是出于娱乐、消遣、审美目的,而是一种社会活动,一种信息传递、人际沟通、社会交往的方式。① 黑人各族郡的乐器,其功能主要不是如何演奏出能使人感到悦耳赏心和有美感的声响,而是如何能以部族群体可以理解听懂的音响来传递特定的文化信息,使人们可以借助乐器发出的声响来传递如同语言一样的内容,而这种乐器又能在传递空间上比人的语言声音传递得更加遥远。具有传递语言功能的通话鼓是非洲传统音乐中的主要乐器,发挥着传话功能。非洲通话鼓面具一样突出显示出非洲文化的独特性。非洲通话鼓的鼓点声,"本质上是充满历史内容的信息,是社会生活重大事件的记录者"。②在舞蹈祭祀仪式上,人们猛烈拍打通话鼓,发生节奏强烈、鼓点组合变化无穷的鼓声,伴随着舞蹈者双手拍打和双足踩踏大地而发出的声响,组合成充满历史文化信息的特殊语言世界,实现文化承续、社会沟通的目的。

非洲通话鼓广泛运用于日常生产生活。人们以高超的击鼓技巧,击打出鼓声节奏强弱不同、快慢不一、鼓点数排列组合复杂的声响来传递复杂的信息。非洲部族居住中心及王国宫廷,都备有各种通话鼓,如同一个现代广播站向远方四周传递复杂的信息。通话鼓传递语言信息的功能,是很奇特的。语言不通的部落,可以借助通话鼓对话沟通。③ 人们用通话鼓告诉四周的人们某个集市今天是否举行,是否有特别的物品出售。人们也用通话鼓通报婚丧信息,告诉谁家出生了男孩或是女孩。在地里劳动的男人,可以通过鼓声,通知家庭的成员送来什么工具或材料。那热带丛林和稀树大草原上飘荡的黑人鼓声,节奏强弱交替、鼓点组合变化无穷,到过热带非洲的人都会感受到非洲鼓在黑人世界中的重要地位和它的文化含义。

① Akin Euba, *Introduction to Music in Africa*, Lagos University Press, Lagos, 1982, p.18.

② Akin Euba, *Introduction to Music in Africa*, Lagos University Press, Lagos, 1982, p.224.

③ W. Hartwing, *The Africanist's Handbook*, *a Guide to Resources*, Longman Group Limited, Essex, UK, 1976, p.10.

# 四、"非洲传统"的现代影响

非洲各族的传统音乐、舞蹈、面具与雕刻、绘画、通话鼓、仪式活动,以及口传的神话、史诗、故事、谚语等等,充满了丰富的文化历史信息和色彩,它们往往相互融合交织,并存共生,同时与非洲传统经济生产、物质生活、政治制度、宗教体制等结合一体,共同构成了非洲传统社会与历史文化的"百科全书",展示着非洲传统文化的独特形态与风貌,是我们得以感受非洲文化精神特质的窗口。从传统非洲社会的角度看,这些文化形态是与当时的非洲传统社会环境与条件相适应的,它们在沟通人际、延续传统和传播文化方面,满足非洲社会的需要,并塑造了非洲各族的文化模式、民族性格和精神特质。

近代以后,非洲沦为了西方侵略掠夺的对象,在几百年奴隶贸易中,非洲文化遭受空前摧残,世代相传的文化中断散失。只是到了当代,由于非洲大陆摆脱了西方殖民统治而获得了独立,创立了一系列新兴现代国家,非洲传统文化才重获新生。

在今天的非洲,随着现代教育、现代工业和现代科学技术的发展,非洲文化已经迅速地由传统的口传文化过渡到了文字文化阶段。各种现代文化信息的传播保存技术与手段运用于非洲大小城市乃至遥远丛林深处,非洲各族人民的传统文化、生活方式和观念形态,发生了空前剧烈的变革。尽管如此,传统文化仍以顽强的生命力深深扎根在当代非洲社会内部,这些传统的文化形式,诸如黑人传统音乐、舞蹈、雕刻、面具、宗教仪式等等,在满足人们的精神心理需要,在传承共同的民族文化传统,在维系社会团结、推进民族一体化方面,仍具有广泛而重要的意义和作用,并被赋予新的功能和价值。在更广大的世界范围内,以非洲音乐和舞蹈源泉而发展起来的现代音乐舞蹈,比如迪斯科舞、摇滚音乐、爵士音乐等等,也以它独特的方式传递着另一种现代文化信息,表述着另一种现代人的心灵世界与精神情感。非洲传统文化与世界文化、西方文化、现代文化的融会,显示着非洲传统文化现代变迁的广泛背景和复杂内容。

# 第七章　非洲大河与"尼罗河文化"

　　说起非洲大陆,许多人眼前或许便会出现一幅黄沙满天酷热干旱的戈壁大漠景象,而有的人,则可能会联想到那溽热潮湿密不透风的茫茫热带雨林。此般景色,确实广布于非洲,却也并不是非洲的全部。其实,非洲不仅有戈壁大漠和赤道密林,也还有椰风轻拂碧空无际的蓝色海岸,有静如止水亮如明镜的美丽湖泊,有奔腾啸叫直泻千里的大江大河,也有高天流云下淡淡流淌的小河溪流,甚至,即便是在烈日炎炎的赤道附近,也耸立着终年积雪的赤道雪峰,在黄沙满天戈壁茫茫的大漠深处,也会有一片苍翠如茵的绿洲悄然而立。

　　正是这种壮阔多样的大自然,这种跨越万里的广袤天地,赋予了非洲这块大陆的文化以丰富多姿之形态与魅力。因此,对于非洲文化,我们几乎不能用任何一种单一的形态来概括它的基本特征或个性。如果说真要概括这块大陆上文化的特征的话,那或许可以用千姿百态、风情万种、差异巨大来说明了。

　　当然,也有一些巨大的自然因素对于非洲大陆的历史与文化有过重大的影响,诸如撒哈拉大沙漠、赤道热带雨林等等,这里,我们要说一说世界第一长河、非洲的母亲河——尼罗河。因为,非洲大陆人类文化最初的发展,是与这条大河联系在一起的。

　　这条将非洲大陆的南北联结起来的世界第一长河,若是溯流而上,从北方地中海三角开始,经过下游埃及,到中游的努比亚地区,再到上游更广阔的维多利亚湖、埃塞俄比亚高原,流域面积达数百万平方公里。大河上下及其支流的两岸,人类文化古老而久远,社会生活与宗教形态复杂而多样,它们共同构成了"泛尼罗河流域非洲文化"。①

　　泛尼罗河流域文化的存在,使得我们说尼罗河不仅仅只属于埃及,它也属于整个非洲,它那大河上下悠久文化的成长进程及丰富形态,正是非洲文化整体性与分割性两种倾向并存的一个突出表现。

# 一、尼罗河的"多重性格"

　　在世界文化发展史上,那些最初的文化,往往都是与某条伟大的河流联系在一起的。比如在亚洲,有西亚的幼发拉底河与底格里斯河,东亚的黄河与长江,南亚的印度河与恒河,这些世界上所谓的"两河流域",在历史上曾分别孕育了世界上最伟大的古巴比伦文化、中华文化、印度文化。

　　非洲大陆也有众多的河流。在世界河流的大家族中,非洲大陆上这些河流的地位也是十分特殊的。比如说,全长 6679 公里的尼罗河是世界第一长河,而流经刚果盆地的扎伊尔河,流域面积之广大,河流水量之丰沛,均位居世界第二。此外,尼日尔河、赞比西河、乌班吉河、奥兰治河、开赛河等,也都是源远流长或水流丰沛的大河。

　　然而,值得注意的是,非洲虽然有那么多的大江大河,可是并不是每一条河流都孕育了发达的人类文化,都给人类文化的成长提供了良好的温床。在非洲历史上,那些有着充沛河水、两岸幅员开阔的河流,如尼日尔河的上下游,其对人类的影响是十分不一样的。比如,在靠近撒哈拉沙漠边缘地带的尼日尔河上游内陆地区,比较早地形成了发达的农业文明,而尼日尔河的下游及入海三角洲地区,因靠近赤道雨林地区,历史上的文明却因热带病菌等因素的制约,文明的发育程度却一直比较低。同时的,溽热潮湿的巨大的刚果河流域,这条热带河流的两岸及巨大的内陆雨林地区,历史上一直十分荒蛮沉寂,人烟稀少,只有俾格米人的社会得以生存下来。在非洲,许多时候人们往往远离河流,而到远离江河的高地甚至内陆沙漠边缘生存。因此,

---

① Emil Ludwig, *The Nile: A Life-story of a River*, London , 1936, p.ii.

在非洲这块大陆,其文化与河流之关系,似乎与世界其他地区都很不一样,这是非洲大河文化的特殊之处。

当然,非洲大陆也有大河与古老文明联系在一起,这首先要说的就是尼罗河。尼罗河属于非洲,它影响了整个非洲东北部广大地区的多种文明与文化,它是一条真正意义上的属于非洲大陆的河流。

正如我们可以通过黄河来认识中华文化一样,其实,通过尼罗河来理解非洲文化的个性,在非洲也是一个古老的传统了。据说,还在两千多年前,当古希腊历史学家希罗多德来到埃及,面对波涛滚滚的尼罗河时曾不由地感慨:"埃及是尼罗河的献礼!"后来,希罗多德的这一感慨便千古流传了下来,使得后人都相信,对于被称为世界四大文明之一的埃及来说,尼罗河是多么的重要,没有尼罗河,就没有灿烂的埃及古代文明。① 20世纪西方著名传记作家埃米尔·路德维希在《尼罗河——一条生命之河的故事》一书中,说到尼罗河的形象时也说,"尼罗河是一条神形兼备的生命之河,在这条永远奔腾的大河里,我看到了人的形象,人的命运"。在路德维希看来,尼罗河是一条有着史诗般品格的河流,它是世界上所有河流中最奇妙最让人激动的河流,它永远让人对它充满了敬意和情感。②

然而,尼罗河这种史诗般的、神形兼备的浪漫形象,却是在它数千公里漫长的流淌过程中才得以充分而完整地体现出来的。尼罗河不仅是世界上最长的河流,而且它的流域面积达到了300万平方公里,比长江180万平方公里流域面积还大40%左右。在这么广大的地域里,尼罗河扮演了丰富而多样性的角色,文化的成长亦有着不同的特点。事实上,尼罗河这条6000多公里的世界第一长河,并不只哺育了埃及文化。从非洲文化发展史的整体背景上来看,埃及文化只是尼罗河下游地区的文化,在其中游和上游,还有古老与独特之努比亚文化、尼罗特黑人文化,大湖源头的班图人文化。在这里,我们将这些文化一起统称之为"泛尼罗河流域文化"。

具体说来,从尼罗河与非洲文化成长的关系角度上看,它可以分为三大

---

① Emil Ludwig, *The Nile: A Life-story of a River*, London , 1936, p.i
② 参见刘鸿武、姜恒昆编著:《列国志·苏丹》,社会科学文献出版社2008年版,第2页。

部分,一是下游的尼罗河埃及文化,即从地中海尼罗河三角洲到与苏丹交界处的第一瀑布附近;二是中游的尼罗河努比亚(苏丹)文化,范围大致从第一瀑布开始到今天苏丹首都喀土穆;三是上游的尼罗河南方黑人文化,即从喀土穆开始往北的整个青白尼罗河流域一直到埃塞俄比亚高原的更广大地区。这三大文化自北而南沿尼罗河分布成长,构成了非洲大陆古老的泛尼罗河流域文化区。

在本书中,我们试图将这6760公里长的尼罗河真正作为一条生命之河,一条历史之河,来追溯描述那流淌在大河上下、河流两岸的数千年文化的成长特征与独特魅力。

# 二、"埃及尼罗河"与文化

我们打开一张非洲地图来看,在埃及境内,尼罗河自南向北直泻千里。从苏丹边境的阿斯旺大坝到三角洲边缘的首都开罗,1200多公里的河道几乎没有任何障碍阻挡与支流汇入。大河在这沙漠戈壁的世界里直流而下,畅行无阻,直奔海洋。它不仅是一条养育古代埃及文化的生命线,它更是联结古代文化的水上大动脉,把埃及南北间联结起来,故而很早就促成了上下埃及之统一。

埃及文明是一种狭长谷地中的文明,它沿尼罗河谷南北伸延上千公里,其最初的人类文明,是一些星星点点的散布于大河上下的分散城邦或酋长国。从下游三角洲地带的孟菲斯,到遥远上游的底比斯,上下埃及间的文化最初的起步是很不相同的。但是尼罗河本身的自然特点与结构特征,却为打破埃及文化的这种分割性提供了一个重要的基础。

在埃及境内,尼罗河在两侧由石灰岩和砂岩组成的崖壁所紧束的槽形谷地里蜿蜒北流。这一千多公里的尼罗河河谷,两边是耸起的巨大岩壁,而谷地却很平坦。河谷宽窄不一,宽阔之处有十多公里,可有良田万顷,沃野连绵,而窄的地方仅一、二公里,两边崖壁直逼河岸。在这南北穿行的千里河道两岸,凡开阔之处,形成大大小小的绿洲田野,人们于此生息繁衍。更借尼罗河的黄金水道,扯起风帆,在上下埃及间南北往来,交换贸易。从公元前四千年代开始,从三角洲孟菲斯一带到南方的底比斯,一串河谷绿洲文明分布点缀于尼罗河两岸。无论是历史上还是今天,这狭窄的尼罗河谷,几乎浓缩了埃及文化的全部精华。[①] 今天,这个只占埃及国土面积3%的狭长河谷世界,却依然集中了这个国家95%的人口,98%的耕地。而只要一翻过尼罗河谷两边高耸起的崖壁,东西两侧的广大国土地,便全都是黄沙满天无边无际的沙漠戈壁世界,万里渺无人烟了。

尼罗河就这样塑造了埃及文化的一些基本品格。历史上,当着人们都蜂拥进狭窄的河谷之地,在那紧凑密集的绿洲田园上从事着大体相同的生产,过着差异甚小的生活,更有紧密的往来与交换,便会逐渐形成某种统一的文化形态,统一的制度与观念,甚至给人们心理上一种万流归宗的心理暗示。埃及人为什么要建造那四方集于一点的巨大的金字塔呢? 其实,尼罗河就是埃及生活世界中的金字塔尖顶。对于埃及人来说,尼罗河是一切生命的归属,它把世界统一起来,凡进入河谷世界的人们,原有的文化差异也就会逐渐淡化。在这窄窄的河谷之内,人们的生存方式与经济形态有着内在的统一趋向,很难形成地方性的割据政权与中央政府长期对抗,思想、文化、宗教、艺术等精神生命形态,都会逐渐融合起来。其实,古代埃及人建造的那巨大的金字塔,那将人的心灵引向共同之顶点的金字塔、整齐划一的金字塔,便正如同古代世界四面八方的人们集中于尼罗河谷狭窄世界一样。尼罗河在埃及境内的这种统一性,正给了古代埃及文化的表达形式具有一种内在高度统一的特点。埃及文化,它的建筑,它的艺术,它的思想,那种程式化的、固定的、追求统一与和谐的风格,正是这个狭窄河谷生活世界在长期的集约化发展中塑造起来的一种民族精神的特征。尼罗河其实正是古代到现代埃及自然地理的一种金字塔式结构,那狭窄的只占国土面积3%的河谷,就是埃及人生命中的金字塔尖顶,是古代埃及文化的结晶所在。

因此我们说,古代埃及的历史之所以很早就突破了小国寡民的局限,走

---

① Erik Gilbert & Jonathan T. Reynolds, *Africa in World History: From Prehistory to the Present*, 2nd ed. Pearson Education Ltd. New Jersey, 2008, p.65.

向了大一统的中央集权的王朝,由早期的城邦式国家很快扩张为法老帝国,而这巨大的中央集权式的法老统治一经建立,便延续了三千年多年,并经历二十几个王朝之更替而维持了自己的持久存在,所有这一切,其实都是与尼罗河对古代埃及所起的这种连贯统一作用联系在一起的。我们都知道,古代埃及的政治经济与文化宗教形态都是与这条大河联系在一起的,而尼罗河在埃及境内的这种统一结构,正促成了埃及比较早的地形成了较为统一的形态,形成了有着内在一致性的单一形态文明圈。在以后的岁月里,埃及作为一个统一的历史文化单位,政治与民族的统一体,一直保持了下来。直到今天,埃及也是非洲数十个国家中,民族关系较为单一、宗教文化相对一致、国家统一能力较强的国家。因此,尼罗河以它自己的个性特征,对埃及文化精神的塑造,起着特殊的作用。

# 三、“苏丹尼罗河”与文化

但是,在苏丹境内,3300多公里的尼罗河却有了另一番不同的神态与风情。它不仅有众多的支流汇聚,瀑布成群,其走向更是忽东忽西,大弯大拐,而每一支流与河段都有不同之处。而这一切,赋予了苏丹的历史与文明一种明显有别于埃及的个性与神韵。

以今日苏丹的首都喀土穆为界,在苏丹的南方,尼罗河分成了青尼罗河、白尼罗河两条大河。这两河大河如长久思念的情人,分别从遥远的东非热带高地与热带雨林深处奔腾而来,一路相互呼应着,越过无数艰难险阻,终于在抵达喀土穆后拥抱融合在了一起。在这两河的上游地带,森林草地广布,植被茂密幽深,更有显示热带非洲自然环境巨大力量的高山峡谷和沼泽湖泊。而在这两河将要汇合的中部地区之间,则孕育出了一片片开阔肥沃的农耕土地和草原牧场。正是在这里,大地哺育出了古代苏丹南方的黑人文明。而到了喀土穆,青、白尼罗河在这里合而为一后,继续向北奔腾流去。从这里开始,尼罗河有了另一番更为壮观的景色,它在苏丹北方那起伏崎岖的山间高地和沙漠世界中盘旋回折,忽而蜿蜒行走,忽而起伏跌宕,在进入苏丹与埃及边境的纳赛尔湖之前的千里河道上,形成一个"S"形的大曲大弯走势,其间还跌落成著名的尼罗河六大瀑布群。在这些落差并不太大的瀑布群附近及河流弯曲处,两岸边往往冲积成一些平原地带,在这里,尼罗河又哺育出了古代苏丹北部灿烂的努比亚文明。

正是尼罗河在苏丹境内的这一复杂多变的河流走势与地形结构,造成了苏丹自然地域之多样性分割,以及这个国家的民族、历史、文化、生活之丰富的形态。正如路德维希所说,即便是在尼罗河支流阿巴拉特河边的那些贝都因人身上,他们健硕而修长的四肢,棕色而健康的肤色,我们也可以欣赏到四五个不同的人类种族融合的结果,并对人类历史上的这种交流往来及结果产生敬意。①

# 四、"源头尼罗河"与文化

世界上有许多伟大的河流,但并不是每一条伟大的河流都能走完它的生命路途,有许多的河流在半路上便消耗完它的生命力量,消亡在半路上。人们说起尼罗河,总是说起埃及尼罗河,其实,尼罗河真正的生命力量,其实是在它的源头、在遥远的东非高原大湖地区和热带雨林中孕育起来的。那么,尼罗河的源头,它最初的生命力量是在哪里开始诞生的呢? 大家都知道,尼罗河的一大魅力就在于它是一条性格如此多样、形态如此变化的河流,在它那漫长的河道上,各个段落间的差异是如此的巨大。地理学家常常会感叹尼罗河流域的自然环境会有如此巨大的差异。其实,即便是尼罗河的源头本身,千百年来也一直是个难解之谜。尼罗河似乎要把自己的身世隐藏起来,不愿世人轻易窥见到她的秘密。关于尼罗河的发源地,从古代埃及时代开始,千百年来一直是一个谜。直到近代以后,经过许多探险家的考察和研究,才大体确定下来。现在人们都认可尼罗河的真正源头有两个,一个在极为遥远的白尼罗河上游更南方的乌干达境内,即赤道线附近的维多

---

① Emil Ludwig, *The Nile: A Life-Story of a River*, London , 1936, p.ii

利亚湖。另一个在青尼罗河东部遥远世界埃塞俄比亚高原的境内。维多利亚湖是世界第二大湖,面积近 7 万平方公里。汪洋四溢的维多利亚湖水在北面的里彭瀑布倾泻而下,形成了一条数百公里长的维多利亚尼罗河,就是尼罗河的起点。在这里,飞流而下的东非高原湖水启动了尼罗河漫长的旅程,它将从北向南,穿过非洲东部的高山峡谷、沼泽湿地,穿过幽深茂密的热带雨林,开阔无边的热带草原,再穿过烈日炎炎漫天黄沙的热带沙漠,在流淌了几个月后,最终注入地中海。而在这数千公里的路途上,尼罗河将孕育出非洲大陆几种最古老的文明。

不过,尼罗河的源头不止一个,它在路上要接纳数十条支流的水量,只有这样,它才能蓄积起足够的能量穿过数千公里的障碍,才不会在穿过巨大的热带沙漠世界时被消解蒸发掉。尼罗河的伟大性格其实是在它的上游东非大湖地区孕育起来的,它必须蓄积起巨大的力量,才会有勇气和胆量向那北方无边无际的大沙漠世界流去,它才不会像世界上许多河流那样被消耗掉生命而归于灭亡。尼罗河的伟大,其实在于它敢于去挑战未来的命运,它在进入中下游努比亚沙漠的埃及境内后,这条大河面临着最严峻的生存挑战。在这里,尼罗河进入了无边无际的北非大沙漠世界。因为降雨很少,气候又极为干旱炎热,在埃及境内一千多公里的河道上几乎没有新的支流补充进来。河水一路北去,穿行于戈壁沙漠之间,越走环境越艰难。炎日的蒸发,沿岸居民的灌溉分流,沙漠世界中的渗漏,无不在挑战这条大河的生命力和意志。它能终归大海,投入大海的怀抱还获得永生吗?

因此,尼罗河的精神是在它的整个河流中体现出来的,从这个意义上,我们才能懂得尼罗河为什么一定要将它的源头放置在东非高原大湖之间,一定要在它的上游流经茂密的热带雨林世界。没有上游的热带雨林,没有那巨大开阔的维多利亚湖、阿尔伯特湖,尼罗河不可能流淌到地中海。事实上,在乌干达境内的维多利亚尼罗河,河水在平缓开阔的东非热带高原的沼泽草地中流淌着,基奥加湖、夸尼亚湖把河道拉得宽阔,缓缓的河面长满美丽的睡莲、纸莎草,班图族黑人的渔猎文化给这高原大湖一种特有的风情。在接纳了高原大湖与沼泽世界蓄积肥的水源后,尼罗河终于又继续前行。接下来的河段,尼罗河第一次进入了热带森林与峡谷。河流在茫茫热带大峡谷与森林岩石间奔腾穿行,飞虹迭现,激流咆哮,形成了壮观的瀑布群。

尼罗河是世界上第一长的河流。从世界大河与人类文化成长的关系来看,尼罗河让世人最为敬重的,不是它有滔滔的河水,而是它有极坚韧的生命意志与勇气。我们来看,尼罗河在有些方面与黄河、中东的两河是比较相似的。你看,尼罗河长 6670 公里,黄河长 5456 公里,幼发拉底河长 2750 公里。这三条河流,河水的流量都不大。尼罗河在其注入地中海的河口,年平均流量是每秒 2300 立方米,黄河在注入东海时的年平均流量是每秒 1500 立方米,而幼发拉底河为 300 平方米。相对于长江的 32400 平方米、刚果河的 41300 平方米来说,这三条河流的水量都是比较少的。这主要是因为,这三条河流都是主要流经较为干旱缺雨的地区。不过,尼罗河情况有所不同。黄河的上游本就干旱缺水,但到了中下游却可以有支流和降水补充进来。尼罗河正好相反,它的上游是靠近赤道的非洲中部的热带雨林世界,水量很大。可它在进入中下游以后,却是穿行于干旱荒漠的努比亚大沙漠和埃及,河水被大量蒸发掉了。不过,这非洲烈日终究不能完全耗尽尼罗河的生命,它一直以自己顽强而旺盛的生命,穿越沙漠戈壁,滔滔奔腾到了广阔的地中海。

人类的文化有着极持久还顽强的生命力,因为正是这文化的心灵生命才使得世界各民族的文化可以这样的感动人心。对于世界上各不相同的历史与文化,我们都需要怀着一份温情与敬意来理解,切不可轻言某种文化是"原始的"、"落后的",因为某种文化或许早已经流淌了极漫长的岁月,许多伟大的心灵和智慧都深藏在岁月的深深隧道中,而我们每个个体的人生相对于那沉默的古老历史文化,不过是一个匆匆的过客,我们真能认识的历史可能都只是沧海一粟。对于非洲文化的认识,当代中国人也应该有这样一种基本的态度。那么,在未来世纪,当中华文化突破地理环境和文化造成的封闭,面向全球,面向广大的世界文明张开思想与感受的怀抱时,它又将给世界的理解和描述添上怎样的新的色彩和魅力呢? 数百年来,西方在向全人类提供地球和人类历史的全景图式上做出了重大的贡献,西方文化也因此在全球舞台上占据了主导的位置。然而真正激动人心的,应当还在未来世纪,在未来世界各大文明随着人类发展进程的推进而带来的更深入的交流之中。因为相比于自然地理、文化和人类学外部的浅层的观察描述,人类心智和过往的数千年中累积生成的文明与文化源流,才是人类真正的恒久的财富,才是近代以来人类突然兴起的这个以科学和商业引领的现代世界的真正基础。

尼罗河之歌,就是这样一首永远的人类心灵之歌,但愿它能永远传唱下去,因为它属于非洲,属于全世界。

# 第八章　非洲走廊与"努比亚文化"

努比亚是对非洲尼罗河中上游广大地区的泛称。早在两千年前,古希腊人就把尼罗河第一瀑布以南的广大地区都称为努比亚(Nubia),意为"黑人家园"。一些古希腊历史学家曾把这片绵延数千公里的广阔世界,看成是古代埃及文化的源泉之一,并对其文化有过许多赞誉。[①] 但长期以来,努比亚文化一直被当成古埃及文化的一个附属而受到忽视。20 世纪以来,借助于考古发现与人类学家的研究,努比亚文化的成就与意义逐渐获得了世界的重视。

## 一、上尼罗河与努比亚

努比亚人(Nubians)是非洲一个古老的族群集团,皮肤呈黑色或深褐色,是由属黑种人的尼罗特人(Nilotes)与属白种人的含米特人(Hamites)和柏柏尔人(Berbers)长期融合而成的一个古代非洲族群集团。[②] 他们在尼罗河上游建立起来的强盛国家曾被当时的埃及人称为"库施"(Kush,或译库什)。[③]

努比亚素有"非洲文化走廊"(Nubian Corridor)之称,其北方是埃及,联

---

① A.J.Arkell,*A Histiry of the Sudan from the Earliest Times to* 1821,Greenwood Press,1973,p.1.

② Helen Chapin Metz( ed) , *Sudan:a country study*,Federal Research Division, Library of Congress,1991, p.21.

③ 参见刘鸿武、姜恒昆编著:《列国志·苏丹》,社会科学文献出版社 2008 年版,第 77 页。

结着地中海与欧洲,东面过红海可进入阿拉伯世界,南方则是广大的非洲黑人世界,因而这里成了各种文明交往的十字路口,人种迁移过程复杂。① 上古时代,这里就有黑人居住,后来北非和地中海居民南迁于此。公元5世纪,基督教从埃及和埃塞俄比亚传入,并在公元6—12世纪建立了一度十分强盛的基督教国家,给努比亚留下深远的影响。公元8世纪以后,伊斯兰教传入努比亚地区,大批阿拉伯人陆续移居于苏丹的北部、中部地区,与土著的努比亚人融合成一种新的苏丹阿拉伯人。努比亚地区逐渐分化为伊斯兰—阿拉伯世界的北部(包括信奉伊斯兰教的阿拉伯人和黑人各民族)与非伊斯兰教的南部(包括信奉基督教和各种土著宗教的黑人各民族)两大部分。② 近代西方殖民时期,英国人通过在两个地区建立不同的行政管理机构而强化了苏丹南北分裂的事实,独立后苏丹历届政府忽视南方发展,把南方黑人看作外化之地的少数民族,使这一裂痕呈扩大之势。独立后持续不断的南北间内战与南方的叛乱,及西部达尔富尔地区的冲突,构成了当代苏丹民族国家统一构建(nation-builting & state-builting)的障碍,制约着苏丹社会经济的发展。

努比亚文化是世界上最古老的文化形态之一。大约在公元前8000年的新石器,人们已在这里定居,努比亚各部族进入文明发展时期。③ 他们采集谷物,饲养家畜,并在尼罗河上捕鱼。努比亚地区盛产黄金、香料、象牙、珍贵木材、牛羊、兽皮。努比亚古代文明的早期代表之一,是约在公元前1800年—前1500年间在下努比亚出现的凯尔迈(Karmah)王国。凯尔迈位于尼罗河第三瀑布附近,周围是称为栋古拉的广阔平原,土地平坦而肥沃。凯尔迈可能是古代努比亚人建立的库施国家的第一座都城,因而有些历史学家便将凯尔迈王国称之为在努比亚历史上出现的"第一库施王国"。在这个遗址上

---

① 约在公元前3200年左右,埃及出现了象形文字并逐渐开始流行使用,灌溉农业与中央集权制也发展起来。而在第一瀑布以南的努比亚地区,却依然保持着口头文化和相应的以畜牧或半游牧为主的社会制度,努比亚与埃及的文明差别日益明显,基于互补性的两种文明间的交往也随之发展起来。

② Dustan Wai, *The African-Arab Conflict in the Sudan*, New York: Africana Publishing Company, 1983, p.28.

③ G. A. Reisner, *The archaeological survery of Nubia*, National Printing Department, Vol. I, Chapter 9, Cairo, 1910.

发现了巨大的神庙和墓葬群,出土有精制的薄陶器、金属制品、象牙与木制品,巨大的庙宇证明这是一个规模强盛的古代国家的宫城,其手工业和城市建筑达到了相当高的水平,并与北方的埃及和周边民族有着商业与贸易往来。①　埃及商队把谷物运往库施地区的法拉斯、巴拉纳、米尔吉萨及凯尔迈,返回时又把象牙、薰香、兽皮和玛瑙带回阿斯旺,用船只运到下游地区。

# 二、努比亚文化谱系

从古代文献的记载来看,努比亚的历史大体上可以分为北方的纳帕塔王国时期(约公元前 800—前 300 年)和南方的麦罗埃王国时期(约公元前 300—公元 350 年)。纳帕塔是古代努比亚南北交往的通道,也是通往东部红海的商贸要冲,周围地区土地肥沃,物产丰富。公元前 750 年,库施国王王卡什塔(Kashta)统帅大军沿着尼罗河远征至第一瀑布和阿斯旺一带,他在那里竖起一块石碑,碑文上写着他的征服之功,并称自己为"上下埃及之王"。库施王朝拥有发达的种植园经济、金矿业和畜牧业。公元前 713—前 712 年,库施国扩张到尼罗河三角洲和地中海沿岸,并最终统一了整个埃及和尼罗河流域,其首都也迁到孟菲斯,建立起埃及第 25 王朝。②　并统治埃及半个多世纪。

历史学家们多认为,在漫长的埃及古代史上,第 25 王朝是一个真正由具有南方黑人传统的努比亚人建立的王朝,它充分显示古代南方的非洲黑人对北方埃及文明的影响力。库施文化的影响也扩散到西亚和地中海世界。当时的希腊人就是通过埃及和亚述,而了解到遥远的非洲内陆世界的某些情况的。

人类的文化有着古老的历史,久远的过去传承下来的可能只是一些海面上的冰山一角,我们看到的知道的并不是很多。非洲的历史也是这样的。

---

① G.莫赫塔尔主编:《非洲通史》第二卷,中国对外翻译出版公司 1984 年版,第 178 页。
② G.莫赫塔尔主编:《非洲通史》第二卷,中国对外翻译出版公司 1984 年版,第 213 页。

在两千前,非洲的黑人种族并不像近代时期基于资本的榨取掠夺目标而炮制种族主义论调的人所描绘的那样,是心智低下、人种低劣的种族。其实,两千年前,黑人在当时希腊人的观念中是一个高贵的种族。黑人种族也参与了古代埃及、希望文明的创立过程,并在其中有过特殊的贡献。如何穿过时光的隧道而认知历史的真相,并不是一件容易的事。但我们知道做过埃及第25王朝法老的这位黑人国王,确实也曾有过伟大的业绩。公元前674年,已经称为法老的这位库施国王,这位被称为塔哈尔卡的黑人国王,统领着埃及军队在三角洲地区大败亚述军队。当时,库施国王之威名,远及地中海周围世界。直到公元前661年,亚述人攻占上埃及都城底比斯,才终结了库施王朝对埃及的统治。

与较为干旱酷热的纳帕塔不同,麦罗埃(Meroe)城周围是宽广的草原,气候也较湿润,十分利于农业和畜牧业的发展,加之麦罗埃又处于红海、尼罗河上游以及乍得湖盆地之间商路的中心,这一切,使麦罗埃时期的库施国家进入了另一个繁荣时期。麦罗埃王国可以称为努比亚历史上的第三库施国家。麦罗埃时期的库施国家,是一个摆脱埃及文化的支配性影响而再次本土化或努比亚化的时期。努比亚人借用埃及象形文字的字母并加以改造,创造了自己的麦罗埃文字,它共有23个字母符号,其写读顺序与埃及文相反,但到目前为止,麦罗埃文字还不能被现代人解读。

麦罗埃时期,它与当时北方托勒密埃及、地中海世界的希腊、罗马和波斯各文明间也还有着复杂的交往关系。公元前6世纪,西亚兴起了强大的波斯帝国。公元前6世纪末,波斯军队征服了埃及,然后继续向南入侵努比亚地区。从麦罗埃附近发掘出的一个精美的大流士头像雕刻,说明当时波斯人的影响已经深入到努比亚的南方地区。公元前3世纪到前1世纪,是麦罗埃库施王朝强盛的时期。麦罗埃的统治者有时也自称法老,他们不断向北方发动征服战争。他们也在尼罗河岸边建造了有自己特点的金字塔,供奉自己的神灵,并将其征服战功刻在竖立于北方征服地的石柱上。① 麦

---

① Helen Chapin Metz(ed), *Sudan:a country study*, Federal Research Division, Library of Congress,1991,p.69.

罗埃沿红海海岸一直同阿拉伯和印度商人保持着联系,并且把希腊和印度文化的影响融进了其日常生活。

麦罗埃时期的努比亚文明,有许多重要的成就,它的农业、纺织业,特别是炼铁业已经十分成熟和发达。努比亚人建造了运作良好的灌溉系统给这一地区提供用水,支持着比后来更高的人口密度。20世纪初,考古学家在当年麦罗埃城遗址周围发现了堆积如山的铁渣,并在其周围发掘出大量的炼铁工具和熔炉,以至有的历史学家将麦罗埃称为"非洲的伯明翰"。许多历史学家认为,麦罗埃是当时世界的重要炼铁中心之一,炼铁技术很可能就是由麦罗埃的炼铁作坊向西经过稀树大草原地带,逐渐传入西非和整个南部非洲的。① 当时在麦罗埃的宫廷中,有大批的希腊学者担任教师,麦罗埃的国王们崇尚希腊艺术与建筑。在今日喀土穆的博物馆中,保存着一只从麦罗埃出土的中国式鼎,因此历史学家们设想库施王朝可能与远东的印度和中国也有了某种直接或间接的交往。

公元2世纪,努巴人(Nubas,也称为诺巴德人 Nobades)占领了库施北部的尼罗河西岸地区。这是一些装备良好的骑着马和骆驼的武士,他们成为向麦罗埃贵族提供保护的雇佣军,并与麦罗埃人通婚,作为军事贵族在麦罗埃人中定居下来。罗马人也曾收买这些努巴武士来减弱努比亚人对罗马北非的侵扰。但是,到公元2世纪末3世纪初,古老的努比亚文明和库施王朝,却日益受到一个来自非洲大陆内部的强大国家的压迫,这个国家就是在努比亚南方的埃塞俄比亚(过去译作阿比尼西亚)出现的阿克苏姆国家(Axum,在现埃塞俄比亚东部)。大约在公元前350年,阿克苏姆的军队占领并摧毁了麦罗埃城,库施王朝就此灭亡。库施王国的部分王族及臣民可能向西流亡至达尔富尔地区,并从那些继续进入乍得湖盆地和西非内陆。有些历史学家估计,麦罗埃王朝发达的冶铁技术,及埃及古代文明的某些传统,可能就是以这样的方式传入非洲西部和南部黑人世界的。② 在西非的

---

① 也有一些非洲历史学家认为,西非的冶铁技术并不是从外部传入,而是西非黑人民族自己发展起来的。参见刘鸿武等:《从部族社会到民族国家——尼日利亚国家发展史纲》,云南大学出版社2000年版,第8页。

② G.莫赫塔尔主编:《非洲通史》第二卷,中国对外翻译出版公司1984年版,第224页。

豪萨人、约鲁巴人和萨奥人传说中,普遍存在着的他们祖先来自东方的这类说法,可能都与努比亚文明的影响有一定的关系。

# 三、努比亚文化品格

在非洲史上,努比亚是非洲各文明间的一个十字路口,是古代非洲内部各地区间、非洲大陆与外部世界交往的所谓"努比亚走廊"。因而,努比亚文化既是古代黑非洲土生土长的文化形态,又具有将北非地中海文化与南部非洲黑人文化作联结沟通之混合形态。古代的埃及人、波斯人、亚述人、喜克索斯人、希腊人、罗马人,以及后来的基督徒、穆斯林,都曾发现或到达过这个努比亚的黑非洲世界。"不同的文化在这个交叉路口相遇,并汇合在一起。"①这一特殊的历史地位,使努比亚文化显得丰富而独特。它对整个古代非洲文化的成长,实际上起到了一种传承与整合的作用。

在遥远的年代,上下尼罗河文化有着内在的统一性,努比亚地区的文化,虽然总体上落后于下游的埃及文化,但也达到了相当的发展水平,而且具有自己的特点并影响到埃及文化。努比亚诸语言,或苏丹诸语言,也称为"库希特语言",是一种"将整个尼罗河上游地区各种族语言融汇在一起的一种古代语言",直至今日,在尼罗河上游地区,人们还在使用这一古老的非洲语言。② 同时,在撒哈拉以南的非洲大陆古代艺术史上,努比亚艺术(Nubian Art)占有特别的位置。努比亚岩画出现的时间很早,分布广泛。从努比亚沙漠地带,一直到尼罗河第一瀑布,以及南方的青、白尼罗河流域,古代努比亚岩画反映的动植物和人类生活图景,生动而具体。这些岩画所反映的内容和表现的风格,"有着明显的非洲大陆的特点与黑人艺术的特征,它并不是古代埃及文明的边缘传播物。"③

进入文明发展时期后,努比亚文化分为凯尔迈、纳帕塔和麦罗埃几个依

---

① G.莫赫塔尔主编:《非洲通史》第二卷,中国对外翻译出版公司 1984 年版,第 183 页。

② H.A.Nordstrom(ed),*Neolithic and A Group Sites*,London,1972,p.20.

③ Werner Gillon, *A Short History of African Art*, Penguin Books Ltd, London, 1991, p.55.

次更替的时期。凯尔迈时期的文化,具有相当的独立性和本土性。与埃及的灌溉性农业有所不同,努比亚地区虽然也有农业,但却主要是以畜牧业特别是养牛业为主。畜牧业和半游牧的牧业文化,以及发达的商贸往来,构成了古代努比亚文化的经济基础,也是埃及法老垂涎这个地区的主要原因。纳帕塔时期的努比亚文化,因其较为靠近北方,多受埃及文化的影响,它采用古埃及的象形文字,也崇拜埃及人崇拜的阿蒙神。显赫的库施国王,往往也自称法老。库施国的宫殿建筑、宗教寺庙、金字塔,其风格与功能,似乎都有明显的埃及影响的痕迹,不过,若仔细辨别,其实可以看出它与埃及是有区别的。古代努比亚的建筑、绘画、雕刻,与较为程序化或格式化了的埃及风格有所不同,它有一种更为自然的、粗犷、动感的非洲属性,情感的表达更为热烈和直接。

到麦罗埃时期,随着努比亚地区政治经济的发展,其统治中心的南移,努比亚文化的自主色彩大大增强了。努比亚人在埃及文字的基础上,创造了自己的文字麦罗埃文字(Meroitic script),并因文字的独立而走上了发展自己民族文化的道路。遗憾的是,目前这种古麦罗埃文字还未能译读。与此同时,努比亚的对外交往联系的范围也扩大了。当时,麦罗埃已经成为联结东部地区的贸易枢纽带,由此向西,可以抵达乍得湖而与西非内陆和尼日尔河流域的国家交往,向西南进入非洲热带雨林世界,可以同刚果盆地建立联系,向东南联结埃塞俄比亚高原的阿克苏姆王国,向东则可与红海和印度洋沿岸波斯、印度和阿拉伯地区往来。

到公元前5世纪以后,随着努比亚与外界交往的扩大,努比亚文化中的非洲色彩与东西方色彩也在增加。在麦罗埃城市遗址中,出土了公元前4世纪的古希腊陶器、公元一世纪罗马的镀金酒杯,还有大量的罗马、埃及、波斯的金币。在一座宗教庙宇的遗址上,挖掘出的一个风格秀丽典雅的亭子,似乎是一种来自东方风格的产物。在麦罗埃遗址附近,发现了古代波斯国王大流士的头像雕刻,甚至在离喀土穆不到200公里的一个遗址上,还发现了罗马独裁者奥古斯都的铜铸头像。可以想见,作为非洲与地中海世界、亚洲联系的"走廊",努比亚文化与库施国家在其繁荣与强盛时期,它与外界的文化交往与经济联系,是达到相当程度的。

# 四、努比亚与基督教

公元 6 世纪以后,随着罗马帝国的衰落与基督教文明的兴起,地中海与东北非地区的文明格局经历着新的变化。作为"非洲走廊"的努比亚,也再次发生历史走向的重大转折,那就是随着基督教的传入而发生的努比亚文明的基督教化。约在公元 6 世纪中期,在努比亚地区出现了一批信奉了基督教的王国,苏丹的古代历史由此进入到所谓的"基督教努比亚时期"。

基督教大约是在公元 5、6 世纪前后,分别从北方埃及(信奉基督教科普特教派)和南方的阿克苏姆(今埃塞俄比亚)及红海沿岸传入努比亚地区的。麦罗埃王国灭亡后,在今日的苏丹境内,逐渐出现了几个地方的王国。北方的诺巴德(Nobates,阿拉伯人称之为努巴),定都法拉斯(Faras,在第二瀑布附近),中部的墨库拉(Muqurra,阿拉伯人称之为马库里亚),定都栋古拉(Dunqulah,在现栋古拉以南 150 公里处),以及南部的阿勒瓦(Alwa,阿拉伯人称为阿洛迪亚),首都为索巴(Sawba,在今喀土穆附近)。依照考古资料,及一些用希腊文和科普特文写作的文献,约公元 540 年,拜占庭帝国女皇西奥多拉(Theodora)派遣以尤利亚诺斯教士为首的传教团,到达努比亚正式传播基督教。不久,诺巴德王国的统治者正式皈依了基督教,并要求其居民信奉。不过在那之前,一些来自埃及的科普特传教士已在努比亚的民间传播基督教一性论教派福音。而在南方地区,来自阿克苏姆的传教士起了更早的作用。

基督教的传入,改变了努比亚文明的基本形态与历史走向。6 世纪晚期以后,古典形态的基督教及希腊—拜占庭帝国在努比亚的影响日益明显。努比亚的王宫竞相效仿拜占庭宫廷风格,大小官员往往拥有希腊化的头衔。基督教与世俗权力形成了复杂的关系。各王国统治者承认埃及科普特大主教在努比亚的精神权威,努比亚建立了七个主教区,科普特大主教指派的教士阶层不仅掌握着努比亚的宗教活动,而且对世俗国王及其政治统治也有很大的影响力。当时,这些基督教王国的王位继承,依然保留着麦罗埃时代母系血统的特点,但王权及王室继承权,往往需要得到教会的认可,而国王则以世俗权力竭力维护教会的利益。

基督教的传入使努比亚与地中海文明的联系再次加强,丰富和拓展了努比亚文化的内容。当时,深处非洲内陆尼罗河上游的努比亚,与遥远的拜占庭帝国和耶路撒冷有了紧密的文化与经贸联系,传播基督福音的希腊语和埃及科普特语在努比亚地区流行起来,另一方面,通过借用希腊文字和科普特文字(它本身也借用希腊文字)改造而成的古努比亚文字也出现了,并且逐渐成为努比亚教堂中的语言。人们用这种古努比亚文字抄录和写作了大量的经文、法律文件、书信。这是一个土著的努比亚文化与外来的拜占庭文化、阿拉伯文化碰撞融合的重要时期,出现了文化繁荣的局面。公元7世纪以后,当北方的埃及被阿拉伯人征服而逐渐伊斯兰化后,基督教以一种原初或古典的形态,在努比亚地区继续存在下来。"直到12世纪时,虽然努比亚地区已越来越受阿拉伯伊斯兰文化的影响,但民间的努比亚人还在继续使用希腊语和科普特语。"①

公元8、9世纪是努比亚基督教诸王国文化与经济兴盛的时期。上流社会竞相模仿拜占庭贵族生活和艺术,融入了古代努比亚传统成分的古典基督教风格或拜占庭风格的教堂、修道院,广布于努比亚的尼罗河上游两岸。残存迄今的法拉斯大教堂的罗马式建筑、宗教绘画与装饰画,及精美的高脚酒杯、玻璃器皿等圣器,使后人还可依稀感受源自希腊古典主义的拜占庭建筑艺术和文化式样,当年曾在这遥远的非洲内陆,有过怎样的传播之盛况。②

在经济方面,当时的尼罗河两岸种植着小麦、葡萄、椰枣,除供本地之需,还出口到北方埃及和南方的阿克苏姆。努比亚商人们还将大宗的象牙、黄金和铜,通过撒哈拉商路而远销到西非内陆的尼日利亚、加纳等地,或是北上贩运到地中海周围世界。约在公元836年,努比亚基督教国王乔治斯一世率领着一支庞大的宗教与外交使团,前往巴格达访问,在整个中东引起轰动。③ 一些流传下来的科普特文献和拜占庭文献,还记载了许多有关这个遥远的非洲内陆黑人国家财富与文化的神奇故事。

---

① Dale M. Brown(ed), *African's Glorious Legacy*, Time Life Books, New York, 2002, p.82.
② M.埃尔·法西主编:《非洲通史》第三卷,中国对外翻译出版公司1993年版,第156页。
③ M.埃尔·法西主编:《非洲通史》第三卷,中国对外翻译出版公司1993年版,第168页。

# 五、现代苏丹国文化

与撒哈拉以南非绝大多数地区缺乏文字文化传统不同,古代努比亚人发明了自己的文字,形成了有文献传统的努比亚文明。古代努比亚文字虽然后来不再流行使用,成为一种失传的文字,但它在古代社会对于努比亚文化的发展与繁荣却起过巨大的作用。基督教文化与伊斯兰文化传入后,由科普特文和阿拉伯文字书写的文献也得以流传于努比亚地区,将这一地区的文字文化传统延续了下来。因此,努比亚文化有着某些不同于南部非洲的地方,其文字传统形成的方学也就成为一个值得关注的文化现象。今日的苏丹文化,大体上是对古代努比亚文化的现代传承,不过,今日苏丹南方地区的黑人各族群文化,因较少受外来的伊斯兰文化的影响,更多地具有本土黑人文化的特点。

1. 文学传统与新生

10—12 世纪以后,努比亚地区逐渐阿拉伯化,由阿拉伯文字书写的文学诗歌成为苏丹文学的主体。苏丹的阿拉伯文学与中东的阿拉伯文字总体上一致的,但有自己的地方化特点,融入了许多古代努比亚的民间传说、歌谣、诗歌元素,并传播于南部黑人地区。

19 世纪以后,苏丹日益成为北方埃及马木鲁克王朝的势力控制地区,文化上也受北方的影响,方学形态具有越来越明显的阿拉伯方学色彩。直到 20 世纪初,在苏丹方学中居主导地位的还是中世纪沿袭下来的阿拉伯传统的古典诗歌。不过在民间,也流行着来自民间的口头诗歌,这些民歌反映了埃及马木鲁克王朝和奥斯曼帝国对苏丹的统治,人民的反抗,还有一些反映日常生活,具有浓厚的生活气息。

从总体上说,苏丹现代文学是由三个部分构成的。一是阿拉伯语写作的作品,它大体上属于世界阿拉伯文学的一部分;二是用英语写作的作品,它其实是西方文学与苏丹文学融合的产物;三是在南方黑人部族社会中保存下来的口头民间文学。事实上,这三部分的文学是既有差异又有内在联系的,因为现当代的许多有影响的苏丹诗人和作家,如塔吉·艾斯—西尔·

汉萨、穆罕默德·密基·易卜拉希米等,都能熟练地使用阿拉伯语和英语进行诗歌创造,而他们诗歌与艺术中反映的社会生活与情感,却又是苏丹乡村世界或以民间艺术为基础的。

近代以来,作为阿拉伯文学和非洲文学的一部分,苏丹文学的发展进程与阿拉伯世界和非洲大陆的历史命运及政治斗争紧密相连。在苏丹人民反抗土—埃和英—埃殖民统治的斗争中,曾涌现出了一批作家和诗人,他们受到当时的反殖斗争的鼓舞,创作出了一些反映斗争实践和歌颂民族主义的文学作品。马赫迪起义失败后,许多诗人、作家战死疆场或被捕入狱,苏丹民族文学曾一度衰落。

进入 20 世纪,英国与埃及的殖民统治及外来文化的影响,成为苏丹文学中的新内容。当时,穆罕默德·赛伊德·阿里-阿巴斯、穆罕默德·阿里-阿明和塔乌费克·阿赫默德等苏丹诗人,在他们的作品中,英埃殖民统治这一主题得到直接反映。这一时期的诗歌从内容到形式均无重大变化,许多诗歌充满悲哀失望的情绪,感叹伊斯兰精神的减退,留恋阿拉伯统治的黄金时代,这些情感其实是对外来殖民压迫环境的反映。

英国殖民统治时期,苏丹现代西式教育初步有了发展。1902 年,英国人在喀土穆开办了戈登学院,这所学校培养了苏丹现代史上第一批民族知识分子,其中成为后来苏丹知名的艺术家和诗人作家。

苏丹现代文学发展进程及特征,在相当大的程度上是在 20 世纪初兴起的苏丹现代民族解放运动的推动下形成的,同时,苏丹的民族知识分子在第一次世界大战后接触到了欧洲文化和各种新思潮。正是在这一时期,苏丹作家和诗人的创作日趋活跃,苏丹文学出现了繁荣局面。

到了 20 世纪 30 年代,苏丹先后出现了《复兴》、《苏丹之镜》和《曙光》等文学刊物。它们宣传革命思想,探讨文学问题,在苏丹思想史和文学史上产生了重大影响。在此期间,苏丹首次出现了反映婚姻、习俗等社会问题的短篇小说。此后,随着欧洲文学对苏丹的影响和国内知识分子的增加,苏丹大城市里出现了一些民间性质的文学俱乐部和文学团体,比如 1938 年在喀土穆成立的"毕业生同学会"和 1953 年在恩图曼成立的"文学俱乐部"等。

第二次世界大战后,苏丹文学在民族解放斗争中逐步发展为具有革命思想和斗争目标的现实主义文学。独立以后,特别是60和70年代,长篇小说迅速兴起,几乎成为苏丹文学的主要表现形式。其题材多以农村为背景,反映整个社会的新与旧、进步与保守之间的斗争。80和90年代苏丹的文学创作进一步繁荣,对社会现实的反映也更为深刻。

苏丹自独立以来,民族文学有了初步的发展,出现了一批有影响和特色的作家和文学理论家。这些作家,大多数都是用阿拉伯语和英语写作的,但他们表达的却是一种苏丹特色的民族文学与艺术内容与情感。哈姆扎·马利克·顿布曾写过《论阿拉伯文学的浪漫主义》一文,对现代阿拉伯及非洲文学有自己的思考与评价,他还出版过诗集《自然法》。穆罕默德·艾哈默德·马赫朱卜的《苏丹思想应朝什么方向发展》是苏丹现代知识分子对国家文化发展的探究。此外,诗人哈桑·伊扎特的诗集《泪与情》、优素福·巴什尔·阿特-季赞尼的《东方集》、优素福·穆斯塔法·阿特-丹尼的《初喊集》也是其中重要代表。

独立后的苏丹,出现了一些现实主义流派诗人,他们是穆巴拉克·哈桑·赫利发、萨拉赫·阿赫默德·易卜拉欣等,批评殖民主义和建设苏丹新生活的主题在他们的诗歌中占有主要位置。此外,贾马尔·穆罕默德·艾哈迈德的《女丐》、《非洲话剧》、《非洲实体》、《阿拉伯人与非洲》及诗集《新生的非洲》,门舒尔·哈利德的散文集《与知己者漫谈》,阿里·马克的《黑人文学的典范》、《盲人无罪乎》、《月照庭院》和《土城》,塔伊卜·萨利赫的《移居北方的季节》、《扎因的婚礼》、《市长》和《悬崖》,艾布·巴克尔·哈利德的长篇小说《在矮墙上跳跃》,穆罕默德·赛义德·阿巴斯的《阿巴斯诗集》,以及穆罕默德·马赫迪·马吉古卜的诗集《狂人怒》、《喜讯》和《显贵与迁徙》等,都是苏丹现代文学中的重要人物与作品。①

当代苏丹诗歌多数是用阿拉伯语写作的,也有一些用英语写成。比较知名的当代诗人和作家有:②

---

① 参阅(尼日利亚)索因卡等著、汪剑钊编译:《非洲现代诗选》,河北教育出版社2003年版。赵彦博、王启文著:《非洲现代文学》,军事谊文出版社1996年版。

② 参阅罗洛主编:《20世纪外国文学辞典》,中国大百科全书出版社1991年版,第194—195页。

2. 现代造型艺术

两三千年前的古代努比亚文明时期,苏丹人民创造了自己辉煌的艺术,大量的神庙、宫殿建筑,与受古埃及艺术风格的影响,又有自己的地域特点。基督教传入后,在苏丹境内保留下来了具有原始基督教形态的艺术形式,法拉斯大教堂遗址上迄今残留着原始基督教风格的壁画作品。中世纪以后,努比亚人的艺术与阿拉伯伊斯兰艺术逐渐融合,成为苏丹现代艺术的基础。但在南方地区,黑人传统部族艺术却又呈现出另一种完全不同的艺术传统与风格。如被称为非洲大陆"最具尼罗特游牧民族精神"的丁卡人部族习俗,那奇特的人体装饰艺术,直到今天,依然十分完整地保存了下来。①

从艺术风格和形式上看,苏丹艺术呈现出鲜明的民族主义和传统主义色彩。这种具有继承性的艺术形式能清楚地反映出苏丹特有的历史文化与民族精神。对过去的继承构成了苏丹现代艺术实践的基础,这也是为什么当代苏丹的艺术体系有别于其他的非洲艺术学派而独树一帜的原因。这种对过去的继承也反映在当代苏丹的伊斯兰教育及艺术实践中。从公元9世纪一直存在到现在,苏丹传统的古兰经学校都把艺术传授看作是一种生活的实践过程,而南方尼罗特黑人的部族艺术,始终是与传统生活与游牧经济共生在一起。

1824年土耳其进攻苏丹时,穆罕默德·阿里帕夏(Mohamed Ali Pasha),一个对尼罗河流域的现代化非常感兴趣的人,将现代初等教育引入了苏丹,这成了苏丹传统的哈勒瓦学校(khalwa)的实践基础。到1936年,在巴科特里达学院(Bakht-el-Rida Institute)建立了一个艺术教育部。该部的领导人是一位英国艺术学家吉恩·皮尔·格林洛(Jean Pier Greenlow)。在作为苏丹现代艺术先驱的格林洛的影响下,苏丹的艺术表现形式自1936年起便开始朝着更具民族性与现代性的方向发展了。当时,一些从戈登学院毕业后出国留学的一些苏丹艺术专业留学生,他们到国外接受了西方式的现代艺术教育,深感苏丹的民族艺术只有既能继承自己的民族传统与历史精神,又能结合现代世界的艺术需要,在传承社会文化习俗的同时,根据

---

① Carol Beckwith & Angela Fisher, *African Ceremonies*, New York, 2002, p.240.

时代发展需要而有所改进,这样的艺术才是有生命力的艺术。这些苏丹民族艺术的先驱者曾在当时尝试过在西方传播苏丹的民族艺术,但并未得欧洲艺术主流家们的关注。

一些留学国外的苏丹艺术家们回到了国内,重新思考民族艺术的价值,他们将艺术与社会生活联系起来,寻找从艺术的角度理解和建设苏丹现代国家的可能。但苏丹的历史文化传统与社会习俗具有复杂而多元的特点,人们对于苏丹艺术的特征与民族精神的核心有着不同的看法。60年代,在喀土穆大学的艺术部,一些苏丹艺术家和教师,展开过一场关于苏丹民族艺术形态走向的论战,这不仅是一场关于精神和观念的论战,同时也是一场关于非洲与伊斯兰世界关系的论战。一些苏丹艺术家认为,苏丹文化是由这两种文化共同造就的,它们在苏丹文化中既有共性又有冲突。这种思想,对当代苏丹艺术的发展产生了重要影响。许多人从传统艺术中寻求艺术源泉,使当代苏丹的绘画、雕刻和城市建筑,保持了某种形态的民族特色。在苏丹国家博物馆和喀土穆大学艺术部中,苏丹的大量传统艺术珍品得以保存,并吸引着来自世界各地的非洲艺术爱好者。

苏丹现代艺术,可以分为北方的阿拉伯—伊斯兰艺术与南方的尼罗特黑人部族艺术两大部分,同时,在城市里,还有受西方影响的现代艺术存在。

苏丹的阿拉伯—伊斯兰艺术,包括建筑、民居、音乐、舞蹈等,都是在公元十世纪以后,随着阿拉伯人的到来和伊斯兰教的传播,在苏丹境内逐渐与传统的苏丹古代努比亚艺术融合而成的。苏丹音乐舞蹈具有一种特别浓郁的东方与非洲风情,其节奏与旋律既有阿拉伯音乐舞蹈歌唱性与舞蹈性,又混合了非洲黑人音乐舞蹈的强烈节奏与动感。

苏丹阿拉伯—伊斯兰建筑艺术,主要集中体现在遍布全国各地的清真寺建筑上。仅在喀土穆就有大小清真寺400多座。苏丹的清真寺总体上承袭了伊斯兰建筑的特点与风格,但受着苏丹当地建筑材料、气候和生活方式的影响,又呈现出某种程度的本土化特点。有的清真寺与苏丹传统建筑并没有根本的区别。著名的法克鲁清真寺,建于1902年,是当地最雄伟的历史建筑之一。为纪念民族英雄马赫迪而建的马赫迪宫,也体现了苏丹民族建筑的特色。在苏丹的国家博物馆,收藏着十分丰富的古代努比亚时期、基督教时期以及阿拉伯人进入后各个时期的艺术珍品,那些刻满了古代麦罗埃象形文字和浮雕的石头碑铭,还有罗马人留下的艺术品,精美的瓷器艺术品和器皿,及在麦罗埃古代王宫附近发现的罗马皇帝奥古斯都的头像等,都是珍贵的艺术文物。

苏丹的西式建筑大体可分为三大类型,第一类是古代罗马帝国时期留存下来的历史性建筑,主要分布在尼罗河第一瀑布到喀土穆一带。当时,罗马建筑艺术已经影响到努比亚地区,在许多村落中心和市镇修建了希腊—罗马式的长方形建筑,优美的罗马式浮雕与柱廊,结合了麦罗埃人的传统艺术特色。第二类是公元4—14世纪期间基督教传入苏丹后留下的教堂建筑。在栋古拉附近有许多古代留下的基督教教堂和皇宫建筑遗址,有哥特式的、科林斯式的。其中最著名的如法拉斯大教堂,它是古代麦罗埃艺术、希腊古典艺术、基督教艺术混合的产物。法拉斯大教堂内还保留了精美的基督教绘画艺术,那些画在教堂墙壁、天花板和窗户上的圣像画和装饰画,色彩多呈紫色调,线条流畅清晰。苏丹的教堂艺术具有希腊正教的影响,还融合了当时中东耶路撒冷—巴勒斯坦与叙利亚的风格。目前,这些古代的西式建筑,已经只是作为历史遗址存在着。第三类是近现代英国殖民时期留下的西式建筑,其中以位于喀土穆尼罗河畔的总统府最为具有代表性。这座建筑当年曾是英国在苏丹的总督府,苏丹独立后,改造成了总统府,是当年英国的总督府改造而成的,也是目前在首都喀土穆最好的旧式建筑之一。

在首都喀土穆,还有一些现代建筑,如1976年由中国援建的友谊宫,它由一个会场主体建筑、一个剧场和附属物构成。

3. 现代音乐歌舞

苏丹北方阿拉伯化的民族,其音乐与舞蹈是阿拉伯风格与非洲黑人风格的混合。在喀土穆国家艺术馆和一些文化中心,传授和练习阿拉伯音乐舞蹈。目前苏丹全国最大的艺术组织是苏丹国家剧院,苏丹艺术家协会也是重要的组织。

苏丹南方的游牧民与黑人部族,其传统艺术具有浓厚的民族特色。尼罗特黑人的舞蹈与音乐是与他们发达的游牧业经济联系在一起的。在迁徙的过程中,尼罗特人有复杂的祭祀与礼仪活动,其间都伴以歌舞,表达他们的情感与期待,及对祖先神灵的崇拜敬畏。至于婚丧嫁娶,求雨问卜,音乐与舞蹈便是其中不可缺少的内容与形式。部落的音乐舞蹈既有相同的地方,又有自己的个性与特点。

让外部的人来观看欣赏,可能觉得苏丹南方的这些黑人音乐舞蹈的风格与内容都差不多,其实部落的成员对自己的音乐舞蹈的民族性是十分敏感的。因为这些音乐与舞蹈,其内容与形式,往往都讲述着表现着自己部族的历史与往事,传唱着先祖的业绩与战功。部族成员自小就熟悉并参与部族音乐舞蹈活动,对其中的情感与神秘内容有直觉的领悟与把握。跳舞时,各部族的成员会根据舞蹈传唱之不同内容,随时变幻音乐节奏和强弱。这些部落的音乐舞蹈是由具有复杂多变的鼓点、足蹈节奏,及组合复杂的击掌声、歌声和喊声来相互配合的,气氛或舒缓、或粗犷、或激昂、或悲伤,变化而多样。

总的来说,非洲黑人的音乐、舞蹈、面具、服饰艺术是天然地混合在一起的。例如南方的希卢克族人时常跳一种叫"布尔"的鼓舞,舞者或系上面具,或全身披枝挂叶,加之身体各部分用天然色彩涂抹得十分艳丽,手脚上系上铃,随着音乐鼓点狂跳舞动,其气氛紧张而刺激。他们的战斗舞更加热闹,舞者腰围兽皮或布片,手持盾牌、标枪或棍棒,眼皮涂成红、白色,并且头上戴着插有羽毛的毛发冠子,随着口中发出的嘹亮喊声,挥舞兵器,踏着表现战斗场面的舞步。

被称为"非洲骑士"的丁卡人,身体魁梧,性格剽悍,他们饲养着体形巨大的非洲公牛自由迁移在苏丹尼罗河上游的大草原与南方荒漠世界里,世世代代流传下自己的部族舞蹈。其内容多与征战掠杀有关。他们的舞蹈,形式与风格具有浓厚的南方黑人性,或赞美部落首领和公牛的力量,或模仿飞越高空的非洲鹰的优美身姿,或摹拟各种动物的敏捷动作。今天,由于现代生活在乡村与边远地区的传播,生活在南方的黑人部族的音乐舞蹈也有了种种的变化。人们在传唱传统的音乐歌舞时,也在使用现代的电器与乐器。甚至从美国和西方传回的现代音乐,本是从非洲黑人的传统音乐与舞蹈中发展而成的,现代又作为外来的音乐舞蹈进入了苏丹内陆的部族生活世界中。

最后需要说明的是,整个努比亚文化因为后来几经中断而在今日的苏丹境界已经缺乏完整的历史文献记载,我们现在对它还是知之有限的。事实上,这种情况对于整个非洲历史文化的研究来说都是普遍存在的困境。虽然借助社会科学研究,人类已经在很大程度上了解了自身的社会历史与精神文化的存在方式,然而,不论对于人类总体的历史存在,还是对于人类个体的、局部的区域的历史存在,社会科学所提示且为现实生活中的人们所理解的,还仅只是很小的一部分。人类发展的全球化与人类历史与文化生存的多样化之间的不一致甚至冲突,既是现代文明演进的主要动力,也是它面对的主要困难与挑战。

# 第九章　非洲大草原与"苏丹文化"

　　非洲内陆靠近撒哈拉沙漠地带的广大地区，习惯上被称为"萨赫勒地区"，也称为"西苏丹地区"。这一地区的地理范围极为广大，大致西起今天的塞内加尔沿岸，东至乍得湖，是一个东西向的介乎于北非沿海撒哈拉大沙漠与南部热带雨林之间的广阔地带。在地理特征上这一广阔地区都具有热带稀树大草原与内陆热带灌木荒漠区的一般属性。

　　这也是连接北非沿海与南部热带非洲的过渡地带。历史上，这个广大地区曾出现过三个重要的黑人文化中心，我们可以将这些文化统称为"稀树大草原文化"。

## 一、加纳、马里与桑海

　　在非洲西部内陆地区，从今天的马里、加纳到尼日利亚这一广大地区，历史上曾出现过三大黑人国家，即加纳（Ghana）、马里（Mali）和桑海（Songhai）。因这三个黑人国家的地域极为广阔，有一些学者也把它们称为"帝国"。[①] 这三个黑人国家所处位置，靠近撒哈拉沙漠地带，属于非洲内陆的稀树大草原自然环境，其文化具有区别于非洲热带雨林与东非高原的特点，可称之为非洲的"稀树大草原文化"。[②] 同时，这一地区在非洲文化区域结

---

　　①　T.Olaguniu, *Foundations of A New Nigeria*, The IBB Era, Lagos, Nigeria 1991, p.47.

　　②　P.M.Martin and P.Omeara, (eds), *Africa*, Secoued Edition, Indiana University Press, 1986, p.288.

构中属于"西苏丹文化区",一般也将其称为"西苏丹文化"。历史上,这一地区的黑人族群共同发展进来了一种与稀树大草原相适应政治经济体制与文化形态,对非洲大陆文化进程产生了持久的影响。

西苏丹这三个黑人帝国的生存年代,大致情况是这样的:加纳帝国出现的时间最早,它大概于公元 8 世纪以前已兴起,10 世纪进入繁荣期,但到 11 世纪中期它被位于它南部的马里文化征服。马里帝国兴起于 10 世纪,13 世纪为其繁荣期,到 14 世纪中期以后日渐衰落而被桑海帝国取代。随后的 15—16 世纪是桑海帝国的繁荣期,这也是古代西苏丹稀树大草原文化发展的鼎盛时期。到 17 世纪以后,随着桑海帝国被来自北非的摩洛哥人征服摧毁,西苏丹地区的黑人古代文化陷入了普遍持久的混乱和衰败之中,随后便是西方殖民入侵征服时代的到来,西苏丹文化进入与欧洲文化交汇时期。今天,非洲西部广大地区的文化呈现着历史与现代交融、本土与外部文化并存的状态。

稀树大草原上的这三大黑人文化一直是研究非洲文化的学者们关注的重点,相关成果也比较丰富。究其原因,一是西苏丹黑人部族的口传文化十分发达,透过那些流传迄今的民间传说和英雄史诗,后人可以获得许多很有价值的历史文化信息,比如,在西苏丹传喻甚广的《松迪亚塔》(Sundiata),是一部记载马里文化的著名口传史诗。虽然这些口传材料只能当作"真实的幻景"①来理解它们的史料价值,但对了解这一地区的文化与历史还是很有价值。第二个原因,20 世纪以来考古学家在西苏丹地区先后获得许多重要的发现,借助这些发现,人们得以重建起西苏丹文化史的一个大体框架。最后,这三个黑人古代文化当年曾有过丰厚的用阿拉伯文字写下的历史著作,虽然它们绝大部分早已佚失或焚于战火,但残留下来的几份珍贵文献,比如公元 11 世纪阿拉伯学者厄尔·巴克利(al-Bakri)的《北非记》对古加纳文化的记载,12 世纪伊德里希的《地理志》(Geographie d'Edrisi)对马里文化所作的记载,14 世纪伊本·哈勒敦(Ibn Khaldun)的《历史》(Kitab al-Ibar),17 世纪由苏丹人写的两部苏丹编年史《法塔史》(Tarikh al-fattash)和

---

① J.Vansina, *Oral Tradition*:*A Study of Historical Methodology*,Chicago, 1965, p.76.

《苏丹史》(Tarikh al-Sudan)，都多少使后人了解到这三个黑人文化的一些真实情况。

关于这三个黑人文化的源流关系及它们在西苏丹文化史上的地位，目前多数学者都认为，这三大黑人文化既有各自独立的演进历史和发展背景，但相互间却又有十分紧密的关系。一方面，它们都是独自兴起的，并且在相当一段时期中曾并存于世；另一方面，它们在文化源流与传统方面，则又呈现一种依次更替前后传承的特殊关系，这使得它们在文化特征上的相似性十分明显。事实上，作为西苏丹热带大草原上的三个黑人文化，在某种意义上它们实际上构成了一个具有内在联系的地域性历史文化综合体，共同塑造了西苏丹文化区古代文化的基本模式。正因为此，文化学家往往把这三大黑人文化放在一起来统一考察。

# 二、族群与语言

有着十分紧密的种族亲缘关系，并在某种程度上形成跨地域的语言文化共同体，是这三大黑人文化历史演进过程中的一个突出特征。

历史上，西苏丹黑人文化的杰出成就和重大事件，都是与所谓的"曼丁哥人"联系在一起的。曼丁哥人(Mandingos)又称曼德人，在非洲文化发展史上，这个黑人集团概念，常用以泛指那些在语言上与讲曼德语的索宁凯人和马宁凯人有联系的西苏丹众多部族群体。这是一个在非洲历史上有着重要地位而又很庞杂的黑人部族群体，其内部存在众多支系。比较大的主要是马宁凯人(Malinke)、索宁凯人(Soninke)、苏苏人(Soso)、班巴拉人(Bambara)等。将他们在文化上联系起来的核心纽带主要是曼德语，操曼德语的各曼丁哥部族的语言虽有明显差异，但大体上是可以相通的。马宁凯人和索宁凯人因在曼丁哥部族集团中地位最重要，常被称之为"核心曼丁哥人"或直接称之为曼丁哥人。[1]

---

① J.S.Trimingham, *A History of Islam in West Africa*, Oxford University Press, 1970, p.302.

文化学家经常提到的所谓"曼丁哥文明",便是以马宁凯人和索宁凯人为核心、通过他们语言文化的扩散而形成的,有些时候,人们还把加纳文化和苏丹文化统称为曼丁哥文化。具体说来,加纳文化的创建者是索宁凯人,马里文化的创建者是马宁人。作为加纳文化和马里文化的主体语言,索宁凯语和马宁凯语伴随着加纳文化和马里文化的扩散传播,逐渐成了西苏丹广大地区普遍通用流行的语言。约从公元 10 世纪起,作为曼德语族核心的索宁凯语和马宁凯语,便已渐为西苏丹文化区内的众多部族普遍使用。这种语言共同体的形成,既是加纳、马里这两大西苏丹黑人历史文化发展的结果,又是这两大文化得以形成和维系的重要条件。

桑海文化的情况稍有所不同。它的创建者桑海人与曼丁哥人并无直接的亲缘关系。桑海人和曼丁哥人都属苏丹型尼格罗黑人,但他们具体的种族源流,目前还不是十分清楚。不过与曼丁哥人最初起源于苏丹地区西部的塞内加尔河与尼日尔河上游地区不同,桑海人最初起源于西苏丹地区的东部,后来西迁到尼日尔河中游河曲一带以加奥(Gao)为中心发展起来。桑海人的语言属尼罗-撒哈拉语系中的桑海语族。这是一个相对来说较小的部族语言。但桑海文化与曼丁哥人的关系同样是很密切的。在桑海文化鼎盛时期,它的杰出统治者阿斯基亚大帝便来自索宁凯族。

另一个对加纳、马里、桑海文化语言共同体的形成产生重要影响的因素是阿拉伯语言文字在西苏丹地区的传播。与几内亚文化区和刚果文化区的黑人文化不同的是,加纳文化、马里文化和桑海文化在其发展进程中都程度不同地受到北非阿拉伯语言文化的影响。① 从公元 10 世纪以后,伴随阿拉伯文化与伊斯兰教向撒哈拉以南非洲的传播,阿拉伯语言和文字便进入了西苏丹地区,作为一种统一的文化聚合工具和信息传媒而逐渐对当地上层社会与政治权力中心的运作,对黑人各族的宗教生活、教育、商贸活动的形式及内容,包括对这三大黑人文化基本模式的形成等等,都产生了多方面的影响。它的另一个重要后果是使这三大文化部分地改变了无文字文化的状

---

① P. M.Martin and P.Omeara,(eds),*Africa*,Second Edition,Indiana University Press,1986,p.295.

态而向文字文化过渡。尤其是在马里文化和加纳文化兴盛时期,有不少深受阿拉伯文化熏陶的西苏丹黑人,如参与撒哈拉贸易的商人、皈依伊斯兰教的黑人穆斯林等,掌握了文字写作能力。同时还形成了一个运用阿拉伯语言文字写作的西苏丹黑人学者集团。① 阿拉伯语言文字的传播使西苏丹黑人文化在知识的系统积累、保留和传承方面有了重大进步改观,这无疑是促成加纳、马里、桑海三大黑人文化走向繁荣的重要原因。当然这里也需要指出的,阿拉伯语言文字在这三大文化中传播使用的程度还是十分有限的。令人困惑的是,在中苏丹的豪萨人和东非的班图人那里,在阿拉伯文化的影响下当地黑人曾用阿拉伯字母符号创立了自己的文字系统豪萨文和斯瓦希里文,从而使外来的阿拉伯伊斯兰文化与当地土著的黑人文化的融合有一个坚实的中介或纽带而得以长期持续下来,但在西苏丹这里,无论是索宁凯人、马宁凯人还是桑海人,却始终没有利用阿拉伯字母符号创立起自己的文字系统,尽管他们所受阿拉伯文化之影响似乎要比豪萨人和斯瓦希里人更多一些。

# 三、政治与社会

与非洲的其他文化相比较而言,无论是加纳文化、马里文化还是桑海文化,其文化发展的一大特点,在于它们都是依托在一个有着帝国规模的庞大政治体系上发展起来的。这种庞大政治体系的存在,使得西苏丹这三个黑人文化程度不等地都带有了某种帝国文化的博大气势与恢宏色彩。

在非洲古代史上,加纳、马里、桑海曾是三个规模罕见的黑人国家。地域如此广大的政治框架的形成,大概首先是因为西非内陆这一开阔平坦的稀树大草原世界,为这三个黑人国家提供了巨大的生存空间与扩张腹地。在它们处于极盛之时,其统治之疆域或控制的势力范围大都北抵沙漠,南至几内亚湾雨林边缘,自东向西更驰地数千公里,几乎囊括了通常所说的"西

---

① R.Olaniyan,(ed), *African History and Culture*, Longman Nigeria Ltd. Lagos, 1982, p.176.

苏丹文化区"的大部分地域。正因为此,学者们时常将这三个黑人王国称之为帝国。虽然从严格的意义上说,它们实际上还只是一种由众多氏族王国、部落联盟构成的松散的政治共同体。因为与东方世界那些中央集权的官僚帝国相比,它们无论是在政治体制的集权程度还是在官僚机构的发育水平方面都是很低的。但是这一尽管松散但却极其庞大的政治体系的存在和发展,却提供了来自政治领域的具有相当能量的文化整合与一体化动力,并因此使得加纳文化、马里文化、桑海文化能够在政治文化方面形成一些为非洲其他文化所不具备的显著特征,比如对超部族跨地域的政治权威的认同与遵从,国家统治权力意识的萌芽及王权观念的初步形成等等。①

加纳王国最初兴起于撒哈拉沙漠的边缘。从曼丁哥人的口头传说和阿拉伯史学家的记载来看,作为雏形的加纳王国可以追溯到公元 3 世纪。但它最早的统治者可能是来自北方撒哈拉沙漠世界的白皮肤的柏柏尔人,到 8 世纪时为索宁凯人取代建立黑人王朝后,这个古代王国才有了真正的发展。10—11 世纪中期,加纳王国进入鼎盛时期,其疆域包括了尼日尔河上游和塞内加尔河上游之间的广大地区,但其统治中心则大概在偏北的今毛里塔尼亚昆比·萨利(Kumbi-Saleh)村一带。考古学家在这里发掘出一个估计曾拥有数万居民的城市,研究表明它可能就是加纳王国首都的穆斯林城。

据阿拉伯史书记载,加纳王国的首都由两座相距 10 公里的城市组成,一为穆斯林商业城,另一为朝廷所在的王城,只是王城遗址迄今尚未找到。加纳王权似乎已有一定发展,据说国王出征时可召集一支配有 4 万弓箭手的 20 万人大军,平时则每日鸣鼓上朝,亲理国政。② 王城十分气派,商贾云集,王室靠征收关税而财政殷实。加纳王国控制着众多的其他黑人部族小王国,但实际有效统治看来仅限于索宁凯人核心地区,对藩国的统治基本上是象征性的。11 世纪以后,加纳王国不断受到北方阿尔摩拉维人的入侵,帝国内各部落和藩属纷纷反叛独立,帝国变得名存实亡。大概到 13 世纪以

---

① V.C.Ferkiss,*African's Search for Identity*, Cleveland, Ohio, 1969, p.39.

② G.T.Stride, *Peoples and Empires of West Africa*, Lagos, Nigeria, 1982, p.35.

后加纳帝国故地尽归马里帝国所有。

马里曾是加纳帝国南方的一个小藩属国,约 10 世纪时由马宁凯人所建。加纳帝国解体后,马里一度被另一原加纳藩属苏苏王国征服。公元1230 年,在传奇式英雄马里王子松迪亚塔领导下,马里王国大败苏苏人,从此国势日隆。到 14 世纪初曼萨·穆萨(1312—1337 年在位)国王统治时代,马里扩张成了一个地域广大的强盛帝国。据估计,马里帝国的人口在4—5 千万左右,首都尼亚尼(Niani)人口至少有 10 万,杰内(Jenne)一带便有村庄 7077 个,人烟稠密,鸡犬之声相闻。①

据当时到过马里帝国首都的摩洛哥旅行家伊本·巴图塔记载,马里宫廷豪华威仪,首都秩序井然有条。国王拥有一支以骑兵为核心的十万人军队,不断往各地巡视。② 它的政治发展水平和官僚机构的复杂程度显然已远超出加纳王国。帝国将其征服地划分成各行政区域,由中央委派总督"法林"(farin)治理,城乡各地亦有国王的统治代表,从而使帝国统治的强度与有效性大为增强。不过从本质上说,马里帝国还是一个流动性很大的不稳定的游牧性质的帝国,仅它的首都就迁徙过好几次。它的疆土主要靠四处征战获得,帝国境内包括了许多臣服于它的黑人王国和柏柏尔人王国。复杂多元而又整合程度有限的种族结构与文化背景,使帝国存在的基础一直很脆弱。到 15 世纪中叶,新崛起的桑海取代了它的帝国地位,马里沦为桑海帝国的小藩属残存到 16 世纪。

从帝国版图之广袤与统治制度之完备来说,桑海帝国显然都已超过了昔日的马里。这个以尼日尔河中游的加奥城为中心发展起来的帝国,在其两位雄才大略的统治者桑尼·阿里(1465—1492 年在位)和阿斯基亚·穆罕默德大帝(1493—1528 年在位)的治理下,在政治、军事、经济和文化方面都有重要的发展成就。阿斯基亚显然意识到帝国的统治不能只建立在军事征服与松散的附属国联盟基础上,他曾努力想把帝国组织成一个有中央集权和完备统一行政系统的实体国家。这些富有成效的努力包括不断重新划

---

①   D.T.Niane,(ed),*General History of Africa*, UNESCO, vol.4, p.156

②   J.S.Trimingham, *A History of Islam in West Africa*, Oxford University Press, 1970, p.39.

定行政区域,建立各级地方行政机构,设立常备军,统一度量衡,奖励学术教育以促进文化的繁荣等等。在某种意义上可以说,桑海帝国代表了整个撒哈拉以南非洲黑人世界古代文明的最高成就,而桑海文化本身则是从加纳文化开始的西苏丹文化区黑人古代文化的最后辉煌阶段。当时留下的一些文献如用阿拉伯文写的《苏丹史》曾颇为真实生动地记载了桑海帝国的繁荣与富庶。

# 四、经济与贸易

西苏丹地区,无疑是整个撒哈拉以南非洲古代史上经济发展水平最高的地区。但就这一地区的经济模式对于加纳、马里、桑海三大文化之历史形态和发展进程的影响而言,下述三点则是首先值得注意的:其一,西苏丹经济是一种建立在热带稀树大草原上的经济,这一独特的自然生态环境赋予西苏丹传统经济生活以种种深具历史文化意义的特征;其二,黄金输出始终是这三个帝国财富的基石,而这种黄金输出形式单一,扩散效应差;其三,撒哈拉贸易对西苏丹文化的特殊意义,在于这种贸易是一种穿越巨大沙漠的长距离贩运,这一特点使撒哈拉贸易对西苏丹黑人文化的影响具有特殊的内容。下面我们对此作进一步说明。

加纳、马里、桑海三大黑人文化,都是在非洲热带稀树大草原上形成和演进的。这种所谓的热带稀树大草原的突出特点,一是它有极其广阔无垠的绵延空间,二是在相当广大的空间范围中各地间的资源禀赋和气候要素都十分相似。因而比之于几内亚和刚果文化区的雨林世界,它更有利于人类南来北往东去西移,形成大体一致的经济生活方式。历史上,西苏丹地区的人类迁徙以及随之引发的种族冲突与融汇、物产交换与流通、文化的碰撞与整合,一直要比非洲的其他地区频繁广泛得多。[1] 这是西苏丹地区能形成这三大黑人文化的重要原因。加纳、马里和桑海三个国家,境内虽然也有

---

[1]　A.A.Nwankwo, *National Consciousness for Nigeria*, Enugu Nigeria, 1985, p.9.

定居的农业,包括在中部台地和尼日尔河流域种植非洲饿稻、御谷、高粱、粟等籽种作物,在南部靠雨林地区种植油棕、椰子、木薯等块根作物,但是它们的农业往往都是迁徙流动性的,而游牧业也一直占相当的比重。流动性的经济加上军事征服,使这三大黑人文化既能形成貌似帝国般的规模,但却又十分地不稳定,往往大起大落,兴起快,衰亡也快。

西苏丹的文化史还与这里的另一天然禀赋——丰富的黄金资源有特殊的关系。因为在近代以前,来自西非的黄金对中东与欧洲有重要的意义。虽然农牧业是这三个黑人国家经济的基础,但王室财富的主源和支撑帝国军事机器的动力却是靠出口黄金或征集黄金出口税。然而黄金出口于地方经济的发展却有另一种不利的影响。当时,这三个帝国的国王们因拥有如此之多的黄金来交换他们所需的商品,以至于他们大多对发展国内经济缺乏足够的热情。[1] 他们常常统领大队人马驼带着整箱整袋的巨额黄金前往麦加朝圣,炫耀财富,但对建立国内贸易体系和统一货币制度却没有兴趣。建立在黄金财富之上的帝国富庶景象,实际上是很脆弱的。这是这三个黑人文化不能长久延续的重要经济原因。

# 五、伊斯兰非洲

无论是加纳文化、马里文化还是桑海文化,其创造者都是非洲黑人,是古代非洲黑人文化的内在组成部分。不过,若将西苏丹这三大黑人文化与非洲的其他文化相比较,比如说与上面所述之诺克-贝宁文化相比较的话,西苏丹这三大黑人文化的一大特点,在于它已不是一种与外界隔绝的纯正黑人文化,而是一种混合形态的、注入了北非文化尤其是注入了阿拉伯伊斯兰文化内容的多元文化。外来的阿拉伯文化和伊斯兰教,在西苏丹这个地区与土著黑人文化相互渗透,在使双方都改变了自己原有形态之后,共同融合成了一种以黑人土著文化为主体但却带上了浓厚阿拉伯伊斯兰文化色彩

---

[1]　J.S.Trimingham, *A History of Islam in West Africa*, Oxford University Press, 1970, p.47.

的西苏丹文化。

加纳文化所受阿拉伯文化之影响,可从它的穆斯林城享有的繁华及这个穆斯林城在加纳国家经济文化生活中的重要地位中看出。从阿拉伯历史文献之记载和现代考古发掘成果来看,这座兴盛于公元10—11世纪的西非穆斯林城,既是一座宗教圣城,同时又是一座商城、一座文化城市,是加纳王国的经济商贸中心和教育文化中心。当时,这座穆斯林城是作为加纳首都的一部分而存在的,它曾拥有数万居民,十分繁荣。城中心建有高大气派的清真寺,来自北非和阿拉伯世界的穆斯林传教士和学者在此传播讲授阿拉伯宗教文化,使这座城市成为撒哈拉以南非洲最早的伊斯兰文化传播中心。穆斯林城的阿拉伯商人对于加纳王国的经济生活有重要的意义,因为他们控制着撒哈拉商路。

据历史文献记载,加纳王国后期,它的统治集团已接受了伊斯兰教,并且开始影响普通人的信仰。公元1076—1087年的十余年间,加纳王国一度被北非的穆斯林阿尔摩拉维人征服,阿尔摩拉维人的统治更加强了伊斯兰文化在加纳王国地区的影响。[1]

到了马里帝国时代,阿拉伯伊斯兰文化与西非黑人文化的交汇有了进一步的发展。这突出表现为马里已不是仅通过来自北非和阿拉伯世界的传教士及商人而被动地接受阿拉伯文化,而是组织庞大的朝圣人马穿过撒哈拉大沙漠,前往麦加圣城进行大规模朝圣活动,主动地来引进阿拉伯文化及伊斯兰教。[2] 历代君主都去麦加朝圣,似乎已成为马里帝国的一种定制。这其中,尤以公元1324—1326年曼萨·穆萨的朝圣活动规模最大,影响最广泛。据说曼萨·穆萨此行有随员数万,携80头骆驼所驮之黄金,一路上挥金如土,致使开罗等城市金价暴跌数年之久。[3] 更重要的是,曼萨·穆萨此行带回大量的伊斯兰宗教文献和阿拉伯著作,并从阿拉伯世界邀请了一批穆斯林学者前来马里讲学,使马里不少城市逐渐形成为学术文化发达的中心,其中又以廷巴克图最负盛名。13—14世纪的廷巴克图实际上是当时

① J.S.Trimingham, *A History of Islam in West Africa*, Oxford University Press, 1970, p.20.

② R.Olaniyan,(ed), *African History and Culture*, Longman Nigeria Ltd. Lagos, 1982, p.148.

③ J.S.Trimingham, *A History of Islam in West Africa*, Oxford University Press, 1970, p.197.

整个伊斯兰世界的几大学术中心之一,其影响已远不限于西苏丹地区。这里学者云集,典藏丰富。著名的桑科勒(Sankore)清真寺作为一所驰名遐迩的大学,为马里帝国培养了不少黑人学者。

15、16世纪之交的穆斯林世界,尚处在它文化发展的最为辉煌的巅峰时期,阿拉伯国家的科学、学术、史学都呈现出一种盛世文化的博大恢宏气势。与这样一种背景相联系,在此时亦正处于鼎盛阶段的桑海帝国内,伊斯兰教已扎下根来而成为影响当地历史进程的一种重要力量。桑海帝国的统治者们十分推崇伊斯兰教,利用伊斯兰教来作为治理国家的法律和精神工具,这使桑海帝国开始具有一种向神权国家演化的趋向。桑海帝国的君主们同样热衷于扮演伊斯兰教和阿拉伯文化的保护与倡导者而纷纷远赴麦加朝圣。

史学家们都详细记载下了桑海帝国的阿斯基亚大帝于1495—1497年前往麦加朝圣这一富于历史文化意义的事件。阿斯基亚此行的一大特点,是他已无意像前人那样旨在炫耀帝国财富而大讲排场肆意挥霍,而是努力想利用朝圣机会学习阿拉伯世界的制度与文化。他带去了帝国的许多官员和学者,观摩研习阿拉伯国家的政治模式、法律制度、行政体制和教育文化制度,企望通过移植阿拉伯文明的成果来将桑海这个西苏丹大草原上的黑人国家改造成一个真正发达统一的大帝国。在麦加时,阿斯基亚被麦加大教长授予"哈里发"的称号,这一封赐的意义在于使他在整个西苏丹世界的统治权威具有一种不容置疑的宗教合法性。在开罗和麦加等阿拉伯城市,阿斯基亚曾广为延揽阿拉伯学者前往桑海帝国传播阿拉伯的科学与学术。

桑海帝国时期,学校教育相当发达,各城市都设立了许多学校,据说仅廷巴克图就有180所讲授古兰经的学校。桑海帝国时期的廷巴克图,学术与文化的昌盛发达似乎超过了马里帝国时期,学者们的著述更为活跃,写有不少史学著作和历史文献。特别是被文化史学家称誉为"廷巴克图大学"的桑科尔清真寺,更成为当时苏丹人文主义的中心而促成了苏丹文化的大觉醒。当时,这所黑人大学和同时代的穆斯林世界其他大学一样,讲授人文学科,包括各种传统学科如神学、经文释义、伊斯兰圣训,同时还讲授语法、修辞学、逻辑学、占星学、天文学、历史和地理,并且还初步涉及到自然科学知识和数学知识。① 廷巴克图和各大城市都有许多图书馆,私人藏书现象十分普遍。可惜这些图书文献后来大都毁于战火,残存下来的少量文献,成为后人了解桑海文明的珍贵资料。②

阿拉伯文化和伊斯兰教的传播,大大促进了加纳、马里、桑海这三个西非黑人文化的发展。外来的阿拉伯文化与土著的黑人文化相互碰撞融会,形成了具有多元文化色彩的独具形态的西苏丹黑人文化。它既不是典型的阿拉伯文化,也不再是纯粹的黑人文化,而是一种以黑人文化为主体但带上了浓厚阿拉伯文化色彩的混合型文化。这种混合,无疑是使西苏丹地区的黑人文化走到了撒哈拉以南整个黑人世界前列、成为黑非洲最先进文化的重要原因。阿拉伯文化和伊斯兰教,作为一种统一的文化宗教力量,它的传播扩散,它被各黑人国家的君主们接受并奉为治理国家的精神工具,其结果是大大推进了西苏丹地区的一体化进程。

实际上,阿拉伯文化和伊斯兰教对于加纳帝国、马里帝国、桑海帝国来说,仍是它们作为一种多种族、多部族的庞杂政治综合体而得以维系统一的重要纽带。③ 只不过,这根纽带还是很脆弱的。因为阿拉伯文化和伊斯兰教在西苏丹世界这三个黑人帝国的基础还相当不牢固,它的传播影响有着表层性、变异性的特点。一般来说,阿拉伯文化和伊斯兰教的传播,主要限于统治阶级而没有被广大普通民众所接受,只限于少数城市而没有向广大乡村扩散,只限于商人与知识阶层而没有被下层社会所接受。信仰伊斯兰教的黑人只是人口中的极少数,绝大多数黑人仍然信本部族的土著宗教。即便是信了伊斯兰教的黑人穆斯林,其信仰的虔诚与纯洁性也是大打折扣的,"在许多地方,它不过是遮在古老信仰上面的一层薄薄的面纱",④因为他们往往还同时信着本部族的土著宗教。另一方面,伊斯兰教本身在非洲传播过程中,出于扩大信教民众范围的需要,往往不得不对自身的形式和内

---

① D.t.Niane,(ed),*General History of Africa*,UNESCO,vol.4,p.209.

② J.S.Trimingham,*A History of Islam in West Africa*,Oxford University Press,1970,p.25.

③ R.Olaniyan,*Islamic Penetration of Africa*,Lados,Nigeria,1982,p.42.

④ D.T.Niane,(ed),*General History of Africa*,UNESCO,vol.4,p.208.

容做出一些适应黑人文化传统特性的调整变通。① 结果使非洲的伊斯兰教也发生了种种有别于中东地区伊斯兰教的变异,它不再是那样激烈、严厉,而是"一种黑人的、宽容形式的伊斯兰教"②。

由于上述原因,我们在加纳文化、马里文化和桑海文化中,都可以感受到黑人文化与阿拉伯伊斯兰文化以多种方式交织并存的状态。有的黑人部族,比如苏苏人,对伊斯兰教一直持强烈抵制态度而笃守着自己古老的文化传统,尽管在他们的文化生活中已多少渗入了一些阿拉伯文化的成分,但在宗教方面他们却几乎不受伊斯兰教的影响。他们依然信奉自己的部族宗教,崇拜自己的祖先,盛行巫术、秘密结社、图腾崇拜等,当时苏苏人的杰出领袖苏马古鲁因此而被信奉伊斯兰教的其他部族贬称为"巫王"、"魔法师"。③ 有些部族,比如班巴拉人,虽然在形式上接受了伊斯兰教,但并未完全放弃对自己祖先的精神依恋,他们依然保留着自己传统宗教、文化、部族艺术特征。特别是在班巴拉人的木雕和面具艺术那里,黑人艺术的传统风格特征一直很纯正,那种几何形状的人物雕刻,高度抽象的面部线条所具有的象征意义,怪状奇形的巫术面具等等,在他们宣称接受伊斯兰教之后的许多世纪里,依然相当完整地保存和流传了下来。④ 而有的部族,比如马宁凯人、桑海人以及富拉尼人等,对阿拉伯文化和伊斯兰教的接受就广泛深刻得多,他们甚至开始扮演西苏丹地区伊斯兰正统主义的角色。虽然桑海帝国的奠基者桑尼·阿里是一个桑海传统文化的坚实保护者,他曾因对穆斯林严加镇压而被穆斯林史家咒之为暴君。

事实上,在以后的许多个世纪里,黑人传统宗教文化与外来的伊斯兰宗教文化之间的冲突,一直是西苏丹地区文化演进中的突出现象。为纯洁伊斯兰教而清除各黑人穆斯林社会中的那些被称之为邪教、巫魔的黑人传统文化成分的努力一直没有停止过。尽管如此,西苏丹黑人文化却始终没有

---

① R.Olaniyan, (ed), *African History and Culture*, Longman Nigeria Ltd. Lagos, 1982, p.196.

② D.T.Niane, (ed), *General History of Africa*, UNESCO, vol.4, p.208.

③ J.S.Trimingham, *A History of Islam in West Africa*, Oxford University Press, 1970, p.173.

④ E.O.Ayisi, *An Intructionto theStudy of African Culture*, Ibadan, Nigeria, 1972, p.68.

像北非文化那样完全"阿拉伯化"或"伊斯兰化"。① 正因为此,长期以来令文化史学家们感慨的是,虽然到了桑海帝国全盛之时阿拉伯伊斯兰文化在西苏丹已达致那样的伟大繁荣和辉煌成就,但却没有给后世留下太多的东西。这方面的原因固然很复杂,但特别值得关注的是,传入西苏丹的阿拉伯文化一直是以阿拉伯书面语为载体和表现形式的,它并没有吸收当地黑人土著语言实现文化机体的转换,或像豪萨人那样创立自己的文字使获得的文化成果能有效地保存下来。当时西苏丹的阿拉伯文化不过是一种飘浮在黑人传统乡村大海上的星星点点的城市精英文化,一旦这些城市随着桑海帝国的崩溃而凋敝甚至变为废墟,它也就衰落散失了。② 17 世纪以后的西苏丹,基本上还是一个黑人传统文化支配的世界。或许,每一种大的文明体系都有自己固有的"自然的地理及地域单位",这种单位构成文明存在的基础,它不能轻易地被突破击碎,过去是这样,未来也会如此。

# 六、传说与故事

有极其完备发达的口传文化,并且将整个帝国庞大而复杂的统治都建立在口传管理方式的基础上,可以说是西苏丹这三大黑人文化的另一突出特点。历史学家们都十分重视在西苏丹广为流行的曼丁哥人英雄史诗《松迪亚塔》的史学价值,其实,透过这部由马里帝国时代的宫廷口传大师"格里奥"及其子孙们世世代代传承下来的史诗,我们可以生动地感受西苏丹文化的一些基本特质。仅仅借助于口传方式就可以管理这样一个如此广大的帝国,实为非洲黑人文化的一大历史成就。当时,格里奥和其他掌管口传信息的人,在这三个帝国中都是十分重要而显赫的人物。格里奥是君王的代言人,"由于皇帝讲话声音小,便由格里奥大声复述他讲的话"。③

这些帝国拥有一套奇特而有效的以口传方式治理国家的办法。《苏丹

---

① Sudan Culture, see *Encyclopedia of World Art*, London, 1980, vol.12, pp.56-80.

② D.T.Niane, (ed) *General History of Africa*, UNESCO, vol.4, p.210.

③ R.Olaniyan, (ed), *African History and Culture*, Longman Nigeria Ltd. Lagos, 1982, p.138.

史》记载说,马里帝国虽然人烟稠密地域广大,国王的统治却很快捷。每天,国王的格里奥站到王宫土墙大门处,大声说出国王的旨意,随后同样的话就会原封不变地被人重复着从一个村庄传到另一个村庄,直到远方,而国王要召见的人也就会从速赶来。① 这种记载或许过于夸张,但在一个没有文字的社会里要治理如此地域广大的国家,如何快速有效地传递信息,确实是一个很现实也很重要的问题,这或许正是促成西苏丹这三个黑人帝国口传文化十分发达的重要原因。虽然阿拉伯语言文字已经传入,但一般只是与阿拉伯商人从事交易或国王们要与北非西亚的穆斯林国家交往时才用到,而在国内,信息的运转几乎还是全靠口头语言。因为绝大多数土邦首领和广大民众,既不会说阿拉伯语,更读不懂阿拉伯文书。

在撒哈拉以南非洲各黑人社会中,西非曼丁哥人的口头传说是最丰富也是成就最高的。他们不仅拥有大量的口头传说,而且这些口传的规模宏大,结构复杂。大型的英雄史诗、远古神话在文学和精神价值上在成就既与他们的祖辈创造的辉煌帝国业绩相适应,而它们本身更作为曼丁哥文化的一个重要部分留给了后人。这一传统因深深根植于曼丁哥文化的土壤之中而有着强大的生命力,世世代代得以延续传承。

直到 20 世纪,在西非的马里、几内亚、布基纳法索和塞内加尔等现代国家,在曼丁哥人部族中还有许多由当年的格里奥家族的后裔们主持的口头传说传授学校,讲授着各种"版本"的《松迪亚塔》史诗和曼丁哥人许多口传故事,它们为这些国家现代文学的发展提供了丰富的民族文化资源。② 在今马里共和国康加巴附近的凯塔村,这个据说是马里王室起源的地方,现在依然如多少世纪以前一样每 7 年就举行一次隆重的口传祭典仪式,回顾松迪亚塔的业绩和马里帝国的历史。③ 每次盛典,总会吸引众多民众和来自黑非洲各国及世界各地的一些研究者们。这份古老的遗产和传统借助于这样的方式延存着,虽然它已受到现代文明的种种冲击。

---

① Al-Sa'di, *Ta'rikh al-Sudan*, French transl, 1964, pp.24－25.

② Claude Rene, *The Literature and Thought of Modern Africa*, New York, 1966, p.62.

③ D.T.Niane, (ed) *General History of Africa*, UNESCO, vol.4, p.129.

# 第十章  非洲雨林与"几内亚文化"

长期以来,在世人的眼中,非洲黑人文化与艺术总是与原始、土著这样一些概念联系在一起的,在许多人看来,非洲黑人从没有发展起更高形式的文化与艺术。其实这是对非洲文化的一种偏见。非洲文化的形态确实有不同于世界其他地区文化的鲜明特点,正如我们在上面几章中分析的那样。不过,非洲文化本身是一个复杂的大陆性存在现象,其地区间的差异是多样而复杂的。就文化与艺术来说,非洲虽然有丰富而个性鲜明的那种被外人称之为"原始艺术"或"部族艺术"的艺术传统,但同时也有充满理性色彩的写实主义艺术风格的创造。在西非今天尼日利亚到加纳的几内亚湾广大地区,历史上这里的黑人各民族也曾创造过具有理性光辉与写实风格的艺术品,并达到过较高的发展水平。①

## 一、文 化 谱 系

在今尼日利亚境内,大致北起乔斯高原(Jos Plat)、南至几内亚湾森林地带这一约数十万平方公里的地区,从公元前500年左右直到公元19世纪的两千多年里,曾先后存在过一系列独特而重要的文化。对于非洲文化者来说,这些文化引起他们极大兴趣的,除了这些文化在其经济生活、政治结构和知识技术等方面都达到过相当的水平外,还有下面两个重要的原因。

---

① 刘鸿武:《尼日利亚文化艺术史述略》,《西亚非洲》1999年第2期。

首先,这些文化所创作出的那众多工艺精湛造型典雅的赤陶(Terra-Cotta)与铸铜雕刻作品,这些艺术品在创作风格上显示出的写实手法、自然主义美学风格及理性精神,对于人们在撒哈拉以南非洲各地所普遍见到的那种怪状奇形的抽象变形木雕艺术及其他非自然主义的艺术创造传统来说,似乎都是一个难以解释的例外。

其次,这些在不同时期出现的文化,由于都属没有文字的文化,我们现在对它们的了解,主要是靠考古发现及口传,因而对这些在两千年的各个时期中出现的文化,其相互间的关系如何,目前还不是十分地清楚,尚存在重重笼罩在历史迷雾中的文化断层。但是,从这些雕塑作品呈现出在艺术风格方面那清晰可见而决非巧合的普遍相似性来看,在这个地区确实存在着一条绵延了两千多年的以自然主义为基本特征的古老艺术传统。而我们知道,就热带非洲大陆的黑人文化史来说,有时间上如此久远的文化传承脉络,在其他地区似乎也是很难见到的。

尼日利亚这些古代文化,依其生存年代先后大致可排列如下:(1)存在于大约公元前500年到公元200年的诺克文化(Nok Culture),它是以所谓的"诺克赤陶小头像"而闻名于世的;(2)伊格博-乌库文化(Igbo-Ukwu Culture),存在于约公元9—11世纪,代表性的艺术品是一些造型典雅的铸铜器皿,上面镶着形状复杂的菱形、圆形绳线;(3)繁荣于公元12—15世纪的伊费文化(Ife Culture),伊费雕刻在创作中显示出的那种极完整的人体解剖学知识,对于人物形体的精确塑造和对人物内心情感的细腻而理性的表现,使这一起自诺克文化的西非自然主义传统在艺术上达到了它的巅峰;(4)15世纪的奥沃文化(Owo Culture)和努佩文朝(Nupe Culture)是多种文化的混合体,特别是前者那受到伊费文化和贝宁文化影响的艺术模式,展示了几个世纪以来几内亚文化区内那种不断增长。

这里,我们还得先从非洲古代著名的贝宁文化在殖民地时期的遭遇说起。位于乔斯高原南部森林地区的贝宁州首府贝宁城是今尼日利亚古代一个重要的黑人王国,19世纪末英国征服南尼日利亚时,贝宁王国进行了英勇抵抗。1897年,英国调集1500名士兵和大量重炮,对贝宁城狂轰滥炸,攻入城内的英国人大肆劫掠,将王宫内的数千件陶雕、木雕、象牙雕、铜雕、布艺、贝雕等艺术珍品哄抢一空,然而野蛮地一把火焚毁了这座美丽的黑人古城。一些被劫掠的贝宁王宫艺术珍品被运至欧洲后,令当时的欧洲人大为惊叹。因为这些铜质、陶制和象牙材料的人物雕刻作品不仅制造工艺达到了很高的水平,更重要的是这些艺术品运用了高超的写实手法来塑造人物形体和表现内心情感,从而显示这一文化有着成熟的理性意识与人文精神。而这似乎与当时欧洲人心目中那个只有"原始文化"的非洲颇不一致。他们赞叹这些来自非洲的艺术品"纯粹是文艺复兴时代的杰作"。[1]

按照当时欧洲人已经形成的对非洲文化的偏见与傲慢,他们轻易断言这些具有写实风格的作品不可能出自黑人之创作,而一定是欧洲人带去的技术影响下创造的。这不仅是因为这些铸铜艺术品在工艺方面所达到的极高的技术水平,使他们认为定非黑人所为,更主要的是因为当时的欧洲学术界艺术界流行这样一种观点,即认为热带非洲黑人世界的雕刻艺术,在形式上只有木雕而没有铜雕,而在艺术风格方面,非洲黑人只有在"原始艺术"发展阶段的非写实性的原始风格的变形作品,而没有自然主义的写实作品。因而贝宁王宫这些有着突出自然主义美学风格和典雅理性精神的铜雕,他们认为"是15、16世纪文艺复兴时期意大利或葡萄牙传教士抵达西非后创作的",而不可能早于欧洲人到达西非海岸之间。[2] 加之在这些贝宁铜雕艺术品中出现有葡萄牙士兵的形象,这一观点曾流行了数十年而无人质疑。但是,20世纪40年代诺克文物的发现,诺克雕刻呈现出的那种艺术风格与造型特征,向世人表明,贝宁雕刻仍有着久远的非洲本土根源,是黑人自己的天才创造。

# 二、诺 克 文 化

和世界上许多重要古代文物的发现一样,诺克文物的发现也是颇为偶

---

[1]　W.B.Fagg, *Nigeria Images*, London, 1963, pp.105－106.

[2]　W.B.Fagg, *Nigeria Images*, London, 1963, pp.105－106.

然的。尼日利亚是一个盛产锡矿的地方,1943 年,在尼日利亚中部的乔斯高原边缘一个名叫诺克(Nok)的村庄里,人们在锡矿水坑中掘出了一个赤陶人头像,他们对这一发现的意义自然毫无觉晓,因其逼真的人头模样,便拿去田里作稻草人的头。后来,这个头像被英国派驻在那里的见习官员法格看到,引起他的注意,于是他要人们凡是发现这类物品都要向他报告。从那以后,在今尼日利亚中部的北抵扎里亚(Zaria)、南至阿布贾(Abuja),往西达卡杜纳河(R. Kaduna)、往东抵卡齐纳拉河(R. Katsina Ala)的大约 8 万多平方公里的广大范围内,相继发现了 160 余件属于同一艺术风格的用土烧制的人和动物赤陶雕像。① 在如此广大的范围内发现这么多虽有所差异但基本属于同一艺术风格的文物,使得考古学家和文化学家们相信,在古代的这一地区曾存在过一种重要的文化,并按其最早被发现的地点而命名为"诺克文化"。②

诺克文化的发现,引起了许多非洲文化学家的关注。从各种研究结果来看,当时诺克人生活的乔斯高原,是一个开阔的布满绿草的萨瓦那(sa-vannah)地带,有许多灌木丛林和树木。诺克人已形成较成熟的农业社会,种植非洲黍等谷物。诺克人似乎已有相当的财富积累,这从他们那精心修饰的发型和复杂的头饰上可以看出。随着研究的深入,文化学家们对这一古老文化的情况有了更多的了解。从非洲文化发展史的角度来看,诺克文化的重要意义,大致可归纳为如下几个方面。

首先,诺克文化是迄今所知撒哈拉沙漠以南非洲大陆最为古老的文化。研究结果表明,这些已发现的诺克赤陶雕像属于公元前 500 年到公元 200 年间的作品,③但以这些作品的成熟程度来推测,或以碳 14 方法对同时出土的其他文物的测定结果来看,诺克文化出现的年代可以追溯到更为久远的过去。一般认为,诺克文化形成于公元前 10 世纪,繁荣期为公元前 5—前 1 世纪。对诺克文化的研究说明,撒哈拉以南非洲黑人的文化是十分悠

---

① B.E.B.Fagg, *Nok Terra-cottas*, Nigerian Museum, Lagos, 1977, p.2.

② B. E. B. Fagg, "The Nok Culture in prehistory", in *Journal of the Historical Society of Nigeria*, Ibadan 1959, I, 4, p.288.

③ R. Olaniyan(ed.), *African History and Culture*, Longman Nigeria, p.207.

久的。

其次,诺克文化显示出非洲黑人独自发明了冶铁技术,并且由于铁器工具的运用而使非洲文化史呈现出一种由石器时代文化直接向铁器时代文化过渡的发展模式。"到纪元前500年,诺克人无疑已在冶铁,可能还要更早些"。[1] 而这是目前所知的撒哈拉以南非洲最早的铁器社会。过去曾普遍认为,撒哈拉以南非洲的冶铁技术来自北非地区或东北非的古库施王国,但从诺克文化遗址的发掘来看,非洲实际上是独自发明了冶铁技术。有文化史学家认为,两千多年前的诺克文化能在这么广大的范围内形成如此明显的艺术风格上的一致性,正在于铁制工具和武器的掌握,使诺克人取得了相对于周围其他非铁器社会的发展优势,诺克人的艺术也因此可以对周围被征服地区产生影响。[2] 冶铁技术的掌握与铁器时代的到来,对以后整个非洲文化史的进程产生了重大的影响。不过,诺克文化是一个铁石并用的社会,诺克人虽然掌握了冶铁技术,"但是在他们认为更有效的场合仍继续使用石器,仍在使用的石器包括磨石、石臼、以及磨光的片状石斧。"[3]这种铁石并用的文化,作为撒哈拉以南非洲文化发展史上一个独特而又普遍的现象,在随后的年代曾持续了许多个世纪。

第三,诺克文化为我们提供了了解非洲黑人艺术传统和美学风格之起源及其流变的极重要线索。有的学者曾认为,就撒哈拉以南非洲黑人在造型艺术方面普遍具有的那种非自然主义的变形艺术传统来说,有着自然主义风格的诺克艺术似乎是一个难以解释的例外。其实,就诺克雕刻那尚显拙稚粗糙的造型技法来看,它还只是一种不完全的自然主义,而且诺克人常常将写实手法与浪漫夸张手法交替应用于人体与动物的塑造。诺克艺术的典型是所谓的"赤陶小头像",这是一种有自然主义风格的人头塑像——写实性的人头轮廓和五官,眼睛大多呈椭圆形或三角形,眼珠都以洼陷的小孔表示。同时,诺克人也还创作浪漫主义的作品,如在卡齐纳阿拉发现的呈圆

---

①　联合国教科文组织编:《非洲通史》第二卷,中国对外翻译版公司1984年版,第476页。

②　T.Shaw, *Nigeria:its archaeology and early history*, London, 1978, pp.12 - 25.

③　联合国教科文组织编:《非洲通史》第二卷,中国对外翻译版公司1984年版,第475页。

柱形、圆锥形的抽象变形头像。① 事实上,在诺克文化遗址以及一千年后的伊费文化遗址中都发现,自然主义风格的作品与非自然主义风格的作品往往并存在一起。看来,对于非洲黑人来说,运用何种艺术手法进行创作,主要服从于创作的目的,取决于作品被赋予何种文化与社会功能。实际上虽然非洲的造型艺术尤其是雕刻确实普遍以一种变形、夸张、抽象的非自然主义风格出现,但这并不能说非洲黑人不具有创作自然主义风格艺术作品的能力,而是他们觉得用非写实的变形夸张手法更能表现他们内心世界的某种抽象复杂的宗教观念、情感意识。

第四,诺克艺术事实上为贝宁艺术提供了令人信服的非洲黑人起源的证据,因为十分有意义的是,贝宁艺术虽然距诺克艺术上千年,但其艺术风格上却与诺克小陶像颇为相似——只不过贝宁雕像已远比诺克小陶像精致完美,写实技法更臻成熟。目前尽管还不能具体说明从诺克陶雕艺术到贝宁铸铜艺术的各个中介环节,但研究黑非洲文化史的学者一般都认为,贝宁铸铜艺术,仍是古朴拙稚的诺克自然主义艺术传统的发展与精细化。其实,诺克文化的影响是很广泛的,在以后西非地区不同年代的许多雕刻作品中,人们都看到了古老诺克艺术风格的明显痕迹。比如在加纳、在乍得的达伊马地区,曾发现有与诺克风格相似的赤陶小像。

# 三、伊博格-乌库文化

早在1939年,在尼日尔河三角洲森林地带偏北一点的乌库村里,一个名叫 Isaiah Anozie 的伊博格族农民在其后院贮水池中发现了数十件青铜器皿,这些青铜器虽然当时并未引起外界太多的注意,但却被拉各斯的一位文物收藏家收藏而幸得保存。20年后,已担任了尼日利亚联邦文物局长的法格从英国请来瑟斯顿·肖(T.Shaw)教授对伊博格-乌库遗址进行了全面挖掘,结果在 Isaiah 和其两个兄弟的院落地下又有重要发现,三个发掘点共掘

① A.Fagg, *Excavations of an occupation site in the Nok valley*, Nigeria, WAJA,2, 1972, pp.75-79.

出的青铜器累计达 800 余件,这些艺术品的优美造型和精湛工艺令人赞叹不已。其中,一号坑可能曾是一个出售神龛的商店,有一个构造十分复杂的"铜制系绳罐"(Roped Pot)特别引人注意。这是一件古代非洲黑人以"脱蜡法"(lost-wax prosses)浇铸精美青铜器艺术品的代表作,对了解非洲古代青铜文化的起源有重要意义。二号坑是一个大祭司的墓坑,墓主人身着华丽服饰,戴满了铜脚镯、珠链和一顶青铜皇冠,面前还放着一个青铜铸成的豹子头,墓中显然有陪葬的人。在三号坑中则发现了大量的铜盘铜罐。①

关于这些青铜制品的年代,目前尚存争议。碳 14 方法测定的年代是公元 9—14 世纪,因同时还有纺织品、木制品等物品发现,也有人认为乌库文化的年代要晚得多。但不管怎样,以这些文物来分析,可知当时伊博格-乌库已是一个重要文明中心的城市,布满宫廷和庙宇建筑。结合伊格博人的口头传说分析,这个古老而发达的文明显然早在公元 9 世纪已在伊格博人中发展起来,而且还与外界有了发达的贸易关系。② 它的青铜显然是从远方输入的,因为当地并不产铜。

从艺术风格来看,伊格博-乌库青铜雕刻与黑非洲任何其他地区的都不一样。虽然目前还有一些疑点没搞清楚,它与伊费的艺术也有所不同,但一些特征表明,这两个古代文化中心有着紧密的关系,都是作为这一地区伟大艺术传统的一个重要部分而存在的。

# 四、奥沃与努佩文化

奥沃城位于伊费和贝宁之间,它的文化显示出来自这两个城市国家的广泛影响。根据神话传说,奥沃城是由上帝的一个儿子建立的,他也是伊费城的建造者。事实上,奥沃确实是在大约 14 世纪的时候由一些来自伊费的移民所建,而到 15 世纪它却已处在贝宁王国的影响之下。在奥沃发现的一

---

① T. Shaw, *Igbo-Ukwu: an account of archaeological discoveries in eastern Nigeria*, Ibadan, Nigeria, 1970, pp.26 – 150.

② A.O.Onwughalu, *Ikenga sculptures in Igbo-Ukwu*, University of Ife, Nigeria, 1979, p.16.

个有名的赤陶头像可以看出伊费自然主义艺术风格的明显痕迹,这是一具面部经过精细雕作的头像,双眼与嘴角略呈微笑,神态恬静。整个雕像表面划着一条条竖线,但并未破坏作品的典雅风格。这种竖线仍是西非许多雕刻的普遍特征之一。① 不过,与其他文化大多发现多处遗址不同,目前在奥沃还只有一个地方发现文物,因而对于这一文化的认识还有不少迷雾。

在伊费城以北约两百公里的尼日尔河左岸一带,还有几个重要的努佩青铜文化遗址,在这里发现了整个撒哈拉以南非洲三件尺寸最大的青铜艺术品,其中最著名的一件是国王"佐埃德青铜坐像"(Tsoede Seated Figure),这是一件以纯铜铸造而成的高度写实性的精美艺术品,人体坐姿优雅,只是发现时双手和右脚已经断失。根据尼日利亚努佩族人的传说,他们的国王佐埃德大约在 16 世纪将青铜铸造技术带回到了尼日尔河流域。② 看起来,在整个尼日尔河下游广大地区,以及远至今加纳沃尔特河流域的整个西非几内亚湾地区,自然主义风格的雕刻艺术传统所扩散传播的网络是十分复杂的。

# 五、伊 费 文 化

如果说诺克艺术还只是西非这一自然主义艺术传统的一个最初源头的话,那么到了伊费-贝宁艺术这里,非洲黑人便把这一伟大传统推向了灿烂巅峰,使其进入了能与同时代的欧洲艺术相媲美的辉煌境地。

伊费-贝宁艺术成就的取得,是与这两个著名的西非古代城市国家有着相当发达的政治经济相联系的。大量的口头传说、考古发掘的资料,以及15、16 世纪以后抵达西非的欧洲人的记载,都显示这是两个享有高度文明的黑人国家。在 20 世纪初其艺术品被大规模发现之前,伊费文化就已经是种种神奇传说的对象。伊费的许多铸铜与赤陶雕刻作品表现了这个城市国

---

① *Owo Art*, in *Treasures of Ancient Nigeria*: *Legacy of Two Thousand Years*, National Theatre, Lagos, p.1.

② P.Eccles, *Nupe bronzes*, Nigerian Magazine, 1962, p.73.

家的国王"奥尼"(Oni)的形象。这些头像或胸像,大都带着王冠,或在前额与头发上留着可插王冠与饰物的小孔。"奥尼"雕像的面部所刻竖线据说有着宗教的神圣含义。

在伊费文化中存在一种在世界文化史上十分罕见的奇怪现象,即纯自然主义艺术与纯抽象艺术在同一文化中共存,而这种现象在欧洲文艺复兴古典时期的艺术中是完全不可思议的。不过,自然主义风格的艺术却是伊费艺术的主流。它的许多刻画人体的艺术佳作,比如著名的铸铜"奥巴卢丰奥尼头像"(Obalufon Oni Head)和赤陶"米阿头像"(Mia Head)可看出伊费艺术家们已经掌握了十分精确的人体结构解剖学知识,各种尺寸都极为精确,人们甚至可以看出枕骨的隆起。面部表情非常沉着,显出内心的平静,给人以惊人的和谐感。伊费艺术有着一种内在的自信、乐观、理智的精神气质,精细而不刻板,典雅而不做作。

这种自然、世俗的理性意识和人文气息浓厚的艺术风格,与热带非洲大多数黑人社会因生存在较为严峻的自然环境下而呈现出的那种气氛紧张、造型鬼怪的抽象木雕艺术风格形成了鲜明的反差和对比。伊费的赤陶雕像与一千多年前的诺克小陶像有着明显的艺术传承痕迹,在几百个庙宇中发现了数以百计的赤陶头像碎片,它们在艺术上甚至超过了青铜雕像,透过这些艺术品,我们看到了那个时代西非约鲁巴人社会生活与宗教文化的大致状况。

伊费文化的起源和发展是与西非约鲁巴人的历史联系在一起的。在约鲁巴人中流传着许多生动而久远的传说,其中讲到约鲁巴人曾在来自伊费的奥杜杜瓦的子孙的带领下创立过一系列王国,如奥约、奥沃、伊拉、克图、伊费等等,每个王国都传了几十个国王。其实,它们都还只是历史上约鲁巴人各氏族集团建立的一些由村镇组成的政治共同体,一些尚未形成集中君主王权的城邦小王国。不过约鲁巴人在历史上就是一个有相当人口规模且相对聚集的黑人大部族群体,这使它能从文化发展的规模效应中获得使知识、技术、制度较系统积淀传承的优势,并借助各城邦之间广泛建立起来的文化交往进程的推动,逐渐在文化上走向繁荣并呈现一种较为博大恢宏的气势。而在黑非洲其他大多数古代黑人社会那里,比如在赤道非洲茂密的雨林世界,往往都是一个个小规模人口群体,不仅人口少而且与外界封闭隔绝自生自灭,这种社会所创作的艺术往往有着所谓原始艺术普遍具有的那种小型零散、简陋粗糙的特征。

就整个约鲁巴人的文化史来说,伊费无疑占有核心的位置。伊费王国的历史大约始于公元 11 世纪,但伊费文化的历史似乎可以追溯到数百年以前。到 15 世纪,伊费王国不断受到来自北方的努佩人和其他部族的征服压力,这可能是伊费雕刻传统——包括它灿烂的赤陶艺术、青铜艺术和玻璃艺术突然中断的重要原因,虽然目前对于伊费艺术中断的具体过程还并不太清楚。①

# 六、贝 宁 文 化

与其他文化比较而言,我们对于贝宁文化能够有更多的了解。这一方面是因为贝宁的艺术作品留传下来的比较多,另一方面则是因为贝宁有着黑非洲最为丰富的口头传说,还有不少 15、16 世纪以来欧洲人留下的许多游记和传记文学资料。关于这个古代西非著名国家的起源,有一些相互矛盾的传说,但一般认为它可能早在公元 9 世纪时已出现。传说记载,约在公元 12 世纪后期的时候,贝宁人民不堪其昏君统治,请来伊费国王的儿子重整河山,贝宁王国从此日渐强盛。到 15 世纪,贝宁摆脱伊费的控制而发展成西非几内亚地区一个最重要的王国。这个传说实际上部分解释了贝宁艺术为何与伊费艺术如此相似。16、17 世纪欧洲人都有许多关于这个国家强盛国势,尤其是关于贝宁古城繁华景象和王宫宏伟建筑的报道。18 世纪以后,贝宁王国已趋于衰落。但直到 19 世纪未被英国灭亡之前,贝宁一直是一个由"奥巴"(Oba)国王及其大臣们统治着的国家。

作为古代西非几内亚地区这一伟大艺术传统最后发展阶段的贝宁艺

---

① F.Willett, *Ife in the History of West African sculpture*, New York, McGraw, 1967, p.85.

术,是从对伊费艺术的直接继承中发展起来的。事实上,伊费文化之于贝宁文化,正有些类似于希腊文化之于罗马文化。在15世纪以后突然中断了的伊费艺术传统,却在贝宁获得了更加有利的发展条件,因为贝宁王国在15、16世纪以后逐渐发展成了一个十分强盛的有着相当发达的统一王权的国家。历代"奥巴"都在王宫中聚集天下能工巧匠,为其铸造雕刻精美的艺术品。强盛的国势和丰饶的财富,使贝宁王国的主体埃多人创造出了着力显示统治权威和宫廷华丽与奢侈的雕刻艺术。它那精美的青铜人像、硕大无比的象牙浮雕、再现王国久远历史的人物组合铜版浮雕饰匾,以及因年代较晚而得以大量保存下来的木雕艺术品,都使古代西非几内亚地区这一源自诺克时代的艺术传统走向了最后的辉煌。

贝宁艺术发展的一大特点,是它有着较为明显的艺术风格流变阶段。文化史家们一般将贝宁艺术史划分早、中、晚三个时期。从14世纪伊费艺术传入起为贝宁艺术的早期阶段,其艺术带有明显的伊费艺术色彩。16世纪至17世纪为中期,贝宁艺术在伊费艺术的基础上有了自己更多的创造而形成自己成熟的风格。如这一时期创作的头戴圆锥形网眼礼帽的铸铜"母后头像"(Queen Mother Head),头罩王冠、脖子上围着道道圆圈的"奥巴头像"(Oba Head),工艺技术和造型风格都令人惊叹不已。17世纪末以后贝宁艺术进入晚期,作品数量虽然不少但艺术价值已大不如前,大多因袭前人,且日趋程式化而显得刻板僵化。[①] 尽管如此,奥巴王宫里却一直汇集着大量最杰出的艺术作品。

19世纪以后,随着欧洲殖民扩张的加剧,贝宁艺术陷入了灾难性的黑暗时期。1897年,一千多名野蛮贪婪的英国大兵将此凝聚了非洲人民世代艺术智慧的艺术宝库付之一炬,数千件青铜、象牙艺术珍藏被这些强盗洗劫一空,很多最优秀的艺术品都运往了欧洲,而国王奥巴和他的工匠则被流放,贝宁艺术完全中断了。

殖民地时期,尼日利亚有大量最具历史意义和艺术价值的古代艺术珍品,包括各考古遗址出土的主要文物,都被欧洲人以各种手法掠往了欧洲,

---

① W.B.Fagg, *Nigerian Images*, London, 1963, p.2.

它们中的绝大多数迄今仍然没有回到非洲故乡。近代几百年,实为非洲文化史上一段黑暗的日子。直到 20 世纪 60 年代非洲大陆摆脱欧洲殖民统治,独立的尼日利亚国家创立之后,西非这一古老艺术传统才又重获新生。

# 第十一章　非洲海岸与"斯瓦希里文化"

非洲大陆在历史上与外部的交往是相对比较困难和有限的,不过,各地区的情况差别也很大。本章讲述的是东非沿岸那蔚蓝色天空下成长起来的斯瓦希里文化,这是一种非洲本土黑人文化与外来的阿拉伯文化、印度文化融合的产物。

## 一、海洋与大陆之间

在非洲大陆东部那碧空如洗椰风轻拂的蓝色海岸,在那些郁郁葱葱灿如珍珠的沿海岛屿上,历史上曾出现过一系列因印度洋贸易而兴盛繁荣的"斯瓦希里"(Swahili)城邦国家与港口城市。① 这些大大小小的沿海城邦,北起索马里(Somali)的摩加迪沙(Mogadishu),中部经肯尼亚(Kenya)的蒙马萨(Mobasa),坦桑尼亚(Tanznia)的桑给巴尔(Zanzibar),南到莫桑比克(Mozambique)的索法拉(Sofala),先后有数十个之多。② 虽然经千百年的岁月沧桑,它们当中的大多数已辉煌不再,有的甚至早已化为废墟,只留下些许断碣残碑、古堡遗址。但是,它们所代表的那种多元融汇的精神文化,却并未因岁月流逝而全然消失。在今天东非各国沿海,在历史上形成的这一独特文化,依然鲜活地存在着,并在一定程度上还影响着东非各国人们的现

---

① 斯瓦希里(Swahili),在阿拉伯语中意为"沿海的"、"海岸的",此处指东非沿海。

② Judith von D. Miller, *East Africa Art*, first published, Frederick Muller Ltd, Great Britain, London, 1975, p.8.

实生活。①

当你去到那里,你会感到有一种置身阿拉伯古堡、波斯商城或是印度海滩的惊诧,似乎来到了《一千零一夜》所描述的天方之境。那随着印度洋海风飘拂而来的斯瓦希里音乐,优美旋律中分明夹裹着阿拉伯音乐特有的那种古老的情感。每当夜幕降临,你若行走在那些沿海古镇曲幽小巷深处,你会觉得那些当年用作贸易货栈的院落古宅,那些虽已斑驳却依旧沉实的桑给巴尔木门,依然还透着一种淡淡的伊斯兰艺术风格与南亚大陆的特色。小镇上那些肤色棕黑、长相俊俏的斯瓦希里人,还不时会向你讲述起他们的祖先在遥远的波斯设拉子的故事……

这一切就是东非沿海斯瓦希里文化的魅力所在,是历史上那个所谓的"桑给帝国"(Zandj Empire)给世人留存下来的亚非文化遗韵。斯瓦希里文化是非洲大陆文化体系中一种具有"世界性色彩"的文化。② 中世纪的时候,东非海岸文明是中国当时所称之"西洋文明"之一部分,它是世界史上曾经繁荣一时的古代"环西北印度洋文化圈"(Cycle-Northwest-Indian-Oceean)多种文化交织融合的结晶。这一充满多元文明奇异色彩的文化,是借助了古代横跨印度洋的亚非地区贸易力量的推动,在逐渐融合古代非洲黑人文化、阿拉伯文化、波斯文化、印度文化、中国文化之多种要素的基础上,由来自非洲大陆本土的黑人居民,与来自阿拉伯、波斯、印度等地区的移民,在东非沿岸地区通过长期的共同生活,相互影响,相互融合而逐渐形成的一种混合型的"亚非文化"(Afro-Asian Curlture)。它以海上贸易为载体,以宗教信仰为纽带,以思想、文化、生活方式、风俗习惯等交融为内容,是一种多元交织的文化。

斯瓦希里文化存在和发展的地域范围大致上沿东非海岸由北而南纵向有数千公里,其北部之界限,起于今日之索马里的摩加迪沙,中部经肯尼亚、坦桑尼亚沿海一带,向南一直抵达赤道以南之莫桑比克的索拉法,及马达加斯加岛的北部。从横向上看,这一文化从由沿海一带逐渐渗透到东非内陆

---

① 刘鸿武:《蔚蓝色的非洲——东非斯瓦里文化的魅力》,《百科知识》2007 年第 6 期。
② 巴兹尔·戴维逊著、屠佶译:《古老非洲的再发现》,三联书店 1973 年版,第 252 页。

地区数十公里到数百公里不等。①

斯瓦希里文化与中华文化有着特殊的历史关系。当年郑和七下"西洋",有四次到达了这一地区,其分支更远抵桑给巴尔岛。2003 年笔者在桑给巴尔王宫博物馆访问时,发现它收藏着一幅当年郑和船队的远航图,上面清楚地标示着当年郑和远航到达东非后对东非沿岸自然与人文景物的记载,图上写有"昆仑层期"四字。"层期"是当时中国对东非沿岸黑人国家的称呼(Zandj,中文文献中曾译为"层期、桑给、僧祇"等多种,均指东非沿海的黑人国家)。这个博物馆里还有许多精美的中国瓷器工艺品、山水花鸟画,它们记载着中国与非洲友好交往的遥远往事。

在世界文化史上,东非沿海的斯瓦希里文化,是由环西北印度洋周边地区亚非各民族的文化(包括非洲大陆的、阿拉伯的、波斯的、印度西海岸的、东南亚的甚至中国的等等因素),在长期的跨洋交往过程中逐渐融合而成的。这是一种在印度洋暖风热浪浸润下,穿越印度洋冲天巨浪构建跨洋亚非贸易体系的长期努力,它最终将东方文化之神韵与非洲文化之风情融合为一体。以世界文化发展史的角度来看,斯瓦希里文化作为一种多元复合的区域性文化,它不仅有着独特的成长过程与表现形式,而且在人类文化之交往史、传播史、融合史上,亦占有特殊的位置。

例如,远在莫桑比克南方海岸的斯瓦希里城市索法拉(Sofala),是一个被阿拉伯商人称为"金城"的富裕之地,每年出口大量的黄金。即便到 16 世纪早期,因葡萄牙的入侵其贸易开始衰落之时,它每年出口的黄金还是高达 100 至 130 万米蒂卡尔(合 5000 公斤,价值 10—14 万英镑)。② 每年,从这些东非沿海城邦和港口输出的象牙、木材、犀角、龟甲、兽皮、琥珀、玳瑁、香料(丁香、没药、乳香、龙涎香)等更是不计其数。这些物品出口到阿拉伯世界、印度、波斯、欧洲和中国。为交换这些非洲珍贵物品,阿拉伯和印度的商人从欧洲和中国运来珠宝、金币、瓷器、茶叶、丝绸、布匹等。

---

① Kelly M.Askew, *Performing the Nation*：*Swahili Music and Cultural Politics in Tanzania*, The Kapsel Educational Publitions , Car es Salaam, 2002, pp.2‐3.

② G. S. P. Freeman-Grenville, *The East African Coast*, *select documents from the first to earlier nineteenth century*, Oxford：Oxford University Press, 1962, p.36.

早在公元6世纪伊斯兰文化兴起之前,阿拉伯半岛沿海的也门和阿曼地区的商人和探险者,就来到了红海和印度洋一侧的东非沿海地区。这些阿拉伯人在与东非沿岸土著居民的交往过程中,发现这些沿海黑人操一种独特的语言。这些阿拉伯人把这些黑人称作为"沿海边的人",他们的语言自然就叫做"沿海边的语言"。这大概就是用"斯瓦希里"统称这一地区居民和其所使用的语言的由来。其实,这些沿海的黑人民族,就是非洲尼格罗黑人种族(Negro)中的班图人(Bantu)。后来,一批批外来的阿拉伯人、波斯人、印度人,与班图黑人逐渐融合,班图语与阿拉伯语共同融合成了斯瓦希里语,并用阿拉伯字母给班图语配上了拼写字母,形成了斯瓦希里文字。①在斯瓦希里文化形成的漫长历史过程中,古代埃及文化、希腊文化、罗马文化、波斯文化、印度文化,都参与了这一文化的塑造过程,甚至远在东亚的中华文化、东南亚文化,也以自己的方式,在斯瓦希里文化形成的过程中,有过不同程度的影响或留下过自己的痕迹。

目前,非洲东部沿海讲这种语言的人口约有一亿多。凡是到非洲东部和中部经商、旅游、从事伊斯兰宗教活动的人,如果会讲斯瓦希里语,几乎可以自由地与当地居民交流沟通。②此外,斯瓦希里语在中东和印度的伊斯兰世界也还是许多人会听会说的语言之一。比如在阿拉伯半岛的圣城麦加、麦地那和首都利雅得,在半岛南方的也门和阿曼的一些沿海城市,甚至在印度西海岸,也有一些人掌握斯瓦希里语。

20世纪60、70年代以来,在坦桑尼亚、肯尼亚、乌干达、桑给巴尔涌现出一批享有世界声誉的用斯瓦希里语写作的诗人作家。80年代以来,斯瓦希里文化的价值进一步受到世人关注,在桑给巴尔建立了世界电影节,坦桑尼亚的基尔瓦遗址、桑给巴尔石头城,也先后被联合国教科文组织列入《世界文化遗产名录》,斯瓦希里文化因此进入到一个全新的发展时期。

---

① Roland Oliver and Gervase Mathew, *History of East Africa*, Vol.1. Oxford: Oxford University Press, 1963, p.395.

② 中国国际广播电台早于20世纪70年代开始,即用斯瓦希里语、阿拉伯语、豪萨语三种语言对非洲大陆发射节目。2006年1月,中国国际广播电台在肯尼亚首都内罗毕设立了斯瓦希里语广播电台,这也是中国在境外设立的第一家国际广播电台。

# 二、印度洋季风

从斯瓦希里文化形成的环境条件与动力上来说,下面几个因素共同发挥了作用。

相对非洲其他地区而言,红海—印度洋周边地区有着便利人类交往联系的地理条件。在环西北印度洋的周围世界,各个古代民族与国家,在很早的历史时代,便已经通过海路而有了直接与间接联系。公元1世纪前后,来自阿拉伯半岛、波斯湾、印度西南部的商人和移民,已经陆续抵达于东非沿海。成书于公元1世纪前后的《红海巡航记》(《厄里特里亚海巡航记》),记载了船员们从亚丁湾驶出了红海,绕过了香料角(现代称作"瓜达富伊角"),沿着东非索马里、肯尼亚和坦桑尼亚这一带的海岸向南行驶。

从历史上看,大约在古典文明时代,即公元前6世纪至公元6世纪的一千年间,当时的希腊罗马文明、古代埃及文明、古代波斯文明、古代印度文明及古代努比亚文明,都程度不同的直接或间接地通过贸易和宗教传播,人口的迁徙往来,在北非、东北非、西亚和南亚间形成了早期的联系。至于中国,在宋元以后,尤其是明代,到达东非海岸的航行也已经达到相当的规模了。这些联系的通道,"或是借助于红海水道而进入印度洋,或是从印度南部和波斯湾借助印度洋季风而南下,从而形成一个跨地区的早期国际贸易网"。[1]

在这个过程中,来自上述文明的商品与思想,宗教与文化,往往便会沿着东非海岸向南,逐渐抵达于东非漫长海岸线的广大地区。因此,在世界古典文化发展阶段,东非地区便已经成为当时东西方各文化交汇的一个地带。因此,非洲东海岸是这一"红海—印度洋文化圈"中的一个重要组成部分,斯瓦希里文化便基本上是在古代这一文化中各种文化因素的影响下逐渐形成的。

---

[1]　Philip Curtin, *African History*, Longman Group Limited, Essex, 1982, p.176.

印度洋在中国古代称之为"西洋"、"极西海",因其浩瀚无边而又终年恶浪翻卷,更因靠近赤道南半球,海水极深而呈墨蓝色,向来是一个充满神奇幻化与天方夜谭的世界。然而,东非的斯瓦希里文化正是在印度洋波涛海风滋润下成长起来的。因为有印度洋季风,还在十分遥远的时代,印度洋周边的民族便扯起可转动角度的三角帆,借助于印度洋的周期性季风较为容易地往来于非洲东海岸。

季风(Monsoons),也称"信风"、"贸易风"。每年它都会随着季节的变化节奏,如约来去,使商旅船队越洋过海,去那遥远之世界。只要掌握了印度洋季风的规律,便可踏上充满风险同时也充满诱惑的大洋远航。据记载,每年7月间,有一些船只从埃及开往那里,也有一些船只从印度洋和阿拉伯半岛直接来到那里。一般认为,斯瓦希里文化在非洲最南方的界限是在赞比亚河口不远处的索法拉一带。因为到了索法拉,印度洋上的季节风已经基本失去作用。《马可波罗行记》对此有记载:"应知此岛(即马达加斯加岛——笔者注)位置甚南,致使船舶不能在同一方向更作远行,而赴其他诸岛,只能止于此马达迦思迦儿岛及后此著录之僧祇拔儿岛。其故则在海流永向南流,其流之急,船舶更作远行者,不复能归。"①或许是因为这个原因,古代亚洲各国的航海家在历史上一直不能向南越过非洲好望角而进入大西洋。

非洲大陆东部的自然环境是多样而利于动植物之生长繁衍的。这里有开阔的印度洋海滨的海洋物产,有东非高原农业畜牧业提供的商品,还有东非稀树大草原与大湖地区丰富的动物、矿物和植物资源。② 历史上,东非沿海地区的商队,可以深入到非洲内陆的大湖地区,甚至远抵津巴布韦和赞比亚、刚果河流域,购买那里的农物产品和象牙、黄金、皮革、钻石、乌木、龙涎香、乳香、肉桂、犀牛角、玳瑁、琥珀等。然后将这些商品和物产运到沿海,与来自印度洋其他遥远世界的商人贸易交换。③ 那些阿拉伯半岛、波斯湾和

---

① 冯承钧译:《马可波罗行记》,下册,中华书局1946年版。
② L. Dudley Stamp, *Africa: A Study in Tropical Development*, London, 1964, p.370.
③ B.A.奥戈特主编:《非洲通史:十六世纪至十八世纪的非洲》第五卷,联合国教科文组织编写,中国对外翻译出版公司2001年版,第588页。

印度的商人与探险者,为利益所驱使,为异国风情所诱惑,不辞千难万苦来此贸易、经商、探险,甚至在此定居移民,与当地土著通婚融合,落地生根,繁息后代。斯瓦希里文化繁荣的桑给巴尔、蒙巴萨、基尔瓦等古代城市或城邦,都是非洲自然资源与阿拉伯、波斯技术与思想融合的产物。

东非沿海的斯瓦希里城邦的兴起,还有一个重要的原因是这些城邦往往都有自己通往非洲内陆的商路,甚至它们还深入到非洲内地建立起自己的商站。因为东非地区有着相对较适于人类通行的自然环境,这种便于从沿海进入内陆腹地的自然环境,为斯瓦希里文化的产生提供了有利的条件。

东非沿海散布着众多的岛屿,这些岛屿离东非大陆的距离都比较近,它既可以成为十分理想的从大陆通往广阔海洋的起点,又可以成为从海上而来的外来文明进入东非大陆的一个基地。[①] 另一方面,东非大陆沿海地区的地理环境也是便于建立商业贸易据点,再由此通往非洲内陆广大地区的。在历史上,内地的班图族商人将他们的物产运往沿海,并在沿海建立自己的贸易据点。[②] 到14、15世纪后,也已经有阿拉伯人通过沿海而进入非洲大陆,建立贸易商站,并逐渐深入抵达东非内陆的大湖地区和南方的赞比亚、津巴布韦等地区。[③]

同时,随着非洲班图黑人在公元1世纪前后逐渐移居到了东非沿海,有些班图黑人也跨出大海,移居到了东非的一些岛屿上,比如桑给巴尔岛、科莫罗岛,甚至到了马达加斯加岛。而这些班图黑人,他们与内地的其他黑人部族,一直保持着各种联系,因而他们就成了联结东非内陆与海洋世界的桥梁。[④] 在坦桑尼亚境内,商业贸易的路线从沿海的达累斯萨拉姆(Dar es Sa-laam)、坦加(Tanga)一带,逐渐向内陆推进,抵达维多利亚湖和坦噶尼喀湖边上。在那里,班图人有着发达的高原农业和畜牧业经济。

斯瓦希里文化是非洲大陆自身文化成长的一个结果,是来自非洲大陆

---

① L. Dudley Stamp, *Africa*: *A Study in Tropical Development*, London, 1964, p.378.

② Erik Gilbert & Jonathan T.Reynolds, *Africa in World History*: *From Prehistory to the Present*, 2nd ed, Pearson Education Ltd. New Jersey, 2008, p.127.

③ 刘鸿武著:《黑非洲文化研究》,华东师范大学出版社1997年版,第129页。

④ L. Dudley Stamp, *Africa*: *A Study in Tropical Development*, London, 1964, p.380.

内部的非洲土著的班图黑人文化将其影响扩展至东非沿海及附近岛屿后，与外来的阿拉伯文化、印度文化、波斯文化融合并在东非沿海逐渐发展起来的一种文化形态。

所谓班图人（the Peoples of Bantu），是非洲尼格罗（the Negro）黑人的支系之一。尼格罗黑人分为苏丹尼格罗黑人和班图尼格罗黑人两大部分。前者主要分布于西非地区，而后者主要分布在东非和南部非洲。但班图尼格罗人并非一开始就居住在东非和南非。①

班图人的冶铁技术可能来自北方的属闪米特人种集团（the Peoples of Semit，也译成塞姆人）中的库希特人（the peoples of Kushit，也译为库施人），即努比亚（Nubia）人。这些库希特人早在公元1世纪前便从北方南下到了东非地区。罗马帝国时代，库希特人和埃塞俄比亚人（the Peoples of Ethiopia）曾在非洲的红海和印度洋沿岸建立过贸易城市。

班图各部族到达东非海岸的时间，大约是在公元2世纪以后。他们到达东非沿海地区后，便将这一地区带进了文明社会。到"3至9世纪时，非洲东海岸绝大多数城市由斯瓦希里人居住"，②这些被阿拉伯人称为"僧祇人"的人，是一些已经混合了班图人、阿拉伯人、波斯人成分的居民。到公元9—12世纪，在东非沿海一线，班图人的定居点已经广为分布，"位于贝纳迪尔平原海岸赞比亚河口之间的东非海岸定居点数量估计有173个，而其最大衍生数量在1,200至1,500之间，正是海岸的黄金时代"。③ 至12世纪，一些班图人跨海迁居到了桑给巴尔岛、奔巴岛、科摩罗岛，甚至远抵马达加斯加岛。④

班图人的农牧经济与社会发展，为印度洋贸易的发展提供了重要基础。非洲东部沿海地区，古代便已经盛产铁矿。⑤ 来自印度南方、阿拉伯半岛、

---

① 刘鸿武著：《黑非洲文化研究》第四章，华东师范大学出版社1997年版，第110页。

② M.埃尔·法西主编：《非洲通史：七世纪至十一世纪的非洲》第三卷，联合国教科文组织编写，中国对外翻译出版公司1993年版，第493页。

③ B.A.奥戈特主编：《非洲通史：十六世纪至十八世纪的非洲》第五卷，联合国教科文组织编写，中国对外翻译出版公司2001年版，第588页。

④ Philip Curtin, *African History*, Langman Group Limited, Essex, UK, 1982, p.142.

⑤ 巴兹尔·戴维逊著，屠佶译：《古老非洲的再发现》，三联书店1973年版，第244页。

波斯的商人，借助于印度洋上的季风，航行于此收购铁矿，再转运到印度大陆或阿拉伯半岛各地高价出售。中世纪早期一位阿拉伯冒险家马苏第写的《黄金草原》一书中记载，说那些征服世界的"撒拉逊人（即阿拉伯人）最好的武器和铠甲，是从非洲东南部开采、在印度西南部锻造，然后在波斯和阿拉伯铸成的"。①

# 三、早 期 城 邦

东非沿海地区的早期城邦文化或城市文化的历史，可以推及古代埃及法老帝国时代，而到埃及托勒密王朝和罗马帝国时代，这里已经形成了一系列重要的城邦和港口城市。据史书记载，从古代埃及人远航彭特的时代起，②红海就成了一条商路。古埃及人曾经出红海，绕过亚丁湾和哈丰角进入到印度洋，并南下到了摩加迪沙一带。③ 随着希腊亚历山大帝国和托勒密王朝的兴起，及后来的罗马帝国的崛起扩张，通过红海和印度洋同东方的贸易更进一步扩大。马其顿帝国瓦解后埃及托勒密王朝兴起，其中心亚历山大成为世界性的港口城市，也成为向东方和非洲远航的基地。罗马史学家普林尼在《自然史》一书中记载，当时地中海的商人，包括来自马罗城市和北非埃及的商人，沿着红海南下，他们出红海的亚丁湾，并绕过非洲之角索马里的哈丰角和富伊角，南下到了更遥远的非洲东海岸。在那里，已经有了一连串的城市国家，商人们可以获得丰富的非洲香料、象牙、皮革和黄金。这些城市控制着非洲与阿拉伯半岛及印度南方的贸易。甚至在南方的拉普塔一带，即今坦桑尼亚首都达累斯萨拉姆到乌季季（Ujiji）河口一带，都出现了这样的城市据点。④

当时这些东非沿海城市的居民是些什么人呢？ 根据各种历史记载来

---

① 巴兹尔·戴维逊著，屠佶译：《古老非洲的再发现》，三联书店1973年版，第246页。
② 彭特是古代东非沿海的一个城邦，具体位置，有史学家认为是在索马里兰一带。
③ 巴兹尔·戴维逊著，屠佶译：《古老非洲的再发现》，三联书店1973年版，第225页。
④ 参见何芳川：《古代东非沿海的城邦》，《世界历史》1983年第5期。

看,这些人可能是非洲东部尼罗河上游地区的库希特人或努比亚人,①也可能是由阿拉伯半岛南部迁徙而来的移民。古代的东非地区与阿拉伯半岛很早就有交往。古代东非地区,包括苏丹、埃塞俄比亚、索马里和厄里特里亚(Eritrea),很早就生活着这样一些操闪——含语系的居民,及操尼罗特语的努比亚人或库希特人。这些古代民族多有亚洲欧罗巴白种人与非洲尼格罗黑种人混血的人种特点,这是东非和东北非历史文化的一个普遍特点。

《厄里特里亚海巡航记》(《红海巡航记》),记载了东非地区当时的一些城邦国家和城市与港口。② 书中提到,在亚历山大和罗马帝国的公元1世纪,希腊人和罗马人已经对于通往马达加斯加海峡的非洲东海岸积累起了相当细致的知识。此时沿海的航程已经被划分为若干公认的"站",有着固定的停泊港位和市场,人们也清楚地知道每一港口和市场所能提供和需求的货物。它们给这些远方的贸易城市带来异乡的产品,如小麦、大米、酥油、芝麻油、棉布、腰带和从一种名叫萨恰里的植物中提取出来的蜜。③

著名非洲史学家柯廷认为,公元1世纪前后,在非洲东北部和东部,从红海之滨到尼罗河上游地区和埃塞俄比亚高原之间,有努比亚人建立的库施国家和闪米特人建立的阿克苏姆国家(Aksum),它们在红海沿岸有经贸活动,同阿拉伯半岛和地中海世界的商业贸易已经建立起来。④ 从有关资料来看,公元前1世纪前后,埃及的托勒密王朝、罗马帝国和阿拉伯半岛的

---

① 库施人(Kush),也称为库希特人(Kushite)或努比亚人。他们讲的语言称为库希特语,这是努比亚地区的尼罗特诸民族与埃塞俄比亚地区的闪米特诸民族融合而成的古老语言之一,今天的东非还存在着这一古老民族的后裔库希特人。古代库施人所在的地区,埃及人和希腊人称为"努比亚",意思是"黑人",因此库施人也可以称为努比亚人。库施人在公元前一千多年就在尼罗河上游建立了自己的国家,并与阿拉伯半岛的居民有了贸易往来。库施国于公元四世纪被来自南方的阿克苏姆王国所灭,公元八世纪伊斯兰教传入及大批阿拉伯人移入后,努比亚文化也逐渐失去了自己的独立传统而日益与阿拉伯—伊斯兰文化融合在一起了。库施地区所在的尼罗河上游,曾被称为"非洲与地中海文明的走廊",因为非洲黑人文化、阿拉伯半岛文化、古代埃及文化和希腊文化的影响都曾抵达这里。关于它的范围,可以有广义和狭义两种界定。狭义的库施,指从尼罗河第一瀑布起至第六瀑的尼罗河岸地区,广义的库施,则把喀土穆以南的青、白尼罗河流域、埃塞俄比亚西部、红海沿岸的广大地区都包括在内。

② Zoe Marsh and W.Kingsnorth, *A History of East Africa*. Cambridge University press,1972, p.56.

③ 巴兹尔·戴维逊著,屠佶译:《古老非洲的再发现》,三联书店1973年版,第260页。

④ Philip Curtin, *African History*, Longman Group Limited, Essex, UK, 1982, p.80.

早期国家,也已经在东非地区有了程度不同的贸易活动,有了移民城市和贸易据点。《厄里特里亚海巡航记》中所记载的阿扎尼亚海岸城市及居民的生活,说这些城市依附于南阿拉伯半岛的强国,还说当时有大批阿拉伯人的商船前往阿扎尼亚海南部,这些船员们十分熟悉当地的一切,并同当地人通婚。①

斯瓦希里城邦文化,是在公元 7 世纪阿拉伯伊斯兰帝国兴起背景下发展起来并走向繁荣的。阿拉伯帝国的兴起,改变了地中海、北非和西亚地区的局势,北非的埃及、马格里布(Maghrib)、波斯地区,开始了一个逐渐阿拉伯—伊斯兰化的过程。与此同时,阿拉伯人也开始向非洲东海岸扩张其势力。公元 8 世纪以后,环印度洋成了阿拉伯帝国的"内海",②成为当时世界上商业贸易活动最繁荣和最安全的地区。③ 这是世界史上所谓的"伊斯兰世界体系"的发展时期。④ 在这个印度洋贸易体系或贸易圈中,形成了一种时紧时松的贸易分工结构。东非的黄金、象牙、奴隶,南亚的布匹、珠宝,东南亚的香料、贝币,中东的玻璃器皿,中国的丝绸、瓷器、纸张,往往通过阿拉伯中间商被贩运到各地。公元 9 世纪后统一的阿拉伯帝国虽然解体,但印度洋周边地区基本上已经阿拉伯化或伊斯兰化,阿拉伯人继续充当印度洋贸易的中间商,往来于印度洋周边世界,从事东西方贸易。

公元 10 世纪以后,在东非沿海和岛屿出现的这一系列斯希里城邦国家、贸易港口和居民点,不仅是当时环印度洋贸易文化圈的重要组成部分,而且成为将非洲大陆内部与外部世界沟通起来的桥梁。通过这些沿海的城邦,非洲内陆与外界有着间接的贸易与文化联系,一条条通向非洲内陆的商路开始出现,它们穿过非洲内陆的大草原、热带森林、荒漠和戈壁,抵达了遥远的大裂谷世界和大湖地区,把外部印度洋各种文化的影响带到了非洲内陆。从而将非洲内陆也程度不同地带进了当时的世界体系之中。

---

① 巴兹尔·戴维逊著,屠佶译:《古老非洲的再发现》,三联书店 1973 年版,第 260 页。

② Philip Curtin, *African History*, Langman Group Limited, Essex, UK, 1982, p.152.

③ Werner Gillon, *A Short History of African Art*, Penguin Books Ltd, London, 1991, p.6.

④ Francis Robinson edited, *Cambridge Illustrated History of the Islamic World*, Cambridge University Press, 1996, p.33.

到 15 世纪末,从索马里的摩加迪沙到坦桑尼亚的基尔瓦,东非沿海城邦有 37 个。① 在更南方的莫桑比克,还有一些重要的城邦,如索法拉等,而沿海的居民点与社区组织则多达数百到上千个。按照 16 世纪在东非用斯瓦希里语写成的一部历史著作《基尔瓦编年史》记载,仅在基尔瓦一地,来自波斯的设拉子人就建立了六个城邦。② 事实上,东非历史上的城邦数量在各个时期并不相同,这些城邦或贸易港口城市的兴衰情况也不一样。但从相关资料来看,历史上东非沿海最重要的城邦或贸易港口城市,自北而南主要有:摩加迪沙(Mogadishu)、布拉瓦(Buewal)、帕特(Pate)、拉穆(Lamu)、马林迪(Malindi)、蒙巴萨(Mombasa)、万加(Wanga)、坦噶(Tanga)、奔巴(Penba)、桑给巴尔(Zanzibar)、巴格莫约(Bagamoyo)、基尔瓦－基西瓦尼(Kilwa Kisiwani)、基尔瓦－基温杰(Kilwa Kivinje)、③科莫罗(Comoro)、莫桑比克(Mozambique)、索法拉(Sofala)等。其中,基尔瓦、桑给巴尔、蒙巴萨、摩加迪沙是更大范围内的政治经济集团的中心,它们曾经对沿海广大地区和其他城邦拥有某种统治主权或控制权。

从现在考古资料来看,这些城邦的规模都不太大。比如,当时比较强大的基尔瓦－基西瓦尼,建在坦桑尼亚南部印度洋海滨一个岛上,占地约 30 多公顷,城墙长 1000 多米,纵深有 300 多米,但城墙很高大。蒙巴萨岛的建立大概也是如此。④ 桑给巴尔土地面积最大,这个岛屿有 2600 多平方公里,岛上实际上有几个城邦,后来它成为阿曼苏丹国控制,在其西南部建立都城,称为翁古贾城(习惯上叫石头城),因此桑给巴尔岛有时也叫翁古贾。仅翁古贾城区,在其强盛之时,面积曾达到十多平方公里,街道结构复杂,建筑高大,商铺密集,已经是一个有相当规模的东非印度洋商业城市。

这些城邦国家的人口,一般在几千到几万人之间。估计 16 世纪时,基

---

① Zoe Marsh, *A History of East Africa*, Cambridge University press, 1972, p.8.

② M.埃尔·法西主编:《非洲通史:七世纪至十一世纪的非洲》第三卷,联合国教科文组织编写,中国对外翻译出版公司 1993 年版,第 495 页。

③ 历史上的基尔瓦城邦,位于坦桑尼亚马菲亚群岛以南的海岸线上,它实际上由几个城邦国家组成,最重要的叫基尔瓦－基西瓦尼,是一个海岛城邦,与大陆隔着一条窄窄的海峡,兴起于 12—13 世纪,另一个是在大陆上,叫基尔瓦－基温杰,是 19 世纪初才发展起来的。人们说到基尔瓦时,一般指的都是古老的基尔瓦－基西瓦尼。

④ Zoe Marsh, *A History of East Africa*, Cambridge University press, 1972, p.18.

尔瓦-基西瓦尼城约有 20000 人,蒙巴萨约 15000 人。桑给巴尔最多,19 世纪初时岛上居民已经有 150000 多人(其中包括 60000 名奴隶),翁古贾城区人口达到 20000 多人。[①] 许多城邦在大陆上往往也占有领土或贸易据点,比如桑给巴尔岛本身就有 2600 多平方公里,但它还在对面大陆海滨上建了著名的巴格莫约城(Bagamoyo),作为进入内陆从事奴隶贸易的据点。巴格莫约在 19 世纪初还达到很大的规模,人口就有六千多,还有许多高大的建筑与清真寺。[②]

这些城邦国家的建筑多是石头与木材筑成,坚固结实,建筑风格与材料,体现了非洲班图文化与阿拉伯、波斯文化的交汇。特别是清真寺的建筑有着独特的东非斯瓦希里风格,所用木材是非洲特有的坚硬黑乌木,结构开敞明亮,与热带风光有机融合在一起。1332 年,阿拉伯著名旅行家伊本·巴图塔(Ibn Battuta)访问了基尔瓦。他说这是一个十分繁荣的商业城市,有许多的亚洲商人在此居住经商。[③] 15 世纪初,中国远航家郑和率船队抵达东非海岸,在东非沿海所见的城市极为繁荣。说沿岸的木骨都束(摩加迪沙)、卜喇哇(布拉瓦)、竹步(朱巴)等城邦"濒海而居,堆石为城……垒石为屋,四五层高",一般民居也"居屋垒石,高起三五层",而城垣高大坚固,各处都"城垣石垒,层砌高堆"等等。[④] 直到 16 世纪初,葡萄牙人见到的基尔瓦-基西瓦尼,也还是一座建立在大海边石崖上的大城,有许多石头与黏土筑成的漂亮建筑物矗立在高高的基座上,……街道很狭窄,而房屋很高,达三四层,一排接着一排。[⑤]

这些城邦的经济生活主要是对外贸易。它们将非洲沿海和内陆的物产输往海外,同时进口来自阿拉伯、波斯、印度和中国的商品。在这些城邦国家中,造船业、铁矿开采、冶铁铸造、手工制品、皮革加工、木材制品也很普

---

① J.F.阿德·阿贾伊主编:《非洲通史:十九世纪八十年代以前的非洲》第六卷,联合国教科文组织编写,中国对外翻译出版公司 1998 年版,第 164 页。

② Felix Chami & Gildert Pwiti, *Southern Africa and the Swahili World*, Dar es Salaam University Press Ltd ,2002, p.52.

③ I. N. Kimambo and A. J. Temu edited, *A History of Tanzania*, East African Publishing House, 1969, Nairobi, Kenya, p.38.

④ 费信著:《星槎胜览》。

⑤ 参见何芳川:《古代东非沿海的城邦》,《世界历史》1983 年第 5 期。

遍。农业与畜牧业也是城邦的重要经济活动,在桑给巴尔岛和奔巴岛,土地肥沃,气候湿润,盛产热带作物,生产柠檬、甘蔗、无花果、香橼、椰枣、椰子,也种植水稻、蓣薯、香蕉等。更多的矿产、黄金、象牙,畜牧产品和农产品来自非洲大陆上,有的甚至远达内陆大湖地区和津巴布韦等地。位于今天莫桑比克南方海岸的城邦索法拉,因为背靠南部非洲丰富的黄金、铁矿等的产地,在历史上它通过与内地津巴布韦和赞比亚地区的班图黑人各部族进行贸易,在当时的印度洋贸易网络中占有十分重要地位。15 世纪初时每年从这里运出的黄金达 5000 公斤,收入达 10 万英镑,因此,索法拉城邦经济变得十分强大。①

对外贸易与商业的发展,使斯瓦希里各城邦的金融业也发展到一定的高度。到 13 世纪,摩加迪沙、基尔瓦、桑给巴尔等城邦国家都已开始自己铸造金属货币。在大英博物馆中收藏着基瓦尔铸造的金币共四组,考古学家研究认定其为基尔瓦苏丹在 13 世纪末至 15 世纪末期间铸造的。

# 四、斯瓦希里人

伴随着印度洋贸易的兴盛与东非城邦国家的繁荣,斯瓦希里民族也逐渐形成了。斯瓦希里人是非洲班图黑人与外来的阿拉伯人、波斯人、印度人在长期的交往过程中逐渐融合成的一个新的民族。他们主要生活和居住在东非沿海城邦国家及周围地区,以从事商业贸易为主,信仰伊斯兰教,讲特别的混合型语言斯瓦希里语言。这个新的民族的形成过程,开始于公元前后东非沿海早期城邦国家的出现。到公元 8 世纪以后,随着阿拉伯帝国的兴起与印度洋贸易的兴盛,随着东非城邦国家的成长与繁荣,斯瓦希里民族也最终得以形成。

当时,随着阿拉伯帝国和伊斯兰教的发展,东非与海外世界的联系也在增强。印度洋成为当时"伊斯兰世界体系"的重要通道。阿拉伯世界及南

---

① 巴兹尔·戴维逊著,屠佶译:《古老非洲的再发现》,三联书店 1973 年版,第 268 页。

亚的商人、传教士、探险者借助于印度洋季风,驾驭着单桅三角帆船,穿梭往来于非洲东海岸、阿拉伯半岛、波斯湾、印度西海岸之间,与当地非洲班图人生活在一起,娶当地妇女为妻,生儿育女,逐渐融合于当地,成为世居于此的居民。这是一个阿拉伯人与波斯人的"东非化"的过程,也是本土的黑人阿拉伯—伊斯兰化的过程。

　　亚洲居民迁入东非是一个漫长而复杂的过程。移民的成分也比较复杂多样。当时,在阿拉伯帝统治时期,在阿拉伯半岛、波斯、小亚细亚和埃及,都经常发生因王室成员争夺统治权而发生的分裂,在宫廷与王室争夺中失败一方往往被迫携追随者迁移到外地。而自先知穆罕默德去世后,庞大而松散的阿拉伯帝国与伊斯兰宗教势力就发生了分裂。在阿拉伯与伊斯兰世界中经常发生教派争端、民族争端和家族争端,什叶派与逊尼派,苏菲派与瓦哈比派,波斯人与阿拉伯人,哈希姆家族与阿里家族,教派与宗族之纷争连绵不断。争斗的结果,往往是失势一方被当成宗教异端和叛逆者而被迫远走他乡。这些人,往往会跨海渡洋,迁移到景色优美、物产丰富而又相对自由的东非海岸或附近岛屿,并在此建立起自己新的政治经济版图。在东非沿海各地如桑给巴尔、基尔瓦、蒙巴萨的斯瓦希里人中,长期流传着这样一些家族渊源之故事,记载着这些斯瓦希里人有着怎样高贵的王室血统,或与伊斯兰穆罕默德的神圣家族有着怎样的血亲联系等等,虽然多有夸张渲染而难以确证,但也并非全无可信。[①]

　　与此同时,在东非地区,公元8、9世纪以后,班图族黑人也已经发展到一个新的阶段。班图人早在公元前后就已经掌握了铁器制造技术,有较发达的农业与畜牧文明,人口规模也较大。早在公元一世纪起,班图人已经逐渐移居到了东非沿海地区,有的则进一步渡海到了桑给巴尔岛、奔巴岛、科莫罗岛和马达加斯加岛上。[②] 他们广泛分布于东非沿海,那些新来的阿拉伯人、波斯人、印度人,与班图人生活在一起,通婚和联姻,在这个过程中,这

―――――――

　　① 　Roland Oliver, Anthony Atmore, *The African Middle Ages* 1400—1800, Cambridge University Press, New York, 1981, p.80.

　　② 　M.埃尔·法西主编:《非洲通史:七世纪至十一世纪的非洲》第三卷,联合国教科文组织编写,中国对外翻译出版公司1993年版,第380页。

些城邦居民逐渐有了一种共同的精神文化纽带和生活方式,有了共同的语言与文化,有了共同的经济生活与宗教信仰,于是,一个新的民族共同体即斯瓦希里民族也就逐渐形成了。

斯瓦希里人或斯瓦希里民族形成的过程,也是斯瓦希里语言在东非传播和流行的过程。到公元15、16世纪期间,斯瓦希里语已经逐渐流行于东非沿海地区和各岛屿,并向内地大湖地区、南方的赞比亚、津巴布韦甚至刚果盆地传播。在这些受斯瓦希里文化影响的地区,许多班图族黑人部族,虽然不是斯瓦希里人,但却因深受斯瓦希里文化的影响,或因为贸易和商业上的需要,而开始学会斯瓦希里语,斯瓦希里语开始成为东非众多黑人部族或民族的第二语言。[1]

关于斯瓦希里语产生的具体时间与过程,它是一种非洲语言还是阿拉伯语言,过去人们有过不同的看法和争论。结合语言学、历史学、人类学研究的成果,现代普遍认为斯瓦希里语言正式形成的时间是在公元12—16世纪之间。而它基本上是一种非洲语言,但其词语、语法和语音,又深受阿拉伯语言文化的影响,同时还混杂有许多波斯语、印度语的成分。

伊斯兰的阿拉伯帝国扩张到东非沿海地区之前许多个世纪,古代阿拉伯半岛南部的一些贝都因人(Bedouins)、撒拉逊人、柏柏尔人(Berbers),就已经抵达了东非沿海地区。当时,这些土著的黑人居民,主要集中于肯尼亚、坦噶尼喀、桑给巴尔、奔巴、基瓦尔和蒙巴萨等沿海地区和附近岛屿上。用一种古老的帆船作为交通工具,彼此互相往来。他们使用着一种特殊的语言。随着阿拉伯帝国的兴起,东非与阿拉伯世界的关系变得空前紧密起来。因为"这个时候来到东非沿海的阿拉伯人,不仅仅只是来贸易经商,他们还带来了伊斯兰教,带来了一种可以将整个东非沿海那些分散分割的班图黑人在精神文化上统一联系起来的伊斯兰宗教文化"。[2] 阿拉伯伊斯兰传教士为了宗教传播的需要,努力掌握当地班图人的各部族的语言,用班图

---

[1]　Roland Oliver, Anthony Atmore, *The African Middle Ages* 1400—1800, Cambridge University Press, New York, 1981, p.93.

[2]　Roland Oliver, Anthony Atmore, *The African Middle Ages* 1400—1800, Cambridge University Press, New York, 1981, p.10.

语言来讲授伊斯兰教的教义和思想,他们也将一些阿拉伯语言词汇渗透到了班图语中。斯瓦希里语形成了多种方言,其中最主要是方言有翁古贾语、基姆维塔语、基阿穆语,但方言之间的差距并未达到严重影响其相互交流的程度。

约在公元 12、13 世纪,为了经商贸易和传播伊斯兰教的需要,阿拉伯学者借用阿拉伯字母,按照斯瓦希里语的发音为斯瓦希里语言配制了文字,出现了用阿拉伯字母拼写的斯瓦希里书写文献,特别是伊斯兰宗教文献。这种用阿拉伯字母拼写的斯瓦希里伊斯兰宗教文献,成为当时东非众多班图黑人掌握伊斯兰教的工具,斯瓦希里语因为伊斯兰教的传播得以流行。因此,宗教因素也是斯瓦希里语言在东非流行的重要原因。[1]

斯瓦希里书写文字的出现和运用,提升了斯瓦希里文化在东非地区传播的力量和影响力。斯瓦希里文字和语言逐渐成为一种跨地区、跨民族的通用文字。斯瓦希里文化有了长期传承和保留的工具,使斯瓦希里文化遗产的保存得以通过文献典籍的方式来实现,这是斯瓦希里文化在近代以后得以保持它的生命活力,在东非各国独立后成为民族文化复兴与整合的重要动力与工具的原因。[2]

19 世纪中叶以后,斯瓦希里语曾使用的阿拉伯字母逐渐为拉丁字母所取代。目前在东非的肯尼亚、坦桑尼亚等国,用拉丁字母拼写的斯瓦希里文字还在广泛使用,用斯瓦希里语出版的图书、杂志在重要城市和港口都可以见到。[3] 在大学里,斯瓦希里文字是通用的教育用语之一。目前在非洲大陆,斯瓦希里语是与阿拉伯语、豪萨语并列的三大本土语言之一。

20 世纪 30 年代,桑给巴尔处于英国殖民统治时期,英国殖民当局在非洲学者和作家的帮助下,选定桑给巴尔城翁古贾方言为斯瓦希里标准语的基础,以拉丁字母拼写斯瓦希里语言,将斯瓦希里语言的口头语言和书面语

---

① Felix Chami & Gildert Pwiti: *Southern Africa and the Swahili World*, Dar es Salaam University Press Ltd ,2002, p.68.

② 参见刘鸿武著:《黑非洲文化研究》,华东师范大学出版社 1997 年版,第 180 页。

③ Judith von D. Miller, *East Africa Art*, first published, Frederick Muller Ltd, Great Britain, London, 1975, p.47.

言统一起来,以此推行斯瓦希里语的标准化与规范化运动,并将其推行于整个英属东非殖民地(肯尼亚、坦噶尼喀、桑给巴尔、奔巴等地),这一运动取得了明显的成效,扩大和提升了斯瓦希里语在东非地区的传播和流行。目前,东非各国多以翁古贾方言作为斯瓦希里标准语拼写的基础。

用拉丁字母拼写的现代斯瓦希里语是一种比较容易掌握的语言,它的语法结构比较简单,都是按照斯瓦希里语的发音拼写的,但要使用准确却不容易。目前的斯瓦希里词语中,来自班图语的词语占三分之二,来自阿拉伯语的词语占三分之一左右,还有许多来自波斯语、印度语的词语。甚至汉语的影响也可以找到,比如斯瓦希里语言中的"茶"这个词就念作"cha",与汉语"茶"的发音一样,可能就是在与中国作茶叶贸易以后出现的词语。①

斯瓦希里语的流行,打破东非地区各民族的语言分割状态,对东非地区民族文化的融合与民族关系的演变产生了重要的影响。如在坦桑尼亚,虽然斯瓦希里人只有一百多万,在全国三千多万人中只占5%左右,但由于斯瓦希里语流行全国各地,许多民族的人都会讲斯瓦希里语,斯瓦希里语就成了这个国家的一种共同的交往工具与联系纽带。独立后,坦桑尼亚政府更进一步把斯瓦希里语作为坦桑尼亚的通用语和官方语,在商业、教育、政府部中推广使用,对这个国家的民族一体化,对这个国家统一国民文化的构建,都起着十分关键而重要的作用。斯瓦希里语实际上成了坦桑尼亚国家一体化整合的重要工具。② 这种情况,在肯尼亚、索马里、莫桑比克、卢旺达、津巴布韦、科莫罗等国家,也不同程度的存在着。

# 五、桑给巴尔与蒙巴萨

斯瓦希里文化的繁荣时期主要是在公元10—19世纪。在历时千年的发展过程中,它曾创造出十分灿烂的文化,包括在语言、宗教、艺术、音乐、建

---

① 刘鸿武:《丁香之国桑给巴尔》,《云南大学报》2003年10月20日。
② 刘鸿武:《黑非洲文化研究》,华东师范大学出版社1997年版,第228页。

筑、生活习俗等方面,都形成了独特的形态与个性。这些文化遗产,直到今天,依然还散发着它特殊的光彩。

1832 年,阿曼苏丹将首都从阿拉伯半岛的马斯喀特迁到万里之外的桑给巴尔岛上,并将新首都建于桑给巴尔岛西岸的桑给巴尔城,也称翁古贾城。因这座城市多以石木建成,街道和围墙均以石条铺就堆砌,坚固而挺拔,习惯上叫做石头城(The Stone Town of Zanzibar)。

桑给巴尔城的历史其实要更早一些。在它作为阿曼苏丹帝国的首都之前,它早已是斯瓦希里古代城邦之一,是波斯设拉子人建立的重要城镇。经过数百年的发展,石头城逐渐成为一座极富历史文化蕴含的斯瓦希里城市。石头城是东非唯一仍在使用的古城,是桑给巴尔的文化中心,也是斯瓦希里历史文化遗产的代表地。这座城市的魅力之一,是它在过去的两百年间,几乎没有什么变化。即便是在独立后的桑给巴尔现代化进程中,桑给巴尔人也在老城边上建新的现代建筑,而对老城没有做大的改造和破坏,使得老城以较为完整的形式留存里下来。2000 年,石头城被联合国教科文组织列入《世界文化遗产名录》。

在斯瓦希里悠久的商业贸易和多种文化浸泡下的这座别致的城市,有着特别的神韵。它的四周是无边无际的蓝色印度洋。进入小城,人们就会惊诧地发现它有着那么多迷宫般弯弯曲曲的小巷,散发着幽幽暗暗的光的石板路,还有雕刻精美的透着东方文化神韵的乌木大门"桑给巴尔门"。古城里经过许多历史岁月的淘洗积淀,已经有了一种厚重的文化底气,它那安静平和的生活节奏和小巷深处静坐闲聊的人们,让人觉得这里似乎是一个东方的古老城市,与非洲大陆节奏强烈的动感文化风格颇有不同。那曲曲拐拐的似曾相识的古巷旧屋,会让人觉得似乎置身于中国的某个古城镇中,或是在印度南方的某个神奇的古老土邦城堡里。胡同里不时走过披着黑纱长裙的肤色黯黑的穆斯林女郎,店前闲坐着一排排一身白衣长袍、头戴小圆帽的非洲老头们。古巷不时会飘浮着糅合着来自非洲大陆、阿拉伯世界、印度和波斯风格的音乐旋律。[1]

---

① 　参看刘鸿武:《丁香之国——桑给巴尔》,载《云南大学报》2003 年 10 月 20 日。

　　桑岛上有人居住的历史据说已经有两千年了,最早的居民是大陆上来的班图族黑人,后来,随着它成为东非到印度的商贸中心,来自印度、波斯、阿拉伯的移民也多起来。千百年来,这些来自世界不同地方的居民相互通婚,已经融合成一个特殊的桑给巴尔族群,他们讲斯瓦希里语中纯正的翁古贾方言。

　　岛上流行着一种叫做"Taarab Music"的音乐歌舞,这是一种由非洲音乐、阿拉伯音乐、印度音乐融合而成的融音乐、舞蹈、说唱等形式为一体的桑给巴尔音乐。

　　古城现存建筑多为19世纪来此做生意和定居的阿拉伯和印度人所建。在古城那迷宫样的小巷里慢慢闲逛,你会发现许多来自阿拉伯、印度、波斯、中国的工艺品。每个老式院楼的墙院都已经斑驳旧蚀,但那非洲红木做的桑给巴尔大门,造型独特,雕工精美,虽经海风年浸月蚀变得陈旧,却依然坚硬结实。门板上排列着整齐坚硬的尖头木蒺,据说这种风格来自印度。因为在印度,人们在门上安装这种尖头木蒺以防大象来撞门。大门两边,一边是一尺宽的长石条,人们三五成群地坐着闲聊,另一边则多是商店铺面,出售本地出产和来自非洲大陆和印度洋周边国家的商品。

　　古城初建时大概没什么特别的布局考虑,一栋接一栋的房屋紧挨着建起来,形成狭窄弯曲的小巷。随着古城不断扩大,小巷也就越来越多,越来越弯曲深长。那小巷间相互之间的通道,只有世代在此居住的人才清楚并且信步自如。新来乍到者,转上几个弯后便可能迷失了方向。不过,因为小城并不大,游人只要一直转下去,总会忽然感觉眼前一亮,开阔无边的湛蓝海洋便会突然展现在面前,原来已经转出了古城胡同,来到了天水一色的大海边上。这种"左转右绕困无路,城暗海明忽有天"的奇妙感觉,正是这座印度洋上古镇小城独特之处。① 小城狭窄曲折的迷宫古巷已然被这无边的海洋包围着,竟如同一个飘浮在蓝色宇宙中的城堡,因而,千百年来一直被人们称为"印度洋上的明珠"。

　　如今的桑给巴尔城是桑给巴尔共和国的首府。新区有着宽阔的林荫大

---

　　①　刘鸿武:《丁香之国——桑给巴尔》,《云南大学报》2003年10月20日。

道和现代化的建筑群,与弯曲狭窄的旧街和带有漆黑大门、精美雕花门框的古香古色的房屋,构成奇异而迷人的非洲都市风光。岛上夏无酷暑,冬无严寒,四季如春,景色瑰丽,是非洲著名的旅游胜地。

在历史上,有两件东西支撑了桑给巴尔的繁荣,一个是丁香的产销,另一个是贩卖黑人奴隶。丁香是制作高级香料、高级糖果、调味品和化妆品的上等原料。桑给巴尔岛素有"丁香王国"、或者"香岛"之称,种植面积占耕地面积的70%以上,产量占世界丁香总产量的80%以上。桑给巴尔岛在奴隶买卖时期是东非贩卖黑人奴隶的中心,曼加普瓦泥镇位于桑给巴尔城北30公里处,是当年停泊贩运奴隶的船只的地方。独立后,坦桑尼亚政府将当年关押黑人奴隶的遗址加以整理,作为进行历史教育的基地,供人参观。桑给巴尔岛是一个多民族聚居的地方,除当地土著居民外,还有阿拉伯人、巴基斯坦人、印度人、欧洲人及其他亚洲侨民等。

斯瓦希里文化繁荣的另一个代表地,是坦桑尼亚大陆海岸边上的古代城市与贸易港口基瓦尔。这座基瓦尔城市存在于公元9—16世纪初,1505年被葡萄牙人征服毁灭。经过几百年的热带风雨与阳光侵蚀,目前的基瓦尔城只在大海崖石边上留下一些断碣残碑,默默地向世人讲述着它往日曾有的辉煌。1981年,联合国教科文组织将基尔瓦及其附近遗址列为世界遗产名录。12世纪时该地区的发展达到了鼎盛,并一直保持到19世纪。

斯瓦希里文化以桑给巴尔音乐、舞蹈和雕刻最具有代表性。桑给巴尔的音乐与舞蹈,在斯瓦希里语中叫"塔拉比"(Taarab Music),这是一种将非洲黑人音乐舞蹈与阿拉伯伊斯兰世界的音乐舞蹈两种风格与传统融合在一起的艺术,有着特殊的魅力。它既有非洲音乐舞蹈的那种粗犷的节奏与热情,又有阿拉伯伊斯兰音乐舞蹈的那种歌唱性与舞蹈性,两者的有机融合,组成了一种内涵丰富而表现形式独特的斯瓦希里音乐舞蹈艺术。[1]

斯瓦希里音乐主要流行于东非沿岸和岛屿的城市及周围地区,它的起源,可以追溯到公元12、13世纪伊斯兰化的波斯设拉子人移居到东非地区时期,许多塔拉比音乐传唱的内容都讲述了与那段历史有关的故事或传说。

---

[1]　W.Beby, *African Music: A People's art*, New York ,Lawrence Hill, 1975, p.86.

塔拉比音乐所用的乐器和道具与阿拉伯音乐、波斯音乐是相似的,其中常用的有木弦琴、阿拉伯吉他和手鼓,还有一种弹拨乐器,在阿拉伯音乐中也可以见到。塔拉比音乐的阿拉伯风格在于它的歌唱性与歌舞性旋律,节奏较为平缓悠长,透着一种悠远古老文明特有的感怀情绪与飘泊他乡的忧愁,这与非洲大陆黑人节奏强烈、充满激情与狂热的音乐有着很大的不同。但是,塔拉比音乐并不是阿拉伯音乐或波斯音乐的简单移植,无论是它的内容还是形式,都具有非洲音乐的特点与个性,这主要表现在它运用了非洲黑人音乐的某些要素,比如非洲鼓、打击性乐器,同时有些塔拉比音乐也有着强烈的节奏感,而这传唱的内容,往往是与非洲的生活联系在一起的。

东非各国独立后,斯瓦希里音乐成为坦桑尼亚、肯尼亚的民族音乐,成为国家认同与民族认同的重要标志。许多城市都成立了塔拉比音乐俱乐部或演出队。当塔拉比音乐歌舞在城市乡村上演时,斯瓦希里文化作为国家团结象征和民族文化一体化推进力量的作用,就有了一种很具民族基础的表现形式。

斯瓦希里艺术(Swahili Arts),主要指斯瓦希里的绘画与造型艺术,即习惯所说的美术。它是非洲艺术与阿拉伯艺术融合的产物,同时也受到现代艺术的影响。阿拉伯艺术有着深厚的传统与民族特色,精细与优雅、细腻的装饰图案与丰富的色彩,都是阿拉伯伊斯兰艺术的突出特点。[①] 斯瓦希里海岸各国的艺术继承了这个传统,因此斯瓦希里艺术是十分优美而精细的。

但斯瓦希里艺术,特别是它的绘画,与阿拉伯伊斯兰艺术又有明显的区别。受伊斯兰宗教观念的影响,伊斯兰艺术主要是装饰性的图案画和风景画,清真寺建筑装饰画和书法艺术,而对人物形体出现在绘画世界中往往不太提倡,只在后期印度和土耳其的伊斯兰绘画中才较多地出现人物形象。[②]但斯瓦希里艺术却基本不受这一传统的约束,虽然自然界的动植物及装饰性图案也是斯瓦希里艺术表现的重要内容,但人物和日常生活也随时出现

---

[①] Francis Robinson edited, *Cambridge Illustrated History of the Islamic World*, Cabridge University Press, 1996, p.274.

[②] Francis Robinson edited, *Cambridge Illustrated History of the Islamic World*, Cabridge University Press, 1996, p.275.

在斯瓦希里的艺术世界中,包括反映历史事件的人物的绘画,在斯瓦希里各城邦国家中一直都很流行。桑给帝国的宫廷画家实际上受西方绘画的影响,画的人物肖像画优美细腻,对人物性格的把握也很到味。

当代斯瓦希里艺术结合了非洲黑人艺术与西方艺术的特点,色彩艳丽,线条流畅,既有西方写实主义艺术的传统,也有非洲黑人艺术抽象夸张的特点,表现出鲜明的现代非洲艺术个性。这方面,坦桑尼亚的民族画派"廷噶廷噶画派"(Tinga Tinga)有重要的代表性。其作品色彩十分艳丽、装饰性很强。热带风光和雨林里的动植物都是主要题材,具有热带黑人艺术的纯朴与粗犷,色彩的视觉冲击力很强烈。①

斯瓦希里人生活在非洲大陆与印度洋之间,亚非文化的古老传统与异国他乡风情,以各种方式浸润浇灌着这些东非沿海民族的心灵与情感世界,使他们对于天地宇宙和生命心灵有着独特的感受。爱情与自由、大海与高原,往往都成为斯瓦希里文学诗歌中恒久歌颂的题材与情感表达世界。

历史上,曾有一代又一代的来自阿拉伯、波斯、印度的人们为了自由和理想,也为财富和梦想,背井离乡,踏上充满风险的远行之路。面对印度洋滔滔海浪,置身遥远异乡的非洲大陆,来自四方的人们常常因初来乍到而语言不通、习俗相异,远行的人更常常是一去而不回。每当人们思乡怀远、感时伤怀,就会诉诸于情感之声的文学与诗歌。而远方世界那些神奇的见闻与经历,也常常被斯瓦希里商人演绎得十分动人。斯瓦希里文学艺术就是在这样一种背景下成长起来的。

在世界文学史上,斯瓦希里文学的民族特色是十分突出的,它有一种"史诗传统"作为文学精神的基础。② 因为滋养斯瓦希里文学情感的土地是很广阔的,商旅见闻,贸易往来,异乡经历,那海上传奇,内陆冒险,还有种种关于森林精怪、海上巨人的传说与神话,那流传于民间的故事、歌谣、传说,都为斯瓦希里文学发展提供了基础。而来自阿拉伯世界、波斯和印度的文学作品,又为斯瓦希里文学提供了一个可以直接借鉴、模仿与融合的对象。

---

① Judith von D. Miller, *East Africa Art*, first published, Frederick Muller Ltd, Great Britain, London, 1975, p.79.

② R. Olaniyan,(ed), *African History and Culture*, Longman Nigeria Ltd, Lagos, 1982, p.26.

斯瓦希里文学与诗歌有口头形式与书面形式两种类型。口头文学与诗歌有着古代的传统和丰富的内容。这些民间的口头诗歌与故事,在斯瓦希里人的精神生活中占有重要的地位。传统宗教与祭祀活动总伴随着民间歌谣与故事的传唱表演,并与音乐歌舞结合在一起。斯瓦希里音乐歌舞往往是一种说唱式的,音乐中配有歌词,这些歌词是世代传唱的民族故事、史诗、情歌、民谣,它来自非洲班图黑人的生活,也来自阿拉伯人和波斯人的故事。

以书面形式出现和传承的斯瓦希里文学作品,有用阿拉伯字母和拉丁字母拼写的两种形式。前者主要出现在 14、15 世纪以前,后者主要是 19 世纪以后的作品。12、13 世纪以后,在东非出现了斯瓦希里文献与著作,主要是一些斯瓦希里城邦国家的编年史和王室文献,这些记载城邦国家兴衰过程的编年史著作,记载了这些城市国家国王的名册和政治经济生活,为后人提供了了解这些城邦历史的珍贵资料。

在斯瓦希里编年史中,最重要是的《基尔瓦编年史》,这是一部成书于 1530 年左右的斯瓦希里文著作。① 斯瓦希里文献还包括伊斯兰宗教经典和宗教图书,一些商业往来的文件与档案资料,以及曾在斯瓦希里城邦国家广泛流行的斯瓦希里诗歌和文学体裁的文献。② 如成书于 19 世纪 20 年代的斯瓦希里语诗歌作品《披露》,是一部记载帕塔城邦兴衰过程的史诗作品,具有很高的文学审美价值与史学意义。20 世纪 60 年代东非国家独立后,肯尼亚、坦桑尼亚各国开展了对斯瓦希里文献的征集、整理与收藏工作,60 年代以来已经发现和征集到了数万页的斯瓦希里文与阿拉伯文双语书写的文献,还有许多存留在私人手中。③

20 世纪以来斯瓦希里文学作品引起世界的关注,在于它在形式和内容上都具有明显的本土色彩,具有一种独特的东非海洋文化与非洲大陆文化融合的气质。作家们的创作题材与灵感,往往来自斯瓦希里和非洲黑人的

---

① J.基-泽博主编:《非洲通史:编史方法与非洲史前史》第一卷,联合国教科文组织编写,中国对外翻译出版公司 1984 年版,第 96 页。

② G.S.P.Freeman-Grenville,*The East African Coast*,*select documents from the first to earlier nineteenth century*,Oxford:Oxford University Press,1962,p.206.

③ J.基-泽博主编:《非洲通史:编史方法与非洲史前史》第一卷,联合国教科文组织编写,中国对外翻译出版公司 1984 年版,第 96 页。

古老传说与民间故事的启发。这些本土的诗人与作家将口头文学和民间传说收集起来,并改编成现代形式的小说、诗歌等文学作品。还有一些斯瓦希里作家的创造源泉则是来自阿拉伯与伊斯兰文化的遗产,是对阿拉伯文学传统的继承。

殖民地时期,斯瓦希里学者已经开始翻译西方作家的文学诗歌作品。有些杰出的斯瓦希里作家和学者,往往可以同时使用斯瓦斯里语、阿拉伯语、英语进行写作,如坦桑尼亚已故总统尼雷尔,是一位可以流利地用英文和斯瓦希里文写作的学者与作家,他曾将一些英国文学作品,包括莎士比亚的十四行诗翻译成斯瓦希里文,在东非各国的知识界和学校教育中影响很大。[①] 他也有许多用斯瓦希里文字写成的作品,这些作品后来翻译成英文后在西方国家出版,受到很高的评价。

---

① R.Olaniyan,(ed), *African History and Culture*, Longman Nigeria Ltd, Lagos, 1982, p.162.

# 第十二章　西方入侵与"非洲之痛"

近代以前，撒哈拉沙漠以南非洲文化发展进程的基本特征之一，是在与外部世界处于封闭或半封闭的状态下按照自身的环境条件与历史结构缓慢地发展演变，因为这种相对的封闭与隔绝，也使非洲文化长期保持了自己有别于世界其他地区文化的鲜明个性，成为世界文化体系结构中一个独特的部分。但是，15、16 世纪以后，非洲文化的历史进程和基本走向，逐渐发生了虽然缓慢但却具有根本性质的变化。导致这一变化的原因，是来自外部世界的巨大冲击破坏，即崛起中的西欧国家对非洲大陆日渐扩大的侵略征服和野蛮奴役。这种野蛮的征服与奴役，使非洲文化由以往的相对封闭隔绝状况一转而处在了西方扩张冲击的灾难性环境之中，并因此而开始了一个缓慢而痛苦的本土文化衰竭、变迁与转型过程。在某种意义上可以说，这一过程在 21 世纪初的今天，依然还是众多非洲国家面临的复杂挑战与难题。

## 一、恶 浪 滔 滔

虽然在以前的历史年代，非洲文化与世界其他地区的文化也曾有过这样那样的联系交往。在非洲广阔大陆的某些地区，这种与外部世界的文化联系与交往，有时还产生过十分重要的影响。① 比如来自南亚和西亚的印

---

① Richaed Olaniyan, *Africa and External Contacts*, Lagos, 1982, p.56.

度文化、波斯文化、阿拉伯文化对东北非地区和东非沿海地区所产生的文化影响,还有穿越撒哈拉大沙漠而南下的北非埃及文化和环地中海周边地区各种文化对于非洲苏丹地区所产生的时断时续的文化影响等,对这些地区非洲黑人本土的古代文化发展进程和走向都有复杂而多方面的意义。尤其是从公元 8 世纪以后开始的阿拉伯文化和伊斯兰教对非洲的渗透,构成了此后近一千年之中非洲文化的一个重要内容之一。但是总体上来说,近代以前撒哈拉以南的非洲黑人文化,是在相对封闭的状态下,主要是依据自身的历史条件和内部环境而独立发展演变的。那个时候的非洲文化史,基本上是一部非洲黑人文化自我发展自我演进的历史,一种由本土力量决定和由内部因素相互作用的文化史。外部影响或外部力量只是作为一种次要的因素,在非洲大陆文化发展史上的部分地区和个别阶段上产生局部的和次要的影响。

但是,进入 15、16 世纪以后,情况却逐渐发生了根本性的变化,变化的根源来自于西欧资本主义的兴起及随之开始的全球扩张。非洲大陆因毗邻西欧而又位于东西方新航路之间而成为西方殖民主义侵略扩张的最早对象。公元 1415 年,伊比利亚半岛上的葡萄牙舰队渡过直布罗陀海峡占领了北非大西洋海岸城市休达,既是整个近代欧洲全球扩张的开始,也是非洲大陆沦为西方殖民主义侵略扩张对象的起点。而从非洲文化史的角度来看,1415 年葡萄牙对非洲休达城的占领,也标志着非洲文化将改变其封闭式的传统常规走向,因为它揭开了近代非洲黑人文化与欧洲殖民主义和西方文化长时间、大规模的广泛接触、较量的时代帷幕,这一"改变了非洲历史的进程和走向"①的历史剧变,使非洲文化本身也由此开始改变其以往年代的封闭状态下的自主发展进程,逐渐开始了在西方文化冲击影响下的另一种依附性发展进程。

外部环境这一亘古未有的剧变及它对非洲文化的历史进程和走向的影响,是随着西方在非洲的扩张与西方文化影响力的增强而日趋明显的。非洲文化在陷入灾难性衰竭的同时,也开始发生广泛而深刻的变迁转型。虽

---

① R. Oliver and A. Atmore, *Africa Since* 1800, London, 1972, p.275.

然这种变迁转型在最初年代是缓慢而不明显的,但它却构成了这以后黑非洲文化历史演变进程中一个最具本质意义的方面。特别值得注意的是,在这个传统文化的近代变迁转型过程中,由于西方在非洲的扩张侵略采取了与在世界其他地区很不相同的方式,有着与在美洲、亚洲从事殖民掠夺和开发十分不同的扩张内容,因而非洲传统文化所遭到的破坏、摧残和毁灭,要远比东方世界的其他文化如阿拉伯文化、中国文化、印度文化所遭到的破坏严重得多。非洲文化在近代西方扩张中所发生的灾难性解体和衰竭也要更加痛苦,在发生这种毁灭、解体、衰竭的过程中,新的文化的生长和发育却又极其缓慢极其艰难。在相当长的时期内,西方侵略者造成了非洲原有文化的严重衰竭,却没有在非洲建立起另一种新的近代文化,哪怕是有着浓厚殖民主义色彩的文化。直到 19 世纪中后期,西方文化在非洲大陆的移植也还是十分有限的,这使得非洲近代新文化的生长和发育,要明显地滞后于美洲新大陆,甚至滞后于亚洲的南亚、东南亚等地区。于是便出现了这样一种文化发展上的不幸局面,即由于原有的本土传统文化根基的坍塌与新的文化又成长无力而造成了非洲文化发展史的一个严重的断层局面。在西方殖民主义和西方文化的冲击与破坏下,在罪恶的白人种族主义压制摧残下,非洲各族人民似乎变成了文化上的飘零者,无根的民族。尤其是 19 世纪,在欧洲人对非洲进行文化扩张的时候,非洲黑人民族被看成是没有自己历史和没有自己文化的劣等民族,他们声称,"在欧洲人到来之前,非洲实际上没有历史",①而这种观念,在世界上曾广为流播,毒害甚远,甚至被许多黑人所接受。它在非洲黑人饱受灾难不幸的心灵上又压上了一座沉重的包袱,罩上了厚厚的精神阴霾。

15、16 世纪以后,撒哈拉以南非洲大陆黑人各族的文化,由于时代条件和外部环境的变化而发生的种种变迁转型,总体上是一种源自外部力量引发的、外推型的文化转型变迁进程。区别于以往年代的一大特点,便是从这时起,非洲文化的演进越出了以往独立发展、相对封闭的常规,而开始卷入到一种与外部世界文化尤其是与西方文化发生接触、冲撞的漩流中,在一种

---

① A. P. Newton, *Africa and Historical Research*, JAF. S, XXII, 1988, pp.266 - 267.

与外来文化发生复杂的相互作用的环境中发展和演变。[1]

15、16世纪以后,非洲文化史的发展进程和走向,大致受着三种力量以及这三种力量所形成的相互复杂关系的制约与影响。一是非洲各民族的内部的、本土的力量;二是从北方继续南下的伊斯兰文化的力量;三是来自沿海的西方殖民扩张势力的力量。这三种力量的消长变化,尤其是源自外部的伊斯兰文化与西方殖民主义扩张文化的冲击力量,同非洲各族人民的传统文化内部力量之间的相互关系是极其复杂的,内外力量交错作用下的近代非洲文化史,显得更加复杂多变。但是,总的来看,外来的西方文化力量却呈不断增强、影响日益重要的趋势。15、16世纪以后,在外来的西方文化的冲击下,非洲文化日渐陷入从未有过的生存危机。随着这种外来压力与内部危机的加深,非洲传统文化的各个方面,无论是已经受到伊斯兰文化影响的还是没有受到伊斯兰文化影响的非洲文化,都开始发生近代性质的解体、衰落、变迁和转型的种种变化。这个时候,来自西方世界的扩张冲击和文化影响,对于非洲文化之进程和走向来说,已不再是一种次要的、局部的和偶然的因素,而成为对近代黑非洲各族文化的变迁进程和走向产生重大影响的一个关键性因素。较之世界其他同样遭受西方殖民扩张和冲击的文化来说,比如较之伊斯兰文化、印度文化和中国文化来说,非洲文化的一体化程度比较低,内部的系统性和结构发育尚处于较低的层次上,制度化和稳定状况由于历史的连续性和系统积淀较差而处于一种初级的水平上,因而在面对西方文化的扩张和冲击时,能作出的回应显得更加被动更加无力的。这是近代非洲文化陷入普遍的衰竭解体的重要原因。

事实上,外来文化对非洲文化的影响并非始自近代。在此之前的漫长岁月里,南亚印度文化、西亚波斯文化、北非古埃及文化、柏柏尔人文化、迦太基文化和古代环地中海世界的希腊罗马文化,都或多或少地对非洲文化有这样那样产生直接的或间接的影响,但这些外来文化的影响并未对非洲文化造成根本性的冲击,即便是公元10世纪以后阿拉伯文化和伊斯兰教的传播,虽然在许多方面对黑非洲文化产生了重大的影响,但是这种影响对非

---

① R. Oliver and A. Atmore, *Africa Since 1800*, London, 1972, p.278.

洲文化的发展进程的走向始终还是一个相对次要的因素。而15、16世纪以后西方文化的冲击影响却已有了完全不同的性质。因为这时的西方文化，已经是一种在向现代资本主义过渡的文化，资本主义本身具有的那种不断扩张的特性，使得西方文化对非洲文化的冲击持续不断，日益增强，成了非洲文化发生根本性变化的一个重要原因。更重要的是，这个时候西方文化对于非洲文化的影响，已不再是以往那种正常的文化交往与影响，它是西方殖民主义侵略扩张和野蛮奴役非洲各族人民行为之下的一个副产品，西方文化更多的不是凭借其文化自身的力量，而是借助于西方的侵略战争和殖民暴力来对非洲大陆进行渗透扩张的，因而近代西方文化对非洲文化的影响，同以往年代其他文化对非洲文化的影响，有着完全不同的性质和形式。

# 二、野蛮的征服

非洲传统文化的近代变迁，其最初的动因来自于外部的西方扩张，而这一过程开始后的进程和走向，则又取决于非洲文化内部的特殊结构及其对外来的西方文化扩张冲击能作出什么样的回应和这种回应的结果，也即它同时取决于外来因素与内部原有力量之复杂关系和这种关系的变化状况。因此，要理解近代非洲文化变迁转型的种种现象和事件，我们必须要联系近代西方殖民主义对非洲扩张侵略的基本内容与主要形式来予以考察，看看近代西方对非洲的侵略扩张有哪些特点，这些特点在哪些方面对于西方文化在黑非洲的传播、渗透产生了直接或间接的作用。然后我们再来看非洲文化本身是如何面对西方的侵略扩张和文化冲击的。

与西方殖民主义在世界其他地区的扩张侵略活动相比较，近代西方殖民主义在非洲大陆的扩张侵略活动，有着许多独特的内容与形式，其影响与后果也很不一样。

第一，近代西方在非洲大陆的殖民主义扩张和侵略活动，开始时间最早，持续的时间也最长，对非洲文化的冲击破坏也最广泛深刻。

对外进行殖民扩张和侵略活动，是近代西方历史的一条主线，这一扩张和侵略是以全球所有地区和民族为对象的,是一种全球性的扩张侵略活动。但是,在西方这个全球性的侵略扩张活动过程中,非洲大陆却是最初的第一站,是西方全球侵略的最早的对象。早在 15 世纪初叶,欧洲人已开始对非洲大陆的扩张活动。事实上,到 15 世纪末欧洲人航抵美洲新大陆和开辟出抵达亚洲的新航路时,西方在非洲的扩张活动已经持续进行了大半个世纪。在这八九十年中,西方扩张势力沿着大西洋和非洲西海岸一步步地南下,相继占领了非洲大西洋上的一些岛屿如马德拉群岛、加那利群岛、佛得角群岛等,在这些岛上最先建立了殖民统治并进行移民开发,将这些群岛作为进一步向海上探险和扩张的中转站。这期间,西方人沿着非洲西海岸一步步南下,逐渐抵达塞内加尔河口、利比里亚沿岸和几内亚湾沿岸地区,相继在西非沿岸建立起一系列扩张据点。尽管这个时期西方人在非洲的扩张侵略规模较小,主要在若干群岛和沿岸地区建立了一些兵站式的扩张据点、商业中转站和规模较小的移民城堡,但这却是西方近代全球扩张的开始和最初的一步,而且这个时期西方在非洲进行殖民扩张和侵略所采取的手段和方式,对以后的全球殖民扩张侵略却有着重要的示范作用。当 1492 年西方人抵达美洲和 1497 年抵达印度时,西方人在非洲的东西海岸两侧及附近岛屿上的殖民扩张已经持续了半个多世纪,规模初具。因此,近代时期非洲大陆遭受西方殖民扩张侵略的时间,要比美洲、亚洲和澳洲许多地区和国家早一二百年。

　　尽管西方人的近代全球扩张是从非洲大陆开始,以非洲为最早的侵略对象,然而较之世界其他地区,非洲同时又是近代西方的扩张与侵略活动持续时间最长的地区。这种持续时间长表现在两个方面,一是西方人从开始侵占非洲沿岸地区和周围岛屿,到最后完成对整个非洲大陆的全部殖民分割并实施有效的实际占领与建立起完整的殖民统治,前后大约持续了 400余年,远比对北美洲、中南美洲和亚洲一些地区的殖民侵略扩张的时间长得多。二是非洲又是近代西方全球殖民体系最后崩溃的一块大陆,西方人在非洲的殖民统治,一直维持到了 20 世纪的 60、70 年代。

　　近代,西方殖民者对非洲的扩张活动,从 15 世纪初就开始了。但是,经过了几个世纪,直到 19 世纪初叶,西方人对非洲的殖民侵略扩张还仅限于在大陆东西海岸十分狭窄的地带上,星星点点地建立了一些殖民据点、城堡、商战和军事要塞,占领了非洲大陆周围一些面积不大的岛屿,真正连片的面积较大的领土占领和殖民开发,仅出现在南非之角的开普敦殖民地。也就是说,从 15 世纪开始以后的三四百年中,西方各国对非洲这一广阔大陆的侵略扩张活动,尽管持续不断,但却一直局限在沿岸地带一些孤立的点上,向大陆内部的纵深范围很少超过一二百公里。而这期间,西方殖民者则很快完成了对北美大陆、中美洲和南美大陆的探险、征服,并建立起了直接有效的殖民统治,并且进行了大规模的移民拓殖与开发活动。即便是在中东西亚地区、南亚和东南亚,西方人的殖民扩张活动时间也比较集中,持续时间远没有在非洲那么漫长。实际上,西方人最初只是将非洲大陆作为其全球扩张的一块跳板,在完成了对北美、南美、南亚、东南亚、中东西亚等地区的分割之后,才又转过头来分割非洲大陆的。在 19 世纪的最后 30 年,西方人对非洲大陆持续了几个世纪的扩张活动才真正达到高潮,掀起了两次大规模的分割非洲大陆并建立一系列殖民地的扩张活动,并且将这一活动一直延续到 20 世纪初叶。同时,在西方殖民体系解体崩溃的过程中,非洲大陆又成为西方殖民者据守的最后一块地盘,非洲的非殖民地化进程的时间表普遍滞后于世界其他地区。比如,北美大陆殖民地于 18 世纪 70 年代摆脱殖民统治获得独立。中美洲和南美大陆则是在 18 世纪末到 19 世纪初通过独立运动与解放战争先后摆脱了西方宗主国的殖民统治而获得独立,建立起一系列新的拉美民族国家,尽管这些国家以后的独立地位并不完全。在古老亚洲的南亚印度次大陆、东南亚、西亚中东广大地区,以及南欧、东欧的部分地区,那些曾沦为近代西方殖民地、半殖民地或外围附属国的地区与国家,大多数都在第二次世界大战的后期,或是在二战结束的 40 年代中后期获得了独立。但是,非洲大陆则是在 20 世纪 60 年代才迎来了摆脱西方殖民主义统治的民族解放运动高潮,相继建立起一系列民族独立国家的。非洲的部分地区,甚至是到 70 年代末 80 年代初才获得独立。至于说在非洲最南端的南非,作为近代西方殖民主义统治残余或变种形式的白人种族主义统治,直到了 90 年代初才告终结。

第二,近代时期,西方在对非洲大陆进行扩张侵略活动的头 4 个世纪中,采取的是与在世界其他地区完全不同的另一种特殊的扩张侵略形式——从事罪恶的黑奴贸易。如果说西方人在美洲、亚洲和中东地区从事殖民扩张侵略是为了掠夺当地的财富,或是开辟对西方人有利的世界市场以从事商品贸易和经营开发活动的话,那么在非洲,非洲黑人本身则直接成了西方人掠夺贩卖的对象。黑人沦为如同家畜、矿产、金银、棉花和粮食一样的交换物品。而从事这种以贩卖非洲黑人为内容的殖民扩张与商业贸易活动,对于西方人来说并不需要对非洲的土地,尤其是广大内陆实行直接的分割占领和统治。他们只需占领沿岸地区,建立贩奴城堡和军事据点,形成沿海贩奴市场、运输码头和交换网络,然后组织猎奴队到内陆捕获黑人,更多是挑起当地黑人各族之间的仇恨与战争,诱导一些黑人部族或土著首领作为西方奴隶贩子的代理人,通过向这些黑人部族提供武器和别的商品来交换收购被当地黑人抓获的黑人俘虏。这种罪恶的贩奴活动,从形式上看西方人并未深入到非洲内陆实行分割占领,似乎西方人的扩张活动仅限于沿海地区,实际上,罪恶贩奴贸易的影响和危害早已扩展蔓延到非洲的内陆广大地区。甚至还形成了穿越非洲大陆东西两侧,西起大西洋沿岸的罗安达,东抵印度洋非洲东海岸莫桑比克地区的贩奴路线。因此,在19世纪末西方人掀起瓜分非洲内陆高潮之前的几个世纪里,西方殖民扩张侵略的影响就早已深入非洲内陆,遍及非洲大陆东西南北的广大地区了。

由于奴隶贸易是西方在非洲大陆从事扩张侵略活动的基本形式和内容,直到19世纪末非洲大陆在近代西方全球扩张和殖民体系中还是一个从属性或依附性的地区。这种从属性和依附性,不仅表现为非洲大陆作为西方扩张侵略的对象而被纳入近代西方世界体系之中,从属依附于欧洲国家,而且它还同时作为西方人向美洲大陆贩卖输出黑人奴隶的"猎奴场",作为西方人通往亚洲东方商业贸易帝国的中介站与通道,因而在某种意义上非洲大陆还同时从属于或依附于欧洲人在美洲大陆的种植园经济帝国或在东方亚洲的商业贸易帝国。在相当长的时期中,非洲大陆作为西方殖民扩张的对象,是服务于西方殖民者在美洲大陆、亚洲地区的经济、贸易、商业和政治军事目标的一个筹码或工具。西方人并不考虑真正开发统治这块大陆,在这块大陆上建立西方式的社会、经济和政治制度。这使得近代早期的非洲大陆,在逐渐形成的西方人的世界殖民体系和全球经济中,具有与美洲、亚洲和中东地区都很不相同的性质及地位。15、16 世纪的时候,非洲大陆主要是作为葡萄牙和荷兰通往其在东方亚洲商业贸易帝国的中途据点,是当时新开辟的东西方航路的中介。16 世纪以后,随着北美洲、西印度群岛和中美南美洲种植园经济及工矿业的发展,非洲大陆便成了西方殖民者捕获廉价奴隶劳动力的场所。

在世界近代史上,非洲承受的灾难是最深重的,"非洲黑人是近代史上最受残酷虐待、最受屈辱的人民"。① 从文化影响的后果来看,奴隶贸易作为一种特殊的西方扩张侵略形式,是与其他的扩张侵略形式完全不同的。比如,殖民者在美洲所从事的殖民开发,移民拓殖,建立种植园经济和兴办金银采矿业为主体的工矿企业,或是在东方亚洲从事商业贸易与其他经济活动,这些活动虽然往往也伴随着残酷的战争、军事征服、暴力和赤裸裸的武装掠夺,但它们或多或少地在破坏当地原有的社会和文化的同时,也会引起当地社会经济结构的近代变迁,在当地植入新的资本主义生产方式和经济制度,并由此引起当地原有的传统文化向现代文化发生自觉或不自觉的转换。西方人在破坏当地社会原有的经济政治和文化传统的同时,也充当了历史的不自觉的工具,客观上导致西方新兴的资本主义经济制度和文化的传播扩散,从而推动当地社会向现代社会过渡,尽管这种过渡可能是畸形的、痛苦的和充满更多灾难的。然而,在非洲大陆所从事的贩卖黑人为奴的罪恶活动,却有着完全不同的性质和影响。贩奴贸易使非洲黑人本身成为被贩卖被掠夺的对象,它对非洲文化的影响完全是毁灭性的而无任何积极意义。这种罪恶的活动,既不是利用当地黑人作为劳动力来开发当地的土地和自然资源,建立利用当地劳动力的种植园经济和其他工业企业,如果这样,将会客观上推进当地殖民地经济的形成和发展。也不是与当地居民进行商品交换,将殖民地作为宗主国的商品销售市场或原料生产输出地,如果这样,也会或多或少地推动当地殖民地商品经济的发展与殖民地市场体系的形成。比如到了 18、19 世纪初,北美大陆、拉丁美洲,包括南亚印度、东南

① A. A. Mazrui, *The African Condition*, London, 1980, p.25.

亚一些地区的近代经济结构、生产方式和社会结构已经大体形成或开始萌发,西方文化的移植已达到很高的程度。在北美大陆、西印度群岛和中南美洲,尽管这几百年欧洲人的扩张给当地的印第安居民造成了巨大的灾难和痛苦,许多地区的印第安人社会及文化甚至是完全被毁灭了。但是一种以西方殖民主义的经济、政治及文化为基础的新的社会结构也在暴力和掠夺中逐渐建立了起来。这些地区的历史在付出沉重代价的同时也产生了新的结果。然而,对于这一时期的非洲大陆来说,情况却完全不是这样,贩奴贸易使得非洲大陆在付出甚至比美洲大陆更为惨痛的代价的时候,却并没有换来美洲大陆那样的历史结果,非洲大陆所付出的惨痛代价——成千上万的黑人被贩卖为奴隶,如果说有什么历史结果的话,它也体现到了美洲大陆上去了。黑人奴隶的生命和血汗开发了美洲大陆,建立了美洲大陆广阔巨大的种植园、矿山,繁荣了美洲殖民地经济和社会——以及它的宗主国西方国家国内的经济与社会,而非洲大陆许多地区却因奴隶贸易和掠奴战争,变得田野荒芜、乡村凋敝、人口骤减,社会和历史文化传统衰竭甚至趋于毁灭崩溃。尽管奴隶贸易引起了非洲一些沿海地区的经济关系和社会结构发生变化,一些当地的黑人部族集团通过参与奴隶贸易,与西方殖民者和贩奴商人相勾结,通过分享贩奴贸易的部分利益而发展起来,并因此而建立了新的部族联盟、商业组织和城镇。这不过是一些黑人部族通过参与奴隶贸易,使自己免遭被捕贩卖为奴的命运,通过摧残毁灭自己的同胞而聚集财富,是另一种同样罪恶的行为而已。因此,从非洲文化发展史的角度来说,在15世纪到18世纪西方人在非洲的殖民主义扩张与侵略,除造成非洲传统文化及其社会的破坏衰竭之外,并没有给非洲文化带来什么积极的结果,或给非洲什么新的文化成分,当时西方人并不曾在非洲大陆建立起真正稳定而有效的新的社会结构。除了有小规模的西方传教士所进行的宗教传播活动和在沿海那些城镇据点周围建立起一些教会学校之外,西方近代文化在非洲的传播影响还没有明显的存在。只是到了18世纪末19世纪初以后情况才有所变化。事实上,从黑人接触西方近代文化、教育的方面来看,反而是那些被贩卖到美洲大陆和西印度群岛上的黑人奴隶,在新大陆上以奴隶的身份最先接触到了西方文化,到美国废除黑奴制,中南美洲的奴隶也逐渐获得解放以后,美洲的黑人开始较多较快地接触到了西方文化,从而在美洲最先出现了将黑人文化与西方文化结合起来的趋势。而在非洲大陆本身,西方文化是在 19 世纪以后才开始有所传播的。

第三,非洲大陆虽然是西方近代扩张最早的对象,但却又是殖民地化进程最为滞后缓慢的地区,西方人在非洲大陆建立起大范围的殖民地,是到 19 世纪 70、80 年代之后,这比北美殖民地、西印度群岛、中美洲和南美洲地区,要晚了几百年之久。当西方人在美洲的殖民开发已经进行了几个世纪,在非洲真正意义上的较大规模的移民和开发活动,建立白人移民社会的非洲殖民地,主要还限于南非开普敦殖民地等少数地区。在南亚次大陆,虽然没有发生过像在美洲那样的大规模白人移民和建立欧洲人社会,但自从 1757 年那场战争之后,印度便逐渐沦为英国殖民地,在随后的将近两百年中,英国在印度的殖民统治不断扩展巩固,英国的政治制度、生活方式、教育、文化和语言文字等等,在印度的发展和传播都是较为充分。相比之下,非洲大陆的真正殖民地化进程开始于 19 世纪 80 年代,时间上滞后得多。虽然后来非洲大陆摆脱西方殖民统治的时间要晚,大多数非洲国家取得独立是在 20 世纪 60 年代,但若从 19 世纪 80 年代开始到 20 世纪 60 年代结束,非洲大陆真正意义上的殖民地化时间大约只有 80 年左右。因而可以这样说,当代非洲各独立主权国家在其摆脱西方统治之前曾经历的殖民地历史,时间上要比北美、拉丁美洲以及南亚次大陆各国的殖民地历史短得多。这也可以说是近代西方殖民者在非洲扩张活动中的一个特点。

# 三、衰落与变化

近代西方对非洲大陆的侵略扩张活动在形式和内容方面的种种特点,对非洲文化造成的影响和后果是复杂广泛的,而且这种影响和后果在许多方面呈现出一种矛盾的现象。对此,我们试从下述方面进行分析。

首先,由于西方对非洲大陆的扩张侵略开始时间早,持续时间又最长,因而较之对世界其他地区传统文化来说,近代西方文化对黑非洲传统文化的冲击影响不仅触及的范围极为广泛,而且造成的后果也是最深刻最彻底的。从 15 世纪初叶开始,一直到 20 世纪中叶,时间长达数百年的近代西方扩张过程,尽管有不同阶段的变化,但它却构成了一种来自外部世界的巨大力量,使非洲各族人民的历史、文化、传统、宗教和观念不能不发生具有根本性的变迁转型。这种变迁转型及它引起的一系列复杂而矛盾的后果,构成了 15、16 世纪以后非洲文化历史演进的核心内容。这种后果或影响,在今日非洲各国的现实文化格局中依然可以直接或间接地感受到。[①]

第二,由于西方在对非洲大陆进行扩张的头几个世纪中,主要的活动内容是贩卖奴隶,因此这期间西方扩张活动对非洲文化的影响几乎完全是破坏性和毁灭性的,无任何积极意义。长达 400 年之久的贩卖奴隶活动,使得非洲传统文化在遭受西方扩张冲击时发生的衰退和毁灭要远比世界其他地区严重得多。这种严重的破坏和毁灭,影响之深远,无疑是以后非洲大陆长期贫穷、落后,处于世界上最不发达地位的重要历史根源,西方国家对于非洲大陆的这种落后不发达状况,负有难以推卸的责任。[②]　只是到了 19 世纪以后,随着贩卖奴隶活动被废止及西方转变了对非洲侵略的方式,西方扩张和殖民活动对于非洲文化的影响才开始具有另外一些新的内容。

第三,非洲大陆在遭受西方侵略扩张时,由于大多数地区还处在前民族国家的部族社会阶段,没有强大而有组织的国家和政权来对西方人的侵略扩张进行有效的抵抗。分散的、小规模的部族社会,相互间分割封闭的部族组织和酋长国,力量微弱,因而面对西方的侵略扩张,非洲大陆各族所能作出的回应要比东方各国被动无力得多。而大规模的贩奴贸易和残酷的掠奴战争,将一批又一批的黑人或捕杀或贩走,摧毁了一个又一个黑人社会,使得黑人社会无法在抵抗西方扩张侵略的同时,通过逐渐接触到西方先进的工业、技术、生产方式和文化,以此来对自己的传统文化加以改造从而走上改良自强、文化复兴和再生的道路。在近代史上,除了孤悬海上的马达加斯加岛进行过十分有限的吸收西方技术和文化以进行某种程度的近代化努力

---

① UNESCO, *General History of Africa*, vol. XII, pp.783 - 908.

② Walter Rodney, *How Europe Underdeveloped Africa*, Dar es Salaam, Tanzania, 1972, pp. 104 - 124.

之外,被迅速推入猎奴贩奴灾难深渊的那些弱小的黑人民族,几乎是无能力采取积极主动的回应方式来对西方文化进行吸收消化以增强自己的生存能力。只是到了19世纪以后,随着贩奴贸易的终止,非洲各族得以止住那流血不止的黑奴贸易的巨大伤口,才开始对西方文化进行某种意义上的接触了解,才有可能对西方文化的扩张作出某种有目的的回应。

第四,进入殖民地时期以后,许多黑人对西方文化的接受在某些形式或某些层面上,比如宗教、语言、传统习俗等方面似乎又是较为迅速的。这是因为,非洲传统文化由于发展的非连续性和积淀较浅,大多还处在小规模的部族社会或氏族组织的文化发展阶段,文化的同质一体化与整合程度较低,其语言、宗教、习俗和社会结构与政治制度的系统化、稳定化也都还比较差,因而在受到西方文化的冲击时,要比那些传统深厚牢固、结构复杂、功能完备,且民族与社会一体化和同质化程度较高的东方文化,如阿拉伯伊斯兰文化、中国儒家文化更易解体,同时也可能更易转而接受西方文化或被西方文化所同化侵蚀。从非洲文化近代变迁的过程来看,凡是处在较为落后原始的社会发展阶段,只具有原始宗教色彩的土著宗教,还只停滞在信奉万物有灵和万物崇拜阶段的黑人社会,就比那些宗教文化发展程度较高的社会,更易于接受西方文化和宗教。比如近代接受了西方基督教和天主教的黑人社会,主要是几内亚文化区和刚果文化区的一些沿海的落后部族,而那些文化发展水平较高,尤其是已经接受伊斯兰教的西苏丹人和东非人,则较多地保持了自己的文化传统,包括宗教和语言。由于这方面的原因,尽管非洲大陆的殖民地历史比较滞后,时间不太长,但从19世纪80年代以后,当西方在非洲建立起殖民地实行较直接的殖民统治之后,非洲大陆上的西方文化的扩展及其对非洲传统文化的同化侵蚀又是十分迅速的,许多黑人社会很快接受了西方宗教,西方的语言和教育。到20世纪中叶,半个多世纪的西方殖民地历史,非洲大陆的许多方面,诸如宗教、语言、文字、教育、生活方式、政体和经济生活,似乎都有了一些西式的框架,一个西化的外壳了。非洲大陆的西化过程,在许多方面似乎要比东方的儒家社会、伊斯兰社会迅速得多、广泛得多。

第五,尽管我们说殖民地时期非洲传统文化的变化及其接受西方文化的进程较快,但另一方面我们又同时应该看到,由于非洲大陆的殖民地时期较为短暂,在几十年的殖民统治时期西方文化的移植扩散,对非洲传统文化的侵蚀改造又具有表层性、仓促推进的特点。就从这个方面来看,近代时期西方文化对于非洲文化的"影响是肤浅而十分短暂的"。① 在殖民地时期,各殖民地按照宗主国模式而建立起来的各种文化新体制,无论是文化方面的还是教育方面的都还缺乏深厚牢固的根基。在法属殖民地,由于法国人一直推行文化同化政策,法国文化的扩散移植较为明显,在法属殖民地上形成了一个较为庞大的殖民地社会集团,包括接受了法国文化、法国教育的黑人集团。而在英属殖民地,普遍存在的是利用当地黑人原有的首领、酋长体制来治理本族黑人,英国社会制度和文化的移植传播程度就低一些。在葡萄牙、西班牙、德国或比利时等不同宗主国背景的殖民地,情况亦有所不同。但无论怎样,在那大约80年的西方殖民地统治时期黑非洲广大地区迅速扩散开来的西方文化影响,迅速建立起来的那些文化上、制度上的殖民地西式结构,都如同漂浮在水面的东西,或建在沙丘上的建筑,其肤浅和不稳固是显而易见的。

在这个意义上,有些学者说西方殖民主义和西方人的统治对于非洲来说,不过是"一个小小的插曲"②的观点是有道理的。正因为此,到殖民地独立后,西方人留下的那份殖民地遗产,包括它的政治体制、文化模式和其他西方化的遗产,就显得那样的脆弱,有的很快就瓦解崩溃了。西方化进程似乎较快,但却又具有表层性、仓促性的矛盾特点,以及传统文化的严重衰竭和破坏,这一切都使得近代以后的整个非洲文化史呈现出一些看似矛盾却又相互联系的复杂现象。凡此种种,不能不说是独立后的非洲各国社会发展进程的一波三折,充满了动荡、混乱和矛盾现象的一个重要历史文化根源。

需要指出的是,上面对于西方殖民主义者近代时期在非洲大陆扩张侵略和西方文化对非洲文化冲击影响特点的分析,是从整个非洲的一般情况

---

① UNESCO, *General History of Africa*, vol. XII, p.808.

② J. F. A. Ajayi and M. Crowdet, (eds), *History of West Africa*, vol. II, London, 1974, p.50.

来说的。实际上,由于参与对非洲大陆殖民扩张的西方各国有着不同的政治经济制度、文化模式,它们在非洲的扩张政策和殖民活动也是不完全相同的。在近代史上,最先向非洲扩张的是葡萄牙、西班牙和荷兰,随后还有英国、法国、比利时、德国、意大利等。这些国家在非洲的殖民扩张范围有大有小,介入的程度也不一样。一般来说,我们可以把西方在非洲的文化扩张和文化渗透,依其殖民统治之不同而大致划分成两大类型,即法国式的和英国式的。法国把它在非洲的殖民地看成是法国的一部分,视为"法国海外省"。因而法国人曾力图全面地同化殖民地社会,试图通过大规模地传播移植法国文化,包括教育、宗教、语言、生活方式和授予殖民地社会中的少数黑人以法国国民的资格,而让殖民地在社会文化各个方面都法兰西化,成为"非洲法国人"或是"黑皮肤的白人"。① 虽然这并非是要让黑非洲殖民地取得与法国一样的文化上的平等地位,而是旨在强化殖民地对法国宗主国的依附关系,但总的来看,非洲法属殖民地在文化上受到的法国文化的影响是比较明显的。英国则是把它在黑非洲大陆的殖民地看成是一个附属物,与英国本土有根本的区别。英国并不像法国人那样竭力推行殖民地的英国化并对殖民地采取直接统治的政策,而是尽量利用非洲土著首领和部落酋长们进行间接的统治。尽管如此,为了便于更好地统治,英国人也同样看重向殖民地传播扩张本国的文化,包括它的制度、观念和价值标准。由于不同的宗主国统治政策与文化影响,在殖民地时期,非洲已出现以宗主国为基础,同一宗主国的各殖民地的联系或趋同现象,这种现象在非洲大陆独立后并未完全消失。当代非洲大陆上的一些经济、政治、语言文化和对外关系方面的组织便是以这种共通性为纽带或基础的,比如西非法郎区、英语国家为主体的区域经济组织等。在殖民地时代,非洲文化的中心是法属殖民地的几个西非国家,如塞内加尔。直到非洲大陆独立后,拥有众多人口、经济实力强大的尼日利亚才部分地取代塞内加尔成为西非的文化中心。

当代非洲各国除了利比里亚之外,都曾是某个欧洲国家的殖民地。独立前属英国殖民地的国家有:尼日利亚、塞拉里昂、加纳、冈比亚、肯尼亚、赞

---

① Oluwole Omoni, *Colonial Policies and Independence Movements*, Lagos, 1982, p.82.

比亚、津巴布韦(罗得西亚)、莱索托、马拉维、乌干达、坦桑尼亚、斯威士兰、苏丹。独立前属法国殖民地的国家有:塞内加尔、几内亚、科特迪瓦(象牙海岸)、贝宁(达荷美)、布基纳法索(上沃尔特)、马里、中非、乍得、尼日尔、毛里塔尼亚、加蓬、刚果、马达加斯加、多哥(一战前属德国)。独立前属葡萄牙殖民地的国家有:安哥拉、几内亚比绍、莫桑比克。赤道几内亚和西撒哈拉曾是西班牙的殖民地。独立前属比利时殖民地的国家有:扎伊尔、布隆迪、卢旺达(布、卢两国一战前属德国)。另外,独立前的喀麦隆为英法两国共有,索马里则为意大利和英国共有。从非洲文化发展史的角度来说,这种不同的殖民地历史和宗主国文化差异,对独立以后非洲国家的文化发展进程是有一定影响的。

# 第十三章 欧洲统治与"殖民地文化"

1492年,葡萄牙人侵占北非战略要塞休达城,从此开始了几个世纪对非洲大陆的侵略掠夺。非洲文化由此逐渐进入一个与欧洲文化发生冲撞并逐渐在后者支配下演变的时期,其间所经历的冲突、碰撞、移植、融合,其影响复杂而深远,迄今依然影响着当代非洲的发展进程与观念构造。

## 一、殖 民 遗 产

西方对世界的征服统治是近代以来世界史的核心内容之一,非洲大陆是最早遭受入侵的大陆。在几百年的殖民征服过程中,欧洲入侵者以野蛮的方式贩卖非洲黑人为奴,掠夺非洲财富,镇压黑人反抗,非洲文明遭受巨大破坏,其文化财富损失之巨、社会经济衰败之惨,在许多地方都造成万劫不复之灾难。在野蛮破坏后的废墟上,欧洲入侵者也因统治利益之需要,开始开发这块大陆,建立直接或间接的统治制度,将其制度、文化、观念与思想程度不一地移植于这块热带大陆。特别是在1884—1885年的柏林会议之后,欧洲人掀起瓜分非洲的狂潮,他们以武力为后盾,在一番争夺厮杀后,将非洲大陆分割成数十个大小不同的"殖民地"、"势力范围",开始了他们对于这块大陆的实际殖民主义统治。

非洲大陆的古老文化因为西方入侵者的到来而深陷危机,非洲各族群传承已久的文化形态因西方殖民入侵而开始发生重大变化,世居于此的非洲各族群,他们原有的种族、文化、宗教、语言共同体或被强行肢解,或被人为合拼,原有的历史进程被外力打断。由此,非洲文化进入了一个外力支配下的变异与混乱时期。

西方的殖民统治对于非洲文化与民族成长过程的影响是复杂而矛盾的。在一些地方,具有语言文化共同性的同一族群被分到了几块殖民地中,在另一些地方,原来没有什么联系甚至有宿怨的族群被划到一个殖民地内,这些殖民地成为后来非洲当代国家的构建的基础。因而文化有机体的重建成为近代以来非洲文化发展进程中面临的一个短期内难以完成的任务。

这是非洲文化由传统形态向现代形态转换的历史大过渡年代,这个过程远不是以和平的方式进行的,其间充满了强权者对被征服者文化的奴役与掠夺,当然也有西方文化(语言、宗教、教育、思想及观念等)的移植,有远比非洲传统文化先进的西方现代科技、工艺、经济的传播及对本土文化的改造与重建。欧洲的入侵征服作为一种巨大的外加力量,深刻影响了非洲文化的性质与结构,并将非洲拉入了西方支配与主导的外部世界体系中。[1]在一种被支配被征服的状态下,非洲开始了现代意义上的与外部世界的交往过程,并作为这个极不平等的现代世界体系中的一个边缘性角色,参与了现代世界体系的构建过程,同时也从一种极低的历史起点上艰难地迈出了它向现代社会变革最初的步伐。

当然,外来的西方文化不可能完全改变非洲文化的传统形态与结构,不可能将非洲社会完全改造成西方式的社会。西方殖民统治与文化征服,其实是一个外来的西方文化与非洲本土文化在矛盾冲突与碰撞接触中相互适应的过程。这种冲突与碰撞的结果,是一种由非洲本土文化与外来西方文化交汇而成的殖民地文化在历经磨难的非洲大陆上出现并初步成长起来。

非洲文化由传统向具有殖民地性质的现代文化的变迁转型是一个漫长的过程,各地区的表现形式内容、深度与广度也不完全一样。总体上看,沿海地区要比内陆地区明显和深刻,西非地区要比赤道非洲和南部非洲更明显,处于原始宗教文化阶段的民族要比已经伊斯兰化民族变化更大。西方

---

[1] B.Lawal,(ed), *Issues in Contemporary African Social and Political Thought*, Ibadan, Nigeria, 1989, p.11.

入侵导致非洲文化形态之变迁转型,也表现在许多领域。

# 二、欧洲语言文字

从文化影响的角度上,欧洲的殖民统治给非洲留下了一笔影响复杂的遗产。这份遗产,因欧洲各殖民宗主国统治政策的不同而存在差异。在法国殖民地,法国人最初曾想在其殖民地实现完全的"欧洲化"或"法国化",将其在非洲的各殖民地变成法国的"海外省",将其非洲殖民地的黑人变成"法国的黑人"。法国在非洲殖民地推行所谓的"直接统治"政策,委派法国殖民官员直接统治当地社会,推行文化同化政策,努力向殖民地居民移植法国文化与生活方式。而英国则将在亚洲推行过间接统治政策移植于非洲的殖民地,比较多的利用非洲传统社会的机构与上层酋长作为其统治的代理人。尽管这些殖民国家存在统治方式上的差异,随着欧洲殖民地的建立,19世纪中期以后,欧洲文化开始了在非洲大陆广大地区的一种表层化传播,欧洲的语言、文字、宗教、生活方式开始成为非洲沿海地区、殖民城市、交通要道普遍可见的现象,在一些地区,一些黑人逐渐成为具有二元文化属性的所谓"黑皮肤的白人"。

随着殖民宗主国语言文字的传播流行,非洲沿海地区的黑人开始讲一种混杂着土著语言词汇与口音的混杂语言。英语、法语、葡萄牙语作为殖民地通用语言的推广,非洲文化逐渐改变其无文字文化传统形态,由以口头语言为主体的口传文化向现代文字文化过渡。非洲文化由口传文化向文字文化的转型,非洲开始了在外力推动下的殖民地语言文化的早期一体化聚合进程,这一过程引起非洲各民族的交往方式、宗教习俗、政治形态及与之相联的思维方式、价值体系也随之发生复杂的变迁转型。

不过,语言文化的变迁是一个缓慢而漫长的过程,本土语言依然在广大地区具有强大的生命力,并且一直传承下来。由于语言本身会随着环境的改变而发生变化,外来的欧洲语言文化在传入非洲当地社会后,也开始与本土语言文化发生不同层面上的融合。还在奴隶贸易时期,欧洲人开始培养从事经纪人行当的懂欧洲语言文字的土著黑人。在沿海城堡、据点和贸易市场,出现了主要以贸易交易为主体的混杂语言,如西非地区约鲁巴语、伊博语与英语混杂而成的几内亚湾混杂英语。这类语言在非洲近代史上曾经历了一个逐渐形成、流行、变化的过程,它们构成了在非洲沿海地区流行的带有非洲文化色彩并夹杂着许多黑人部族语言词汇的非洲英语、非洲法语、非洲葡语等。到了19世纪末20世纪初,随着殖民地的建立,各殖民地西式世俗或教会学校教育的发展,欧洲语言文字的流行传播大大加快,非洲传统语言文化结构也随之发生深刻的变动。这种变动,具体表现在以下几个方面。

第一,欧洲各宗主国在非洲由沿海向内陆、由城市向乡村、由上层社会向普通民众逐渐扩散,许多地区日益显示出外来欧洲语言取代当地土著语言的趋势,或者是以一种欧洲语言为主、其他多种土著语言并行的双语制趋势。原来属于同一部族的非洲居民,因被分割到讲不同欧洲语言的殖民地中,开始讲不同的欧洲语言。比如西非的约鲁巴人,在尼日利亚境内的讲混杂英语,在达荷美境内的讲混杂法语。豪萨人在尼日利亚境内的讲混杂英语,在尼日尔境内的讲混杂法语。当然,更多的情况是许多原来分属几十种上百种不同土著部族的黑人,现在都逐渐共同讲英语或法语或葡语了,这是一个非洲语言结构出现变动、分化重组与聚合的过程。

第二,随着欧洲国家语言文字的传播流行,欧洲语言文字成为非洲一些地区、殖民地或国家的通用语、官方语,或是作为商业贸易、学校教育和文化交往中的共同语言,从而打破了非洲语言结构高度分化分割,相互封闭隔离的局面,非洲的现代语言文化聚合过程由此开始。在那些民族构成十分复杂,部族语言众多的殖民地,这一趋势更为明显。如在尼日利亚,它在殖民地时期便逐渐开始通行以英语为共用语或官方语,殖民地机构、官方的管理,学校教育和商业贸易活动中都采用英语为交换媒介,使得这个有着大小二三百个部族,数百种部族语言或土语方言的殖民地,有了一个共同的文化纽带英语,它对于殖民地社会的聚合和一体化是一个有力的推动力。这一纽带或推动力,在20世纪60年代非洲各殖民地获得独立而建立民族国家后,依然在很大程度上维持了下来并继续发挥作用。在今天的非洲各国,他们的作家、诗人、小说家,在写作时都是用英语、法语、葡萄牙语来表述他们思想、艺术、观念和情感的。大学里,政府部门、商贸活动,也都以欧洲语言为媒介,虽然在乡村、民间和下层民众日常生活中还广泛使用土著语言,也有少数作家、诗人在用土著语言及其文字进行创作,但所占比重都已很小了。目前非洲几十个国家、大多以原殖民宗主国的语言为本国的官方语或通用语。独立前是英国、法国、葡萄牙殖民地的,独立后大多以英语、法语、葡语为官方语或通用语。东非的坦桑尼亚、肯尼亚以斯瓦希里语为国语,但还是以英语为官方语和商业、行政、高等教育的语言。虽然在绝大多数黑非洲社会,传统土著语言仍在广泛使用,但这些语言主要是在民间、乡村和本部族内部使用。只有一些原来就流行地区广大,使用人口众多的黑非洲土著语言,独立后在法律地位上或政府规定的使用范围上取得同欧洲语言一样的地位。比如在尼日利亚,豪萨语、约鲁巴语、伊博语这三大语言,同英语一样被列为国家的通用语和官方语。

第三,欧洲语言传播流行的过程,同时也是欧洲文字流行的过程。虽然文字的流行传播在时间上和范围上要比语言滞后一些,范围小一些。但是,近代以后,尤其是19世纪殖民地建立之后,欧洲文字在非洲大陆各地也逐渐传播开来,非洲各部族由无文字文化向文字文化转换过渡。这种转换,当然是十分缓慢的,不平衡的,它大体上可分成两种模式或两个阶段。第一种模式是采用西方字母符号给非洲土著语言配上相应的文字系统,创立出非洲土著语言文字系统。通常的做法是用拉丁字母符号,按照各土著语言的语音和语法配上相应的字母。在近代早期,这一工作由一些欧洲传教士进行。这种用西文字母符号创制的非洲土著语言的文字系统,大约有几十种数百种之多。其中的多数现在都不再使用流行了,但也有一些还继续使用流行,其中比较有影响的如斯瓦希里语、南非的苏鲁语、乌干达的卢奥语。比如用拉丁字母创制的约鲁巴文,目前在西非尼日利亚还有相当的地位,包括用约鲁巴文出版的图书、杂志、报刊以及以约鲁巴语创作的十分有名的尼日利亚戏剧和诗歌等。豪萨文原来是以阿拉伯字母符号创制的,后来也改用拉丁字母符号。用西文字母创制非洲土著语言的文字,最初是由于传播欧洲宗教的需要,后来随着教会学校的发展,由教会学校培养了许多可以使用这些文字的当地黑人。据一项研究材料,西方传教士曾"把圣经译为3528种非洲语言,并为非洲61%以上原始部落创造了文字。"①这一材料及数字可能不太准确,但确实反映了当时的那种局面,不过,由于这类文字是根据各土著语言的发音配制,只能在使用该语言的族内使用,有很大的局限性。

第二种模式是在殖民地直接采用欧洲文字。随着英语、法语、葡语的流行,掌握英文、法文、葡文的黑人在逐渐增加。在殖民地时期,西式现代学校教育逐渐有了发展,用宗主国文字进行阅读写作是这些学校的基本特点。尽管在殖民地时期,掌握了宗主国语言文字的黑人还相当有限,但它毕竟意味着非洲各族社会开始由传统的无文字社会向文字社会过渡,这种过渡,到20世纪60年代非洲各国获得独立,现代教育和文化事业快速普及后,就更加明显了。

从文化发展与变迁的角度来说,近代时期非洲大陆在语言文化方面的这些变化是有着一系列超出语言文化范畴的更加广泛的深刻影响和后果的。因为语言文字是一个民族文化的核心部分,它既是一种文化传承的基本媒介和文化信息包括技术、思想、知识、经验、观念等等的物质载体,又是这种文化得以形成、社会得以建立的基础。一个民族通过它的语言和文字符号系统才可以进行活动、创造,它的民族文化传统、民族精神和民族个性,也都凝聚在它的语言文字符号系统中。近代以后,非洲传统语言文化结构的重大变化,欧洲语言文字在各黑人社会中的广泛流行并成为诸多民族和国家的共同语言,既是非洲传统文化变迁转型的重要标志,又是促成非洲文化变迁转型的动因。就其影响和后果来说,也是颇为复杂矛盾的。首先我们应该承认,这一语言文化的变迁是有某种积极意义的,因为它既促成了非洲文化由无文字文化过渡到文字文化,引起非洲文化结构的历史性进步,而且欧洲语言文字的流行也有助于非洲语言结构的统一并推进非洲文化与民族的一体化聚合,打破非洲社会以往那种由于语言太多太杂而造成社会分割封闭的局面。但另一方面,这一变化过程所引发的非洲各族在文化上、心

---

① 于可主编:《当代基督新教》,东方出版社1993年版,第261页。

理上、历史传统和民族精神等众多方面的相应变动却并非都是有益的,它可能同时也会造成黑人世界的文化资源和精神财富的严重流失,引发广泛的负面影响或灾难性后果。就民族文化传统方面来说,由于这种语言文化的聚合是以外来的欧洲语言为基础,而不是以黑人自己的民族语言为基础,因而这一语言聚合本身对非洲黑人的民族心理和民族情感不能不造成许多冲击,引起许多矛盾和困惑。欧洲语言并不仅仅只是欧洲人的交往工具和信息载体,它同时也是欧洲文化的重要部分,接受欧洲语言也就在很大程度上接受了欧洲文化。放弃本民族的语言,在很大程度上也就意味着放弃本民族的文化。而从实际结果来看,当时非洲所发生的这一语言聚合过程确实也是一个欧洲文化在非洲扩散传播而黑人文化发生明显衰败散失的过程。比如西非的伊格博人和约鲁巴人在 19 世纪以后受英语文化的影响愈来愈广泛,他们在几乎所有重要的公共交往中,诸如贸易、商业、政治、现代教育、文学等领域都更多地开始使用英语而不是本部族的语言。掌握英语成为进入上层社会的必经之路。

20 世纪初以后,在约鲁巴人和伊格博人中逐渐形成了一个以使用英语的知识分子集团,他们的地位和影响不断增长。但是,对于这些约鲁巴人和伊格博人来说,他们这时不仅仅只是使用这一外来的英语进行社会交往,不仅仅只是把英语作为一种工具,而同时也在愈来愈大的程度上接受了这一欧洲语言内在的思维方式、语言逻辑结构,接受了这一语言特定的文化蕴含、价值体系和行为模式,这不能不对约鲁巴人和伊格博人的文化和社会造成深刻的影响,使他们世世代代以口头语言传承下来的文化和传统受到严重冲击。对于黑人各社会来说,欧洲语言文字在流行和取代黑非土著语言的同时,那些凝结在土著语言中的传统精神财富、口头传说、历史、宗教、观念、生活的经验和积累,所有这些以口传语言表现出来的非洲人民的物质精神创造,都可能会由于土著语言的衰落和废弃不用而同时归于散失消亡。当着越来越多的非洲人在学会用欧洲语言文字来进行交往和表述自己的思想与观念时,当着他们越来越多地不再使用自己的祖辈们留传下来的语言的时候,他们可能也就在不知不觉中接受了西方文化及其价值观念、思维方式,而淡忘了、疏离了自己的传统和文化了。虽然说,非洲各族的传统文化,也可以借助于外来的欧洲语言文字体系加以继承、传递和保存,但土著语言转译为外来语本身必然引起一系列深刻的变动。由于有了欧洲文字来传递、记载文化信息,以往世纪中非洲各族用于传承文化信息的那些独特的方式,即我们曾论述过的传统非洲文化中的种种非文字语言信息传播方式,如面具、服饰、舞蹈、音乐、刻面文身、祭祀符号等,都逐渐淡化减弱了它们的传递文化信息和社会沟通交际的传统功能,而越来越多地仅仅成为一种娱乐审美和艺术文化活动了。[1]

殖民地时期,非洲作家和诗人随着西式教育和西方语言文字的普及而成长起来。使非洲逐渐形成黑人传统口传文学、用拉丁字母写的黑人土著语文学、用英语法语写作的文学这样三种文学形式并存的局面。殖民地后期,用英文法文写作的文学诗歌大量出现,"黑人性"文化复兴运动更带来了诗歌创作的繁荣,涌现出一些著名的黑人诗人作家,如塞内加尔的大卫·狄奥普、桑戈尔,尼日利亚的阿契贝等。报刊杂志和图书的发行出版也得到了初步的发展,比如20世纪早期在尼日利亚伊格博地区发行的"奥尼查民间小册子",是一种用英文写作的文学小册子,能够阅读到这样图书的黑人已经很多。[2]

# 三、西方宗教文化

近代时期非洲传统文化变迁转型的另一重要内容体现在宗教文化方面。西方宗教文化在非洲的扩散传播是较为迅速的,扩散的范围很广,皈依信徒多,教堂广布。

非洲土著宗教文化在西方宗教文化冲击影响下发生了广泛变动。非洲东北部的埃塞俄比亚及苏丹尼罗河上游地区,曾是早期基督教的基地之一,但自从公元8世纪伊斯兰教进入北非后,东北非的古典基督教的范围逐渐

---

① O.O.Oreh, *Traditional Modes of Communication in Africa*, Nsukka, Nigeria, 1978, p.109.

② B.Lawal,(ed), *Issues in Contemporary African Social and Political Thought*, Ibadan, Nigeria, 1989, p.29.

缩小,仅限于埃塞俄比亚一隅之地,并与外界中断了联系。近代非洲的基督教,是 15 世纪以后随着西方扩张进程来到非洲的欧洲传教士传播的。近代以后基督教在非洲的传播和发展大体上可分为四个时期:奴隶贸易时期、内陆探险与领土分割时期、殖民地时期、黑人教会分立时期。在 15—17 世纪西方基督教传播的早期阶段,传教士多来自天主教会的葡萄牙、西班牙或法国。这时期,天主教会最先在非洲沿岸地区得到了发展,18 世纪以后,大批荷兰、英、法、德、美等国的新教传教士来到非洲,使新教在非洲有了很快的传播扩散。

19 世纪末非洲殖民地化之后,西方天主教会和新教会在非洲的发展进入高潮时期,信教黑人人数迅速增长,由教会主办的西式宗教学校有了相当大的发展,并且成为独立前非洲新式教育的主体。到 20 世纪中期非洲大陆独立前后,大约 70% 的在读学童都是在教会学校里就读,当时,整个非洲的天主教徒已达 1000 多万。

20 世纪 60 年代非洲各国独立后,天主教和新教的发展继续加快,到 80 年代,非洲的基督徒已增至 2 亿多人,增长十分迅速,并成为非洲最主要的宗教。非洲的基督教化是近代以来非洲传统文化变迁转型的一个重要标志。

近代以来非洲基督教化之发展较快,原因是多方面的。

首先,就宗教本身的发展水平来说,非洲的土著宗教与基督教相比,无疑还处于很低的阶段上。当时,各黑人部族社会大多数信仰的是氏族宗教或万物有灵与祖先鬼魂崇拜的原始宗教,黑人社会的宗教文化尚处于幼稚而不定型的进化过程中,大多未形成十分完备成熟的宗教组织和系统化的宗教教义教规,处在这种阶段上的宗教是比较容易受其他宗教文化的影响的。同时,非洲各氏族部族各有自己的宗教,规模小,因而面对西方宗教文化的扩张冲击时,要比东方那些高度发达的伊斯兰教、佛教、印度教更易发生解体,转而接受外来的西方宗教。加之非洲土著宗教是没有文字的口传式宗教,很容易变易、失传,西方传教士正是利用为当地黑人各部落创制文字的方式来传播基督教,将传教与传授读写知识结合在一起,在发展西式教育的同时传播基督教。

其次，传播基督教也是近代西方对非洲进行扩张的重要工具，传教活动既得到殖民宗主国的支持，传教活动常常是一种西方国家和政府的行为，而传教士本身出于宗教信念和布道热情的驱使，对于在非洲传播基督教一直表现出很高的热情，在非洲传教士队伍很庞大。这些传教士大多有着强烈的献身精神和对异教徒的拯救意识，孤身进入非洲内陆和热带雨林深处，并终身生活在当地黑人社会中。他们中的许多人在几十年的传教活动中，熟悉了当地人民的历史、文化和情感，并把自己溶进了当地社会中，传教士们在传教的同时，从事的教育、医疗、慈善事业是值得后人尊重的。应该说，这也是传教活动得以吸引非洲黑人信教人数迅速增加的重要原因。当然，这方面的情况是复杂的，并非所有的西方传教士都有如此纯正高尚的传教动机。他们中的不少人也成为殖民主义的帮凶、工具或压榨当地黑人的压迫者。到 20 世纪中期，在非洲的外国传教士人数超过了一万人，遍布非洲大陆的各个地区。

非洲基督教化迅速的另一特殊原因，则与几百年的黑奴贸易中到达美洲的黑人有很大关系。在 19 世纪、20 世纪以后，来自美国和中美洲、南美和西印度群岛的黑人传教士占有相当比重，这些来自美洲的黑人传教士，由于具有文化上的双重属性和特征，有着将非洲黑人土著文化与西方文化沟通起来的中介或转换的特殊职能，因而这些黑人传教士的传教活动成效更大更快。在这些来自新大陆的黑人传教士的影响下，土生土长的非洲传教士也迅速地增长起来。他们的传教活动更富于成效，他们不仅在本部族中传教，而且还走出自己部族的圈子到其他部族中传教，成为非洲著名的黑人传教士。比如，比属刚果的基维布拉亚，曾在俾格曼人中传教数十年。约鲁巴人主教克劳瑟在尼日尔河流域的传教使他成为西非地区很有影响的人物。利比里亚出生的哈里斯仅 1910—1915 年间在象牙海岸和黄金海岸地区的巡回传教就"使大约 10 万人皈依了基督教"。可以说，"基督教在非洲的扩展，在很大程度上是由于非洲信教者的热情"，这是非洲文化发展进程中一个很值得关注的现象。

基督教的传播扩散对非洲的传统文化及其土著宗教起着明显的分解作用。基督教传播的过程往往也就是黑人土著宗教被瓦解而衰落的过程，是黑人部族逐渐脱离其传统文化的过程。在许多时候,黑人土著宗教是与基督教冲突的。比如,大多数黑人部族都把男女割礼作为最基本的宗教内容之一,在这方面,基督教是一直持反对态度的,基督教尤其主张废除女子行割礼这一可能残害妇女的传统陋习。基督教会也给非洲带来了西方的宗教音乐、诗歌和建筑文化。殖民地时期,基督教堂到处出现,改变了非洲许多地区的传统建筑风格。教堂里的黑人唱诗班在咏唱教会音乐的过程中,也逐渐把黑人传统音乐的风格融汇了进去。到了殖民地后期,基督教在非洲的广大地区已经成为当地人民生活的一部分,非洲大陆的宗教格局大体形成基督教、伊斯兰教和传统土著宗教三足鼎立的局面。

不过,正如来自西亚中东的正统伊斯兰教传入非洲后不得不与当地原有的土著宗教和传统文化发生融汇一样,传入非洲的基督教也带上了十分浓厚的非洲色彩,渗入了大量的土著文化与土著宗教的成分。并因此而使非洲的基督教,包括天主教和新教,都蒙上十分浓厚的非洲黑人文化色彩。而许多黑人基督徒,实际上是介乎土著部族宗教与基督教之间的混合型教徒,同时信奉基督教与土著宗教。

在 20 世纪初以后,随着非洲黑人文化复兴与民族独立运动的兴起,作为其中重要内容之一的非洲基督教会的分立运动和基督教的非洲化运动也开始兴起,非洲基督教的独立性逐渐增强了,成立了黑人自己的教会组织,黑人开始出任教会组织的重要职位。[①] 到非洲大陆摆脱殖民统治而在政治上独立之后,这一基督教的非殖民地化或非洲化进程大大加快了。

# 四、西式教育体制

殖民地时期,西式现代教育在非洲大陆逐渐传播发展,伴随这一过程,在非洲逐渐出现了新式的民族知识分子精英集团,他们成为以后非洲民族

---

① B.Lawal,(ed),*Issues in Contemporary African Social and Political Thought*, Ibadan, Nigeria, 1989, p.26.

运动的领导者,也对当代非洲民族主义文化的复兴与重建过程产生了持久而重大的影响。

西式教育是随着西方传教士的传教活动而在非洲逐渐发展起来的。最初的教会学校规模都很小,十分简陋,主要是传授基本的识字能力以便于传播基督教。因此近代非洲出现的西式学校及其教育内容,最初都隶属于教会组织并服务于传教目的,传教士为众多的非洲部族语言配制了拉丁字母的文字系统,包括原来已有阿拉伯字母符号的豪萨语和斯瓦希里语在内,然后将《圣经》和其他一些宗教文献翻译成当地语言的版本出版。这项工作对于非洲文化的发展是有积极意义的,教会学校培养了非洲最早的民族知识分子群体。

殖民地时期,西式教育尤其是世俗性质的初等教育,在殖民地政府推动下有了较快的发展,中等教育和技术学校也开始出现了。1827 年英国传教会在塞拉利昂创办的福拉湾学院,是非洲近代第一所高等西式学院,殖民地时期法属殖民地的西式教育发展较快。在英属殖民地,1948 年在尼日利亚成立了以拉各斯亚巴高等技术学院为基础的伊巴丹大学,成为以后非洲著名的综合大学之一,伊巴丹大学曾培养过一批著名西非黑人学者,并成为当时西非重要的文化中心之一。① 西式教育的发展促成了黑人现代民族知识分子阶层或集团的形成。这个人数不断扩大的集团,开始接触到欧洲近代资本主义启蒙文化、民主和自由的思想,并开始和来自北美洲、西印度群岛和南美洲的黑人知识分子建立了联系,在 20 世纪初叶开始了倡导非洲民族主义文化运动,追求黑人文化的复兴与重建,对 20 世纪非洲黑人的民族独立与解放运动起到了启蒙和推动的重要作用。

# 五、非洲社会变迁

非洲传统文化的近代变迁过程,同时也是一个传统社会结构、政治体制

---

① B.Traore, *The Black African Theatre and its Social Functions*, Ibadan University Press, 1972, pp.28 - 30.

和经济生活发生重大变动的过程。作为一种外加的力量和源自外部世界国家的支配,西方国家对非洲大陆的任意瓜分和殖民地统治时期的开始,一方面打乱切断了非洲大陆原有文化区域格局和部族文化结构,另一方面又开始了在殖民地基础上的近代非洲社会文化聚合与一体化过程。

从19世纪80年代开始到20世纪60年代,非洲传统社会所经历的变动,是传统社会结构与政治生活的分化重组,它使非洲各地区、各部族间的关系发生了许多变化。过去并无相互紧密联系的部族,由于被划分到同一块殖民地内,处在同一个共同的殖民政府或类似政治机构的统治之下,随着殖民地经济与政治体制的形成与发展,宗主国传播共同语言文字、行政机构、教育体制,以及交通和通讯事业,这些活动自觉不自觉地开始了各殖民地范畴内的某种早期形态的文化与社会的聚合过程和民族一体化变动。虽然这一过程还十分缓慢,但非洲现代民族国家与现代民族统一体的聚合发展进程,正是在殖民地时期由一个外加的殖民力量的推动下,开始了最初的进程或历史性的一步。

不过,非洲现代化的历史过渡并不是建立在非洲自身历史文化背景之上,并非起因于本土自身内在力量之成长而推动的结果,而是因为欧洲殖民者地建立及统治结果,这一过程一开始就有外部植入的特点,具有表层性、外推性、仓促性与异质性的特点,其基础十分脆弱。当时,欧洲人为便于统治,采取一些遗害久远的"分而治之"政策,其基本方式是"分化与控制"的政策,扶持一个人数相对较少、力量相对较弱的民族,让其在殖民政治机构、军队及政治部门占据有利地位,从而得以去统领一个或几个相对先进、势力较大的民族,从而造成一种必须由欧洲殖民者来调控的"权力平衡",这种做法给后来非洲独立后发生种族民族冲突留下了隐患。比如,英国人统治时期,在尼日利亚殖民地重点扶持东南部的伊格博人,伊格博人比较早地开始了西化过程,虽然历史上尼日利亚北方的豪萨—富拉尼人和西南部的约鲁巴人不仅人数众多,社会经济与文化也相对发达。1960年独立之初,伊格博人在新国家的政府、军队与司法中占有优势,引起豪萨人与约鲁巴人不满,于是在1967年就爆发了"比夫拉内战",三大部族的矛盾与冲突积怨至今。在卢旺达,欧洲殖民者也是重点扶持人数相对较少的图西族人,让胡图族人处于边缘状态,两部族的矛盾越积越深。

从总体上可以说,近代非洲的文化变迁与社会变动,都是在外源的西方力量推动下开始的,因而这种变动本身就有着某种与生俱来的矛盾性或内在的致命弱。同时在时间上滞后而又较为短暂的殖民地历史,也使这种外力推动下发生的变迁和新成长起来的社会经济文化结构,有很大的不稳定性和脆弱性。战乱与冲突在独立后成为非洲一个短期内难以完全消弭的现象。

殖民地时期非洲历史文化和社会与经济结构所发生的这些变动,其深度与广度在地域分布上是很不一样的。在广大内陆、热带雨林深处,交通不便的大裂谷与高原上,实际上西方文化的影响还是微乎其微的。总体上看,西方文化对非洲沿海地区的影响要比对内陆地区的影响明显,对较为落后的、弱小的部族的影响要比对较先进的大的部族的影响明显,对尚未伊斯兰化的黑人部族的影响要比对已经伊斯兰化的部族影响大。比如在西非地区,英国、法国的影响在沿海地区和沿海城市已达到相当规模,尼日利亚南部的约鲁巴人、伊博人在语言、宗教、生活方式方面的西化程度要明显高于北方的豪萨人。因此,非洲文化重心由内陆向沿海转移,是非洲传统文化近代变迁的重要表现之一,进入 20 世纪后,非洲历史的重心已经由内陆转移到沿海地区与城市。①

---

① 刘鸿武:《西方冲击下非洲文化的近代变迁》,《历史教学》1993 年第 7 期。

# 第十四章 现代觉醒与"去殖民地化"

在非洲大陆经历了数百年西方奴隶贸易摧残、多数地区的土著社会形态与传统文明也因遭受巨大破坏而消失湮没之后,到 19 世纪中期,外部世界对于非洲古老文明与优秀传统已经知之甚少。对非洲黑人持歧视与偏见的各种形式的种族主义观念,开始在西方文化支配与主导下的世界流行起来。

19 世纪 30 年代,近代德国哲学家黑格尔在谈到世界各文明形态时,并也曾轻易地断定非洲大陆是一块没有历史、一块理性之光未曾照亮的"黑暗大陆"。尽管历史的真实却是,非洲早在公元前三、四千年就已经开始了自己的历史创造过程,并有过辉煌灿烂的文明。尼罗河畔的埃及文明显然是世界史上最辉煌的古代文明,即便是撒哈拉以南非洲,其文明开始的时期也可以追溯到公元前一千多年,在今日的埃塞俄比亚(阿克苏姆文明)、马里(马里、加纳、桑海帝国)、苏丹(努比亚文明与库施帝国)及津巴布韦(大石头城文明)都有久远的历史并达到很高的水平。

事实上,近代数百年,非洲大陆因欧洲殖民入侵而遭遇巨大灾难,文化陷于衰败零落,才是非洲大陆真正的"黑暗时代"。

不过,人类文化的特点是它可能具有某种复兴与再生的能力,近代以后非洲大陆虽然日益落后于西方,但这块大陆上的人民却并未完全失去自己的尊严与信心,非洲一直在寻找自己的现代复兴与发展之路。进入 20 世纪以后,非洲开始了现代意义上的文化觉醒,这场持续百年的文化觉醒与复兴运动,是与 20 世纪世界历史的宏观环境发生深刻变革、非洲大陆历史进程发生重大变迁的时代条件相联系的,它给这块大陆带来了新的希望。也标志着非洲文化进入到了一个新的历史阶段,一个新的发展时期。

# 一、非洲现代史的起步

20 世纪百年,人类经历了一系列重大事件,发生了许多深刻的变革。从世界历史的宏观角度上看,这些事件和变革,在相当大的程度上改变了自 15、16 世纪以来几百年世界历史的基本进程和走向,并赋予了 20 世纪的世界历史以新的性质和意义。

在 20 世纪人类经历的诸多变革中,最具世界历史宏观变革意义和全球性长久影响的一个重要方面,是那些在近代几百年中曾遭受西方殖民征服和统治的落后民族与落后国家,在全球范围内掀起了民族独立、民族自由、民族解放运动的浪潮,并逐渐在 20 世纪世界历史中重新崛起,由西方的依附性角色转变为自主性力量,由世界历史的边缘进入到世界历史的中心,并在愈来愈大的程度上成为影响决定 20 世纪人类历史进程和走向的关键性因素。20 世纪非洲大陆的民族解放运动,中国百年历史的奋斗过程,都是这样一个大时代大背景下所发生的变革。

同样的,从世界文化发展演变的角度上说,20 世纪也是世界文化突破近代以后几百年那种西方文化支配的格局,各种各样非西方世界的民族文化逐渐获得复兴与再生,重新崛起于世界文化舞台的世纪。如果说世界历史文化的重心在 15、16 世纪以后发生了倾斜,西方逐渐支配了世界历史文化的进程的话,那么进入 20 世纪以后,世界历史文化的天平又逐渐恢复到了它的常态,从而使 20 世纪的世界历史文化成为属于世界所有地区所有民族的真正意义上的世界历史文化。

20 世纪世界历史的突出特点是人类日趋一体化,相互影响大为加深。在这样的背景下,作为现代世界一个组成部分的非洲大陆,在 20 世纪以后也经历了一系列既与当时的世界变革大势相吻合,同时又呈现出自身历史特点和具体内容的变化。

以今日的眼光来回溯,20 世纪非洲大陆所经历的种种历史事件和变革,实际上可以归纳为这样两件大事。一是非洲大陆非殖民地化的完成以及由此引起的一系列深刻变革,它使黑非洲大陆这块几百年来饱受西方黑奴贸易和殖民主义奴役、凌辱、压榨的"黑暗大陆",转变成了一块自由、解放、独立了的阳光大陆,一块充满生机、朝气、活力并重新在世界历史舞台上自主发挥作用的大陆。20世纪非洲大陆经历的另一件大事,是非洲大陆在这个世纪里实现了由传统部族社会向现代国家的转换,数十个在20世纪60、70年代以后创建起来的新生国家,使非洲大陆的历史由以往漫长世纪的那种部族社会或部族酋长小王国形态进入到了现代民族国家构建成长的新阶段。

更重要的是,几十年来,非洲大陆上这几十个新生的年轻国家,历经了种种磨难、战争、冲突的考验而生存了下来,并逐渐由脆弱走向稳固、由幼稚走向成熟。比起欧洲、亚洲间发生过那么多的国家分裂现象,在50多年中,非洲大陆除埃塞俄比亚发生过国家分裂产生了厄里特里亚这个新国家外,没有一个非洲国家发生过分裂,这在当代世界政治进程中已经是十分不容易的。

以数十年新生年轻国家之创建、巩固、成长为核心内容的这一政治发展进程,是20世纪非洲大陆最值得关注的历史大事,也是当代非洲大陆所取得的重要发展成就,其影响也远远超出非洲大陆本身而具有世界历史意义。虽然说从全球范围比较的角度上看,20世纪非洲大陆在现代经济增长方面,在物质生活水平的提高方面进展较为缓慢滞后,目前的经济发展水平似乎要比其他发展中地区比如东亚、东南亚、拉美及中东北非等地区相对地落后许多。但是,历史的进程是有其内在的规定性和过程的,现代经济增长也需要某些来自经济以外的历史前提或条件作依托。如果我们能以一种历史的眼光,考虑到黑非洲大陆在近代几百年间曾经历的深重灾难,考虑到这种灾难的创伤愈合或其遗害清除之不易,如果我们还考虑到非洲大陆在前现代社会阶段比亚欧大陆许多文明相对较低的历史发展水平,因而它能够为现代经济增长提供支持的国家的、民族的、历史文化方面的前提或必要条件尚相对不足的话,那么,当代非洲大陆发生的由传统部族社会向现代民族国家的这一历史性过渡,使我们还是可以说20世纪是非洲大陆的历史获得重大进步、取得重大发展成就的世纪。以历史进步的自然过程或内在环节来说，以现代经济增长所要求的社会历史条件来说，非洲大陆在 20 世纪所取得的这两个方面的成就，已经使非洲大陆走过了历史进程中一个必备而又艰巨的阶段，并为今后非洲大陆的全面发展，为今后的经济发展创造国家的、政治的、民族的、社会的和文化方面的发展前提或基础条件，从而使得即将到来的 21 世纪有可能成为非洲大陆经济发展的世纪。在这个意义上我们可以说，20 世纪是非洲大陆以获得自由、解放、独立和构建现代统一民族国家为核心内容的政治发展的世纪，而 21 世纪将成为非洲大陆以摆脱贫困、实现富裕、繁荣、发达为核心内容的经济发展的世纪。我们有理由对非洲大陆的未来保持信心。

# 二、"非洲觉醒"

受着 20 世纪世界历史宏观环境和非洲大陆非殖民地化与新生民族国家构建时代命题的制约，20 世纪非洲文化发展演变的一个突出特征，是紧紧围绕着 20 世纪非洲大陆政治发展的主题而展开的，并且呈现出前后两个依次更替互相影响的发展阶段。[①]

第一个阶段，从 20 世纪初（在某种意义上也可以说是从 19 世纪末）开始到 20 世纪 60 年代这一时期，非洲文化的发展主题是围绕着非洲大陆的非殖民地化历史进程而展开的。这个阶段可称之为非洲文化自我意识觉醒、非洲人民寻求对自身文化历史存在及其独特价值认同的非洲文化复兴阶段。

在这个阶段上，非洲文化的核心主题，是要通过非洲文化复兴运动，促成非洲人民自我意识的觉醒，在殖民主义宗主国和世界面前证明非洲历史与文化的存在及其合法权利，证明非洲文化的独特价值及其与世界其他文化包括欧洲文化的平等地位，从而唤起殖民地社会民众对于自己文化个性、

---

① 刘鸿武：《非洲文化的现代复兴与民族国家文化重构》，《历史教学》1993 年第 10 期。

文化归属的自尊、自信和认同。通过这样的文化复兴运动,驱散笼罩在非洲人民心头上由当年西方黑奴贩子制造的所谓黑人种族低劣、心智低下的重重阴霾,推倒心狱,从而动员起最广大人民为摆脱西方殖民统治、获得独立自由和新生而斗争。在国际社会,要通过倡导非洲历史文化的生存权利和平等地位,通过倡导非洲文化在世界文化中的历史地位和它曾对世界文化作出过的贡献,确认非洲大陆在现代世界体系中的位置与角色,为非洲大陆的非殖民地化创造外部条件,争取国际社会的支持。

第二个阶段,从 20 世纪 60 年代开始并一直延续到今天。在这个阶段,非洲文化发展进程与目标,是围绕着非洲大陆由传统部族社会向现代民族国家转化、围绕着非洲大陆数十个新生国家的创建、巩固、成长这一国家发展进程而展开的。这时,非洲文化发展的核心主题,或者说非洲文化面临的主要历史任务已转变为各个新生年轻的非洲国家如何为自己构建一种新的民族国家统一文化体系,一种能为各个新生国家的生存、统一、稳定和成长提供凝聚力和归属认同感的国民文化纽带、国家观念和国民意识,并以此来克服消除新生国家版图范围内众多部族间严重的文化异质性和差异性,以及由这种文化异质性所带来的国内冲突、矛盾和分裂倾向。通过国家内部各部族各地区之间文化上的交融渗透和汇通整合,从而形成一个强有力的国民文化纽带。

20 世纪 60 年代以后,非洲文化逐渐由传统的分散封闭的异质性部落部族文化,向现代的同质一体化的国民文化过渡。其结果便是在各新生国家的全体民众中,在那些以往的世世代代里一直处于前民族国家阶段而只具有部族观念、村社文化意识的民众中,逐渐培育、熏陶、塑造起了一种基于新生国家政治疆界范畴的现代民族国家意识,有了对国家利益、国家主权、国家命运的认同感与共拥感。这是非洲文化逐渐向那种"一个国家、一个民族、一种文化"的现代统一民族国家文化共同体的历史性过渡。①

从 20 世纪 60 年代以后非洲大陆的经历来看,各个新生的非洲国家向

---

① B.Lawal,(ed), *Issues in Contemporary African Social and Political Thought*, Ibadan, Nigeria, 1989, p.287.

这种现代意义上的统一民族国家文化共同体的过渡是否顺利,是否富有成效,对各个国家这几十年间的政治、经济与社会发展进程确实有着关键性的影响,这乃是当代非洲大陆历史进程不同于世界其他发展中地区的一大特点。

从上述分析来看,20世纪非洲文化的发展进程是可以作为一个整体来研究把握的。但是出于便于分析论述的考虑,在本章中将着重分析论述非洲大陆非殖民地化阶段的文化发展状况。而后一阶段构建新生国家统一国民文化阶段的发展状况,将在下一章专门分析论述。

# 三、"非洲认同"

对于非洲人民来说,要进行反抗西方殖民统治、挣脱西方宗主国奴役枷锁的斗争,首先必须寻找一种观念上、文化上的精神武器,用来说明他们的这种斗争完全是正当的、进步的。

近代时期,尤其是黑奴贸易时期,西方殖民主义者为维护他们对非洲人民的统治压迫而炮制过许多殖民主义、种族主义的荒谬。在他们看来,非洲还是一块没有文明历史的蒙昧大陆,而非洲黑人则是一个低劣的种族,他们没有自己的历史,没有属于自己的文化,智能低下,只能由欧洲白人这样的高等种族来开化,使他们通过接受欧洲白人的文化而成为从属于白人的文明人。这些谬论曾广泛流播,影响极恶劣,是非洲历史进步的一个严重障碍。

非洲大陆要争取自由、独立和解放,必须先反抗西方殖民主义与种族主义对非洲种族的文化奴役,推倒欧洲人加在黑人精神世界里的那座沉重的心狱,打碎殖民者奴役黑人民族的精神枷锁,重建起非洲人民的自尊、自信、自强的文化价值理念,而且将是一个极艰巨的历史任务。

20世纪上半期,非洲大陆的许多民族主义者、思想家、知识分子和政治领袖,曾在不同的角度上试图回答和证明这样一系列相互关联的问题:非洲有没有自己的历史和文化? 存不存在一种为非洲人民创造、拥有的文化? 如果有,它又是什么样的? 它的内容和特征如何? 它有价值吗? 非洲人具与欧洲人一样平等的地位和权利吗?[①] 他们试图通过对这一系列问题的追问与思考,从文化上确认非洲的权利、黑人的个性,进而向白人、向世界,也向非洲人自己证明非洲文化的存在、权利,证明非洲不是欧洲的从属和依附,非洲有着与白人一样的平等地位与权利。这些非洲民族主义的知识分子与思想家们,希望通过文化复兴运动,通过非洲对自己文化及价值的认同,唤起非洲的自我意识和自尊与自信,进而投入到非洲大陆的独立解放事业中来。

在 20 世纪非洲寻求现代复兴与发展的过程中,恢复文化自尊与民族自信的文化复兴运动,有着十分特殊而重要的意义。这是因为,近代时期非洲大陆曾经遭受过几百年黑奴贸易的野蛮摧残和凌辱。非洲人民不仅倍遭劫难,更在心灵上精神上留下深深的痛苦和伤害。西方殖民者一方面干着满足其财富贪欲的最野蛮最不文明的罪恶勾当;另一方面却又以高贵文明人自居,反过来散布黑人种族低劣、心智愚昧、没有自己历史文化的种族理论。这些理论似乎为西方人的罪恶行径提供了合理正当依据,开脱其道德上的责任。在那个弱肉强食、强权即公理的西方殖民主义扩张年代,罪恶的黑奴贸易被反动的种族主义蒙上了一层掩饰其罪恶实质的帷幕,许多事物被颠倒被混淆。在那些从事罪恶黑奴贸易的殖民主义奴隶贩子看来,非洲黑人被贩卖为奴,被杀被残害,是因为他们是劣等低下的种族,只能列入如同黄金、象牙一样供白人享受支配的"黑黄金"、"黑象牙",他们把黑人称之为"乌木",贩卖黑人自然就不存在什么道德上、公理上、良心上的自责问题。

种族主义和种族歧视理论,是近代西方对世界其他民族、其他国家侵略扩张的工具。在这种反动的理论那里,只要是西方殖民主义者侵略扩张的对象,都可能被宣布为是低等劣等的民族或种族,黄种人、黑种人自不用说属此类低劣种族,即便是一些同属白色人种群的其他一些非西欧民族的白种民族,诸如南亚、西亚和中东北非的阿拉伯人、波斯人、柏柏尔人,甚至就在西欧的犹太人,都可能因成为西方殖民主义者、帝国主义者和法西斯主义侵略压迫的对象而被宣布成是低劣民族。

---

① V.C.Ferkiss, *Africa's Search for Identity*, New York, 1966, p.107.

　　种族主义理论在近代时期流播很广,为害极大。而撒哈拉以南非洲各族人民是这种理论的最大受害者。这些理论的泛滥毒害了黑人民族自己的心灵,影响了许多人对黑人种族的看法,使之自觉或不自觉地认为黑人真的是低劣的种族,心智的进化和发展要比白种人落后。一些黑人在长期遭受西方人侵略、奴役、统治而反抗斗争又屡遭失败之后,也对自己失去了信心,认为黑人真的是有别于高等白人的低等人。以白人文化为高贵之代名词,以黑人皮肤为低贱耻辱的象征,成为在世界上也在非洲黑人间流行的观念。一些黑人甚至试图用各种方式摆脱黑色的皮肤,至少在心灵上要让自己变成一个"白人",一个黑皮肤的白人。①

　　种族主义理论在非洲人民心灵上布下了重重的阴霾,建起了沉重的心狱,摧残着压抑着黑人的反抗精神和独立意识。在这种背景下,复兴黑人民族主义的文化传统和文化意识,重新建立起非洲人民与自己历史文化传统的联系,就有着特殊的远远超出非洲文化复兴范围的更广泛更重要的社会意义和政治意义。

　　黑人种族低劣的种族主义理论因其太过于赤裸裸的反动和荒谬性质而在19世纪便已受到了普遍的谴责和批判。特别是随着这一理论所直接服务的奴隶贸易在19世纪以后被逐渐完全禁止,这一理论的影响不能说已消失,但是已呈现出衰落的趋势。当20世纪初非洲开始争取民族独立和解放,为反抗西方殖民统治而进行文化上的民族主义复兴运动的时候,需要清除的精神文化障碍,除了这种赤裸裸的种族主义谬论之外,还必须扫除有着更为隐蔽形式的西方文化中心主义和白人文化优越理论。

　　西方文化中心主义是在19世纪甚嚣一时的西方扩张主义理论。这一理论虽然也包含着白人种族优越而其他种族低劣的观点,但它不是表现为赤裸裸地直接从人类的生理体质方面论证西方白人优越的种族主义,而是从世界历史和文化的角度上来宣扬西方是世界历史的目的,是世界文化的中心。宣称近代西方对全球的征服统治,是世界历史必然的归属,是上帝赋予西方白人的神圣使命。而其他的民族,必然地要由西方白人来拯救,使他

---

　　①　A.Adebayo, *White Man in Black Skin*, Ibadan, Spectrum Books, 1981, p.18.

们过渡到文明人的社会中来。在这里,西方对世界其他民族的殖民掠夺和奴役并因此而获得的财富和繁荣都被抹杀了。其他民族,殖民地的人民,反而变成了一种"白人的负担"。

在这种西方文化中心主义看来,西方文化仍是世界历史的目的,所谓的世界历史,不过是那一系列导致西方文明崛起并统治世界的事件的组合而已。除此之外,就不能视之为历史了。只有被纳入西方的范畴之内,才进入了历史的范畴,而非西方世界在近代以前是不存在历史的。只是到了 15、16 世纪以后,"随着世界其他部分被纳入不断扩展的西方疆界之中,这些地区才被带进了历史的范畴之内。"当时的一些欧洲人看来,甚至东方世界那些文明古国,也不能说有真正意义上的历史。因为东方那些文明古国,虽然过去曾有发达辉煌的文化,但它们后来停滞了,中断了自己的历史。至于说撒哈拉以南非洲那些黑人种族,甚至根本就没有自己的历史和文化,因为他们只有愚昧和黑暗,而愚昧和黑暗不能成为历史。殖民地时期,西方殖民主义者在非洲大力扩张传播西方的文化和价值观念,进行文化同化和文化征服。黑人文化复兴运动的兴起,便是黑人种族力图证明自己的文化属性,从文化上说明自身的独立地位和价值的努力。对于大多数没有文字记载传统,以往的历史和文化主要是靠口头语言进行传承却又经历了几百年西方贩奴贸易摧残的黑人社会来说,恢复自己历史文化传统的历史任务就更为艰巨也更为迫切。因为口传形式的非洲历史文化在几百年的奴隶贸易中由于大量黑人被杀被贩卖,文化的衰竭、失散、中断已是十分严重,许多黑人的文化之根、历史之源,似乎都已变得模糊不清。确认自己的文化根源和心灵归属,仍是非洲人民走向政治解放、独立、自主的必要前提。[①]

# 四、非裔美洲人回归

值得注意的是,当 20 世纪初叶非洲大陆开始兴起旨在摆脱西方统治争

---

① A.Adebayo, *White Man in Black Skin*, Ibadan, Spectrum Books, 1981, p.29.

取独立解放的非洲文化复兴运动的时候,最先推动这一文化复兴运动的并非是非洲大陆本土的黑人,而是来自大洋彼岸的美洲新大陆和西印度群岛的黑人知识分子。他们作为近代奴隶贸易中被贩卖到美洲的黑人后裔,虽然已摆脱奴隶的地位,已经获得人身自由和名誉上的与白人平等的政治权利,但是文化上心理上却被长期排斥在白人主流社会之外。文化上和心理上的流落飘离感与被歧视感,唤起了美洲黑人去追溯自己的文化根源,确认自己的文化个性与文化特征的意识。同时,他们又作为受过现代教育并熟悉西方近代民主政治理想和启蒙主义的黑人知识分子,有能力接过这些近代民主思想和民族主义来为自己的真正解放和平等地位而斗争。

从文化属性上看,这些美洲的黑人知识分子具有同时承袭非洲传统文化与西方现代文化的双重文化人格。这种双重文化人格使他们天然地成为联结非洲大陆本土民族主义与西方近代民主、理性、自由、平等思想的中介和桥梁。他们既有着无法割去的非洲文化的根源,也有无法剪断的与非洲大陆的精神联系,那么非洲大陆的不幸和痛苦就不能不影响到他们。没有非洲大陆母邦黑人的自由解放,也就不会有他们这些美洲黑人的真正自由解放。他们在美洲大陆进行的争取种族平等和政治经济权利的斗争,必然地要与非洲大陆的解放联系起来。对于西方近代文化和民族主义思想的接触掌握,使他们得以反观自身而产生对自己黑人传统文化与个性的自觉意识,并努力把这种自觉意识传播给非洲大陆母邦的同胞,非洲文化民族主义乃是美洲新大陆的黑人回赠给母邦非洲旧大陆的礼物。

在对非洲大陆文化复兴运动产生影响的美洲黑人知识分子中,来自美洲西印度群岛圣托马斯岛的爱德华·威尔莫特·布莱登(1832—1912)有着重要的地位。他于1851年从美国纽约移居非洲的利比里亚,在那以后的半个多世纪的漫长岁月里,他在西非各英语殖民地进行了卓有成效的教育、新闻和社会活动,他通过在西非各殖民地出版的多种刊物、杂志,著书立说,抨击西方殖民主义的种族主义理论和种族压迫政策,倡导非洲文化的历史价值。

有的学者认为,布莱登是近代史上第一位明确提出非洲有自己的历史文化传统并使用"非洲个性"("African Personality")这个英语概念的人,他对近代非洲文化复兴运动的广泛而重要的贡献,使他获得"非洲民族主义之父"的称誉。作为现代非洲文化复兴运动的先驱者,布莱登的主要贡献在于他一生所致力于从事的对非洲传统文化特征和历史成就的指导宣传工作。他试图努力提高非洲对于自己历史文化的自尊与自豪感,强调非洲有独立的不同于西方的文化和历史。

在布莱登那里,非洲的历史文化个性或黑人传统精神,集中表现为非洲社会中的村社制度及其村社成员间的和谐团结,人与人之间在财产、地位和权利方面的平等互利关系;黑人与他们生存的大自然的和谐依存关系和依赖情感,以及黑人社会中万物统一神人相通的宗教信仰。[①] 这是一种与西方近代文化中那种功利主义、个人主义、物质主义相对立的黑人文化,这一文化要比陷于物质欲望支配一切的西方文化更加有价值。当时,作为实现他的这种复兴非洲文化理想的现实途径之一,他致力于进行非洲教会的自治与自立,使基督教非洲化,成立非洲自己的基督教会。

对非洲文化复兴运动产生重要影响的另一个美洲黑人是美国的杜波依斯(1868—1963)。杜波依斯是美国著名的学者,从 19 世纪末开始从事争取美洲黑人和非洲解放的斗争,他是美国有色人种协进会的创始人之一,同时也是泛非运动的创始人,1900 年他参加了第一次泛非会议,在倡导黑人的自由平等权利的同时,致力于进行非洲历史文化的研究工作,发表了许多产生广泛影响的著作,如《黑人的灵魂》、《论禁止美国贩卖非洲奴隶》、《黑色的火焰》等。[②]

# 五、"非洲个性"

进入 20 世纪初尤其是第一次世界大战以后,随着非洲大陆本土知识分子群体的兴起,以及美洲新大陆黑人知识分子与非洲本土知识分子相互联

---

① B.Lawal,(ed), *Issues in Contemporary African Social and Political Thought*, Ibadan, Nigeria, 1989, p.201.

② B.Lawal,(ed), *Issues in Contemporary African Social and Political Thought*, Ibadan, Nigeria, 1989, p.196.

系往来的日益加强,多见于文化复兴运动开始由美洲大陆向非洲扩散传播,并因此而获得了更加广阔的发展背景,一个以非洲本土为中心的,争取非洲大陆独立解放的现代非洲文化复兴运动迅速地发展起来。

20世纪发生的非洲文化复兴与个性认同运动,是以"泛非主义"和"尼格罗性(黑人性)"为其主要内容和表现形式的。"泛非主义"认为存在一种由非洲创造并且为世界全部非洲人共有的非洲文化。非洲文化不仅不比西方文化低劣,而且还有着独具的形态和价值。这些共同的非洲文化价值,可以从文化上把世界所有非洲联合在一起,为非洲解放自由而共同斗争。而"黑人性"思潮是对这种黑人文化共同特征或价值的规范或界定。在法语非洲殖民地,"尼格罗性(黑人性)"一词 Negritude,与英语非洲殖民地知识分子所倡导的"非洲个性"(African Personality),内容上基本一样。比如,来自法属西非殖民地塞内加尔的黑人学者列奥波德·桑戈尔(L.Senghor)认为,"尼格罗性(黑人性)"即"黑人文化全部价值观念的总和",[1]它包括与西方的理性、个人主义和商业传统相对立的尼格罗种族文化特性,如黑人心灵与意识中对宇宙大自然及人之间统一的神秘直觉把握及象征直觉思维方式,黑人与大自然真实紧密接近的生存方式和对大自然的依存情感,精灵世界与祖先神祇的真实存在及其无时不见的影响,生命中强烈的热情、冲动与节奏,以及个人对于血缘共同体和村社互助传统的持久心理认同与归属感。在那些宣扬黑人个性和文化传统价值的黑人民族主义知识分子看来,非洲的黑人是一个"精神的种族"有着自己不同于西方文化的价值观念和精神思维特征。它们构成了黑人存在于世界的独特方式,是黑人对世界,对自己与世界相互关系的独特把握方式。[2] 如同来自西印度群岛上的马提尼克黑人诗人艾梅·塞泽尔(Aime Cesaire)所说,黑人是通过这一切"直接认识到自己是黑人这一事实,并且接受这一事实及其文化的和历史的结果。"[3]

---

① B.Lawal,(ed),*Issues in Contemporary African Social and Political Thought*, Ibadan, Nigeria, 1989, p.299.

② O.U.Kalu,(ed),*African Cultural Development*, Nsukka, Nigeria, 1978, p.156.

③ B.Lawal,(ed), *Issues in Contemporary African Social and Political Thought*, Ibadan, Nigeria, 1989, p.196.

透过"黑人性"和"泛非主义"的表述内容与实践,我们可以看出 20 世纪非洲大陆的黑人文化复兴与文化认同具有如下几个突出特点。

第一,这种民族主义的非洲文化复兴与文化个性认同运动,都是以恢复非洲在文化上、精神上的自尊自信为基本目的。各种形式和不同的表述,都集中地强调非洲具有自己创造的独具价值的文化,有自己光荣的历史和传统,非洲人民应该为自己的历史、文化、传统以及自己的种族和肤色而自豪。黑人种族不仅不比白种人低劣,而且在世界文明史上发挥过广泛而重要的作用,对人类文明的发展作出过独特而巨大的贡献。非洲的个性、黑人的尊严、黑人的自豪,是这些民族主义文化复兴运动所普遍高举的宣言与旗帜。因而这些民族主义文化复兴运动及它所表述的思想和观念,有着十分鲜明的反抗西方殖民主义统治奴役和文化征服同化的倾向。他们提出"黑人性"和"非洲个性"这样的文化概念是试图以此来向世界说明黑人种族与世界上的所有其他民族一样,具有同样的权利,从而为黑人追求自决权和其他权利提供理论依据。他们试图以这样的宣传,使世界舞台上也有黑人的声音,黑人也应该得到与其他民族一样的关注。并且通过这种文化宣传鼓动在非洲大陆上唤起黑人的自我意识,投身到民族独立、解放和自由的斗争中来,使非洲大陆最终摆脱西方殖民者的统治,使全非洲和全世界的黑人都获得平等、自由和解放。尽管在斗争的最初阶段,各殖民地的民族主义知识分子并没有马上就提出独立的口号,但是这种鲜明的民族主义文化复兴运动的发展,却开辟了非洲大陆最终走向独立解放的道路。

第二,同时,这种复兴民族传统文化和恢复非洲自尊自信的努力,并非只是一种单纯的限于文化精神领域的运动,它是与当时非洲大陆整个社会政治、经济的一系列发展变化联系在一起相互推进的。那些从事非洲文化复兴的知识分子和民族主义领袖,已经接触到了近代西方资产阶级革命时期的民主思想和科学理性精神,从而能赋予他们所从事的非洲文化复兴运动以新的时代内容。他们对西方殖民统治和西方文化征服的反抗,并不意味着他们就拒绝在西方发展起来的现代科学、理性和民主,而是以科学民主及现代民族主义来作为反抗西方统治奴役的斗争武器,因此他们所进行非文化复兴运动并不是一种传统意义的文化复古运动。

— 242 —

第三,20 世纪上半叶的非洲大陆以"泛非主义"和"非洲个性"为主要内容的非洲民族主义,在总体上可以归入近现代史上世界范围内兴起的民族主义的范畴。但是,非洲的民族主义却与近现代欧洲和亚洲的民族主义有不同的表现形式与特点。在欧洲和亚洲,当其近现代民族主义兴起之时,就已形成了较为稳定完整的国家和民族,尤其是在亚洲,许多国家和民族在历史上就已作为一个有机的实体存在过,形成了单一民族的或以某个民族为主体的多民族国家。因而欧洲和亚洲的近现代民族主义,大多是以各个国家和民族的形式出现的,斗争的目标是实现各自国家和民族的独立解放,主要争取的是本国本民族的权利和地位。但非洲的民族主义却有所不同,它在一开始的时候,不是以单个国家和民族的形式,而是以整个非洲大陆的形式兴起的。当时,非洲的民族主义表现为一种泛非形式意识或黑人主义,斗争的目标是将非洲大陆从欧洲殖民主义的统治压迫下解放出来,争取的是整个非洲大陆的权利和地位,在有些时候,这种非洲民族主义,还包括了北美洲、中南美洲等世界各地黑人种族或黑人后裔的权利和要求。以某一个非洲国家或某一个黑人民族而进行的斗争不是不存在,而是不占主导地位。我们可称非洲的民族主义是一种泛黑人种族和泛非洲大陆的民族主义。[1] 当时,从事参与这场非洲文化复兴运动的黑人知识分子,无论是来自美洲新大陆的还是来自非洲大陆本土的,在斗争的最初阶段上,都是从文化上把非洲作为一个整体,突出非洲所有黑人在文化上的共同性和相似性。关注的重点是非洲与西方、黑人与白人之间的文化差异和文化矛盾冲突。

第四,由于非洲大陆过去基本上处于前民族国家的部族社会阶段上,按照欧亚大陆东西方世界的历史和逻辑形成的"国家"和"民族"这样的概念,实际上在历史上的非洲大陆并不真正存在过。非洲的国家观念、国家意识并不深厚,因而 20 世纪上半叶的非洲文化复兴运动及民族主义主要不是以国家、民族的方式表现出来,而是以整个非洲大陆或整个黑色人种族的方式进行的,这是这场运动有着明显的泛非主义的种族性与大陆性的重要原因。斗争的目标,不是建立各个独立主权国家,也不是恢复重建殖民地前的黑非

---

① 刘鸿武:《黑非洲文化的现代复兴与民族国家文化重构》,《历史教学》1993 年第 10 期。

洲古代王国,而是实现非洲人民的团结统一,建立一个全非洲的统一国家,即"非洲联邦"、"非洲合众国"或"非洲统一体"等等,名称虽然不完全相同,但都是争取非洲自由平等权利、以建立全非洲统一国家为目标的。当时,宣传非洲文化复兴思潮和非洲文化个性认同观念的文化组织和宣传机构大都是以全非洲的形式出现的。比如桑戈尔、塞泽尔等人创办的以倡导"黑人性"著称的期刊《黑人大学生》(1934 年),阿·狄奥普等人创办的鼓吹黑人权利的期刊《非洲存在》(1947 年),以及在 30—40 年代创办的许多种以诸如《黑人世界》、《黑人种族》、《黑人呼声》命名的黑人文化复兴运动的刊物。而当时的非洲知识分子、诗人、艺术家和其他民族主义者,也都是以全体黑人或全非洲为主题进行文学创作。如桑戈尔著名的诗篇《黑女人》以美丽动人的诗句赞颂自己的祖国和母亲非洲,大卫·狄奥普在长诗《非洲我的母亲》中写下了"非洲我的非洲,你美丽的黑色血液在田野上流淌"这样广为传颂的诗句。象牙海岸诗人伯纳德·达蒂耶在《我皮肤的黑色》一诗中发出这样的呼声:"不,我皮肤的黑色这不是灾难的标志",控诉白人种族主义对非洲的压迫奴役。这种斗争的全非洲性,可以说是 20 世纪的非洲大陆文化复兴运动不同于世界其他地区的一大特点。

第六,到非洲民族主义文化复兴运动的后期,主要是到第二次世界大战结束以后,情况逐渐发生变化。由于各殖民地社会经济与内部联系的初步形成和有限发展,殖民地作为一个有一定内在联系和共同性的"准政治经济实体"的地位初现端倪,一种朦胧但却客观存在的殖民地整体意识已开始出现。于是,以殖民地为范围进行的反对宗主国殖民统治的黑人文化团体和组织开始兴起,出现了一些以殖民地为基础的报刊杂志,如《尼日利亚时报》(1922 年)、《黄金海岸时报》(1932 年)、《达荷美之声》(1935 年)等。有些非洲民族主义领袖开始放弃建立统一泛非联邦或非洲合众国的努力,或更多地只是把它作为一种斗争的口号和未来的理想,而考虑以各自的殖民地为基础来进行斗争,争取本殖民地的先行独立,并以本殖民地现有疆域版图为基础创建新国家。

值得注意的是,在非洲大陆黑人文化复兴运动的后期,在非洲也开始出现代表某个黑人部族利益或反映某个黑人部族自主意识的文化组织和政治团体,如西非约鲁巴语报纸《阿凯德·埃科》和约鲁巴人政党"尼日利亚行动党",豪萨人的"北方人民大会党",伊博人的"尼日利亚和喀麦隆国民会议",东非肯尼亚吉库尤人的"吉库尤中央协会"等。这种部族意识的自觉与兴起,是 20 世纪非洲文化发展演变进程中产生广泛影响和后果的一个重要事件。

第七,20 世纪非洲文化复兴运动的另一个特点,是运动本身的进程和形式同时受着宗主国统治政策及宗主国对殖民地独立运动的态度的制约影响。当西方宗主国意识到非洲的非殖民地化已是不可避免时,为了使各殖民地在独立后尽可能地依然听命或从属于自己,它们也纷纷采取了主动的行动来安排新兴国家的命运,或是以新的地方政府来接替殖民政府,或是在原殖民地行政区划的基础上迅速地划出国界,并为大批新的国家发明了名称,于是一大批国家就这样轻率地创造出来了。比如原来西非属德国拥有的多哥殖民地,它后来换了主人,并被分成了法属殖民地和英属殖民地两小块,到独立之时,英国人把自己的那一块并进了加纳殖民地,而法国人拥有的那一块则最后变成了今天的多哥这个国家。又以东南部非洲的赞比亚这个国家的形成为例来看。这块地区在 18 世纪末葡萄牙人入侵前,并不是一个统一的政治实体,那里散布着许多个部族社会共同体组织,其中稍强大一点的是称之为卢巴、隆达、卡洛洛、巴罗兹的小王国,19 世纪末英国殖民者侵入该地区并逐渐获得控制权。1911 年英国人将上述自己控制的地区合并在一起,取名为"北罗得西亚"。虽然 1924 年英国将该地升格为"保护国",实际上它只是一块用于开采矿业的殖民地,并不是什么"国家"。1953—1963 年间,随着非洲解放独立运动的高涨,英国人着手安排自己在这个地区直接统治结束的后事,它曾经将"北罗得西亚"和另两块殖民地"南罗得西亚"、"尼亚萨兰"三合一地强行合并,取名为"中非联邦"。英国人的这一举措实际上是想把它在南部非洲的殖民地撮合成一个国家,利用北罗得西亚的矿业、南罗得西亚的工业和尼亚萨兰的农业来发展统一的南部非洲经济体系,以保持英国人未来在这个地区的利益。只是由于种种原因,英国人制造的"中非联邦"这个国家没有生存下来,不久便解体了。后来,北罗得西亚自行独立而取名为赞比亚共和国。尼亚萨兰独立后取名马拉维,而南罗得西亚则是今天的津巴布韦这个国家的前身。如此之类的情况还很多,像喀麦隆在独立建国时也并非以原殖民地为原型创立,为英国人拥有的所谓"北喀麦隆殖民地",后来被并给了尼日利亚这个国家。而被称之为"尼日利亚"的这个国家,实际上也是几经英国人炮制变迁才形成的。它实际上是所谓的"拉各斯殖民地"、"北尼日利亚殖民地"、"南尼日利亚殖民地"这样几块英国殖民地拼凑而成的一个新国家。在这里可以看出,西方宗主国对非洲殖民地的这种变魔术式的随意拼组拆卸,对非洲民族文化意识的形成和演变不能不产生复杂的影响。最初,非洲领袖们大多没有明确的各自国家的清晰概念,他们大多都是从全非洲大陆的角度来进行反对西方殖民主义的非洲文化复兴运动和独立运动。当时,几乎没有什么非洲领袖们会预见到独立后的非洲大陆会分成如此之多的国家,更没有谁预见到这些国家最后创立出来时,每一个国家具体会包括怎样的领土范围,会把哪些部族组合到这个国家里去。无论是过去各殖民地的建立和殖民地范围大小的确定,还是以后各新兴国家的国界线的划定,对于非洲的自身历史进程来说,对于本土的当地黑人社会来说,都具有某种外加的性质,有很大的偶然性或外部支配性。这可以说是非洲现代民族文化复兴运动和民族独立运动不同于世界其他地区的一个显著特点。它的文化复兴运动中那种突出的全体非洲种族意识而相对淡化的单个民族、单个国家的意识,使 20 世纪上半叶的非洲大陆民族主义文化复兴运动带上了自己独特的色彩。

当然,20 世纪上半叶非洲民族主义文化复兴运动之所以呈现出全大陆性的表现形式,除了受非洲的历史发展背景影响外,还在于近代几百年时间里非洲所经历的那场悲惨痛苦的灾难奴隶贸易,它使非洲黑人和美洲黑人都共同遭受到西方白人的种族主义压迫和奴役。当时,在非洲的塞拉利昂、利比里亚和其他地区,都有不少从北美、加勒比地区、南美洲返回非洲的"海外回归者",其中一些人还是当时非洲文化复兴运动的中坚力量。因为共同的历史文化传统和近代遭受白人种族主义压迫的共同经历,强化了世界所有黑人之间的联系和共同利益,而非洲反抗西方殖民统治的种族性和大陆性,正来自西方对非洲黑人奴役的那种白人种族压迫形式。面对共同的压迫者,客观上也要求所有黑人联合起来,斗争的最后目标也就很自然地导致对非洲统一和共同体国家的追求。虽然在斗争的实际过程中,由于非洲大陆如此广阔巨大,众多殖民地又分属不同的宗主国,有时采取的不是全非洲大陆的斗争形式,而可能是地区性的斗争形式,比如法属西非殖民地、英属西非殖民地、英属东非殖民地等,但这种区域性的斗争,只是出于斗争上的需要,便于联系、沟通和共同行动,它实际上还是属于全体黑人种族反抗西方殖民主义和白人种族主义斗争的范畴。只是到了第二次世界大战结束以后的 20 世纪 50、60 年代,随着各殖民地单独独立的条件逐渐成熟,西方在非洲大陆的殖民统治即将土崩瓦解,而建立全非洲统一国家实际上也已不可能的时候,来自各殖民地的非洲黑人知识分子和民族主义领袖们,才更多地致力于建立以现有殖民地为基础的独立国家。而这时,强调各殖民地内部的团结和一致性,反对欧洲宗主国将各殖民地再随意加以分割拆散的民族主义文化意识才有了明显的增长。比如,在尼日利亚殖民地内,代表约鲁巴人的"尼日利亚和喀麦隆国民议会"在 50 年代中期便已提出了"一个国家、一个宪法、一个命运"的口号作为整个尼日利亚殖民地独立运动的目标。它反映出 20 世纪非文化发展的主题正在发生某种根本性的变化。①

# 六、非洲复兴的理想与现实

20 世纪上半叶,非洲文化复兴运动具有十分重要的历史地位,对 20 世纪非洲大陆的历史进程产生了广泛的影响。

首先,这场非洲文化复兴运动对自我文化个性与文化特征的认同,在全非洲人民的精神世界和心灵深处唤起了自我意识的觉醒,这是一种摆脱被奴役被凌辱状况而意识到自己的权利、地位、个性和价值存在的自尊、自信、自立意识的觉醒过程,是非洲黑人种族作为世界三大主要人种之一,并且在世界历史与世界文化发展史上作出过独特而重大贡献的伟大种族重新恢复

---

① B.Lawal,(ed),*Issues in Contemporary African Social and Political Thought*,Ibadan, Nigeria, 1989, p.287.

生命力、在世界文化舞台上重获新生的过程。这场运动,使黑人种族重新建立起了他们与自己的历史文化的联系,恢复了黑人与自己往昔伟大传统与精神故园的纽带。而这种联系和纽带,在近代几百年的西方扩张、征服、侵略中,在西方人残酷野蛮的掠杀、捕获、贩卖黑人的贸易中,在殖民地时期西方殖民主义文化同化和精神奴役过程中,已经在相当大的程度上被破坏被割断,使黑人成了文化上飘泊无根的者,成为失去自己历史和精神故园的种族,变成了西方文明与西方文化的一种从属、一种依附,成了西方历史与西方世界体系中的一个配角。黑人种族因此而倍遭屈辱、压迫和奴役。

但在这场黑人文化复兴运动中,这一切都开始发生改变了。几个世纪以来欧洲殖民主义者、奴隶贩子、白人种族主义者炮制并广为流播的种种污辱、歧视、歪曲非洲的反动谬论,受到了非洲知识分子和民族文化精英们的坚决而有力的抨击揭露,非洲的文化权利,非洲骄傲的历史与传统,他们的勃勃生机活力、创造性,受到了非洲学者、诗人、民族主义者的赞美和歌颂,而殖民主义的丑恶、黑奴贩子的野蛮,白人种族主义与欧洲文化中心主义的骄横无知,却受到了充分的批判与揭露。许多诸如白人种族优越、欧洲文明是世界历史的目的之类的神话都被捅破了,非洲获得了对自我尊严、权利和价值的信心。在这个意义上,我们说 20 世纪上半叶的这场非洲文化复兴运动及文化个性认同,对于非洲是极为重要的。因为历史与文化对于一个民族来说之所以重要,就在于它是这个民族得以自立、自尊、自我认同的根本。奴役、征服、毁灭一个民族,莫过于切断毁灭它的历史与文化,莫过于切断它与它的历史文化的联系。失去自己历史与文化的民族,必将失去自我的独立地位和尊严,成为别的征服者的陪衬、注角。现代非洲大陆的复兴,正是从复兴它的历史文化、复兴它的文化个性开始的。

其次,20 世纪上半叶的非洲文化复兴运动,对于动员起非洲人民投身于反抗欧洲殖民主义统治,争取民族独立、自由和解放的斗争,对于加快 20 世纪中叶非洲大陆反帝反殖民族解放运动高潮的到来产生了直接而广泛的推动作用,它为 20 世纪非洲大陆的非殖民地化、为非洲大陆的最终独立自由提供了强有力的精神文化动力。就现代非洲大陆的历史发展来说,这场运动的性质和意义,完全可以与文艺复兴之于近代欧洲的兴起、启蒙运动之于法国大革命的爆发相提并论。许多非洲知识分子、普遍民众都是通过这场非洲文化复兴运动,通过非洲知识分子对非洲文化的倡导而开始意识到自己的权利、价值和尊严,从而投身于非洲大陆的非殖民地化事业之中的。在"泛非主义"、"黑人性"、"黑人权利"和"黑人精神"等思想的影响下,在非洲大陆产生了许多争取非洲权利的非洲民族主义团体、组织、协会、政党,并成为领导非洲独立解放运动的组织机构。比如西非国民大会、西非大学生联盟、东非的肯尼亚非洲人联盟、法属西非和赤道非洲的保卫黑色种族委员会等。而在 1934 年在法国巴黎由一些非洲大学生创办的杂志《黑人大学生》,不仅以倡导非洲文化价值、恢复黑人种族尊严为宗旨,是 20 世纪非洲文化复兴运动中的一个极重要的组成部分,它集中倡导的"黑人性"在黑人种族的文化个性自我认同中产生了广泛影响,而且事实上这个以创办杂志为主要形式的非洲文化复兴活动,本身也成为了当时非洲争取自由解放运动的一个中心,培养了一批十分有影响的非洲民族解放运动的领导人。

第三,20 世纪上半叶的非洲文化复兴运动,由于它是直接针对殖民主义、白人种族主义的压迫奴役的,因而它具有超出非洲大陆本身的更加广泛的世界意义。这场运动,与美国南北战争中废除奴隶制,20 世纪 60 年代美国民权运动中黑人争取种族平等、反对种族歧视的斗争一样,都是人类的公正、平等、自由理想战胜邪恶、压迫、奴役的斗争,它所具有的人类道德、正义、平等、博爱和自由的普遍含义,使这场运动完全可以载入 20 世纪人类进步史的史册之中,载入 20 世纪人类文化史、道德史、正义史的发展史册之中。

平等、自由、公正、博爱、正义这些理想和原则,曾是近代欧洲资产阶级革命和文艺复兴、启蒙运动对人类作出的贡献。但是,这些理想和原则后来却在广大的非西方世界受到了欧洲人的公然践踏、背叛和破坏。现代世界必须在全球范围内,在世界上所有种族、所有民族无论其肤色、语言、文化、历史传统之间重新确立恢复这些普遍的人类理想和原则。人人都是平等的,所有种族和民族也都是平等的。对非洲的种族压迫与歧视,不仅只是对黑人的压迫与歧视,同时也是对全人类的挑衅,是对人类公理、正义原则的挑衅。因而 20 世纪上半叶非洲进行的反对殖民主义、种族主义压迫歧视的斗争,就具有超出非洲大陆范畴的普通的人类文化价值和意义,当然,它也就能得到世界人民的支持,并最终获得胜利。这是我们在今天也需要给予20世纪上半叶的这场非洲文化复兴运动以充分肯定和高度评价的原因之一。

当然,历史的发展总是会带上它那个时代的烙印,会留下某种程度的历史局限性。从今日的角度来回溯20世纪上半叶的这场非洲文化复兴运动,及在这场运动中非洲对于自己种族文化个性及特征的认同识别,这种认同识别所采取的方式,我们还是可以看到其中存在着的一些缺陷和不足。

首先,这场运动中非洲大陆和美洲大陆的黑人知识分子精英和民族主义领袖们所高举的非洲文化与精神旗帜,其基本的理论前提是认为全体非洲在文化上的普遍一致性和共同性。在他们看来,世界所有黑人种族,尤其是整个非洲大陆的全体黑人种族,都有一种共同的历史文化传统,都是作为一个有共同文化的整体而存在的。然而,他们认为存在一种全体非洲共有的文化的观点,他们对黑人种族在文化上一致性和共同性的理解,却具有很大的主观性或简单化、理想化的倾向。这种所谓全体非洲共有的"黑人性"、"非洲个性",实际上在很大程度上是由这些黑人知识分子主观上倡导出来的。非洲大陆的各民族,在文化上实际上是高度异质性而呈现明显的多样化和差异性的。或者说黑人种族在文化上的某种明显的一致性和共同性,只是在面对来自西方的殖民主义和白人种族主义侵略压迫、在为争取黑人种族的平等权利和自由解放而必须反对共同的敌人的时候,才凸现出来的。这种反对西方殖民主义和白人种族主义的斗争,使黑人种族有了共同的命运、共同的利益和共同的前途,它作为一种纽带才赋予了黑人文化某种意义上的一致性和共同性。但就黑人世界内部而言,就非洲大陆的各地区、各部族相互间的文化个性文化传统来说,相互间的差异、异质、封闭和分割才是更本质的。这种差异和分割封闭,会随着西方殖民势力退出非洲大陆而迅速地显现出来,这也是"泛非主义"、"黑人性"所竭力倡导的建立全非洲统一国家最终无法成为现实的重要根源。

第二,20世纪上半叶以"泛非主义"、"黑人性"为主要内容的非洲民族主义文化复兴运动,在强调非洲文化个性和文化价值时存在着将黑人文化与白人文化相对立、以黑人主义对抗白人主义的"黑人白人"二元对立的简单化缺陷。这种缺陷所流露出的那种"反种族主义的种族主义"（让保罗·萨特语）①倾向，包括"黑人性"这一概念本身，后来曾受到一些非洲知识分子的批评。它所产生的某些消极影响，是导致这些思潮在 20 世纪 60 年代非洲大陆独立后便明显趋于衰落的重要原因。

事实上，当 20 世纪上半叶非洲知识分子开始复兴非洲大陆文化时，他们对非洲文化的理解并不明确一致。什么是非洲文化？他们并没有一个统一的准确看法与观点。实际上，他们是通过对白人文化的比较来反观自身而意识到非洲文化的独特性的。他们给非洲文化所下的定义，无论是"黑人性"还是"非洲个性"，往往是以欧洲白人文化作为对比的尺度，强调黑人文化与白人文化的区别、差异、矛盾和冲突来获得对非洲文化的确认。这样就使他们对非洲文化的理解带上了一种黑人文化与白人文化之二元对立的思维模式与思维特征。这种二元对立的黑人文化观念，不仅简单化地从文化上把全非洲黑人看作为一个统一的整体，强调有一种独立存在的"黑人文化"，突出非洲大陆文化上的共同性和一致性，而且它还十分强调非洲与欧洲、黑人与白人之间的文化差异和文化冲突，强调非洲文化的价值观与西方文化的价值观不同。

应该说，由他人而认识到自己，是任何一个民族自我意识产生的一般途径，尤其是在近现代史上，许多被侵略被压迫的殖民地半殖民地民族的民族意识、文化意识的产生，也往往是通过与外来的西方文化的碰撞、接触、对比而得以反观自身，进而才获得对自己民族文化个性、文化特征的确认的。问题在于对自我文化的认识，不能简单化地采取这种二元对立的思维模式，因为它会导致消极片面的民族文化观念的滋长。20 世纪非洲强调自己的文化个性，强调非洲文化的独特价值，其功绩和历史进步意义在于以此来说明非洲文化与世界上的所有民族文化一样具有平等的地位和权力，为非洲追求民族自决权和独立解放提供依据。但是，黑人种族反对白人种族主义的

---

① 伦纳德·S.克莱因：《20 世纪非洲文学》，中译本，北京语言学院出版社 1991 年版，第 154 页。

压迫和歧视,并不意味着黑人文化与白人文化就是完全对立的,非洲反对的是欧洲殖民主义的侵略、压迫和文化奴役,但并不意味着就不能接受欧洲文化中那些优秀的成分,尤其是近代资产阶级民主革命和启蒙运动时期产生的理性、民主、自由思想,以及近代的科学技术与观念。非洲在反对欧洲白人种族主义压迫和文化殖民同化政策的同时,不仅要倡导非洲文化的个性和历史价值,保护非洲文化的尊严与自豪,同时也需要汲取接受欧洲文化中那些民主的、革命的、科学的、理性的成分,用这些反映近代世界人类文化积极成果的内容,来充实、更新、改造非洲的传统文化,并用它们来反抗西方的白人种族主义和殖民主义。因为只有接受这些进步的科学理性文化成分,才能开辟真正导致非洲文化复兴和走向发达的宽阔道路。

20 世纪非洲文化的发展是一个复杂而曲折的过程,也是一个开放与探寻的过程。当时,一些黑人知识分子如塞内加尔的桑戈尔等人,在倡导"黑人性"和"非洲个性",强调黑人文化独特个性的时候,并不排斥接受西方文化中的积极内容,并批评那种将非洲文化与白人文化完全对立起来的简单做法。[①] 而事实上,进入 20 世纪 60 年代以后,随着非洲大陆的独立与非洲一系列主权国家的创立,"黑人性"、"非洲个性"等非洲民族主义文化思潮也开始主题转换,虽然泛非主义思潮依然有基础与活力,但新兴国家的文化建设已经开始,它标志着非洲文化发展进程中一个历史阶段的结束与另一个新的阶段的到来。

---

① B.Lawal,(ed), *Issues in Contemporary African Social and Political Thought*, Ibadan, Nigeria, 1989, p.128.

# 第十五章　非洲国家建构与"主权文化"

20世纪60年代以后,非洲涌现出一系列新兴的现代国家,非洲的政治经济格局发生了深刻变化,随之形成了一系列复杂的当代发展命题。从文化发展之层面上看,如何将各国国内分割破碎的传统部族文化整合成同质一体化的现代国民文化,如何逐渐消除化解国内各地区、各部族文化上的相互隔膜、封闭和冲突,如何逐渐形成一种富于凝聚力向心力的、有助于国家稳定与发展的新型国民文化体系,成为非洲各国自独立以来并持续迄今的文化发展命题。

## 一、文化与国家成长

文化是国家政治经济发展的基础条件。从政治学的角度上看,所谓一国之国民,并不只意味着大家生活在同一个国家政治版图内,还意味着此版图内生活之人,对于本国之历史文化有源自内心的体认、尊重及归属感。毕竟,国之为国,不仅是地理概念上的,更是精神文化上的。从古今中外的各国之兴废成败经验来看,一国之民生于斯长于斯,他们的内心世界里应该意识到自己与这个国家、与这个国家的其他人有一份共同的命运与前途,在国家发生灾难之时以一份"位卑未敢忘忧国"的情怀,对国家兴亡有所牵念,有所担当,这对于国家的生存与发展都是至关重要的。如果一国之民缺失了这样一种"国民情怀"、"国家意识",各怀私利,各行其是,仅仅追求局部的、集团的利益,置国家民族之大义于不顾,这样的国家与民族一旦大难临头便会四分五裂,万劫而不复。

但国家观念与国家情感的成长毕竟是一个漫长的过程。中华文明已经有上下数千年的演进历史,统一的中央政府存在亦有两千年之久,故而国之化险克坚的潜力,国之于逆境中坚持、逆境中重新崛起的民族力量,总体上是相当顽强而持久的。

而较之于中国这样的古老的国家,非洲大陆当代50多个年轻国家确实面临着复杂的挑战与艰巨的发展任务。其中一个长期发生作用的因素,是当代非洲国家都十分年轻,立国不久,文化根基多有着先天之不足与后天缺失之困境。克服这一困境,必有一个漫长的过程。这是一个很大的背景,是我们理解当代非洲国家发展进程为何如此曲折艰难、其政治经济为何长期处于世界体系相对落后状态的问题时,必须充分考虑到的。

从世界各国现代化的一般历史来看,传统社会在向现代社会过渡的早期阶段,需要在政治和文化方面都逐渐同时具备两个基本条件。从政治方面的两个条件来说,一是需要形成一个拥有足够权威和政策创制能力、能有效克服国家混乱冲突和分裂倾向的中央集权政治体制,即形成现代民族国家和统一的中央政府;二是这个形成中的体制必须具有某种现代意识并致力于运用这个体制力量去推进国家的现代化发展,也即国家领导集团现代精神与现代观念的逐渐形成。如果只有后者而无前者,现代化只是奢望而无以为凭,因为没有达致现代化的手段;如果有了前者而缺乏后者,现代化进程反而会障碍重重,因为这个集权体制和强有力的国家政权成了抑制变革发展的严重障碍。同样,与现代化在政治方面的上述条件相适应,现代化进程的推进在文化方面也需要有来自两方面的条件作支持,一是形成一种全民共识、举国一致的统一国民文化体系,也即国家文化的整合与一体化或同质化,它可以提供一种强有力的国家意识和国民情感,作为国家统一和团结的文化纽带;二是要在国家的政治体制、政策和思想中引入现代科学文化、理性精神,以及从事现代发展所必需的知识、技术、理论。

在这方面,世界各国在其现代化之初,具备的状况是各不一样的。有的东方古老大国,总的来说在政治和文化方面都是前一个条件已有相当的基础而后一个条件不足,一旦这些国家通过某种适合于其自身历史文化传统与社会结构并与现代世界发展趋势大体相吻合的变革,使得它们在两方面都具备相应条件,那么这些国家的现代化进程就有可能获得快速的推进。比如像东方世界的土耳其、中国、日本、伊朗这些国家,它们作为有久远历史的文明古国,在历史上就已经形成了较为成熟完备的统一国家结构和中央集权的政治体制,也较早形成了较有凝聚力的国家观念,有同质一体化程度较高的国家文化体系。相对于热带非洲在 20 世纪 60 年代才获得独立的年轻国家来说,这些东方亚洲国家的统一行动能力、政府的权威和社会动员水平都是较高较强的。这无疑是这些东方亚洲追求现代化和现代经济发展的有利的历史条件或优势。如果这些国家同时又形成了一个具有现代意识并致力于推进国家现代经济发展的领导阶层,如果这些国家形成了具有现代理性、现代科学观念的现代化领导集团,并且在富于凝聚和动员能力的国民文化体系与传统中又注入了现代思想,诸如科学精神、世俗理性主义的观念,从事现代化和现代经济增长的知识、理论、技术,那么这些国家的现代化将会有巨大的行动能力,将会进入一个很快的现代发展时期。当代一些亚洲国家发展较快,大体上与此背景有关。反之,如果这些国家的领导集团还是受着传统的非理性的观念的支配,国民文化体系中还没有注入现代科学观念和意识的话,那么这些有统一集权国家政体、有强有力的中央集权政府的国家,现代发展可能反而会受到严重抑制。因为在这种情况下,这强有力的同质一体化程度很高的中央集权政府反而可能成了阻碍现代发展的障碍。而这同质一体化程度很高的国民意识、国家意识和民族情感,也可能被引导成一种非理性的危险的力量。而今日的伊拉克或伊朗,在某种意义上属这一类型的国家。

对于在二战后涌现出来的非洲新兴国家来说,在其现代化变革的最初年代,尤其是在 20 世纪的 60、70 年代,无论是在政治条件还是文化条件方面,似乎普遍表现为第一个条件最为不足的特征。它们最缺乏的是统一稳定的民族国家政治结构,缺乏有合法性并得到全体国内民众认可的中央政府,缺乏富于凝聚力的同质一体化的国民文化体系和统一民族情感。

非洲大陆有 50 多个国家,绝大多数都是在 20 世纪 60 年代以后才创建起来的。其年轻而有活力,但国家存在的基础也很脆弱,大多缺乏统一的历史文化传统与政治发展经历,内部的联系与融合程度很低,因而独立后的非洲大多数国家都曾经历过严重的内部冲突。因此,从 20 世纪 60 年代非洲国家独立以来,构建有内部凝聚力现代民族国家文化,培养有统一情感与共同观念的国民意识,并创造年轻国家的政治观念与意识形态,培养年轻一代对于国家的归属认同情感,成为年轻非洲国家文化领域面临的新主题。①

在经过了半个多世纪的艰难发展进程之后,非洲国家的民族国家的文化建设已经取得了重大的进展。虽然这一过程远未开始,但随着现代教育、科技的发展,较之于过去数千年半封闭状态下的传统文化来说,当代非洲文化已经发生了根本性的变革。

统一国民文化之所以成为 20 世纪 60 年代后非洲文化发展的主题,是由非洲历史文化的特性和当代非洲各年轻国家创建的独特模式决定的。

在前殖民地时代,非洲的政治发展远未达到民族国家的阶段,只存在一些部族社会范畴的政治共同体,或一些规模较小、结构松散且体制功能发育程度低的古王国。作为一个现代国家的形成和稳定存在所必经的一些历史阶段和一些必备的前提条件,比如统一的国民经济体系、国内市场网络和经济生活纽带的初成,各个差异很大的部族聚合在一个统一政治实体内长期共处的生活经历和习惯;一份富于凝聚整合力的经由以往漫长历史而积淀下来的国民文化遗产,诸如对国家的认同、忠诚,对政府权威及合法性的认可拥戴等等,在前殖民地时代的非洲都还没有获得必要的发展。

到了殖民地时代,非洲民族国家意识的成长也是较为滞缓的。在世界其他地区,反抗西方殖民主义的斗争往往同时伴随着民族国家意识的成长。而在非洲,在反抗西方殖民主义和白人种族主义的斗争中,非洲并非完全没有出现民族国家的意识,但总的来看,它更多的还是采取了一种黑人种族意识或非洲大陆意识的形式,并以建立一个全非洲的统一国家为最初的斗争目标。

20 世纪 60 年代非殖民地化相继完成后,非洲大陆最终还是以各个殖民地原有框架为基础创立了数十个新兴的独立主权国家。不过,虽然各个

---

① 刘鸿武:《非洲国家现代化进程中的文化发展主题》,《西亚非洲》1996 年第 1 期。

新生国家是以原殖民地为框架建立的,可西方人留下的这份殖民地遗产,本身却问题诸多,远不足以作为新国家稳固存在的基础。

首先,当年西方人在建立各殖民地时,并非将其作为未来的国家来考虑,他们划分殖民地,根本不顾及当地原有的政治经济和民族文化格局,而是凭一己私利或实力大小任意分割。于是,许多在历史上曾建立过自己国家组织的黑人部族集团如马宁凯人、索宁凯人、豪萨人、约鲁巴人、桑海人、斯瓦希里人、阿散蒂人等等,都被肢解成了许多部分而分布到了各殖民地中。相反,原来并没有太多经济文化联系或共同性的众多部族却又被西方人为地撮合在一个殖民地内。对于非洲历史文化进程来说,这些殖民地的建立完全是外部强加的政治实体,它中断了非洲大陆原有的民族文化聚合进程,肢解了非洲历史上已经形成的一些民族文化共同体。

第二,从某些方面来看,应该说西方殖民地的建立,使非洲又开始了以各个殖民地为基础的一种新的民族与文化聚合过程,但是,这个过程在非洲各殖民地是极为滞缓的。一方面,西方人在划定殖民地后并无意于把殖民地内各土著部族组合成一个新的统一民族,恰恰相反,西方人为便于统治,大多实施所谓的"分而治之"政策,以一个部族压制另一个部族,甚至还故意在各土著间制造一种普遍的隔膜、矛盾和不信任感。[1] 特别到殖民地独立前夕,西方人为自己的殖民统治匆匆安排后事时,这种做法显得尤为露骨,更给当地留下许多导致今后发生冲突分离的隐患。另一方面,非洲殖民地本身的时间比较短,殖民地时期,各殖民地内部的经济联系、社会整合和政治一体化都很微弱或尚未真正起步。殖民地内那众多的部族集团远未把殖民地认同为一个大家共有政治机体,只是因为有一个外加的共同殖民当局,才把那些互不统属的土著部族撮合在一个准政治实体殖民地内。当着西方人撤出,这些殖民地变成了独立国家之后,其境内大大小小数十个甚至数百个具有各自语言、宗教、历史、传统的部族,相互间文化上的差异、利益上的冲突,尤其是当年西方人埋下的种种冲突隐患,就由潜伏状态迅速地暴露凸现出来了。这些矛盾和冲突如果不能得到有效而适当的沟通协调,如

---

[1]　M.O.Alabi, *The Colonial Origin of the Underdevlopment of African Nations*, Lagos, 1989, p.186.

果大家都仅仅从本部族的角度来理解和处理新兴国家中面临着的种种全新的问题，如果还只有地方的、部族的意识而无国家的观念、协调共处的观念，那么这些新兴国家的分离内乱将是难以避免的。

# 二、国家认同与发展能力

当代非洲大陆各年轻国家，有着与世界其他地区许多国家很不一样的形成背景和创立模式。正如尼日利亚的阿克教授所分析的那样，近代西欧国家的产生是社会与文化一体化发展导致的结果，[①] 它们是在各自社会内部民族文化融汇、社会整合变迁和统一王权兴起等力量推动下形成同质一体化程度较高的单一民族国家。这些国家创立时，已大体具备使自己生存巩固下来的文化基础。而那些东方古国，尽管不是单一民族国家，其内部大多有较为复杂的民族结构，各民族都有自己的语言、宗教、文化、传统，但它们已有在同一个古代国家机体内生存共处的历史经历和观念意识，相互间已有紧密联系和往来。这种经历和联系使这些东方国家在民族文化的关系结构上不同程度地形成了一种多元而又一体的格局。到了近代，它们可能亡了国，沦为了西方殖民地半殖民地，但它们在前殖民地时代便已形成的那一较为成熟规范的古代国家历史实体，使它们非殖民地化后的结果表现为国家主权和独立地位的恢复，表现为古老国家的"重建"、"新生"，虽然重建起来的国家与前殖民地时代的国家会有许多的变化发展，但因有各自在历史上积淀下的一份共同的国民文化传统与国家精神纽带，使这些多民族的国家在维护国家统一和稳定方面已有较为坚实的基础。东方的中国、伊朗、土耳其、伊拉克、朝鲜、越南、泰国、印度、埃及等大都属于这类国家。至于在较为落后的阿拉伯半岛与海湾地区，其现代国家创立的模式是利用原有的家族血缘纽带，以家族君主制扩展为国家君主制来创立国家的。如沙特阿

---

① Claude Ake, *The Political Economy of Crisis and Underdevelopment in Afruca*, Lagos, Niferia, 1989, p.52.

拉伯是以沙特家族来充任国家统一政治的核心,形成一个具有传统权威合法性的、得到全体国民认可拥戴的家族君主制国家,并且借用统一的语言阿拉伯语,统一的宗教伊斯兰教来维系新生国家的统一稳固。①

　　然而,对于当代非洲大陆各年轻新生国家来说,情况却很不一样。这些国家之所以出现,它们创建、形成、产生的动因和模式,既不同于近代西方那样是经过民族、社会与文化的一体化发展而导致现代民族国家的产生,非洲的模式是先宣布组成国家、建立政府,然后依靠政府人为的力量,借助于国家机构的有组织的政治权力来推进民族和国家的一体化,来为这个新国家的生存发展寻求必要的文化纽带、国民意识和社会经济基础。同样,它也不同于东方那些文明古国是经过非殖民地化的完成而重建自己往昔的国家。非洲非殖民地化之后建立的一系列国家,并非是"重建",而是"新建",是"创建",因为这些国家历史上并不曾出现过。甚至它也不是像沙特阿拉伯那样利用传统性的家族血缘纽带来维系国家,而是匆匆植入一个如同沙滩建筑般的西式议会共和政体。可以说,无论是与西方国家相比还是与东方国家相比,当代非洲国家更多的是缺乏作为统一国家而存在的一种历史经历、国民意识、国家观念,缺乏使国家持久团结稳固的国内各民族共享的文化联系、精神纽带和历史遗产。脆弱的国家结构和松散的国民纽带使这些国家也很易受外部因素影响而引发国内动荡。因此,如何由传统部族社会发展成现代民族国家,是非洲各国建立后面临的一个严峻的历史性挑战。在这个意义上我们可以说,在第二次世界大战结束后形成的那个庞大的第三世界或发展中国家群体中,非洲各新生国家所面临的发展任务要比世界其他地区的发展中国家更加艰巨困难,面临的发展命题更加广泛复杂。非洲国家不仅面临着艰巨的经济发展任务,而且更面临着广泛的政治发展、社会发展和文化发展的任务。② 许多东方国家在历史上已经取得的发展成

---

① 这方面的比较分析,请参阅刘鸿武下列文章:《论近代西欧率先兴起的原因》,云南大学《思想战线》1991 年第 6 期;《论君主制在沙特阿拉伯长期延续的根源》,中国社会科学院西亚非洲研究所《西亚非洲》1991 年第 2 期;《当代沙特王国君主政治的改革与演变》,中国社会科学院世界经济与政治研究所《世界经济与政治》1991 年第 10 期;《民族文化关系结构的独特性与中国文化的连续性发展》,云南大学《思想战线》1996 年第 2 期。

② Billy Dudley, *An Introduction to Nigerian Government & Poltics*, Macmillan Nigeria, 1982, p.16.

就,比如社会之整合与民族聚合一体化,国家政治体制的初步形成与统一而又集权的政府官僚机构的建立及其功能职能的分化与专门化,统一的国家文化共识体系与语言、宗教、价值观方面的某种同质结构之出现等等,这一切对于一个民族或国家能否进入现代经济起飞阶段,能否使国家的经济发展战略得到有效的实施,能否进行广泛的社会动员并使广大民众普遍参与到国家发展事业中来而共同努力走向现代社会,都是不可或缺的历史前提。而所有这一切,非洲这些新生的年轻国家都还处在相当不发达的状况上,都构成了它们在当代发展进程中绕不过、躲不开的发展任务,构成了它们在当代必须要付出时间、勇气,要经受种种希望与挫折才能走过的艰难发展阶段。这或许正是当代非洲各国现代化与发展进程一波三折、充满矛盾的重要原因。

在这里我们可以看出,当代非洲大陆是从一种极不发达的历史基点上启动它的现代化进程的。尤其是它那由传统部族社会直接而急速地过渡到现代国家的新生国家创建模式,从社会发展的角度上看,无疑有着更为复杂的历史含义。以非洲的实际情况看,这种独特的现代国家形成模式,使这些国家从诞生之日起,就面临着一些与世界其他国家颇不相同的生存挑战,面临着种种艰巨而复杂的发展任务。正因为此,还在 60 年代,当非洲大陆还弥漫着获得独立和宣布建国的激动人心的胜利气氛的时候,像瘟疫一样蔓延传播开来的各个新生国家的分离内乱,接踵而至的军事政变和政治冲突,却已很快给非洲大陆的未来发展前景蒙上了一重厚重的阴影。在以后的年代,非洲大陆上的各国,部族冲突、部族矛盾、部族战争此起彼伏,军事政变和内乱分离接连不断。尼日利亚那位文锋犀利而又饱尝铁窗苦难的著名政论家恩瓦克克,在谈及当代非洲大陆的种种发展危机时,曾尖锐指出,关键因素之一是各个年轻的国家还未形成一种强有力的统一国民意识,缺乏举国一致全民共识的文化价值体系。① 他曾以尼日利亚为例作过这样十分精辟的分析表述,他说,"在这块现在已被称之为'尼日利亚联邦'的国家版图内生存着的大小三百多个部族,无论你们有怎样不同的历史和经历,有怎样

---

① A.A.Nwanko,*National Consciousness for Nigeria*, Enugu,Nigeria, 1985, p.22.

不同的语言和宗教,也不论你们有怎样的特殊利益和好恶,现在你们必须意识到你们已是一个新国家的成员,你们不能仅仅再把自己称之为豪萨人、约鲁巴人、伊博人、伊贾人或别的什么,你们必须更多地称自己是'尼日利亚人'。我们都是'尼日利亚人',因为一个新的民族'尼日利亚民族'诞生了,我们必须形成尼日利亚民族观念和尼日利亚国民意识。"①不幸的是,在这个国家刚刚获得独立的头几年,几乎没有哪一个部族能够超越自己本部族的意识和利益来理解作为一个新国家之一部分而存在这样的现实,而是各行其是,甚或力图把由三百多个部族组成的联邦国家,变成本部族的一统天下。以至很快就酿成悲剧,发生了60年代末那场两年半的"比夫拉内战",那场部族战争使这个新生国家付出了死亡一百多万人的巨大代价,深深的创痛迄今尚未完全弥合。② 而类似的悲剧与惨祸,在卢旺达、布隆迪,在利比里亚、索马里,以及在其他许多非洲国家,都曾给它的人民带来怎样巨大的灾难,使这些国家为发展所作的种种努力也随之毁于一旦。

正是这种独特的历史文化背景与新国家创建模式,使得20世纪60年代后的非洲各国,政治发展的主要目标不在于是否要建立现代议会体制,也不在于是实行多党制还是一党制,而在于如何加速新国家的统一构建(Nation-Building)和民族一体化的进程,使新生国家形成内在的凝聚力和持续生存的能力,形成一个全民拥戴认可、有着合法性和治理国家能力的权威政府。至于说这个政府采取什么样的体制模式,冠以什么样的名称,宣称奉行什么样的政治制度,却还不是最重要的。与这一政治发展的目标相适应,当代非洲各国文化发展的核心主题或首要目标,便是如何为新生国家创建一种举国一致、全民共识的国民文化体系,一种能为新兴国家之团结、稳定和持续发展提供支持的统一国家观念和国民意识,一种来自观念上、文化上、心理上和情感上的国内各民族命运共担前途共有的文化纽带,使国内高度异质性和封闭性的部族文化得以整合,实现"一个国家、一个民族、一种文化"的文化发展目标。③ 当代非洲众多国家的文化发展进程,它们在文

---

① A.A.Nwanko, *National Conaciouness for Nigeria*, Enugu, Nigeria, 1985, p.64.

② T.Falola & J.Ihonvbere, *The Rise and Fall of Nigeria' Second Republic*, London, 1958, p.244.

③ J.O.Olatunji, *Integration and Nation-Building in Africa*, Lagos, Nigeria, 1989, p.80.

学、诗歌、戏剧、音乐、舞蹈、雕刻、电影等方面所作的不懈努力,它们所实施过的种种国民教育、宗教、语言政策,常常都是围绕着构建统一国民文化体系这一国家文化发展的核心主题展开的,因而这些努力和政策的功过得失也只有放置到这一背景上才能做出正确的评价。

# 三、国家认同路径

非洲各国自 20 世纪 60 年代建立以来,为构建新的统一国民文化一直进行着不懈的探索与努力。这个进程是曲折而艰难的,各国的发展进程也很不一致,既积累了许多成功经验,也有不少值得引以为鉴的教训。在由传统部族的社会向现代民族国家转型过渡的过程中,当代非洲向世界呈示了种种独特的国民文化发展模式。[①] 尤其是非洲各国普遍形成的那种将国家权力机构和政府官僚组织作为创建统一国民文化的主导工具、作为推进民族一体化进程的基本动力的发展模式,这一模式所表现出的那种如双刃之剑利弊并存的特点,更值得后人去加以认真研究总结,作出公正客观的评价。

首先,各国普遍实施旨在迅速推进民族一体化、促成统一国民文化体系形成的国家文化发展战略和政策,努力打破各部族各地区的文化分割与封闭状况,扩展和加强国内所有民众在文化、宗教、语言、教育等各个方面的交往与联系。具体的做法各国有所不同,但是在独立后的最初年代各国普遍是从两方面同时着手的。一方面,通过强化中央集权程度,扩展中央政府权力和职能,建立从中央到地方的各个层次各个级别的政府行政机构和管理部门,进而形成一个全国统一的行政官僚体制,并且力图使中央政府的权威和职能得到全社会的遵奉认同。另一方面,逐渐削弱地方首领、部族领袖、宗教领袖们的权力,使这些分散的传统权力,或者是变换角色转变职能而纳

---

① O. Ogunsola, *Leadership and Nation-Building in Africa: The Paradox of the Nigerian Experience*, Ibadan, 1989, p.20.

入全国统一的政治体制之中,作为新兴国家政权体系中的地方机构而效忠于国家和中央政府,或者是完全废除这些地方传统领袖们的权力而改行新的地方行政体制。无论采取何种方式,总的趋势是强化中央职权和提高政府的权威,削弱地方传统权力中心的地位与职能。为统一国民文化的形成提供政治基础。许多非洲国家在独立之后,采取不断重划地方行政区划和变动全国行政体制的办法来淡化部族文化传统。比如尼日利亚在建国之初全国分为北区、东区、西区和拉各斯首都特区的地方行政结构,除首都区之外,北区是豪萨人的中心,东区由伊博人支配,西区由约鲁巴人占主导,三大部族各霸一方,对国家的统一稳定构成很大障碍。对此,历届尼日利亚政府都通过重划行政区划的办法来改变这种状态,几经划分重组,目前已经将全国划分成二十几个州。各州的划分并不依部族结构,而是从国家的政治经济发展需要,从全国经济、交通、联系的角度来划分。① 同时为改变近代以后形成的沿海与内陆的发展差异,强化中央政府在全国的核心地位。尼日利亚还实施了庞大的迁都计划,在全国的中心位置阿布贾大兴建筑,建起一座现代化的都市,以及以阿布贾为中心的全国公路、铁路、航空网络,然后将首都由沿海城市拉各斯迁往阿布贾。这些措施,有效打破了尼日利亚建国之初豪萨人、约鲁巴人、伊博人三大部族各霸一方的局面。

第二,运用国家和政府政治权力采取一系列措施强化国内民众的国家观念、国民心理和国家意识。各国独立后,都制定了标志国家统一的国旗、国徽、国歌,并在各种场合下大为宣传,建立国家博物馆、历史馆、国家文化中心,在广播、电视、新闻报刊等等宣传媒介中反复传播统一国家和统一民族的观念。使民众意识到自己不仅仅只是某个部族的成员,更是这个新兴国家的国民。在全国各部族之间,强调各部族一律平等,都是国家的公民,倡导实行部族文化的相容与相融精神。在国家的政府机构、行政管理部门中反对部族倾向,实行无歧视的公平政策。②长期以来,黑非各国一直为部族政治、部族文化困扰着,部族主义成为国家团结稳定的严重障碍。清除部

---

① B.Lawal,(ed), *Issues in Contemporary African Social and Political Thought*, Ibadan, Nigeria, 1989, p.276.

② V.C.Ferkiss, *Africa's Search for Identity*, New York, 1966, p.106.

族主义因素,是各国统一国民文化得以发展的前提。尼日利亚自发生几乎导致国家解体的 1967—1970 年"比夫拉内战"之后,历届政府无论是文官政府还是军政府都致力于推行淡化部族政治的民族和解与民族一体化政策。巴班吉达军政府执政时期(1985—1994),尼日利亚在这方面的措施十分明确。巴班吉达军政府在解除党禁,试图"还政于民"过渡到文官政府的准备过程中,明确规定新成立的政党不得带有任何部族的、地区的、宗教的色彩,必须是全国性的政党。虽然后来巴班吉达军政府还政于民、过渡到文官民选政府的计划流产了,阿巴查的军政府取代了巴班吉达的政府,但是在巴班吉达统治尼日利亚的十年期间,统一的尼日利亚国家观念和国家意识得到了发展和传播,国家的统一地位得到了巩固。这一过程,在奥巴桑乔文官政府上台后,进一步得到了加强。

第三,非洲各国推进统一国民文化发展的另一个重要模式是在全国范围内实施统一的、标准化、规范化的国民教育政策,并且建立全国统一的教育体制和学校体制,编审统一的国民教育教材,传授统一的中小学国民教育内容。现代世俗化的国民教育,在非洲各国都扮演着一种更加广泛的倡导、传播国民文化的职能。学校教育不仅仅只是一种开发人力资源、提高国民素质的活动,不仅仅只是通过传授现代科学技术和文化知识来为国家的经济发展服务,它同时还担负着在新生国家的民众尤其是年轻的学生中灌输、熏陶、培育起现代民族国家统一文化观念和统一国民意识的重要职能。各国政府往往通过编制全国统一的从小学、中学直到大学的国民教育教材来向人民传播灌输新生国家乃我们大家共同命运共同前途之所系的观念和意识。学校教育体制和地区布局不受地方主义、部族主义的影响,倡导全国一致的爱国主义、民族团结和国家统一观念。以世俗化的学校和普遍性、通用化、标准化教育内容使年轻一代学生和知识分子逐渐摆脱他们先辈们的那种封闭状况,摆脱传统狭隘的部族意识和地方意识。以坦桑尼亚人的观点来看,坦桑尼亚这个国家自创立以来,在国民教育方面的重大发展,不仅表现在教育规模的扩大和教育水平的提高,更重要的是它在教育方面做了两件大事,一件是在教育领域"完全清除了部族差别和种族差异,那种建立在宗教差别之上的歧视也从教育中排除了",另一件是在教育内容中"提供了更多的坦桑尼亚的内容,我们的孩子不再仅仅学英国和欧洲的历史。以经可能快的步伐,我们的大学、学院和别的教育机构传授着更多的非洲历史的内容和坦桑尼亚的文化,包括我们的民族歌曲、民族舞蹈、民族语言",而这一切,正如尼雷尔说的都在于使教育在坦桑尼亚确保"使每个受教育者知道他自己是这个坦桑尼亚民族一体化的一个部分,并服务于这个国家。"①现代世俗化标准化国民教育的发展,同时伴随着日益扩大的社会流动、社会分层和社会重组过程,伴随着现代人口迁徙、城市化的推进,以及全国经济体系的逐渐形成与国内市场体系的建立,这一切都大大促进了国家的一体化进程。

第四,实施有助于统一国民文化体系形成的国家语言文字政策,使语言由以往那种造成文化封闭分割的因素转变为推进国民文化统一的因素。历史上,非洲各部族语言的分割曾是造成黑非洲文化高度异质化的重要原因。60年代非洲各国建立后,在实施何种国家语言文化政策方面曾普遍面临十分敏感的两难局面:一方面,各国独立后大多数都把外来的原殖民地宗主国语言如英语、法语、葡萄牙语作为官方语言或全国通用语言,在行政、经济、商业、新闻、教育和其他公共场合都以英、法、葡等欧洲语言作交流媒介。这种以一种语言作为全国统一的交流媒介的方法,对于打破非部族语言的分割局面,改变各国语言结构极为多样化破碎化的状态,是有积极作用的,也是各国推进一体化进程的重要手段。但是,采用西方语言却在许多方面似乎与保持文化传统、保存非洲文化价值形成矛盾。西方语言的流行并取代当地土著语言,从情感上、民族心理上都有继续受西方文化支配影响的嫌疑,有西方殖民主义影响和残余尚未清除的色彩。正因为有这一背景,许多非洲民族主义知识分子曾一直力主改变西方语言的支配地位,倡导使用本土语言来作为官方语言或通用语言。② 然而,问题却并非如此简单,尤其是在具体实施操作上,情况要复杂困难得多。因为对大多数有着如此之多的

---

① J.Nyerere, *Education in Tanzania*, *in Education in Africa*: *A Comparative Survey*, Lagos, 1982, p.235.

② Bayo Lawal, "Mother Tongue in the Decolonization of Education", B.Ikara(ed), *Nigerian Languages and Cultural Development*, Lagos, 1982, p.50.

部族语言的非洲国家来说,问题并不在于要不要以本土语言来取代西方国家的语言,而在于采用哪一种国内本土语言来取代西方语言而作为全国统一通用的官方语言或共同语言。对有些国家来说,由于它的国内部族语言结构比较简单,如东非的布隆迪、乌干达等,国内绝大多数人都讲基隆迪语和乌干达语,就可以用基隆迪语、卢干达语取代西方语言的地位。有的国家如坦桑尼亚、肯尼亚等,国内虽然有几十种上百种部族语言,但由于在历史上这些地区就已广泛流行通用斯瓦希里语,从而为这些国家独立后宣布斯瓦希里语为国语、英语为官方语提供了可能。但其他国家的情况却要复杂得多,它们不仅没有一种统一的土著语言可取代外来欧洲语作全国通用语,甚至不存在一个绝大多数人可以使用的土著语言。这些国家很难在国内众多的部族语言中选择一种语言来作为可普遍接受的官方语言和通用语。甚至各国在讨论是否采用本土语言来取代英语或法语的地位时,讨论本身都必须借助于英语或法语来作为讨论用语,否则讨论本身就无法开展。

语言问题是如此的敏感和困难,独立后许多非洲国家在采取何种本土语言为官方语方面引发的争吵和矛盾,常演化成严重的国家政治危机。为寻求非洲民族文化之复兴和保持黑人民族文化传统而清除西方语言势力的良好愿望和努力,常常反而引起国家的分裂与冲突,引发部族矛盾。面对这种困境,非洲各国出于统一国民文化建设的考虑,大都采取了一种折衷的方法,既继续将英语或法语或葡萄牙语作为国家统一的官方语共同语的同时,亦把国内几种主要的部族语言或最流行的几种本土语言也同时宣布为官方语和共同语,实行双语制、叁语制甚至多语制。这样做对于在提高本土语言地位和保护非洲传统文化的前提下增进国民文化的统一是有利的,虽然具体操作上亦带来一些因官方语通用语太多而不便的缺陷。政府通告、文书和管理行为必以多种语言为媒体,一条新闻得在广播电视中以好几种语言时段来广播,确实也增加了许多麻烦,降低了政府行政效率。而且在选择哪几种本土语为官方语通用语方面,也常常引起一些矛盾冲突。正是由于上述原因,目前大多数国家都维持了英、法、葡语为官方语、共同语的状况。总体上看,当代非洲各国在语言政策方面所普遍实施的以英、法、葡语为官方语或共同语言的做法,在推进国内一体化进程、淡化部族政治与部族文化色彩,加强国内的联系沟通方面,是有积极而重要的作用的。虽然这并不排斥在不会导致国内分裂或对抗发生的情况下同时倡导使用非洲本土的语言。况且,随着非洲国家自主文化的逐渐发展,欧洲语言更多地仅仅只是一种信息媒体和交往工具,而其殖民文化的色彩却逐渐消退,正如非洲学者所说,今日非洲的"英语文学",指的是"用英语写作的非洲文学",而不是"英国的文学"。①

第五,用文学艺术、诗歌小说和电影电视的创作活动来促进统一国民文化的建设和发展。20世纪的现代非洲文学艺术,从诞生之日起便形成了关注民族命运、关注现实社会问题的文学品格与艺术传统。非洲的诗人和小说家们在30—50年代曾经以唤起非洲民族的自我意识、倡导独立自尊的非洲精神而为非洲的自由解放作出过重要贡献。60年代非洲各年轻国家创立后的最初年代,非洲本土文化与西方外来文化的冲突依然是非洲小说和诗歌的基本主题。以尼日利亚为例,当时有重要影响的诗人和小说家,如伊格博族的阿契贝、奥吉格博、艾克西文,约鲁巴族的索因卡,伊卓族的克拉克、奥肯拉等,他们的作品大多以本部族的社会生活为背景,生动地描述了非洲古老的文化传统在欧洲文化和现代都市文明冲击下发生的混乱和破坏。当时,文学的主题是试图整合非洲文化与欧洲文化而为新国家建设起一种新型非洲文化。但是,随后不久这些年轻国家内部日益严重的部族文化冲突使非洲各国的文学艺术趋向及关注主题逐渐发生转换。这种变化在尼日利亚尤其具有特殊的意义。这个在60年代初曾以非洲文化艺术中心而呈现文化发展勃勃生机的国家,建国仅6年就爆发了大规模的部族战争"比夫拉内战",这场部族战争不仅给这个国家造成灾难性后果,而且对于这个国家的文学艺术家们来说,这场灾难还有一层更撼动心灵的悲剧色彩,因为在这场战争中,这个国家当时的大多数著名作家和诗人都被席卷了进去,并成为这场无谓战争的牺牲品。索因卡被部族仇恨投入监狱,而奥吉格博这位1960年达喀尔首届非洲艺术节上夺得桂冠的诗人则战死在这场部族战争的战场上。"比夫拉内战"给尼日利亚和整个非洲知识界以巨大精

①　Asebisi Afolayan, *African Languages and Literature in Today's World*, Lagos, 1982, p.190.

神震动,"特别是奥吉格博之死被看成是非洲不幸的象征在旧式的部族争吵中毁灭它最美好的东西。"①这场战争过后,这个国家政治方面的统一和部族文化的整合融汇问题日益引起敏感的文学艺术家们的关注。阿契贝丢下了长篇小说而改写诗歌《小心啊,心灵的兄弟》,克拉克以长诗《横祸:1966—1968 年的诗歌》表示他对于这场疯狂而失去理性的部族战争的绝望情绪。索因卡则在《不平常的日子》、《狱中纪实》等小说中揭露部族战争的非理性疯狂和罪恶,倡导国家实现部族和解与人民的团结。这以后,反对部族主义,追求国家的团结就一直成为了尼日利亚以及许多非洲国家的文学艺术家们持久关注的重大主题。这些文学艺术家们为当代非洲各国的民族文化发展、为统一国民文化的建设作出了独特的贡献。

# 四、国家文化建构特点

50 多年来,非洲国家的国民文化体系逐渐获得了培育成长。为促进国内民族一体化进程,构建统一的国民文化体系,非洲各国独立后都大力加强了对于非洲历史文化的研究,发掘民族传统精神财富和历史文化资源以作为新国家文化建设的基础。

从整体上说,非洲大陆摆脱西方殖民统治和独立主权国家的建立,为非洲文化的全面复兴与自主发展开辟了广阔的道路,20 世纪 60 年代以来,非洲各国的民族文化事业都有各具特色的发展,有些国家在当代非洲文化发展进程中还占有独特的地位。比如,尼日利亚的非洲历史学研究,塞内加尔的非洲文学艺术研究,坦桑尼亚和肯尼亚的非洲考古学和人种学研究,布基纳法索的非洲电影创作,马里的非洲口传文学研究等等,都享有世界的声誉和很高的水准,不仅为非洲文化在当代世界的传播,而且为提高非洲在当代世界文化体系中的地位起了重要作用。更重要的是,这些由当代非洲独立国家的知识界学术界发展起来的非洲历史学、文化学,它那种富于个性特征

---

① 伦纳德·克莱因主编:《20 世纪非洲文学》,北京语言学院出版社 1991 年版,第 162 页。

和自主尊严的非洲民族文化学派,为各年轻国家创立自己崭新的当代民族文化提供了巨大的精神动力和坚实的民族自信。

从外部世界寻求各种各样的政治文化思潮和意识形态理论并对其加以改造,进而形成种种在本国被尊奉为官方统一理论、治国精神的政治文化思想体系,是当代非洲各国用以构建统一国民文化体系的另一种普遍而重要的特点。在这个过程中,形成了众多的在非洲各国流行一时的思潮,诸如加纳的恩克鲁玛主义、坦桑尼亚的尼雷尔主义、塞内加尔的桑戈尔主义、赞比亚的卡翁达主义、肯尼亚的肯雅塔主义、科特迪瓦的博瓦尼主义等等。这些思潮,大多混杂着众多的成分,有传统的,有现代的,有本土的,有外来的,混杂成一体而在时间上或长或短、程度上或深或浅地一度成为这些国家的一种官方体系官方思想,成为国家的统一精神象征。这些官方思想或官方理论虽然内容上形形色色,常常也不成体系,但是,它们都曾作为在本国广泛遵循的统一思想或治国方略,作为支配民众思想的意识形态或文化观念而享有官方学说的地位。事实上,对于这些思想的倡导者来说,许多时候这些思想的具体内容怎样并不是最重要的,重要的是每个国家的领导人都需要有一种从思想观念上将全国民众统一起来的思想理论,有一种官方的学说来作为统一国家的精神纽带或全国一致性的旗帜,并加以反复宣传灌输,形成强有力的刺激信号和潜移默化的社会共识心理,使国家观念、国民意识、政府权威感在那些世世代代只有狭隘的地方部族意识的广大民众中获得确立。这是一种现代国民文化的独特塑造方式,无论是恩克鲁玛主义、尼雷尔主义、卡翁达主义、桑戈尔主义,还是肯雅塔主义、博瓦尼主义,是激进或是温和,是倾向西方自由主义或是倾向东方社会主义,它们更多的时候是被这些国家的领导人力图用来作为一种象征国家和政府权威的民族主义国家学说、作为一种超越传统部族文化范畴的统一国民文化体系的基础来发挥作用的。

当代非洲国家国民文化是在政府的直接推动下发展起来的,各国的发展并不平衡,目前的成就也是不稳定的。由于非洲各国独立后,普遍以国家和政府权力来推动国家的政治经济与文化发展,导致国家与政府权力日益扩张膨胀,占据了国家生活的核心位置。这一发展进程,也使当代非洲逐渐成长起来的国民文化普遍被赋予了浓厚的泛政治色彩。①

这样一种发展模式,对当代非洲各国发展进程的影响也是复杂而矛盾的。

当代非洲国家统一国民文化的建设之所以普遍借助于国家和政府的政治权力,一个重要原因,在于它们对统一国民文化的追求,难以遵循世界其他国家的道路,比如像西方国家那样通过近代资本主义经济的兴起与全国市场体系的建立,经由国内经济生活的统一而导致民族一体化和统一国民文化体系的形成。非洲是在尚不存在经济、社会与文化一体化的情况下就创立国家和建立政府,然后依靠政府的力量、借助国家的权力来推进国家的社会、经济、文化的一体化。也就是说,在西方,国家是民族文化一体化的结果,而在非洲,国家则是用以实现民族文化一体化的工具。当时,非洲各国的现代资本主义经济发展水平还很低,私人资本规模小,不存在成熟发达的国内经济联系和市场机制,自主性的民间力量和社会力量及私人经济力量是十分弱小的。如果只是依靠私人、民间和社会自主性经济的发展来形成全国统一经济联系和市场体系,并以此来实现国家的一体化和同质国民文化体系的形成的话,这个过程将十分缓慢和漫长。对于当时非洲各国领导人来说,他们觉得他们唯一可以利用和凭借的力量与工具,便是国家权力、政府权力。他们普遍地采取了迅速扩展政府机构、扩大国家权力系统的做法,由国家和政府来对社会生活的各个方面各个领域都进行旨在增进国民文化一体化的控制和干预,力图以人为的有组织的力量来加快民族一体化与国民文化建立的过程。而这,或许正是各种"非洲社会主义"在当代非洲流行一时的重要原因。

# 五、非洲社会主义

在当代非洲国家为促进国内民族一体化进程、构建统一国民文化体系

---

① 刘鸿武:《黑非洲文化的现代复兴与统一民族国家文化重构》,《历史教学》1993年第10期。

而广泛寻求世界上各种政治文化理论和意识形态帮助的过程中,大多数黑非洲国家的领导人,都曾普遍的表现出对东方国家社会主义的明显偏好,并形成了各种混杂非洲传统文化和东方社会主义意识形态的政治思潮"非洲社会主义"。"非洲社会主义"既是一种观念、思潮,同时又是一种现实的政治经济运动。这些形形色色的被称为"非洲社会主义"的政治思潮与意识形态的广为传播流行,众多国家宣称举行社会主义制度并实施大规模的政府控制的国有化与计划经济体制,是当代非洲政治经济演进一个突出现象,同时也是当代非洲文化发展进程中一个最值得关注的基本特征。

　　社会主义在当代非洲各国的流行并非偶然,我们可以从许多方面来加以分析。[①]　在这里,我们将主要从非洲传统文化之特性、从当代非洲各国所追求的民族一体化目标和统一国民文化之构建的角度,对"非洲社会主义"流行的原因及功过得失作些分析说明。我们可以这样说,对大多数非洲国家领导人而言,他们选择社会主义无论是将其作为一种制度、观念、思想,或是将其作为一种经济实践和政治实践,都主要是基于实用方面的考虑。因为在这些国家领导人看来,社会主义能为他们各自国家在当代追求国家一体化和统一国民文化体系时,提供最有效用的观念形态和政体模式。

　　当代非洲各国在追求国家一体化和统一国民文化体系时,基本特点是将国家和政府权力作为推进民族一体化和构建国民文化体系的工具,是以国家和政府的政治权力来推进统一国民文化的建立。因而它需要扩展政府机构,扩大国家权力系统,增强政府的职能,由国家和政府来对社会生活的各个方面进行旨在增进国家一体化的广泛控制、干预、支配或调节。要做到这一点,非洲国家必须要有某种相应的政治观念、意识形态和体制模式来为它们提供理论上或行动上的依据。而社会主义无论是作为一种观念形态的社会主义还是作为一种制度安排的社会主义,在许多非洲国家的领导人看来,都适用于或方便于他们对国家一体化和统一国民文化体系这一目标的追求。社会主义能够为他们运用政府权力和国家政治力量来追求国家的统一政治经济发展目标,能够为他们扩展政府机构、强化政府对整个国家经济

---

①　唐大盾、徐济明、陈公元主编:《非洲社会主义新论》,教育科学出版社 1994 年版,第 2 页。

文化生活各个方面的干预控制等等，提供理论上和制度上便于操作运用的理论支持和体制模式。这应该说是形形色色的社会主义在黑非洲大陆一度广为流行的一个重要原因。

为什么社会主义能满足当时非洲国家追求民族一体化和统一国民文化的实用需要呢？我们说，20世纪初叶先在苏俄出现而后又漫及世界各国各地的社会主义，总的来说可以看成是20世纪人类在探索自身发展前途时所作的另一种不同于近代西方国家一般道路的全新尝试。这种尝试，不仅试图在经济制度和经济生活方面建立起一种非西方市场自由经济的集权式计划体制，而且还试图建立一种以行政权力来推动整个社会机体运行的体制，试图在国家政治的、文化的、观念意识的、社会生活的方方面面都建立起与这种国家控制的计划经济体制相适应相配套的国家文化体制。① 它的基本特点是将国家和政府置于整个社会系统的中心位置上，置于一种万流归宗的特殊位置上，它试图将国家和政府权力作为本国社会、经济、文化加速发展或赶超发展的有力工具。国家权力的高度聚集与运用，正是后发型国家发挥优势而加速发展的最有效工作与手段。

社会主义本身具有的权力集中与政治主导经济与社会生活的结构特征，至少在形式上与当时非洲各国致力进行的以国家和政府权力为主导工具来追求民族一体化和统一国民文化的事业形成了契合，并为各国运用国家权力来干预控制社会生活以加速民族一体化与统一国民文化的发展提供了得心应手的观念、意识形态和制度模式。相反，近代西方的民主自由观念、私人资本主义和私人企业制度，以及分权式的议会民主政体和多党竞选制度，却似乎不合于当时非洲各国的国情或现实需要。因为当时大多数非洲国家的私人资本还太小，力量太分散微弱，靠私人资本、民间企业、市场自发的力量来推进国家的一体化发展是很不现实的。而议会政体和多党制度，在许多非洲领导人看来，它权力太分散，效率太低，远不如集权式的政体和制度那样运用起来便利及有效。② 凡此种种，使得六七十年代非洲在向

---

① 刘鸿武:《论苏联文学发展中的泛政治化倾向》，北京师范大学《俄罗斯文艺》1996 年第 2 期。

② V.C.Ferkiss, *Africa's Search for Identity*, New York, 1966, p.107.

外部世界吸收和选择意识形态和社会制度时,普遍地表现出对东方社会主义的偏好,普遍地乐于接受社会主义的思想和体制安排。虽然说非洲各国在接受社会主义时,都是从自己的实用目的与需要出发,按照他们对社会主义的理解和认识,或增或减地赋予了社会主义许多新的内容、新的变化,其中包括掺杂进去了许多实际上并非是社会主义本身所有而实为非洲自己传统的庞杂内容。在这个意义上,我们可以说当代非洲大陆上流行一时的那些社会主义,无论是观念上的还是实际制度上的,都已不是严格意义上的社会主义,既不同于马恩经典作家所说的社会主义,也不同于苏联东欧或亚洲国家的社会主义,我们只能将其泛称之为"非洲社会主义",一借社会主义之名而追求的"非洲民族主义"。虽然"非洲社会主义"这个概念也还十分笼统,其内部所包含的类型、流派形形色色,差异极大,甚至许多方面完全矛盾相反,有诸多自称或他称的所谓"科学社会主义"、"民主社会主义"、"伊斯兰社会主义"、"村社社会主义"、"人道社会主义"等等,但若撇开这些往往只是形式上的,只是写在宣言上或宪法上而且变幻不定的差异不论,所有这些国家在运用国家和政府权力来对社会生活的方方面面加以控制干预这一点上,却都几乎是一样的,最多只有控制干预的强度和范围上的差异而已。

正是从当代非洲所普遍面临着追求民族一体化和构建统一国民文化这一历史任务的背景上,我们可以看出社会主义在当代非洲大陆一度广为流行的深刻缘由与动因。20 世纪 60、70 年代在非洲许多国家流行的种种社会主义,作为一种政治思潮或意识形态,它可以充任官方的政治学说而成为各国追求统一国民文化体系的理论基础,它可以为各个国家在构建自己的统一国民文化时提供一个基本的框架,并最终使之成为各个国家聚合其国内各部族的一面精神旗帜,正如"尼雷尔主义"之于坦桑尼亚、"恩克鲁玛主义"之于加纳,这些"主义"都成为或一度成为了这些国家在国际上显示自己作为一个统一国家实体而存在、在国内聚合其人民为一体的统一旗帜或精神象征。"坦桑尼亚是什么,是尼雷尔主义",①这便是新兴国家确认自我

---

① 　F.Hill, *Ujamaa in Tanzania*, Lagos, 1980, p.10;A.A.Nwankwo,*National Consciousness for Nigeria*, Enugu, Nigeria, 1985, p.28.

个性、界定自我身份(Identity)的一种典型的当代非洲文化发展模式。

# 六、非洲国家主权的存失

在 20 世纪的世界各殖民地半殖民地的不发达民族或地区争取自我发展和权利的进程中,似乎没有哪个地区像黑非洲这样面临着从文化上确认自我个性的特殊任务。当其在独立之前的 20 世纪上半叶的时候,为了动员起人民反对西方殖民统治及其文化同化,它需要从文化上回答"非洲是什么"这样的民族主义问题,需要从文化上说明非洲的个性、存在、权利和价值,用以清除白人种族主义及歧视非洲的种种谬论。而当非洲各独立国家创立起来之后,这些新兴国家又需要从文化上为自己的存在和统一提供依据,回答诸如"尼日利亚是什么?""塞内加尔是什么?"等等这样的国家意识与国家观念的问题。

比如说,对于生存在现在已被称之为是"尼日利亚联邦"这个新生国家里的大大小小三百多个有不同语言、宗教、传统和习惯的部族来说,"尼日利亚"是我们全体共同拥有或共同所属的一种命运一种前途或一份共同的财富吗?对于我们大家来说,"尼日利亚人"意味着什么,我们能不能共同聚合成一个新的民族即"尼日利亚民族"?"尼日利亚联邦"这个国家是一种真实的存在,抑或只是一个虚幻的神话?或它只是一个地理概念而已?尼日利亚在其诞生之日起就被这样问题深深困扰着。

同样的,上述这类问题,在当代几乎所有的非洲国家中都程度不同的存在着。对这类问题的回答,各国并不一样,但是许多国家都普遍地在时间上或长或短、程度上或重或轻地借用了社会主义来作为一种解决上述问题的手段或模式。因为这些"非洲社会主义",作为一种观念、思潮或理论,它所普遍包含着的中央集权、思想统一和国有化倾向,可以充任官方的政治学说而成为各国追求统一国民文化体系的理论基础理论依据,而作为一种制度安排经济制度与政治制度,它又便于各国领导人以国家的政治权力进行社会动员和社会控制,便于各国领导人运用政府权力进行社会资源的配置。

建立由政府直接控制掌握的国有企业,采取统一的社会财富与福利再分配,以及使政府机构和公共设施不断膨胀增多。官方学说的反复灌输宣传,国家控制经济和政府地位的权威化,政府官员被赋予国家和民族利益的代言人或代表者的光环与形象而加以尊奉,并取代那些传统部落酋长、地方首领和宗教领袖在人们心目中的地位,等等,所有这一切,都成为黑非洲各国由传统分散的部族社会走向现代民族国家的重要途径或重要手段。正因为如此,即便是像尼日利亚、肯尼亚、科特迪瓦这类被称之为采取资本主义市场经济发展模式的国家,政府和国家对经济与社会的控制,政府官僚机构的膨胀和社会生活方方面面的"泛政治化",也是同样明显的。① 人们常常把非洲那些十分有限的资本主义经济称之为"国家资本主义",之所以冠之以"国家"二字,也无非反映了在这些奉行资本主义经济的国家中,国家与政府对经济所特有的那种控制与影响力。在某种意义上可以说,撇开这些国家在其经济纲领上所宣称的资本主义或社会主义这样名义上的差异不论,这些分别宣称奉行的资本主义或社会主义的发展模式,并没有什么实质上的差别,它们在经济体制、政治之于经济的关系等方面都是一样的。正因为如此,非洲一度流行的种种"非洲社会主义",只不过是一种略加伪装的具有非洲民族主义特点的"国家资本主义",都是在"非洲社会主义"的口号下采取执政的政治权力集团在国家的名义下干预经济和社会的方式,这一政治传统最终在非洲许多国家形成了一个庞大官僚阶层,以及政府对社会生活的全面支配局面。而这一切,却都似乎是当代非洲在其发展的最初阶段上面临国家一体化历史主题时必然要出现的局面。

在这里我们只能说,当历史本身面临着某种必定要完成的发展主题时,人们可以采取不同的解决问题的手段,形成不同的发展模式,这些手段和模式的成功与否、代价大小后人尽可以评说总结,但历史本身提出的这一发展主题却是无法回避无法跳过的。当代非洲大陆这些年轻国家所面临的发展问题之广泛,涉及的方面之多,可谓任重而道远。非洲国家在其由传统部族社会转化成为现代国家的发展进程中,要经历一个特殊的时期,一个特殊的

---

① N.Chazan, *Politics and Society in Contemporary Africa*, London, 1988, p.256.

阶段。从当代非洲各国所普遍面临着的追求国家与民族一体化,构建统一国民文化这一历史发展主题的大背景上,我们可以看出各种形式的社会主义在非洲大陆一度广为流行的深刻社会历史根源和现实动因,看出种种形式的"非洲社会主义"思潮、观念和学说在当代非洲各国文化发展进程中所占据的特殊位置,及它们在各国国民文化统一过程中的独特作用。虽然说,对于当代黑非洲各国这种文化发展进程中表现出的泛政治化倾向,对于各种形式的"非洲社会主义"的流行及实践结果是可以从不同角度来分析评价的。这是当代非洲国民文化发展中充满矛盾的利弊得失混杂交织的一个复杂过程,其导致的消极方面的影响和后果也是十分明显的。比如,国家政治主导一切的格局和政府权力的过度膨胀,使当代非洲各国形成了一个庞大的围绕着国家政府权力来获取财富和资本的"官僚权力资本阶层",①他们借助于政治权力和占据公职对社会财富的过度侵吞,无疑抑制了非洲各国的经济增长。

在当代非洲许多国家,社会生活、经济生活、文化生活的普遍政治化与权力化,使政治权力政府职位成为社会结构中的支配性资源,成为社会一致追逐或崇拜的对象。加上国家政府权力的运作没有规范化、秩序化和法制化的约束而被普遍滥用、侵蚀,最终导致当代非洲一些国家出现普遍而又严重的权力腐败和官僚主义,经济僵化而失去效能活力。

20 世纪 90 年代以后,多数非洲国家为克服这种过于政治化的倾向,开始努力增强市场的活力和企业个人的权利,政治经济改革也进入一个新的时期,然而,对于许多非洲国家来说,国民文化的建构与国家意识的培养这一历史性任务,还远未完成。如何在国家与社会、政府与市场、国家利益与个人自由之间寻求合适的平衡,依然是非洲各国面临的复杂挑战与难题,这也是当代非洲国家发展曲折的基本原因。

---

① N.Chazan, *Politics and Society in Contemporary Africa*, London, 1988, p.256.

# 第十六章　城市文化及个性

非洲大陆既是人类文明的发源地,也是世界上城市文明形成最早的地区之一。早在公元前两三千年,热带大陆的人们已经开始在这块大陆上垒石成墙,导水为池,建造起各种形态的城堡、商站、要塞,逐渐形成了独具特色的热带大陆城市文化。与许多人心目中的非洲只有贫穷、战乱、原始等景象很不一样,其实非洲大陆的城市文化古老而悠久,要比世人想象的复杂和发达得多。

## 一、非洲城市传统及文化个性

非洲的城市发展进程及其文化个性是与这块大陆的自然环境及非洲文明的历史联系在一起的。千百年来,非洲各族人民在这块广阔土地上与自然环境顽强抗争,也利用自然赋予的条件与资源,在大河之畔、雨林深处及沙漠边缘的环境里,建造了各具特色的贸易城市、商业港口与政治城堡,形成了非洲个性的城市文化。这些传承悠远的热带大陆城市,分布于非洲大陆东西南北各地,凝聚着非洲古老的文化遗产,即便是只留下一些断碣残碑,我们也还是可以触摸感受到非洲各民族的悠远历史与精神情感。其中的一些,迄今依然鲜活而有生命,发挥着特殊的功能。有的则已经不胜赤道炎热阳光与雨林之冲刷侵蚀而早已经风化烟消,还有一些则在近代史上被西方入侵者所烧掠毁灭,只留下一些断残遗物默默地记述着当年的不幸遭遇。

非洲的城市文化起源久远且具有多元发生的特点。公元前三千年,古埃及人、努比亚人在尼罗河沿岸发展起来了自己的定居城市,这也是世界史上出现最早的城市文明。在东北部非洲,埃塞俄比亚高原的阿克苏姆帝国构建了自己巨大的城堡,红海沿岸的厄里特里亚通过商业贸易而形成了自己的早期城市。随后,在西非内陆的沙漠绿洲与稀树草原上,出现了加纳、马里、桑海三个撒哈拉黑人帝国,建造帝国曼德人、曼丁哥人及其他族群,在尼日尔河内陆三角洲的两岸和沙漠边缘世界里掘井开渠,砌石成垒,并逐渐将其扩建成巨大的城市。他们还发展起西非内陆农业经济与牧业,建立了他们自己的商路据点,向北方开拓商路,沿商路开发出非洲内陆的沙漠绿洲城市生活。

在西苏丹的乍得湖周围地区一直到豪萨高原,富拉尼—豪萨人各族群使用当地资源,筑城建堡,导水开渠,形成了十多个大小不等的豪萨城邦。这些城邦形成了贯通南北的内陆西苏丹贸易城市,其影响一直延伸到几内亚湾森林边缘地带。在东非沿海,在那蔚蓝色的万里海滨,班图族黑人与外来的阿拉伯人、印度人和波斯人融合而成的斯瓦希里人,在数千里漫长海岸线及附近岛屿上设商站,建城堡,开辟海上交通,形成海洋性的东非城邦文化。其中一些的城镇古堡,迄今还繁荣兴盛。当然,在遥远的南部非洲,班图人在津巴布韦建造的巨石城堡,其规模之宏大、结构之复杂,让世人对非洲古老悠久的城市文明曾有过的发达与成就充满了想象。

近代以后,非洲遭受西方殖民入侵,殖民统治据点、总督府、贸易口岸的基础上,逐渐发展起非洲的现代城市,它们具有明显的殖民地城市与宗主国文化的色彩。

20世纪60年代以后,政治上获得独立的非洲国家,开始建设自己的城市,数十个国家的首都成为非洲最重要的城市。有的国家还建造新首都,如尼日利亚新首都阿巴贾、坦桑尼亚首都多多马,这些新城市新首都在建筑风格与文化个性上多努力追求非洲的民族特色,满足国家发展的需要。

非洲大陆地域辽阔,可以划分成许多次区域。非洲独立以来,非洲寻求统一与一体化的努力一直在向前推进着,除了形成非洲统一组织和非洲联盟这样的全洲性组织外,还在一些次区域的组织,它们大体上是以地理上相对接近的国家组合而成的。这些政治经济上相对联系紧密的地区与国家，其城市的发展也具有某种共同的属性与趋势，从而在非洲大陆形成了一定的城市群落或城市带。总体上看，非洲当代城市形态及其文化形态大体上形成了这样几大类型：稀树大草原与绿洲世界里的传统型城市、西非沿海热带海滨的现代城市、中部非洲赤道与雨林世界深处的城市、东非沿海因印度洋贸易而兴盛起来的蔚蓝色的海洋型城市，还有南部非洲广大世界由黑人文化、欧洲文化、亚洲文化融合而成的色彩斑斓的城市。当然各种类型的城市及其文化总是各有不同又有相似之处，同时随着当代非洲国家政治经济的变革与国际进程的加快，非洲的城市日益受着外部世界的影响，民族个性的消亡也已经是一个普遍存在的问题。尽管如此，当代非洲大陆这些各具形态的城市，依然都是非洲大陆人民创造的物质财富与精神财富的结晶。

## 二、稀树草原与绿洲城市

非洲大陆地域广袤，区域间差异很大，城市的发展与城市文化的形态也有着明显的地域差别。大体上可划分为内陆城市、沿海城市、草原城市、绿洲城市等类型，在西非内陆，很早就发展起来了非洲特色的稀树大草原城市文化与绿洲城市文化。

所谓的西非，习惯上是指非洲大陆西部，北起撒哈拉沙漠南部至几内亚湾，东起乍得湖，西至大西洋的这一广大地区。西非是历史上非洲尼格罗黑人聚集的地区，黑人文化发展较为充分，保存也较完整。

西非地区的地理环境呈带状分布，北方内陆是靠近撒哈拉沙漠的稀树大草原地区，南方是几内亚湾沿海热带雨林地区。从历史文化结构上看，人类学家通常将几内亚湾沿海三大地带称为几内亚文化区，而将北方内陆稀树大草原地区称为苏丹文化区。在内陆苏丹文化区，出现过加纳、马里、桑海等黑人王国及豪萨—富拉尼人建造的城邦国家。杰内、廷巴克图、加奥、索科托、扎里亚、卡诺等城市是这一地区古代传承下来的城市。

西非内陆地区城市的兴盛是与撒哈拉商路的繁荣联系在一起的。公元

6世纪以后,阿拉伯商人将骆驼引入非洲后,联结热带非洲与北非的撒哈拉商路得以开通。到11世纪,西非地区已经形成一个纵横交错的撒哈拉商路网。撒哈拉商道促进了西非内陆沿途城市的形成,加奥、卡诺、廷巴克图、杰内、通布图等商道城市都是这个时期逐渐发展起来。

历史上,西非内陆城市的经济主要是从事黄金、奴隶、盐和其他非洲珍贵特产的输出。随着撒哈拉商道的形成与城市的兴起,阿拉伯伊斯兰教逐渐传入西非地区,伊斯兰文化与黑人传统文化融合在一起,使这些西非内陆城市形成了独特的城市文化,一种具有非洲黑人文化与伊斯兰阿拉伯文化融合形态的城市文化。这些城市的突出建筑特点是那些具有非洲建筑特点的"木桩清真寺"。这些清真寺耸立在开阔在热带稀树大草原旷野上,厚厚的土城墙壁上插着一排排长短不一的木桩,远远望去有一种飞动的感觉。木桩清真寺高低不一,多呈长方形,有的上面还建有塔楼,高数十米。在热带大陆烈日阳光照耀下,黄昏时分的木桩清真寺,自有一份苍凉悠远的庄严。每过几年,人们需要架起高高的脚手架用泥浆翻修维护。这样的清真寺曾广为分布于西非内陆各古城。

内陆城市多是非洲古代黑人政治经济的中心,或是人口密集的地区,历史上,杰内、通布图、廷巴克图、加奥、卡诺、索科托等城市都是非洲黑人文化与阿拉伯伊斯兰建筑文化融合的典型。

非洲内陆撒哈拉沙漠深处和其边缘地带,非洲各族群发展了能在热带沙漠戈壁世界里生存的绿洲城市。今天西非内陆的尼日尔首都尼亚美、乍得首都恩贾梅纳,气候十分干旱炎热,但因为有水源,依然形成了郁郁葱葱的绿洲城市文化,城里的建筑多用白色厚墙建造而成,有很好的隔热作用。如被称为"半岛之城"的博尔,位于乍得湖东北岸一个半岛上,是乍得湖省首府。博尔城的民居建筑体现了当地的文化与智慧,城里那些大大小小的圆形屋,形状别致。这些圆屋高5—8米,底部宽数米,人们用泥草混合的材料筑起厚厚的墙,在房屋高处建有通气口,由于墙壁厚重且设计合理,隔热性能好,人居其中,即便是炎炎夏日也得有清凉居所。当地居民主要依靠渔业和湖盐开采为生,过去十分封闭,目前已经有公路通往首都恩贾梅纳。

# 三、几内亚海湾城市

西非几内亚沿海属热带雨林气候，历史上曾是一些黑人王国，如今尼日利亚境内的贝宁王国、今加纳到贝宁一带的阿散蒂王国等黑人国家。虽然西非几内亚湾已经与北方稀树草原的黑人国家有了贸易联系，并与北非阿拉伯世界有间接交往，但几内亚海湾的黑人文化一直保持着传统的特点，基本上没有受到北方伊斯兰文化的影响。18 世纪的贝宁文化曾十分繁荣，贝宁古城也达到很高的发展水平，但在 19 世纪末被英国人烧毁。

欧洲人从 15 世纪起开始入侵西非地区，他们在西非沿岸建立了一系列商站、据点，从事罪恶的奴隶贸易、掠夺这里的黄金、象牙，并把这些沿海分别取名为黄金海岸、象牙海岸、奴隶海岸、胡椒海岸等。18 世纪后，欧洲人逐渐在此开辟移民据点，建立殖民统治，西非内陆通往北方的长途贸易逐渐衰落。随着内陆城市陷入衰落状态，沿海地区开始兴起一些殖民地据点与贸易港口发展而来的城市，西非的经济文化重心逐渐由内陆转移到沿海。

随着西非沿海地区逐渐成为欧洲主导的大西洋贸易体系的一部分，西非现代经济形态开始出现，沿海城市的发展逐渐加快，拉各斯、洛美、波多诺伏、蒙罗维亚、弗里敦、达喀尔、班珠尔、科纳克里等，都是近代以后在西非沿海出现的殖民地城市。这些沿海城市，是殖民主义者在西非地区进行奴隶贸易、掠夺资源而建立的。城市的建设与功能，受着宗主欧洲城市布局与建筑风格的影响，并结合了非洲本土文化与气候环境的制约，形成了欧洲风格与非洲本土元素结合的西非沿海殖民地城市文化形态。

今天，沿岸城市多为西非各国主要的经济贸易中心，也多是西非沿海国家的首都。这些城市因面向大西洋，交通便利。气候湿润，热量充足，有较好的发展基础。比如塞内加尔的达喀尔、利比里亚的蒙罗维亚、尼日利亚的拉各斯、多哥的洛美、加纳的阿克拉、科特迪瓦的阿比让等，都不仅是大西洋航线上的重要中转海港城市，也往往是西非的工业、金融、贸易和服务业中心。当然，它们也形成地区的特色而有所侧重，如塞内加尔的达喀尔是西非的海运中心,拉各斯是西非的金融中心,洛美是西非的会展中心。

西非沿海地区的现代城市在当代发展较快,人口增加迅速,交通拥挤严重,基础设施建设水平低,管理也比较混乱。如尼日利亚的海港城市拉各斯,它曾是尼的首都,因人口急剧膨胀,犯罪率高,生活成本高,尼政府最后决定将首都迁往北方内地的阿布贾。不过,今天拉各斯依然是西非最大的都市,人口号称已超过一千万,其中有大量来自西非内陆和周围各国的非法移民,贫民窟成片相连,与现代化的跨海大桥、摩天大楼形成强烈对比。

在近代欧洲殖民统治时期,西非地区已经进入现代开发阶段,早期的铁路多为当年西方殖民者为掠夺内陆资源而建,一般都是由沿海港口直通内陆资源地,因而铁路都是从沿海向内地纵向连接。直到今天,西非地区的横向的铁路网也未建立起来,这影响了沿海城市及铁路网发挥辐射效应。今天,西非的沿海城市比较明显的体现了当代非洲城市发展中的问题,如内陆传统城市与沿海现代都市的二元结构分立,两者间缺乏有机联系与交往,发展差异大。许多城市人口密集,贫困现象严重,犯罪率高,生活环境差。

# 四、中部非洲热带雨林城市

在热带雨林深处发展起人类的文化与文明,是非洲大陆各族人民的一大贡献,也是非洲在应对自然恶劣环境下勇气与耐力的体现。这方面,非洲人的创造也体现在热带雨林城市文明的创造方面,其中以巨大的刚果盆地的黑人城市文化最为突出。

刚果盆地位于非洲中部,这是一块巨大的热带雨林世界。刚果盆地的热带雨林西起大西洋沿岸,向东延伸数千公里直抵东非大裂谷边缘,南北间最宽处也有一千多公里,总面积达 200 万平方公里,是世界上面积最大的热带雨林,被称为地球生态环境得以良性循环、完成吐故纳新的"呼吸之肺"。

刚果盆地是非洲文化结构中一个相对独立的区域,这一区域从喀麦隆和加蓬开始,包括整个刚果河扎伊尔河流域在内,并直到安哥拉北部的热带雨林地区,并以巨大的刚果河盆地为中心地带。这一地区因赤道从中部穿越,巨大而支流纵横密布的刚果扎伊尔河的丰富的森林资源和水量,使这一地区构成了除南美亚马逊河流域之外世界上热带雨林气候和生态特征最为典型的地区。历史上,这一地区的人类文化是以班图尼格罗黑人的迁入和随后的开发经营而形成的,这是一种以班图人为主体,星散有一些土著的俾格米人的热带雨林文化。

从班图黑人文化的角度来看,刚果河盆地热带雨林文化可称之为班图文化的西支,或西班图文化。处于巨大的刚果河盆地和刚果河各支流附近的这种东班图文化,历史上最大的特点是它严重的封闭性。巨大而茂密的热带雨林不仅极难穿越通行,而且要建立大范围的政治与社会组织也是很困难的。因而历史上刚果河盆地和热带雨林流域内的班图族黑人,始终处于分散的小规模部族群体,社会机体的发育程度很低。虽然班图人南迁后带来了冶铁技术和早期农业开发了热带雨林地区,形成了星星点点的种植根块作物的粗放原始的锄耕农业,但却一直处在一个较低的发展水平上。只是到了15、16世纪,在刚果河中下游和支流宽果河流域,才出现了有一定规模的部落联盟组成的小王国,如刚果王国、库巴王国等。在文化上,刚果文化区与几内亚文化区都是十分相似的,都有着热带雨林黑人文化的许多特征,没有成熟的畜牧业文化传统,极少饲养牛等大牲畜。在聚落景观方面,刚果文化区大多数是三角形屋顶的长方形土屋。刚果文化区封闭性的另一方面是它与外部世界的隔绝状况。历史上,无论是从北方撒哈拉方向南下的阿拉伯人还是从尼罗河上游流域而来古埃及人和埃塞俄比亚人,还是从东面印度洋上来的阿拉伯人和印度人,都不曾有能力进入这一刚果河巨大盆地的赤道雨林地区,因而这一地区历史上几乎完全没有受到外部世界文化的影响,包括伊斯兰文化和北非文化的影响。这种封闭性使刚果文化区的黑人文化有着典型而又纯正的班图族黑人传统文化的特征,其土著音乐、艺术、舞蹈、雕刻都有浓厚的黑人文化气氛。

历史上,班图各群族在这巨大的刚果盆地及其四周的热带雨林世界里,开发森林,平整土地,建屋立柱,形成了具有地区特色的非洲热带雨林城市。但热带雨林对人类生存的挑战与压力是多方面的。一方面,热带雨林里各种病菌滋生,于人类危害较大,传播严重,有规模的人口聚集往往会伴随流行性疾病的爆发,因而历史上这一地区的城市往往比较小。二是热带雨林构成了人类迁徙交往的巨大障碍,地区内的交通一直十分不便。只是到了现代以后,随着人类现代医学技术的进步,热带病防治手段明显提高,人类才可以在热带雨林的世界里建立规模较大的现代城市,中部非洲热带雨林的城市多是 20 世纪以后才逐渐发展起来的。

绿色生态环境构建了中部非洲城市文化的基础。今天,这一地区的主要城市有雅温得、恩贾梅纳、利伯维尔、布拉柴维尔、班吉、金沙萨、杜阿拉、基桑加尼、马塔迪、黑角市、恩卡伊市等。这些城市多集中在河流两侧,依靠河流提供城市用水和交通通道,因处于热带雨林世界,多有发达的伐木业和木材加工业。

热带雨林城市靠着热带雨林丰富自然资源的养育,有独特的优势与发展潜力,人们在适应热带雨林的前提下发展起现代都市。如被称为"花园之城"的布拉柴维尔,它的城市位于刚果河(扎伊尔河)下游北岸,隔河与金沙萨相望。这里四季常青,芒果、椰子成行成队,绿荫如盖,有花园城市之称,但由于地势较高并受河流的影响,早晚较凉爽。布拉柴维尔城建于1880 年。1904 年成为法国赤道非洲的总督驻地。今天这是非洲热带雨林世界中最重要的城市之一。城市的总体布局井然有序,房屋造型多呈欧洲风格,但又具有开敞、轻巧、简洁、明快的热带建筑特点。市政府、邮电局、圣安娜车站、高等师范学校、医院等都是热带非洲城市的典型建筑。

喀麦隆首都雅温得,位于赤道附近,但地势较高,有着热带雨林气候的一般特点,但相对凉爽。它的城北建筑有伊斯兰都市风貌,城南是现代欧城建筑,郊区则保留着简陋的传统黑人村落茅屋。

# 五、东部非洲海岛城市

东非城市的魅力是它湛蓝色的天空与海滨,风帆点点的港口与古老的城市遗址,还有它融合亚非欧风格的城市建筑群落。

东非的城市有久远的历史。在今天的非洲大陆东海岸,北起索马里的摩加迪沙,南至莫桑比克的索法拉,万里海岸线及附近岛屿上,还分布着一系列文明积淀厚重、富于海上贸易传统的古老城镇,如蒙巴萨、翁古贾、达累斯萨拉姆、巴格莫约等。这些城市,是非洲历史上面向外部世界而形成的蔚蓝色海洋文明——斯瓦希里文明留存下来的珍贵遗产,今天也还发挥着重要的经济、文化、交通的功能。

东非地形以高原为主,大部分处在海拔 1000 米以上,是全洲地势最高部分。因地势较高,大部分地区气候比较温和,不像赤道非洲与内陆非洲那么炎热。东非有著名的大裂谷与大湖带。东非大裂谷与大湖带纵贯东部非洲的南北数千公里,谷地深陷,形成许多湖泊与河流,峡谷地势变化巨大,有的地方低洼的盆地,开阔达两三百公里,有的地方两边陡崖壁立,形成险峻的山势。大峡谷沿线有许多火山,最著名的是乞力马扎罗山与肯尼亚山。

东非蔚蓝色的海洋城市文明是与环印度洋贸易圈的繁荣兴盛密不可分的。从 7 世纪末开始,伊斯兰文化通过撒哈拉长途贸易网络传播到东非。最初来到东非沿海的阿拉伯人,迷上了这片蔚蓝海洋包裹的沙滩与土地,在这里建立了一连串印度洋边如珍珠般的城邦。这些城邦的发展得益于海洋贸易。在长期的交往当中,东非班图族黑人文化与外来的阿拉伯文化、印度文化融合,形成了具有商业城邦文明特征的斯瓦希里文化。13—15 世纪,斯瓦希里文明达到了鼎盛时期。印度洋给予了东非人宽阔的视野,也滋养了他们乐观的心态,人们性格开朗,能歌喜舞。在阳光海岸下,他们黝黑的皮肤、灿烂的笑容和洁白的牙齿,构成了一幅快乐城市生活的画卷。

东非沿海城市达累斯萨拉姆、内罗毕、蒙巴萨、坎帕拉、摩加迪沙、翁古贾等,多有悠久的历史传统,是撒哈拉以南非洲重要的旅游开发区。位于桑给巴尔岛上的翁古贾,也称为"石头城",是东非海滨城市的代表。这座城市吸引世人的地方,是它较好地保留了许多精美的历史建筑,体现着东非文化的特点。古城许多建筑存留下来的有圆拱门楣的木门,是用非洲坚实的柚木(乌木)雕制而成,被称为"桑给巴尔门"。从制作风格和款式可以窥见当年外来文化对桑岛的影响。圆拱门楣的木门是受南亚风格的影响,而方拱门楣的木门是受阿拉伯文化的影响。多数大门上的铜制尖门钉是效法当年印度预防大象进攻的防御而设,现已成为装饰品和财富的象征。这种门的特点是极坚固牢靠,可耐印度洋热带海洋性气候的风蚀。肯尼亚的海滨之城蒙巴萨已经有上千年的历史上了。当年郑和下西洋时,就是东非经贸繁荣之地。今天,它是肯尼亚滨海省首府。蒙巴萨东临印度洋,是东非最大港口,既是肯尼亚进出口货物的主要集散地,也是乌干达、布隆迪、卢旺达、刚果民主共和国东部和苏丹南部货物的重要出海口。达累斯萨拉姆是坦桑尼亚首都,达累斯萨拉姆在斯瓦希里语意为"和平之港",是坦桑尼亚的第一大城市。这座美丽的东非城市终年布满绿色植物,海阔天空,气候温和,城内有一些保存较为完整的西式及阿拉伯式古建筑,30年前中国在非洲修建的坦赞国际铁路就从这里开始,一直通向1800多公里深处的赞比亚铜带省。

# 六、南部非洲多元融合的城市

通常,人们把赞比亚以南的非洲大陆广大地区都通称为南部非洲。这片土地位于东西两大洋之间,向南一直伸向南半球靠近南极的海洋深处。在其最南端的开普敦沿海地带,已经有小企鹅生存。

南部非洲的地势平坦而开阔,大多数地区都是一望无际、波状起伏的平坦大台地与稀树大草原,加之气候相对温和湿润,其景色在许多地方还有点南欧的景致,当然它的开阔与纵深,却又是南欧不可比的。南部非洲也有一些山脉,主要分布在沿海地带,如南非的德拉肯斯山脉,也属崇山峻岭,高大而险峻。

南部非洲气候凉爽宜人,就人类的居住与生活来说,是十分理想之所。特别是在开普敦一带,气候如北非的地中海气候。在古代,南部非洲班图人及其他民族在这里创造了辉煌的文明。15世纪以后,荷兰、法国、德国和英国的欧洲移民一批批来此开发居住,形成沿海的欧洲移民社会,其城市体现了欧式特别是北欧荷兰的建筑风格与文化。后来,又有许多亚洲人尤其是印度人迁移于此,给南部非洲带来了亚洲文明元素。因而南部非洲的文化与城市都具有多元融合的色彩。

南非本土的班图黑人文化相对发达,他们形成众多的支系,祖鲁人是其中最强大的一支,他们建立过强势的祖鲁王国,在历史上形成了自己的城市文化,有的还达到了很高的水平。

不过,人们对古代南部非洲的历史了解并不完全,其中的津巴布韦石头城迄今还是个不能完全解释清楚的班图人留下的历史建筑遗址。津巴布韦在当地人的语言里是"石头城"的意思。这片古代石头建筑遗址的核心区占地约 1 平方公里,而其遗址相关部分的文物分布区域达到了约 7 平方公里。石头城堡的结构十分复杂,大体可分为上城、大城和谷地遗址三个部分,其核心区域在高处的上城。石头城的建筑物大部分兴起于公元 11—14 世纪期间。这些巨石建筑的建造工艺总体上还比较简单,基本上是用简单雕凿的花岗石垒砌而成,石块简单划一,也不用粘结物,只是堆码在一起。大津巴布韦班图文明遗址的标志物是一种雕刻在石柱顶端的石鸟,这种石鸟也广泛发现于南部非洲许多地区,说明这一文化有着相当开阔的传播地域。今天,石鸟成为了津巴布韦国家的标志。

相对于热带非洲,特别是赤道非洲与热带雨林地区,南部非洲具有较好的自然环境与经济社会条件。总体上,南部非洲各国具有较高的经济发展水平,以南非为中心的区域内交通体系发育完备,大体上形成了网络状的交通体系。南部非洲的城乡关系较紧密,经济一体程度较高,人口流动显明,地区性的经济网络与市场结构逐渐形成。此外,南部非洲各国多有丰富的矿产资源,例如,金、铝、铜、钻石、煤炭等。南部非洲还形成了区域性的旅游经济体系,南非的野生动物国家公园旅游业开发较早,每年吸引着世界各地的游客。

今天,南部非洲有许多特色鲜明的现代城市,发展水平在非洲都是比较高的,如约翰内斯堡、开普敦、比勒陀利亚、哈拉雷、马普托、罗安达等。这些城市的景色开阔而优美,城市周边有开阔的种植园与草场,有的更是森林环抱,河流交织,鲜花簇拥,有着极好的生活环境。

南部非洲特别是南非的现代化采矿业给各国带来了巨大的财富,南非的经济基本上是由这些富矿支撑起来的,形成了独特的南部非洲矿业城市文化。如南非经济首都约翰内斯堡,一两百年来,它依靠兰德金矿及其他矿山的开采而繁荣,周边还有一系列的城市群相连。在赞比亚,以首都卢萨卡为中心,形成了因铜矿带的开发而发展起来的矿业城市。

南部非洲地处印度洋与大西洋航道的中心线上,对外联系与交往有十分优秀的条件,有许多发达的海港城市与航运中心。其最南端的非洲之角"希望之角"也称为"好望角",是联结印度洋与大西洋的关键通道。

不过,南部非洲的城市发育远未完成,也存在许多严重问题。首先是各国间的城市分布不合理,多数城市集中于南非,其他国家城市化水平不高。而南非这个国家因长期实行种族隔离制度,黑人与白人、穷人与富人对立严重,富人区边上就是无边无际的贫民窟区和棚户区,犯罪率高,治安问题严重。种族隔离制度废除后,虽然经济发展较快,但族群关系依然严重,社会矛盾以新的形式出现,今后如何发展,考验着南非的领导者与人民。

# 第十七章　全球化时代的中非文化交流

　　一百多年来,中华民族经历了波澜壮阔的现代复兴与文明再造进程。在逐渐由"亚洲之中国"转变为"世界之中国"的过程中,①中华民族以日益自觉的主体意识在广阔的世界舞台上扩大往来,借鉴汲取世界各国各族之优秀文化与艺术成果以丰富自身,完善自我。伴随着这一过程的推进,中华文化与中华艺术也开始发生波澜壮阔的现代变革与历史转型。

　　但是,由于受时代环境与认知能力的限制,百年来中国对世界的认知了解过程及认知模式,百年来中国人形成的世界观念与世界图景,都有或隐或显之西方主导痕迹或来自西方的支配性影响。在关于人类文明之尺度与历史进程、关于现代性之起源及现代文明的内涵、关于艺术之标准与成长模式等方面,突破了传统"天下观"的中国人,又不知不觉中陷入唯西方马首是瞻的"中西二元论"藩篱内。在相当长的时间中,近代以来走出"天朝中心"观念束缚的国人,在"睁眼看世界"的过程中,其实是将"西方"等同于"世界",将"西方艺术"等同为"标准艺术"或"普世艺术",于不知不觉中让西方形构了当代中国人的"世界图景",包括国人对"何为艺术"、"艺术何为"这些基本概念的认知方式与评判准则,也深深地带上了"由他者建构"或"由西方建构"的时代特征。

　　今天,世界体系与全球格局正在发生另一次重大转型变革。随着亚非古老文明复兴进程的加快,随着发展中国家真正意义的自主发展时代的到

---

　　①　关于中国文明史由"中国之中国"经"亚洲之中国"而向"世界之中国"的三阶段演进,百年前梁启超已有所论及。参见梁启超:《饮冰室合集·文集之六》,中华书局1989年版,第583页。

来及在全球体系中地位的日见上升,人类历史必将跨越近代以来西方主导人类进程这一特定阶段而继续向前推进。历史并没有终结,更不会以西方文明西方艺术为终结之处,历史正在开辟自己新的变革与发展的道路。在这场指向未来的世界格局变革过程中,人类需要在综合而全面地汲取世界各国各民族文化艺术与精神财富的基础上,在综合融汇全体人类精神智慧与文明成果的基础上,探寻重建一条更加宽广、更加开阔的精神与心灵大道,需要努力去重建一个更均衡、公正、全面的真正具有"全球属性"的世界文明新体系。

而这一新的重建世界体系的变革过程中,中国将艺术认知的目光拓展到更广阔遥远的亚非世界,推进中非两大文明在艺术文化、思想理念、观念情感领域的相互认知、交流与合作,无疑具有特殊的意义。① 因为从一个长远的中国与外部世界关系结构变革的大背景上看,与遥远的非洲大陆各族人民建立日益紧密的文化与艺术交流与合作关系,在努力汲取非洲各族各国之文化艺术成果的同时,也努力将中华文化、中华艺术传播于遥远的非洲大陆,并在中非两大文化艺术的融合过程中创造性地拓展出人类当代文化艺术的新天地,正是中华民族在新世纪里全面走向世界、追求民族与国家复兴大业的一个必不可少的努力过程。

# 一、当代中国对非洲文化的初步认识

从各种史料来看,在中国秦汉之前,中非之间尚无来往。秦汉以后,古代中国与非洲有了断若游丝般的间接往来。② 从唐宋起,中非间的直接交往开始出现,相互认知亦逐渐扩大。现代考古学家在东非一些地区发现了大量中国唐宋时期的瓷器,在索马里及坦桑尼亚等地相继出土了唐代钱币。同时,在中国的考古发掘中也显现了非洲文化渗透的痕迹。如在西安出土

---

① 刘鸿武:《非洲研究:中国学术的新边疆》,载《光明日报》2009 年 11 月 9 日。
② [英]巴兹尔·戴维逊著,屠佶译:《古老非洲的再发现》,三联书店 1973 年版,第 218—229 页。

的裴娘子墓中出土了具有典型黑人特征的黑人陶俑。① 敦煌壁画中也有黑人形象的出现。

公元 13—15 世纪,中东和南亚的阿拉伯伊斯兰世界兴盛一时,东非沿海黑人各城邦国家也很繁荣,而中华明帝国的建立也使古代世界的亚非文化交流达到高潮。② 这其中最重要的是公元 15 世纪初中国航海家郑和率庞大船队多次访问东非僧祇国的壮举。在此期间,中华文明与非洲文明之往来堪称繁荣。遗憾的是,当时的中国,尚未在现代世界初露熹微晨光的时候推进自己的全球发展进程,而最终选择了自困于内的锁国政策。16 世纪以后,西方世界快速崛起并大规模向非洲大陆扩张,将非洲置于其殖民体系之控制下,中非关系在近代以后也就进入了冷寂期。

新中国成立以及非洲大陆逐渐演变为一系列全新的独立国家后,中非文化交流开始在新的时代背景下建立起来,一种相互尊重、平等相待、互利合作的新型中非关系推动中非双方在广阔的领域建立起越来越紧密的合作关系。

从 20 世纪 70 年代初到 2000 年中非合作论坛成立的二十年间,中国对非洲文化的认识与研究逐渐推进,出版了许多翻译介绍论著,中国学者自己编著的文献也开始出现。

1982 年出版的张荣生编《非洲岩石艺术》是国内较早介绍非洲岩石艺术的著作,书中讨论了非洲岩石的起源及与非洲古老文化的关系。③ 1986 年张荣生又出版了编译著作《非洲雕刻》,这是国内第一部关于非洲雕刻的图书,介绍了西非古代艺术史、传统木雕、面具及当代 18 个非洲国家的民族雕刻。张荣生以后的一些著作多是对此书内容的扩充完善,如《美洲非洲原始民族艺术》(1987)介绍了非洲的雕像、面具以及古代西非的诺克、贝宁文化;《非洲黑人艺术》(1988)对中世纪的伊费、贝宁艺术以及非洲各族的传统艺术做了介绍;《20 世纪世界美术大系——非洲卷》(1991)是一部专

---

① 杜葆仁:《从西安唐墓出土的非洲黑人俑说起》,《文物》1979 年第 6 期。

② Roland Oliver and Gervase Mathew, *History of East Africa*, Vol.1. Oxford: Oxford University Press, 1963, p.158.

③ 张荣生编:《非洲岩石艺术》,上海人民美术出版社 1982 年版。

门介绍 20 世纪非洲艺术的著作,是其《非洲黑人艺术》一书的拓展,主要增加了当代埃及造型艺术、非洲现代美术、民间艺术、现代艺术家等内容。①

这一时期,中国学者也开始涉及非洲音乐研究领域,最初也是从译介文章开始的。② 1982 年,人民音乐出版社编译出版了加纳学者恩凯蒂亚的著作《非洲音乐》,这是国内较早的一部专门介绍非洲黑人音乐的著作,作者论述了非洲音乐,涉及非洲音乐的文化背景、乐器种类、演出形式以及舞蹈等内容。③ 中国学者的研究也逐渐增加,陈铭道有多篇文章涉及非洲音乐研究,他从民族音乐学角度对非洲黑人音乐的节奏组织原则、乐器等问题进行了论述。④ 对非洲服饰、电影的介绍也开始出现。1998 年湖南美术出版社出版杨阳、马路编译的《非洲民族服饰》,依据非洲不同的地域特征,用手绘插图直观生动地介绍了非洲大陆各族群千姿百态的服饰及文化意义。

1987 年出版的张少侠编《非洲与美洲工艺美术》介绍了埃及和西非地区的古代工艺及当代艺术,作者在前言中提出,非洲艺术具有优秀的传统,对西方现代艺术产生了多方面的影响。⑤ 缪迅编《非洲艺术精品集》(1993)介绍了古代与近代的非洲艺术,讨论了非洲艺术与西方艺术的关系以及非洲艺术的美学评价问题。⑥ 邱秉钧编著的《非洲艺术》(1999)图册介绍了非洲传统艺术和 20 世纪以来的发展情况,他编译的《非洲黑白画艺术》(1996)介绍非洲大陆 20 世纪 60 年代以来的黑白画艺术,还讨论了独立后非洲国家的艺术创作特征。⑦ 梁宇编撰的一些图册介绍了非洲传统雕

---

① 朱伯雄主编,张荣生编著:《20 世纪世界美术大系·非洲卷》,黑龙江美术出版社 1991 年版。

② [加纳]吉·赫·克·恩凯蒂瓦著,冯炳昆译:《交往:音乐在非洲社会中的作用》,《国际社会科学杂志》1985 年第 2 期。

③ [加纳]恩凯蒂亚著,冯炳昆译:《非洲音乐》,人民音乐出版社 1982 年版。

④ 陈铭道著:《非洲音乐的节奏组织原则》,《中国音乐》1992 年第 2 期;陈铭道:《从民族音乐学看非洲乐器》,《中国音乐》1993 年第 3 期;陈铭道、皮全红著:《非洲木琴研究与民族音乐学》,《中国音乐学》1996 年第 4 期。

⑤ 张少侠编:《非洲和美洲工艺美术》,陕西人民美术出版社 1987 年版,第 54—81 页。

⑥ 治贵:《魅力无穷的非洲艺术》,见缪迅编:《非洲艺术精品集》,天津人民美术出版社 1993 年版,第 1—17 页。

⑦ 邱秉钧编著:《非洲艺术的历史和现状》,中国文化部展览交流中心编:《非洲艺术》,吉林美术出版社 1999 年版,第 9—16 页。

刻、民间绘画和现代画派,其中的《20世纪非洲美术》(1997)是一部比较全面地介绍黑非洲现代美术的著作。①

这期间在中国大陆流行较广的编译著作是1994年江苏美术出版社出版的让·洛德著、张延风译的《黑非洲艺术》一书。② 本书介绍了非洲黑人艺术的历史与当代形态,还运用文化人类学的方法提出了一些有关非洲文化的重要理论问题,比如非洲艺术特征、创作观念、黑人艺术家个性、非洲艺术与社会结构的关系。本书中运用大量事实批评了西方长期以来对非洲艺术的漠视与误解,充分肯定了非洲艺术的价值。

对埃及文化的译介一直是中国大陆介绍非洲文化的重点,早在20世纪50年代,国内已有相关译作。进入80年代后,译著作不断面世,总计达20部之多,内容涉及埃及从古迄今的音乐、壁画、纸草画、博物馆藏品、建筑、雕刻、现代艺术等领域。1985年出版的《古代埃及艺术》结合大量图片介绍古代埃及建筑、雕刻、浮雕、绘画、工艺美术。1985年出版的《古代西亚埃及美术》和1992年出版的《埃及艺术鉴赏》分别译自苏联和意大利学者的著作,具有相当的专业水准与观赏性。③ 译自苏联学者的《美术史文选》有3篇文

---

①　梁宇编:《走进非洲艺术宝库》,中国文化部展览交流中心编:《非洲艺术》,吉林美术出版社1999年版,第17—24页。

②　让·洛德著,张延风译:《黑非洲艺术》,江苏美术出版社1994年版。

③　刘汝醴著:《古代埃及艺术》,上海人民美术出版社1985年版。(苏)罗塞娃著,严摩罕译:《古代西亚埃及美术》,人民美术出版社1985年版。[埃]纳吉娃·福阿德著,周玉珠等译:《东方舞后——埃及明星纳吉娃·福阿德传》,漓江出版社1986年版。毛君央编:《古代埃及两河流域艺术精品资料图集》,工人出版社1992年版。(意)利·塞著,陈西中译:《埃及艺术鉴赏》,北京大学出版社1992年版。舒阳编:《古代希腊、罗马、埃及人物图案3000例》,吉林美术出版社1996年版。徐中敏编:《埃及图画精选:墓室壁画·纸草画》,湖南美术出版社1998年版。陈燮君主编:《大英博物馆藏古埃及艺术珍品》,上海画报出版社1999年版。王岚、余大喜编:《埃及雕塑》,江西美术出版社1999年版。梁江、唐启佳等编选:《非洲艺术书系(卷七)埃及》,重庆出版社2000年版。王洪亮、孙玉敏编著:《埃及浮雕艺术》,辽宁画报出版社2000年版。克里斯多福·泰德格著,刘复苓译:《百家建筑之旅——古代埃及、西亚、爱琴海》,百家出版社2001年版。王克友编译:《埃及艺术》,山东美术出版社2001年版。李多编译:《埃及雕塑与绘画》,山东美术出版社2001年版。李多译:《埃及建筑》,山东美术出版社2001年版。王瑞珠编著:《世界建筑史·古埃及卷》,中国建筑工业出版社2002年版。李多编译:《埃及建筑》,山东美术出版社2002年版。高火编著:《埃及艺术》,河北教育出版社2003年版。李建群编著:《古代埃及和美索不达米亚美术》,人民大学出版社2004年版。张石森、岳鑫主编:《原始时代及古埃及艺术》,远方出版社2006年版。冯信群等著:《手绘埃及之旅——画家埃及写生游记》,江西美术出版社2008年版。

章分别介绍了古埃及的肖像、浮雕和壁画、神庙建筑。① 译自英国学者昂纳、弗莱明的《世界美术史》(1989)涵盖地区广泛,涉及了一些比较深入的问题,本书一开始就提出:"在两百多万年以前的中非和东非就出现了手工操作技术史,它代表人类征服自然的开端",书中还介绍了西非古代艺术及非洲黑人面具对西方现代艺术家的影响。② 总体上看,这一时期国内介绍非洲文化的编译著作,内容多比较接近,编排形式也大体相同。③ 这些著作大都配有大量图片,图片选编各有侧重,但印制技术日见清晰精美,不少著作还配有原作者或中译者撰写的研究性导论。

除著作外,从 1978 年到 2000 年的 20 多年间中国大陆报刊杂志上有关非洲文化的文章约有 150 余篇。④ 这些文章中,约有四分之一译介国外学者研究成果,一部分文章是中国学者自己的研究成果,但更多的是通俗性的非洲文化展览观感、出访游记、文化知识介绍性文章。从这些文章的内容来看,这一时期中国大陆对非洲文化的研究总体上还处于译介与初步探讨阶段。不过,中国学者对非洲文化研究所涉及的内容已经十分广泛,诸如传统文化、现代艺术、电影戏剧、音乐舞蹈、铜版画、服饰纹身、割礼习俗,及国别、区域、部族文化都有涉及。若按类型分,则这 150 多篇文章中,关于非洲雕刻的最多,约 40 篇,关于非洲音乐舞蹈的 20 篇,关于非洲服饰的 10 篇,关于非洲电影、现代工艺与绘画的也各有近 10 篇,还有几篇是关于非洲戏剧及艺术家传记的。

整个 20 世纪 80、90 年代,国内众多刊物组织翻译了一大批介绍研究非洲文化的文章,内容涉及对非洲文化的理解方式与评价标准、非洲文化个性,及部族文化、传统观念、宗教艺术、面具服装、人体装饰等。这些译介自

① [苏]阿尔巴托夫等编,佟景韩译:《美术史文选》,人民美术出版社 1982 年版,第 11—28 页。

② [英]昂纳(H.Honour)、[英]弗莱明(J.Fleming)著,毛君炎等译:《世界美术史》,国际文化出版公司 1989 年版,第 13 页。

③ 李淼、马晓宁编著:《黑非洲雕刻》,工人出版社 1988 年版。梁宇编著:《非洲艺术》,上海人民美术出版社 1991 年版。梁宇、张亚宁编著:《黑非洲雕刻》,吉林美术出版社 1999 年版。缪迅、南风编著:《非洲雕刻》,江西美术出版社 1999 年版。

④ 见李彩整理:《20 世纪以来中国大陆非洲艺术文献题录》,载刘鸿武、李舒弟主编:《非洲艺术研究》,云南大学出版社 2010 年版,第 333—356 页。

欧美、前苏联和部分非洲学者的文章,让中国学术研究界比较快地对非洲文化有了一些基本的看法,但也影响了当时中国学术界对非洲文化的认知与理解。① 当时不少关于非洲文化的学术性文章,都是译自前苏联的学者,如《非洲传统雕刻的风格》(1979)、《西非的艺术》(1980),是"文革"刚结束时国内译介非洲文化的重要文章,讨论了非洲传统雕刻的造型特点、艺术价值问题,及非洲艺术对西方现代艺术的影响问题。②《西非的艺术》一文长达近三万字,比较全面地论述了作为非洲艺术基本形态的非洲雕塑的一些基本问题,并讨论了非洲文化的悠久历史及它在世界史上的地位。③《非洲艺术的语言》(1985)是一篇译自美国学者的文章,讨论了非洲艺术的造型特征及其象征意义,提出要理解非洲文化个性,需要多学科的知识与理解,特别需要运用民族学、语言学、美学来把握非洲艺术语言的蕴意。④ 这个时期,一些译介文章还涉及到非洲区域性文化的不同内容,《努比亚古老艺术获得新的历史》(1986)译文介绍了长期不被中国人知晓的今日苏丹境内的努比亚古老艺术,分析了努比亚文化与埃及文化的关联及区别,认为非洲文化的多元性与区域性是一个需要认真对待的问题,"要求人们对非洲古代文化作出新的解释。"⑤

　　不过,在译介的同时,中国学者撰写的研究非洲文化的文章也开始出现,并向专题性领域拓展。程永江的《古埃及美术考古史略》(1979)一文叙述了古埃及美术考古史的进程,及埃及学的最新发展情况。⑥ 如屠而康

---

① 　[美]安·菲希尔著,郑祥、冰冷摘译:《非洲饰物种种》,《浙江工艺美术》,1985(5):56—58;[美]凯瑟琳·戴利著,江坚译:《非洲服装艺术——卡拉贝瑞族着装技巧》,《浙江工艺美术》,1988(2):31。[苏]布勃诺娃,张荣生译:《非洲传统雕刻的风格》,《世界美术》,1979(2):38;[苏]德·奥列德洛格格著,朱奇译:《西非的艺术》,《世界美术》,1980(4):2—13。[苏]布勃诺娃著,张荣生译:《非洲传统雕刻的风格》,《世界美术》,1979(2):38;[苏]德·奥列德洛格著,朱奇译:《西非的艺术》,《世界美术》,1980(4):2—13。[美]沃·罗宾斯著,陈津东译:《非洲艺术的语言》,《世界美术》,1985(3);吉·赫·克·恩凯蒂瓦著,冯炳昆译:《交往:音乐在非洲社会中的作用》,《国际社会科学杂志》,1985(2);[美]伊·蒙罗著,柳柳译:《努比亚古老艺术获得新的历史》,《世界美术》,1986(2)。

② 　布勃诺娃著,张荣生译:《非洲传统雕刻的风格》,《世界美术》,1979(2):38。

③ 　[苏]德·奥列德洛格著,朱奇译:《西非的艺术》,《世界美术》,1980(4):2—13。

④ 　[美]沃·罗宾斯著,陈津东译:《非洲艺术的语言》,《世界美术》,1985(3):64—65。

⑤ 　[美]伊·蒙罗著,柳柳译:《努比亚古老艺术获得新的历史》,《世界美术》,1986(2):55。

⑥ 　程永江:《古埃及美术考古史略》,《世界美术》,1979(1)。

（1981）、孔维（1982）、黄育馥（1982）的对非洲艺术、戏剧、电影的介绍。① 李平清的《试论黑非洲艺术对西方美术的影响》（1983）是国内较早分析非洲黑人艺术对西方现代艺术影响的文章，作者分析了非洲面具对毕加索等西方现代艺术家创作的影响，认为非洲艺术具有重要的现代意义。② 范小平《古埃及新王国及中东同时期墓室浮雕和中国汉画像石刻艺术风格之比较》（1997）一文通过比较分析，论证了古埃及新王国及中东墓室浮雕和中国的汉画像石刻的异同，并试图论证两者具有一定的内在联系。③ 刘鸿武《尼日利亚古代文化艺术史述略》（1999）论述尼日利亚从公元 5 世纪的诺克文化到 18 世纪贝宁宫廷艺术的发展史，认为诺克艺术的意义在于它证明古代热带非洲也有写实主义艺术，"在这个地区确实存在着一条绵延了 2000 多年的以自然主义为基本特征的古老艺术传统。"④

　　文化人类学与非洲研究往往有紧密的关联，在西方学术传统中，"最初的非洲学几乎可以看作是文化人类学"。⑤ 90 年代，一些中国学者开始将文化人类学的理论与方法运用于非洲研究，并译介国外学者的作品。⑥ 如人们开始注意到对非洲音乐的社会文化功能的研究。⑦ 一些著名文化人类学著作相继翻译进来，涉及非洲文化的著述有：1991 年翻译出版美国学者布洛克的《原始艺术哲学》是一部从哲学、美学角度研究原始艺术的专著，作者采用跨文化的方法考察非洲、南北美洲传统民族的面具、舞蹈、戏剧等"原始艺术"，分析了非洲传统艺术的社会文化内涵与审美特质，还论述了西方对原始艺术的批评史，以及非洲艺术对西方现代艺术创作的影响。⑧

---

　　① 屠尔康：《非洲的史前壁画和浮雕》，《西亚非洲》1981 年第 3 期。孔维：《尼日利亚戏剧简介》，《外国戏剧》1982 年第 1 期。黄育馥：《非洲电影的奋斗历程》，《外国文学研究》1982 年第 3 期。
　　② 李平清：《试论黑非洲艺术对西方美术的影响》，《美术》，1983（7）：58—60。
　　③ 范小平：《古埃及新王国及中东同时期墓室浮雕和中国汉画像石刻艺术风格之比较》，《南京艺术学院学报（美术与设计版）》，1997（2）：29—33。
　　④ 刘鸿武、张佳梅：《尼日利亚古代文化艺术史述略》，《西亚非洲》1999 年第 2 期。
　　⑤ 刘鸿武著：《黑非洲文化研究》，华东师范大学出版社 1997 年版，第 13 页。
　　⑥ 刘鸿武著：《发展研究与文化人类学：关于非洲发展研究的一种新综合》，《思想战线》1998 年第 1 期。
　　⑦ ［加纳］吉·赫·克·恩凯蒂瓦著，冯炳昆译：《交往：音乐在非洲社会中的作用》，载《国际社会科学杂志（中文版）》1985 年第 2 期。
　　⑧ ［美］布洛克著，沈波等译：《原始艺术哲学》，上海人民出版社 1991 年版。

此外,马文·哈里斯的《文化人类学》(1988)、博厄斯的《原始艺术》(1989)、泰勒的《人类学——人及其文化研究》(1993)、里德的《艺术的真谛》(1987)和《艺术与社会》(1989)等著作的翻译对推进中国的非洲文化研究具有理论与方法方面的参考意义。翻译的里德著《艺术的真谛》虽然是一部通论性质的美学论著,但涉及布什曼人及其他黑人部族的艺术与宗教,作者还对非洲文化的一些理论问题进行了探讨,如黑人艺术品质、黑人艺术与现代艺术的关系等。① 《艺术与社会》一书探讨了非洲艺术特征与艺术的一般本质,认为黑人艺术虽然是一种泛灵艺术,但同样拥有一切伟大艺术的基本要素。②

在前期大量的译介和分类研究的基础上,进入 20 世纪 90 年代后,国内对非洲文化艺术的研究开始向综合性系统性的阶段推进,中国学者撰写的非洲文化专著开始出现。在这方面,几部代表性著作的出版意义重要。宁骚主编的《非洲黑人文化》是国内第一部比较系统地总结介绍非洲文化的著作,全书的体系安排具有开创意义,较全面地展示了非洲黑人文化基本形态与及类型结构,并对非洲黑人传统雕刻、装饰艺术、音乐与舞蹈介绍作了专门介绍。③ 刘鸿武在 20 世纪 90 年代初从非洲留学回国后,发表了一系列研究非洲黑人文化的文章,④在此基础上出版的《黑非洲文化研究》一书,从非洲文化发展史的整体背景上探讨了非洲文化历史演进的一些重大问题,包括非洲文化的基本结构形态、发展特征、现代意义等。⑤ 李保平的《非

---

① ［英］里德著,王柯平译:《艺术的真谛》,辽宁人民出版社 1987 年版,第 47—56 页。

② ［英］里德著,陈方明等译:《艺术与社会》,工人出版社 1989 年版,第 179—185 页。

③ 宁骚主编:《非洲黑人文化》,浙江人民出版社 1993 年版,第 247—385 页。

④ 参见刘鸿武下述文章:《论黑非文化特征与黑非文化史研究》,《世界历史》1993 年第 1 期;《黑非洲文化发展的若干特征》,《历史教学》1993 年第 1 期;《黑非洲文化的自然环境与区域结构》,《历史教学》1993 年第 3 期;《黑非洲文化之源与古代的多元发展》,《历史教学》1993 年第 6 期;《西方冲出下黑非洲文化的近代变迁》,《历史教学》1993 年第 7 期;《黑非洲文化的现代复兴与民族国家文化重构》,《历史教学》1993 年第 10 期;《论黑非文化研究对云南民族文化研究的启示》,《思想战线》1993 年第 2 期;《论当代黑非洲国家现代化发展进程中的文化发展主题》,《亚西非洲》1996 年第 1 期;《关于"非洲传统文化与现代化"研究的若干问题》,《西亚非洲》1996 年第 3 期;《论当代黑非洲的部族文化整合与国民文化重构》,《西亚非洲》1997 年第 3 期。《世界艺术史上的奇葩——非洲黑人造型艺术》,《中外艺术》1999 年第 11 期;《非洲撒哈拉南部黑人的成年人仪式》,《民族艺术研究》1998 年第 4 期。

⑤ 刘鸿武著:《黑非洲文化研究》,华东师范大学出版社 1997 年版。

洲传统文化与现代化》是一部专题性的非洲文化研究著作,旨在通过对非洲传统文化的研究,来分析非洲黑人传统文化与当代非洲各国社会经济与现代化进程的复杂关系。① 艾周昌主编的《非洲黑人文明》一书对非洲黑人文化的介绍更为全面,涉及了非洲黑人文化的众多领域,包括非洲区域性文明,雕塑、音乐舞蹈、人体装饰艺术,尼罗河中上游的古代艺术、东非的艺术等。② 1999 年黄泽全出版的《话说非洲》对非洲文化有涉及。而 1996 年北京外国语大学博士研究生陈冬云的博士论文《埃及五十至六十年代戏剧及其社会文化职能和价值》是这一时期中国大陆唯一一篇关于非洲文化研究的博士学位论文。

除这些专门研究非洲文化的论著外,20 世纪 80、90 年代,国内出版的一些学术著作从不同的角度涉及到非洲文化,其中一些还具有学科基础理论建构与探讨的意义。③ 如 1982 年出版的朱狄著《艺术的起源》一书涉及非洲岩画、面具、舞蹈等艺术形式,分析了非洲艺术与巫术的关系,作者认为非洲大陆残存的部族艺术可以为探索艺术起源问题提供有用的背景。本书1999 年和 2007 年再版进一步增加了非洲文化内容,论证更为具体。④ 一些研究原始文化的著作也涉及到非洲文化。陈兆复、邢琏著《原始艺术史》(1998)一书介绍了非洲岩画、传统文化、部落面具雕刻。这一时期涉及非洲文化的著作还有:《古今雕塑艺术》(钱海源,1989)、《东方美术史》(范梦,1991)、《东方美术史话》(范梦,1996)、《新编世界艺术史》(史仲文、胡晓林,1996)等。⑤ 邓福星的《艺术前的艺术》(1987)分析了分布在东非、南

---

① 李保平著:《非洲传统文化与现代化》,北京大学出版社 1997 年版。
② 艾周昌主编:《非洲黑人文明》,中国社会科学出版社 1999 年版。
③ 一些非洲通史类著作,如杨人梗的《非洲通史简编》,80 年代初翻译出版的联合国教科文组织编写的八卷本《非洲通史》,90 年代中国非洲史学会组织编写的三卷本《非洲通史》,都程度不等地涉及非洲文化内容。
④ 朱狄著:《艺术的起源》,武汉大学出版社 2007 年版。
⑤ [德]格罗塞著,蔡慕晖译:《艺术的起源》,商务印书馆 1984 年版。[英]赫伯特·里德著,王柯平译:《艺术的真谛》,辽宁人民出版社 1987 年版。[美]马文·哈里斯著,李培茱等译:《文化人类学》,东方出版社 1988 年版。朱狄著:《原始文化研究:对审美发生问题的思考》,三联书店 1988 年版。[美]博厄斯著,金辉译:《原始艺术》,上海文艺出版社 1989 年版。[英]里德著、陈方明等译:《艺术与社会》,工人出版社 1989 年版。

非的史前岩石艺术遗址。①　朱狄的《原始文化研究——对审美发生问题的思考》(1988)论及"原始文化的活化石——现代原始部族的艺术"时,称非洲岩画为"典型的原始艺术",并论证"非洲是世界文明的发源地之一。"②刘锡诚的《原始艺术与民间文化》(1988)、易中天的《艺术人类学》(1992)对非洲文化艺术都有一定的涉及。③　一些学者关注非洲文化艺术对西方现代文化艺术的影响问题,探讨非洲部族艺术对毕加索立体主义艺术的影响,及非洲文化的现代意义及价值。如吕澎的《现代绘画:新的形象语言》一书通过分析立体派艺术家布拉克、毕加索等的创作风格,探讨非洲元素的广泛影响,作者认为非洲艺术"可以作为画家拥有的独特语汇而自成体系。"④朱伯雄主编的 10 卷本《世界美术史》大量涉及非洲文化,编者将非洲艺术编排进"原始艺术"体系中,认为"把史前社会的美术与近代原始民族的美术放在一起研究,把二者统称为原始美术,仍是有足够理由的。"⑤

# 二、中非合作论坛与非洲文化研究

2000 年 10 月中非合作论坛的成立及随后召开的几届部长级会议及峰会,有力地推动了中非政治互信和经贸合作,也使中非人文交流合作获得了快速提升。2006 年北京峰会后,在人文领域推进中非双方交流互鉴被提升到新时期中非合作的战略高度。在此背景下,对非洲文化的研究与交流,中非文明的对话与合作,也开始以一种新的规模和方式向前发展。据不完全的统计,2000 年以来的十年间,中国大陆出版有关非洲文

---

① 　邓福星著:《艺术前的艺术》,山东文艺出版社 1987 年版,第 42—95 页。

② 　朱狄著:《原始文化研究——对审美发生问题的思考》,三联书店 1988 年版,第 578—647 页。

③ 　刘锡诚著:《原始艺术与民间文化》,中国民间文艺出版社 1988 年版。易中天:《艺术人类学》,上海文艺出版社 1992 年版。

④ 　吕澎:《现代绘画:新的形象语言》,山东文艺出版社 1987 年版,第 13 页。

⑤ 　朱伯雄主编,潘耀昌等编写:《世界美术史　第 1 卷　原始美术》,山东美术出版社 1987 年版,第 4 页。

化的中文图书达 30 多部,在各类期刊发表的相关文章约 160 余篇,有关非洲文化的展演、人才培养、国际交流更获得快速增长。随着越来越多普通中国人去非洲经商、贸易、投资、留学,有关非洲的摄影、写生、游记作品的出版物逐渐增多,中国高校研究非洲文化艺术的机构也建立起来,专业人才队伍建设开始起步。

有关非洲文化论著的翻译依然是新时期中国大陆研究非洲文化的重要内容,翻译作品的选择也呈现多样化趋势,少部分是学术性作品,更多的是适应市场需要的大众通俗性图书。2004 年,美国学者苏珊娜·普莱斯顿·布莉尔的《非洲王室艺术》被翻译出版,这部著作内容丰富,有较高学术品位,作者引用大量彩图形象地再现非洲大陆历史久远的王权文化与艺术传统。① 一些欣赏性的翻译作品让中国民众得以感受非洲文化的魅力,如《非洲:辉煌的历史遗产》(2002)、《联合国教科文组织·世界遗产·中部非洲·南部非洲》(2004)、《透过众神的眼睛:鸟瞰非洲》、(2005)、《精彩——非洲艺术与文化》(2009)等。② 这些作品大都形象直观地介绍了非洲历史悠远、内容丰富的文化。通过翻译外国学者的文章,包括葡语国家和法语国家在内的非洲当代电影开始进入中国学者研究的视野,非洲电影的民族文化与时代意义成为人们关注的新领域。③

2000 年以来的相关出版物中,引人注目的是大批有关非洲文化的精美图册、风俗游记的出版,这些出版物虽然不是严格意义上的学术研究著作,但对非洲文化在中国的传播普及而言却有重要的意义。《非洲艺术书系》共 7 卷本,以扎伊尔、尼日利亚、坦桑尼亚、喀麦隆、科特迪瓦、马里、埃及 7 个国家为主,内容包括木雕、陶器、石雕、金属工艺、象牙雕刻等种类,装帧精

① [美]布莉尔著,刘根洪、周师迅译:《非洲王室艺术》,广西师范大学出版社 2004 年版。

② [美]戴尔·布朗主编,史松宁译:《非洲:辉煌的历史遗产》,华夏出版社 2002 年版。联合国教科文组织世界遗产中心编纂,范菲等译:《联合国教科文组织·世界遗产·中部非洲·南部非洲》,海燕出版社 2004 年版。[美]罗伯特·B.哈斯家,蓝纯译:《透过众神的眼睛:鸟瞰非洲》,中国旅游出版社 2005 年版。[美]简·宾格汉姆:《精彩——非洲艺术与文化》,天津教育出版社 2009 年版。

③ 姆比亚·查姆著,吉小倩译:《90 年代非洲电影》,《电影艺术》2001 年第 4 期。马丁·斯托勒里著,犁耜译:《质询第三电影:非洲和中东电影》,《世界电影》2002 年第 1 期。克莱尔·安-沃特金斯著,陆孝修译:《葡语非洲电影:历史和当代的视角》,《当代电影》2003 年第 4 期。曼西亚·迪亚瓦拉,陆孝修译:《法语非洲国家的民族电影和国际电影生产》,《当代电影》2003 年第 4 期。

美、图片丰富。① 编者在前言中表示,希望本书系能够反思西方中心主义对非洲艺术的评价,重估热带非洲文化的价值,并"为读者提供一个视觉接触非洲艺术的机会。"②关于非洲文化的图册著作还有:《非洲民俗民间图案》(田旭桐、侯芳,2000)包括非洲民间刺绣、民间印染、木雕、面具等。《外国图案大系·非洲卷》(张道一、沈斌,2001)收录了大量的非洲岩石艺术、非洲面具与传统雕刻的图案。《世界装饰艺术·非洲卷》(张夫也,2006)介绍非洲装饰艺术,内容涉及古代西非装饰艺术品,以及非洲沿用至今的雕刻、面具、生活用具、首饰、纺织物、人体装饰。《埃及浮雕艺术》(王洪亮,2000)是关于古埃及建筑浮雕的图集,《原始时代及古埃及艺术》(张石森、岳鑫,2006)主要介绍古埃及及其他非洲地区的艺术。中国美术馆编《中国美术馆藏李松山、韩蓉捐赠非洲木雕作品集》、文化部主编《非洲艺术大展》作品集也令人印象深刻。此外,外交部非洲司、外交部钱币协会将非洲53个国家的现行232张纸币和290枚硬币编辑成《非洲国家现行货币图册》一书(2006),这部精美的图集对充满非洲浓郁历史文化与自然风情的钱币文化作了详细的介绍,可仔细把玩赏析。中国学者张荣生新编著的《20世纪世界美术大系——非洲古风》(2001)和《非洲黑人雕刻艺术》(2003)两部著作,分别是1991年出版的《20世纪世界美术大系——非洲卷》和1988年出版的《非洲黑人艺术》基础上修订补充,增加了许多图片,按不同国家介绍非洲艺术,并分析了许多代表性作品。《世界艺术经典——非洲美洲工艺美术卷》(赵莎飞,2006),介绍古代西非、北非、中非、东非的工艺美术,以及木雕、象牙雕刻等工艺美术。《世界艺术经典——非洲美洲建筑赏析卷》(王桂荣,2006)介绍非洲独特的建筑文化,包括现代建筑作品。2000年以来关于埃及文化的图书超过了10部,涉及埃及文化众多领域,其中,《世界

---

① 吕品田、苏冰等编选:《非洲艺术书系·卷一·扎伊尔》;吕品田、苏冰等编选:《非洲艺术书系·卷二·尼日利亚》;梁江、唐启佳等编选:《非洲艺术书系·卷三·坦桑尼亚等》;梁江、唐启佳等编选:《非洲艺术书系·卷四·喀麦隆等》;梁江、唐启佳等编选:《非洲艺术书系·卷五·科特迪瓦等》;吕品田、苏冰等编选:《非洲艺术书系·卷六·马里等》;梁江、唐启佳等编选:《非洲艺术书系·卷七·埃及等》;重庆出版社2000年版。

② 吕品田:《黑色的璀璨——热带非洲艺术的价值重估》,引自吕品田、苏冰等编选:《非洲艺术书系·卷一·扎伊尔》,重庆出版社2000年版。

建筑史——古埃及卷》分上下两部,是一部勾画埃及建筑史的鸿篇巨制。①

2000 年以来,国内出版了多部有关非洲文化研究的著作,艾周昌、沐涛主编的《走进黑非洲》(2001)对非洲传统文化及当代发展情况作了研究介绍。刘鸿武等著《从部族社会到民族国家——尼日利亚国家发展史纲》(2000)从政治发展的角度论述了尼日利亚的文化传统及当代影响;②江东的《尼日利亚文化》通俗介绍了当代尼日利亚文化概况,并有系列尼日利亚文化的文章发表。③ 艾周昌、舒运国主编的《非洲黑人文明》(2008)在 1999年版的基础上出版了修订插图本。④ 刘鸿武的《蔚蓝色的非洲:东非斯瓦希里文化研究》(2008)是对东非斯瓦希里文化历史进程及魅力的专题研究成果,⑤此外,大型工具书《简明非洲百科全书——撒哈拉以南》(葛佶,2000)、《简明西亚北非百科全书》(赵国忠,2000)及《列国志》的非洲各国卷、《走进黑非洲》(梁宇,2000)、《死的世界,活的人心》(陆象淦,2006)、《话说世界:文明的起源和繁荣》(郭豫斌,2006)、《黑色的光明:非洲文化的面貌与精神》(宋擎擎、李少晖,2006)、《多彩的非洲——新华社记者笔下的神秘大陆》(高秋福,2006)等,也从不同角度涉及对非洲大陆与国别文化的介绍。⑥

运用文化人类学理论与方法研究非洲文化得到更多的重视。⑦ 总体上看,早期的人类学者多从人类学角度研究非洲文化艺术,并不顾及其审美意义,而艺术家则从审美角度看待非洲艺术,也不重视非洲艺术的社会文化意义,而将文化人类学方法运用于非洲研究,则能对非洲文化与其社会的关系问题有更全面的认识。⑧ 2004 年翻译出版的人类学家泰勒著《人类学——

---

① 王瑞珠编:《世界建筑史·古埃及卷》上、下,中国建筑工业出版社 2002 年版。

② 刘鸿武等著:《从部族社会到民族国家——尼日利亚国家发展史纲》,云南大学出版社 2000 年版。

③ 江东著:《尼日利亚文化》,文化艺术出版社 2005 年版。

④ 艾周昌、沐涛:《走进黑非洲》,上海文艺出版社 2001 年版。艾周昌、舒运国主编:《非洲黑人文明 修订插图本》,福建教育出版社 2008 年版。

⑤ 刘鸿武、暴明莹著:《蔚蓝色的非洲:东非斯瓦希里文化研究》,云南大学出版社 2008 年版。

⑥ 葛佶主编:《简明非洲百科全书——撒哈拉以南》,中国社会科学出版社 2000 年版。

⑦ 邓和清、曾明玉著:《非洲艺术的艺术人类学研究发展述论——从 19 世纪中后期到 20 世纪中期》,《艺术探索》2008 年第 1 期。

⑧ 方李莉著:《走向田野的艺术人类学研究——艺术人类学研究的方法与视角》,《民间文化论坛》2006 年第 5 期。

人及其文化研究》,通过对非洲布须曼人等土著民族文化形态的描述,来探讨人类文化的起源、成长、变迁的过程。2006 年翻译出版的哈维兰著《文化人类学》、2008 年翻译的格罗塞著《艺术的起源》,也从文化人类学的角度分析了人类的生活方式等各种文化问题,并借用丰富的民族志材料阐释非洲岩石、传统艺术的文化意义。朱狄《艺术的起源》的新版增加了对非洲艺术的历史、影响与魅力的叙述介绍,[1]董欣宾、郑奇的《人类文化生态学导论》(2005)以文化的横向多元理论为基础,对非洲大陆各民族的文化特质及成因也涉及。朱狄著《雕刻出来的祈祷》(2008)探讨了非洲雕塑的历史观念与宗教意义问题,从文化人类学的视角分析世界对非洲艺术的发现过程及其争论。

2000 年以来,一些中国摄影家、画家、艺术家去非洲采风、摄影和写生,并出版了作品。摄影作品如《东非摄影之旅》(吴常云,2006)、《一个中国摄影家和他的非洲朋友》(罗红,2007)、《地球脸上最美丽的伤痕——揭秘东非大裂谷》(邓勃,2008)、《赵学毅非洲摄影作品集》(赵学毅,2008)等。写生作品集如《岳钰非洲写生集》(岳钰,2002)、《手绘埃及之旅——画家埃及写生游记》(冯信群,2008)、《张祯麒版画:非洲掠影》(张祯麒,2005)等。这些作品集不仅向国内展示了迷人的非洲自然与人文风光,也标志着中国艺术家的创作开始受到非洲文化元素的启示与影响。[2]

2000 年以来,国内发表了大量关于非洲文化的文章,涉及非洲文化众多领域,有的文章还专门介绍当代非洲艺术家。[3] 旅居美国的鲍玉珩研究非洲当代艺术,批评西方对非洲文化的话语霸权与狭隘认知。[4] 对当代艺术及电影的介绍是值得关注的现象,陆孝修翻译了系列介绍当代非洲电影的文章。《非洲部落文物与西方现代艺术》叙述了 20 世纪初西方现代艺术家对非洲艺术的移植,文章将大量的非洲雕刻品与西方现代艺术作品的图

---

[1]　朱狄著:《艺术的起源》,武汉大学出版社 2007 年版,第 57 页。

[2]　刘鸿武、李彩著:《认知非洲艺术的意义》,《文艺争鸣》2010 年第 2 期。

[3]　如《在当代世界艺术中寻找一席之地:尼日利亚美术家》、《埃及当代女画家图玛德》、《非洲的经历——南非画家哈塞、奥迪塔和兰格》、《处于躁动和变形状态下的艺术——珍妮·亚历山大作品之思考》等。后两篇介绍的艺术家是欧裔白人。

[4]　鲍玉珩著:《当代非洲艺术概述》,《美术观察》2006 年第 3 期。

片放在一起,使得非洲艺术对西方现代艺术的影响昭然若揭。① 还有文章涉及对非洲雕刻的形式语言、观念、影响、美学价值以及非洲现代民间木雕的研究,《原生的本能、现代的范式——论非洲木雕艺术》一文抨击了欧洲西方中心论者对非洲艺术长期的漠视与误解,从文化学角度分析了非洲木雕的现实主义与宗教观念特点,指出非洲文化具有原生性、艺术性与现代性的特质。②《非洲史前岩画的世俗性审美初探》(2002)分析了非洲史前岩画的世俗性即反映现实生活的审美特征,《非洲原始艺术与欧洲现代艺术》一文通过分析非洲传统艺术、西方现代艺术以及非洲木雕对毕加索等西方现代艺术家创作的影响,探讨了非洲原始艺术(即传统艺术)与现代艺术的种种联系。③《非洲造型艺术对西方现代艺术的影响》一文通过分析非洲造型艺术对西方现代派大师创作的影响凸显出非洲艺术在现代西方艺术中的角色参与及其所发挥的重要作用。④《非洲艺术的艺术人类学研究发展述论》简述了人类学家从19世纪中后期开始到20世纪中期对于非洲文化的研究,及人类学与艺术学研究方法的逐步融合,强调运用艺术人类学的方法研究非洲艺术的必要性,避免"他者的眼光"的偏见,才能给予非洲文化应有的尊重。⑤

对非洲音乐舞蹈的研究也进一步推进,如陈自明(2000)、张姝佳(2003)、陆孝修(2003)有关非洲音乐、手鼓、电影的研究介绍。⑥ 陈自明的《非洲音乐和美洲——非洲音乐在中国的传播和影响》一文叙述了建国以来中非音乐交流以及非洲音乐在中国的传播与影响。⑦ 董云、李昕对非洲

---

① [美]保迪瑞特著,张亚平译:《非洲部落文物与西方现代艺术》,《美术大观》2000年第8期。

② 袁承志著:《原生的本能、现代的范式——论非洲木雕艺术》,《雕塑》2001年第1期。

③ 王浩辉著:《非洲原始艺术与欧洲现代艺术》,《南京艺术学院学报(美术及设计版)》2000年第4期。

④ 周海金、崇秀全著:《非洲造型艺术对西方现代艺术的影响》,《文艺争鸣》2010年第2期。

⑤ 邓和清、曾明玉著:《非洲艺术的艺术人类学研究发展述论——从19世纪中后期到20世纪中期》,《艺术探索》2008年第1期。

⑥ 陈自明:《鼓和鼓乐在黑非洲》,《乐器》2000年第1期。张姝佳:《非洲的鼓乐文化》,《乐器》2003年第2期。张姝佳:《非洲的手指琴——姆比拉》,《乐器》2003年第3期。陆孝修:《非洲电影概况》,《当代电影》2003年第4期。

⑦ 陈自明:《非洲音乐和美洲——非洲音乐在中国的传播和影响》,《中国音乐》2008年第3期。

音乐的研究引人关注。董云的《有关非洲的音乐人类学研究》(2005)、《Ubuntu 视点下的非洲音乐》(2006)、《理解非洲音乐》(2006)等文章对非洲传统音乐的模式、意义进行了分析。① 李昕的《从撒哈拉往南走——非洲音乐偶拾》(2002)是一部关于非洲音乐的随笔。②

诸如非洲染织这样的领域也引起了中国学者的注意,出现了一些译介文章,如《非洲纺织艺术》(杨源译,2000)、《埃及纺织文化》(茹爱林,2001)、《马格里布的传统染织艺术》(茹爱林,2002)。东华大学纺织工程专业王华博士的学位论文《蜡染源流与非洲蜡染研究》对非洲蜡染进行了较为系统的研究,涉及非洲蜡染的特征类型、图案设计、生产工艺、文化符号、题材风格等。③

一些文章涉及到中非文化的比较研究,中非文化的异同问题引起研究者的兴趣。沈晓平《多元的表诵——非洲传统服饰图案的比较》一文对非洲传统服饰图案进行了比较,《淮阳泥泥狗与非洲木雕的一些比较》(2005)一文从民俗学的角度比较了淮阳泥泥狗与非洲传统木雕在材料、造型特征与文化观念等方面的异同。《中国傩文化与非洲面具文化之比较》一文从面具的社会性内容、造型形式与表现手法上分析了中国傩面具与非洲面具的相似之处。④《原生态舞蹈何去何从?——由非洲舞蹈引起的对我国原生态舞蹈的思考》一文通过介绍非洲原生态舞蹈在非洲现代舞蹈中的成功延续以及分析我国原生态舞蹈面临的现状,认为我国原生态舞蹈的发展应该向非洲借鉴。

进入 2000 年后,中国对非洲文化艺术的研究开始重视年轻学者的培养,一些科研机构开始培养专门研究非洲文化艺术的研究生,系列有关非洲文化的硕士、博士论文的完成反映了这一趋势。中央美院刚果金留学生巴

---

① 董云:《Ubuntu 视点下的非洲音乐》,《电影评介》2008 年第 3 期。《理解非洲音乐》,《艺术百家》2006 年第 2 期。

② 李昕著:《从"撒哈拉"往南走:黑人音乐偶拾》,中国广播电视出版社 2002 年版。

③ 王华有多篇关于非洲蜡染的文章,如《解析非洲蜡染服装》、《非洲蜡染服装特征与结构类型研究》、《非洲蜡染印花布图案设计及其生产工艺探讨》、《非洲蜡染图案中的文化符号分类》、《非洲蜡染印花织物的工艺探讨》、《非洲市场蜡染印花布风格探讨》、《非洲文化衫印花图案的研究》等。见王华:《非洲蜡染图案中的口传文化题材探讨》,《装饰》2007 年第 2 期。

④ 俞大丽著:《中国傩文化与非洲面具文化之比较》,《江汉论坛》2007 年第 8 期。

卡吉卡的硕士学位论文《非洲艺术与浮雕艺术的陶瓷表现性研究——兼论陶瓷浮雕与环境的关系》是关于非洲现代陶瓷浮雕及其与环境关系的研究。① 前述的王华博士学位论文《蜡染源流与非洲蜡染研究》是这一时期不多见的专题性非洲文化博士论文。② 暴明莹的硕士论文《东非斯瓦希里文化研究》系统梳理了东非斯瓦希里文化的历史进程。③ 王沫的硕士学位论文《非洲雕刻的美学价值及现代意义》分析了非洲雕刻的美学价值及对西方现代艺术的影响。④ 董云的硕士学位论文《尼日利亚传统音乐文化的教学》介绍了尼日利亚的音乐文化传统,探讨了中国高校开展非洲音乐教学的问题。⑤ 李彩的硕士学位论文《百年来中国对非洲艺术的研究》系统梳理总结了20世纪以来中国大陆的非洲艺术研究进程。⑥

# 三、非洲文化在中国的普及

非洲文化本质上是非洲各族群的生存形态,具有强烈的生活气息和行为艺术的特征。外部世界的人们只有直接面对非洲人鲜活的生活世界,或直接观赏非洲文物艺术品,才能真切体会非洲文化的魅力,认知非洲文化个性。为推进中非文化的交流,20世纪80年代以后,随着中非关系的发展,中国大陆举办许多介绍非洲文化的展演与知识普及活动。这些展演普及活动,规模逐渐扩大,内容日见丰富,形式也日趋多样,让中国人获得更多的机会接触和认知非洲文化,这对非洲文化在中国大众中的普及推广起到了积极的作用。

1979年4月,突尼斯"迦太基出土文物展览"在北京和上海举行,这是北非地区古代文物第一次在我国展出。这次展出的一百余件文物,除古突

---

① [刚果金]卡拉拉·巴卡吉卡:《非洲艺术与浮雕艺术的陶瓷表现性研究——兼论陶瓷浮雕与环境的关系》,硕士学位论文,中央美术学院,2004年。
② 王华著:《蜡染源流与非洲蜡染研究》,博士学位论文,东华大学,2005年。
③ 暴明莹著:《东非斯瓦希里文化研究》,硕士学位论文,云南大学,2006年。
④ 王沫著:《非洲雕刻的美学价值及现代意义》,硕士学位论文,东北师范大学,2008年。
⑤ 董云著:《尼日利亚传统音乐文化的教学》,硕士学位论文,南京师范大学,2007年。
⑥ 李彩著:《百年来中国大陆对非洲艺术的研究》,硕士学位论文,浙江师范大学,2010年。

尼斯文物外,还包括努比亚文物,展出方强调了非洲对古代地中海文明的贡献。① 1984 年 5 月,《坦桑尼亚工艺品展览》在北京展出,这是首次在中国举办的专题性非洲木雕展,600 余件展品既有传统写实风格,又有现代意味的抽象作品,其中马孔德部族的雕刻品特别引人注目。1987 年 5 月 25 日,中国人民对外友好协会、中国非洲人民友好协会和非洲国家驻华使团联合举办的"非洲艺术展览",在北京中国美术馆开幕。这次展览规模较大,共展出 30 多个非洲国家提供的 500 余件精品。其中有闪耀异彩的木雕、独具风格的绘画、刺绣、编织,及精制的金、银、铜器等。主办方在开幕式上盛赞丰富多彩的非洲文化,指出展览反映了中国人民渴望了解非洲文化的强烈心愿,展览将为中国人民提供宝贵的观摩、借鉴和交流非洲文化的机会。② 1999 年 1 月,由文化部主办,中国展览交流中心、中国美术馆承办的非洲艺术大展在北京中国美术馆开幕,数百件作品来自刚果、津巴布韦、埃塞俄比亚、莫桑比克、贝宁、肯尼亚、尼日利亚、加纳、科特迪瓦、坦桑尼亚、毛里求斯等 11 个非洲国家,并分赴深圳、上海等地巡展。③ 主办方认为,这次展览涉及的非洲国家之多、内容之丰富、艺术水准之高,在中非文化交流史上前所未有。④ 除了以上几个由政府主办的规模比较大的展览,国内也举办了一些小型的非洲艺术展,如刚果(金)油画家莱马·库扎 1996 年曾携刚果(金)现代绘画作品来华举办展览。⑤ 非洲国家在华举办的展览还有《摩洛哥书画展》《毛里求斯绘画展》等。此外,非洲的刚果(布)国家舞蹈团、埃及国家民间艺术团、马里国家艺术团、纳米比亚坎布杜艺术团和南非合唱团等也相继来华访问演出。⑥

---

① 邵大箴著:《西地中海古代文化的明珠——记突尼斯迦太基出土文物展览》,《文物》1979年第 6 期。

② 段化著:《非洲艺术展览在北京开幕》,《中国文艺年鉴》编辑部编:《中国文艺年鉴 1988》,文化艺术出版社 1991 年版,第 12 页。

③ 《非洲艺术大展开幕》,《光明日报》1999 年 1 月 26 日第二版。

④ 《中非文化交流概况》,中国网 2003 年 10 月 22 日:http://www.china.com.cn/chinese/zhuanti/zf/426995.htm。

⑤ 梁宇著:《感知非洲现代绘画艺术》,《中国美术馆》2006 年第 7 期。

⑥ 《中非文化交流概况》,中国网 2003 年 10 月 22 日:http://www.china.com.cn/chinese/zhuanti/zf/426995.htm。

2000 年中非合作论坛成立后,在中国举办的非洲文化展演活动不仅日益频繁,规模更宏大多样,而且呈现出由政府主办转向由市场主导、由官方到民间的趋势。① 2004 年举办的"相约北京"国际艺术节以非洲为"主宾洲",宣传非洲文化,邀请 10 个非洲艺术团来华演出,非洲艺术家们在人民大会堂上演了大型的非洲主题文艺晚会,还在中国长沙等 8 个城市举办非洲文化节活动,与中国市民近距离接触。② 《走进非洲》大型系列展于 2004 年 5 月 16 日在中国美术馆开幕,展览包括《非洲艺术风情》工艺品展、《非洲的记忆》绘画展以及《非洲快照》摄影展三部分,全面介绍非洲古老的文化传统和独特的艺术风貌。《非洲的记忆》和《非洲快照》展出作品绝大多数出自中国的画家和外交官之手,真实地记录了中国人在非洲工作、生活的经历,再现了非洲美丽的自然景观、灿烂的文化历史遗存。③ 为配合 2006 年 11 月中非合作论坛北京峰会的召开,《从非洲走来——非洲艺术精品展》《非洲国家钱币和邮票展》在北京国家博物馆举行,展品充分展示了非洲国家浓烈的民族文化特色和地方色彩,让参观者充分领略到非洲国家的风土人情和名胜古迹。④ 2008 年 10 月"2008 非洲文化聚焦"大型中非文化交流活动在中国各地举行,来自 25 个非洲国家的文艺专家参加了宏大的系列活动,包括《西非往事——塞内加尔非洲艺术博物馆藏品展》、《赤道天工——加蓬民俗艺术展》、《远古回声——埃及文物复制品展》、《丹青寻梦——中国画家笔下的非洲》、《铁册有情——中国出版物中的非洲》展演。⑤

近年来,国内非官方的非洲艺术收藏展与商业展演活动日益增多,同时也出现了由高校举办的非洲艺术展演活动。如 2003 年 10 月在浙江展览馆

---

① 李彩:《百年来中国认知非洲艺术略史》,载刘鸿武、李舒弟主编:《非洲艺术研究》,云南大学出版社 2010 年版,第 171—265 页。

② 《第四届"相约北京"请非洲做主宾》,http://news. sina. com. cn/o/2004 - 03 - 26/13562147967s.shtml。

③ 《在中国美术馆〈走进非洲〉》,http://ent.sina.com.cn/2004-05-18/0907392669.html。

④ 《300 件作品尽现非洲艺术精华》,http://news. sina. com. cn/c/cul/2006 - 11 - 03/064010401519s.shtml。

⑤ 《"2008 非洲文化聚焦"大型中非文化交流活动在深圳开幕》,新华网,http://news.qq.com/a/20081023/002853.htm。

举办了由广东工艺美术协会主办的《非洲木雕艺术展》，展品有 500 余件。① 2005 年 12 月至 2006 年 1 月由南京艺术学院、多哥华侨人联谊会等联合主办的《非洲雕刻艺术精品展》在南京艺术学院美术馆展出。② 2008 年 12 月在王府井工艺美术大厦举行的《津巴布韦石雕艺术展》展出了来自绍纳村的 700 多件石雕艺术品。③ 2008 年北京桥艺术中心举办了《"原始艺术与现代生活"非洲艺术精品展》，展出了包括非洲古代与现代的面具、雕像、石雕以及生活用具等 500 余件作品。④ 2009 年 1 月在重庆举行的《远古的凝视——非洲木雕展》，展出了 100 余件非洲传统木雕作品。⑤ 2009 年 10 月在北京 798 艺术产业区举行了《走出非洲——津巴布韦石雕展》。2009 年 11 月至 12 月，由非洲艺术策展人朱志刚策划的《非洲原创艺术展》在王府井工美大厦博物馆展出，展品包括津巴布韦的石雕、坦桑尼亚的乌木雕、刚果的铜版画、喀麦隆的面具等 500 多件作品。⑥ 此外，随着中非民间往来的频繁以及众多商业展览的出现，许多人购买非洲艺术品，出现了一些专门收藏非洲艺术品的人士。

2010 年上海世博会是一个中非人文交流的盛会。据不完全统计，世博会期间，总计有 2500 万中国人参观了世博会非洲联合国馆和其他独立设展的非洲国家馆。非洲联合馆开馆后，每天有数万甚至十万人次进入参观。如此大规模的持续性的中国人在近距离中得以直接接触和欣赏非洲，了解非洲，这在中非文化交往史上还是第一次。半年的世博会期间，有数万件非洲工艺品、艺术品、图书音像制品为中国人购买，并流播到中国各地，其影响将是长久的。同时，世博会期间，还有数十个非洲国家文化代表团出席上海世博会，见证了中国的发展与变化，把中非双向的人文交流推向新高。2010 年，中方

---

① 《非洲木雕艺术大展》，http：//www.zjol.com.cn/05art/system/2003/10/10/002002572.shtml。

② 《大型非洲雕刻艺术精品展》，江苏文化网，http：//www.jscnt.gov.cn/pub/jscnt/jscnt_zx/jscnt_siban/200602/t20060213_41041.htm。

③ http：//www.tianya.cn/publicforum/content/culture/1/292678.shtml。

④ 《"原始艺术与现代生活"非洲艺术精品展》，http：//exhibit.artron.net/zl.php？zlid＝7579，雅昌艺术网。

⑤ http：//news.qq.com/a/20090105/001089.htm。

⑥ 《"非洲原创艺术展"盛大开幕，500 件非洲艺术珍品惊艳亮相》，http：//fzwb.ynet.com/article.jsp？oid＝59187482。

邀请 20 多个非洲国家文化团体来华访问演出,在北京、兰州、西宁、银川、青岛、深圳举办"2010 非洲文化聚焦"大型系列文化活动。2010 年 5 月,中医药世界联盟代表团访问非洲多国,"中医药在非洲的发展与未来"研讨会在南非召开。同月,中国国际广播电台塞内加尔四城市调频台正式开播,中非新闻交流、出版、图书合作也进入快速发展时期,中国新闻出版代表团出访非洲,将在非洲建立出版基地,《中国图书展》在多个非洲国家举行。

2007 年以来,浙江师范大学非洲研究院专门成立了非洲历史文化研究所、非洲艺术传媒制作中心,与美术学院、音乐学院联合成立了非洲艺术研究中心,开始招收培养非洲艺术研究方面研究生,并合作举办"非洲典藏艺术展"、"中非音乐舞蹈专场演出",开办了"非洲艺术论坛"。[1] 2010 年 11 月 28 日,国内首个以非洲文明为主题的永久性非洲博物馆在浙江师范大学正式建成,引起各方普遍关注,同日还在浙江师范大学举行了"首届中非艺术国际学术研讨会"暨《非洲艺术研究》学术专著的首发式。[2] 这些举措旨在进一步推进和拓展中国的非洲文化研究新领域,培养非洲文化研究人才与师资。[3]

# 四、推进中非文化交流的时代意义

总体上看,目前中非合作关系还主要以政治和经济交往合作为主,文化或人文领域的交往合作虽然已经日显重要,并受到各方重视,相应的合作政策措施也逐渐推出,但目前中非人民对对方的了解与认知,特别是在文化、历史、艺术、观念、传统与价值观等更深层和领域的交往与认知,总体上还是比较笼统,比较表层的。[4]

---

① "我院联合音乐学院成功举办中非音乐舞蹈专场演出",http://ias.zjnu.cn/show.php?id=306。
② 刘鸿武、李舒弟主编:《非洲艺术研究》,云南大学出版社 2010 年版。
③ 刘鸿武、李彩著:《认知非洲艺术的意义》,《文艺争鸣》2010 年第 2 期。
④ 刘鸿武:《跨越大洋的遥远呼应——中非两大文明之历史认知与现代合作》,载《国际政治研究》2006 年第 4 期,第 33—37 页。

今天,中国正在变成一个具有全球影响力的国家,中国的国家利益日益具有全球布局的特点。在此背景下,中国对于世界的认知与了解,也需要越来越具有全球的开阔视野。而提升中国人对遥远非洲大陆文化的认知与了解,正是全球化之时代中国文化在更广阔的世界平台上汲取各国各民族之文化而加速自身发展的需要。具体说来,认知非洲文化的时代意义主要体现在五个方面。

第一,通过与遥远非洲各国各族人民的文化交流,可以拓展当代中国人精神视野与文明眼光,形成更全面、更均衡的全球多元文化视野,及对人类异域文化的普世性关爱情怀。千百年来,中华文化总体上是在东方世界演进的,我们的思维结构、生活方式与情感表达,早已自成一统,如空气一般自我不觉却时时支配着我们生命存在状态,影响着我们与外部世界的交往方式及结果。近代以后,因西方文化东来,中国人多了一个认知世界的维度,而西方帝国如此强势,相形落后了的中国,于救亡图存之中努力认知学习西方。三百年来,中国人学习西方可以说成效甚大。不过,这个过程中,太过强势的西方文化成为一种世界性文化,中国人自己的现代化进程与世界观念,在某种意义上其实也是被西方建构起来的。其结果,是使中国人的世界观念在某种意义上形成了一种"中西二元"的维度,在很长一段时间中,我们对世界的认知,总体上跳不出这种"不中即西"的二元思维结构与对比框架的束缚。

然而,20 世纪 50 年代以后中国与遥远非洲大陆现代关系的建立,这种关系在随后年代的不断发展与提升,却让中国人看到了另一个完全不同的世界,感受到了另一个全然不同的文化。非洲艺术成为中国观察世界文化的另一面窗口,透过这面窗口,中国人得以意识到世界文化艺术的丰富绚烂,远非中国与西方可包裹全部。

20 世纪初,梁启超曾就中国文化的演进历程指出中国文化的发展分为三段:从上古到秦汉的三千年是"中国之中国",中国文化的存在只在中华本土自生自长;由秦汉到鸦片战争的两千年为"亚洲之中国",此时中国文化已经扩展到中华本土周边的亚洲各地;鸦片战争之后,中国的文化则进入"世界之中国"的大变革时期,中华文化开始向着"世界之中华文化"的第三期演变。① 基于此种对中华文化与世界相互关系的总体认识,将中华之国民改造为具有世界眼光、对人类命运有所担当的"世界公民",也成为梁启超营造他心目中"少年中国"的梦想。百年过去,梁启超的梦想似乎正在一天天地成为现实。事实上,伴随着当代中国政治经济快速发展与全球化进程,中华文化也正进入了一个面向外部世界而转型重构的新阶段,中华文明与外部世界的关系结构正发生历史性的变革,特别是与遥远的非洲大陆的文化交流合作,更具有时代变革的象征意义,这象征着中国开始突破近代以来单纯向西方学习、与西方交流的局面,象征着中国开始转变中西二元的世界观念与思维结构,象征着中国开始真正地走向世界。但这只是开端,能否顺利实现,在很大程度上取决于中国人自己的理性认识和主动选择。而中国对于非洲艺术的认知,正应该放入这个宏观历史进程与时代背景中去考虑和把握。总之,与遥远非洲各国人民的文化艺术交流,可以促使当代中国人形成更均衡的世界眼光、更开阔的全球视野及对人类文化艺术的普世关爱情怀。

第二,与非洲文化的交流,有助于在全球化时代拓展当代中国人的全球文化视野,有助于当代中国人形成更具异域文化包容度的心胸,及对多元文化风格与样式的赏析能力,这对变革当代中国人的文化观念及思维方式,激励当代中国人的创新灵感与想象力,都有积极的意义。虽然全球化时代中各地区往来密切,但人类还远没有实现真正意义上的平等而尊重的相互沟通与了解,文化上的相互蔑视与排斥依然广泛存在于现代国家与人民间的交往领域。我们需要深入了解欣赏更广阔的异域文化世界,包括印度、东南亚、中东、拉美、太平洋各地的文化,形成更包容的多元文化观念与欣赏能力。

全球化的时代现代科技与信息技术的快速发展与运用,为当代中国人了解并欣赏异域文化提供了机会,但同时也为文化多元发展以及人类文化赏析力的提高带来了负面影响。全球化时代是一个发展非常迅速的时代,

---

① 梁启超:《中国史叙论》,引自张岱年、敏泽主编:《回读百年 20 世纪中国社会人文论争》第 1 卷,大象出版社 1999 年版,第 583—584 页。

尤其是在经济和科技领域。在今日的世界,席卷全球的这种现代物质经济力量,正日益明显地带来全球社会的普遍一致性改造,使人类的外部物质世界、生产与生活方式正变得日趋一致。这一浪潮似乎正在无情地消除各民族文化特征上的多样性和差异性。它的消极结果,便是造成现代人类精神世界的日趋单调和趋同,以及由此带来的人类文化失去勃勃的生机活力而趋于僵化和凝固,这对人类来讲,将是一种不幸的图景。① 就从人类文化的本真意义上看,我们说正是因为非洲文化的存在,我们才得以知道人类那不加修凿的本真文化应该是什么样子,我们才得以感受到那让我们心灵自由起来的本真的生命快乐是什么。在我们看来,非洲文化的天然品质,非洲音乐的本真美感,其实都大大有助于冲洗掉现代物质文明施加在我们心头的铅尘,都大大有助于让我们那被现代都市文明压迫而扭曲的精神生命重新伸展起来。②

　　第三,以非洲艺术的优秀成果和精神来拓展丰富当代中国艺术教育的资源,有助于在大学中培植当代中国年轻人的现代公民意识与人类普遍情感,养成当代中国公民在开放而多元的现代世界与他族他国人民共生、共处的合作意识与交往能力,塑造当代中国亲和、友善、文明的形象,并由此提升国家道德形象与感召力。文化教育或美育教育是现代教育的基础,对现代公民人格与心智的健康成长至关重要。目前中国高等学校的艺术教育,无论是专门化的艺术院校还是一般性大学的文化素质教育,总体上还是中西二元艺术观,不是中国的就是西方的,西方艺术甚至被等同于外国艺术或世界艺术。而非洲艺术在中国大学的艺术教育及人文教育中处在很边缘的位置,几乎没有专门从事非洲艺术研究与教育的机构与人才,也很少有大学可以开设非洲艺术方面的课程。艺术教育是公民教育的一个重要内容,艺术教育的内容应该是全面而均衡的,应该有一个开放全面的世界艺术观念,特别是学会欣赏那些看上去落后地区落后民族的艺术与文化十分重要。从当代国际关系的角度上说,在一个全球化的时代,如果人人都理解欣赏多元异

----

① 参见刘鸿武著:《人文科学引论》,中国社会科学出版社 2000 年版,第 78 页。

② 刘鸿武:《在非洲大陆的精神行走》,载 2009 年 11 月 9 日中国外交部中非合作论坛官方网站:http://www.focac.org/chn/jlydh/xzhd/t619868.htm。

域的艺术之美,都有一颗易于被其他民族的文化与艺术感染感动的心灵,那么国家与国家的交往就会多了一种和平的基础,多了一座理解与沟通的桥梁,那这个世界会减少许多因为无知与愚昧带来的猜忌、仇恨、排斥与冲突。

今天,在经历了近代以来西方文明对世界的支配性影响之后,古老的亚非文明正在复兴和重建,世界史上一个新的时期正在悄然到来。面对这样一种快速变化的世界体系及中非关系,我们应该更重视对中国民众普及介绍非洲的文化,让当代中国的年轻人懂得未来他们要面对的世界。这样,当他们今后成长为国家的栋梁与管理者时,能够更好地与亚非人民相处,担任起未来时代中国人在世界上需要承担的责任。

对于现今的世界来说,拓展各国各民族文化交往之通道,构建各国各民族心灵相知的桥梁,于世界和平之维持实有根本意义。因为民族之关系,国家之关系,在一定意义上说,其实是深深受制于人类文化之关系的。这种文化关系之重要,在于它从一个最基本的层面上,影响和制约着人类如何在心灵上、精神上、情感上相互认知与理解,并且因为这种认知方式和认知结果的不同,从而影响到人类会采用不同的方式与手段,不同的政策与行为,去与他族他国交往和相处。① 因此,文化关系或文化因素,在某种意义上可以说是国家间民族间关系的基础与前提,是人类相互交往关系中起长久作用的内在力量。在未来的年代,中国的对非政策,应该更重视文化层面上的交往,更重视中非双方的民众在文化、思想、价值观方面的沟通与理解。而文化交往与欣赏,是其中很重要的一个内容。

第四,通过推进中非文化交流与合作,共同开发中国与非洲人民创造的传统文化,不仅可以丰富中国传统文化,也能探寻中非合作开发传统文化资源的新途径,促进中非文化产业的合作发展,从而将中非经贸合作拓展到更利于中非双方民生改善的、可持续发展的新领域。从世界文化的发展史来看,人类文化发展的动力往往来自于不同源流、形态互异的多元文化的并存,以及在并存中产生的相互启示、碰撞与刺激,因为它可以激发出艺术创作与发展的新契机和新空间。在今日西方现代都市的生活世界里,广泛存

---

① 刘鸿武:《国际关系史学科的学术旨趣与思想维度》,载《世界经济与政治》2006 年第 7 期。

在着非洲艺术元素的或显或隐的痕迹,世界上各个角落也都可以找到来自非洲人民创造的物质与精神财富的遗产。中国的文化本身是发展的、包容的,借鉴其他民族的文化形式,当代中国的文化才能在延续传统文化血脉的同时不断前进,永不枯竭。非洲大陆,那是一个中国民众过去并不熟悉的生活与文化世界,而全球化时代的今天,非洲与中国有了更多亲密接触的机会,质朴、壮丽、绚烂多姿的非洲大陆触动着每一个中国人尤其是艺术家的心弦。与非洲大陆各国各族之文化交往,正有如激动人心之不同文明之碰撞,必有异彩之闪烁,奇葩之绽放。现在已经有一些中国艺术家的创作受到了非洲文化艺术的影响,虽然只是开始,但它是中国人以自己的视角、方式来阐释非洲的魅力,在彰显艺术家个性的同时也丰富了当代中国艺术的表现形式,给中国的文化注入了新的活力。近年来,中国受非洲或非洲艺术影响的艺术创作正逐步增多。

非洲的艺术与文化在现代社会也具有另一种商业与经济上的开发价值,它可以给艺术与文化的创造者带来巨大的收益,实现文化艺术与经济民生的良性互动。当代世界,文化产业方兴未艾,与之相关联的旅游产业、文化观光业、休闲度假经济、异域文化体验与消费产业快速兴起。在这方面,中非艺术合作与交流所可能具有的巨大经济开发潜力及意义也是值得十分重视的。如果这一领域的拓展富有成效,将会给中非双方带来巨大的经济合作空间,特别是有助于改善那些遥远的非洲部族群落民众的生活,因为在他们的生活世界中,往往拥有着世界上最独特最丰富的文化艺术传统与多样性文化资源,这些传统资源足以开发成富有商业价值与竞争力的文化产业,开发成有巨大成长空间的现代休闲度假旅游与观光产业。利用非洲艺术与文化元素,利用非洲大自然激动人心的壮丽景观,通过某种精心的设计与利用,并与中国自己的传统与元素融合,推陈出新,变异求新,开发设计出新的现代工艺品、生活用品,可以成为未来中非文化产业合作的新领域。

文化产业是更加有前途的产业,污染少,有助于就业与民生改善。在现代经济日益重视品质与个性的今天,非洲音乐、非洲影像、非洲服饰、非洲面具、非洲雕刻艺术风格与元素,运用于当代中国的工艺设计、城市设计、室内装饰、服装设计、图书装帧、广告设计、家装设计和影视创作领域中,可以大大拓展当代中国人的创作想象力,开发出中非合作的文化产业。今天,随着全球化时代下中国经济的腾飞,中国正在形成一个相对富裕的阶层,一个日益追求生活品位与质量的中等收入的城市市民阶层。这个日益扩大的阶层,对异域文化消费与旅行的要求将逐步扩大。随着中非往来的密切,通过汲取借鉴非洲艺术,开发非洲旅游资源,中非合作可以有新的空间与领域。这方面,我们都需要有一个更开阔的战略眼光与前瞻性谋划,中国的企业界与艺术界,都应该有更敏锐的眼光与行动胆识。

# 结语　文化成长及非洲未来

## 一

非洲大陆有自己古老独特的历史文化传统与社会经济形态,近代以来又经历了数百年西方殖民征服与统治。这些复杂的历史经历,影响制约着当代非洲各国的政治经济进程与发展走向。

总体上看,当代非洲大陆所有国家,都是在一个相对较低的历史起点上加入现代世界体系中来并开始其现代发展进程的,这使得非洲各国往往面对着在世界其他地区和国家可能不曾面对的巨大发展障碍需要克服,因而非洲要找到一条适合于自己的现代发展道路或发展模式并不容易,这个过程也会更漫长更艰辛。

自近代以来,非洲大陆先曾遭受数百年欧洲列强野蛮征服与奴隶贸易的摧残,传统政治结构瓦解,族群文化衰落,人口大量死亡。在此过程中,以口头语言为传承方式的非洲各族群的传统文化或中断消亡,受到致命破坏。19世纪以后,欧洲通过军事征服摧毁了非洲众多的古代王国或部族政治共同体,以一己之私及势力大小瓜分了非洲大陆,相继建立起一系列大小不一的殖民地,随之移入西方的制度与文化。这些欧洲人建立的殖民地,在非洲大陆的统治长达上百年,短则数十年,给非洲留下一些脆弱而不成系统的殖民统治政治与文化遗产。虽然外来的欧洲制度与文化并未在非洲真正确立起主导地位,但却足以让非洲传统文化与本土结构趋于瓦解崩溃。近代以来非洲在欧洲殖民者统治下传统文化受到严重破坏,本土知识流失消亡。

独立后的非洲国家,国小民穷,教育落后,在相当长的时期中,非洲一些国家的思想自立与知识创新往往无从做起,也难以形成强有力的自主性的民族精神与国家发展理念,其结果是许多非洲国家往往缺乏追求国家长远发展目标与探寻独立自主发展道路的内部动力与基础。总体上看,失去民族根基的非洲大陆在很长时间中坠入了民族精神文化迷失的深渊,随之而来的非洲文化自尊自信的缺失如同一道巨大的高墙,构成了当代非洲追求现代复兴事业的一个短期内难以逾越的巨大障碍。

在 20 世纪 60 年代独立以来的民族国家建构与地区发展的过程中,非洲不仅在经济和政治上长期处于世界的边缘位置,而且在思想、知识、观念、话语、价值、精神等层面上一直严重依附于外部世界,特别是依附于前殖民宗主欧洲国家的政治理念与思想文化。在现代世界,如果一个国家和民族长期在知识与思想的元话语体系的建构过程中严重从属于他者,如果长期缺乏独立自主地追求民族国家发展道路的能力与意愿,要真正实现复兴与发展是十分困难的,这也应该是当代非洲国家发展进程长期相对落后一个重要根源。

今天,在非洲大陆,国家内在凝聚力的塑造,民族自立精神培育,虽然在一点点地艰难推进着,但依然任重道远。相对中国这样的古老文明积淀深厚的大国来说,非洲要获得独立自主的发展尤其不易,国家掌握自己发展命运、选择自己发展道路的空间与机会更少。自非洲大陆获得独立并相继进入现代世界体系以来,在内乱因素的综合作用和助推下,那些不断发生的族群与宗教文化冲突,以及由此所引发的国家内乱分裂,曾经一次次地葬送或阻碍了许多非洲国家的现代化进程,使刚刚起步的现代经济增长进程又急速地跌落了下来。

以尼日利亚为例。尼日利亚曾是当代非洲现代化进程中的佼佼者,它有广袤肥沃的土地,宜于农业牧业的自然条件,以及丰富的劳动力资源。尤其是 20 世纪 60 年代后期开始发掘的石油资源所带来的滚滚石油美元,曾带动了尼日利亚经济在 20 世纪 60、70 年代的高速增长,创造了所谓"非洲的经济奇迹"。然而,它的跌落又是十分惨重,大起大落的变化使它经历了由"非洲经济巨人"到"非洲经济乞丐"的不幸遭遇。这个在近代英国殖民征服与统治的政治疆域基础上建构起来的新兴国家,自独立以来就被北方与南方之间、豪萨人与约鲁巴人和伊格博人之间、大部族与小部族之间、伊斯兰教与基督教之间的种种部族矛盾与宗教文化冲突困扰着,这些矛盾冲突作为重要因素促成了诸如"比夫拉内战"和一次又一次的军事政变与社会骚乱。长期以来,各种部族冲突布及全国城乡,但凡总统的选举、人口的普查、行政区划的制定,都因难解难分的部族、宗教矛盾冲突而引发严重的暴力与混乱,国家观念、国家利益或爱国情感,始终是一个遥远而陌生的彼岸世界。

正因如此,统一民族国家精神的培育,爱国主义理念的树造,成为当代非洲国家必须努力完成的时代任务和持续追求的国家目标。过去五十年来,有抱负的非洲各国政治家们都将统一国家的政治与文化建构作为政府执政的重要内容,重视民族融合与团结,铲除部族主义。如两次担任尼日利亚总统的奥巴桑乔曾反复向全国各部族强调尼日利亚必须"作为一个统一国家而存在"这一客观事实,号召人们超越各自狭隘的部族观念、地方主义和宗教意识,为尼日利亚的统一存在和团结稳定努力。经过五十年发展,虽然目前这个国家依然面临着严峻的部族冲突与经济发展问题,但是,越来越多的尼日利亚民众已认识到这样一个事实,即他们都是作为尼日利亚这个国家的一部分而存在的,没有各部族间的和平相处,没有南北间的团结协调,这个国家的真正复兴和发展就不会到来。今日,在尼日利亚的许多地方,都竖立着许多这样醒目的宣传广告牌,上面写着"你能为尼日利亚做点什么?""一个尼日利亚国家、一个尼日利亚民族!"这样的口号,尽管这个国家现在依然面临严重的不同区域内的部族、教派冲突。

自独立建国以来,非洲国家一直在推进国家的统一融合及国家观念与国民文化的重建,努力克服部族主义政党与恶性竞争制度可能给国家融合造成的危害,探讨适合于非洲国家实际情况的现代政党政治与选举制度。肯尼亚总统莫伊曾把"部族主义"比喻为非洲政治体系中的"毒瘤",在这个"毒瘤"没有铲除之前,非洲照搬西方的多党自由选举,往往会演变成部族主义政党间的恶性竞争。因为如果每个政党都是建立在部族集团的基础上的,政党间的竞争实际上就是部族间的竞争。部族性的政党,不可能站在整个国家的立场上,从国家的角度来制定内政外交政策,而只会站在本部族的基础上,谋取本部族的利益。这样的政党制度与选举必然激化国内部族矛盾,撕裂国家体系。因而克服部族文化,建构国家文化,成为非洲国家当代文化建设与政治发展的重大任务。1985 年,尼日利亚的巴班吉达军政府开放党禁并许诺将向文官政府过渡后,在全国一下涌出数十个政党,军政府认为这些政党大多有部族政党的倾向而宣布必须解散,不予登记。后规定全国只能成立两大政党进行竞选准备活动,这两大政党的组成都必须是全国性的,不许有部族偏见,有任何部族政治的色彩与标示。军政府旨在维护国家统一和反对部族主义的努力符合国家的利益。巴班吉达军政府还十分重视在国家的学校教育、广播电视和报刊杂志中不断向民众宣传灌输尼日利亚作为一个统一国家的观念和意识,强调尼日利亚作为黑非洲古代文明中心之一而形成的诸多古代文化成就,如诺克文化、伊费贝宁文化、豪萨文化和约鲁巴文化,认为它共同构成尼日利亚这个现代国家的一份"两千年文化遗产",而丫字形的尼日尔河与贝努尔河的交汇和它们的分支流域,则作为自然地理上尼日利亚统一国家的象征而加以广为宣传倡导。

当代非洲各国追求统一国民文化、培育爱国主义精神的方式是多种多样的。20 世纪 60、70 年代在非洲各国领导人中很有影响的非洲政治家们,如坦桑尼亚的尼雷尔、几内亚的杜尔、塞内加尔的桑戈尔等人,都曾以相当大的精力来从事自己国家观念文化体系的奠基工作,都曾力图创立自己一套独特的政治理论体系和观念文化,来作为新生国家生存发展的统一官方学说,统一国内民众的思想观念,并作为本国在国际社会中展示自己的精神象征或文化标志。作为非洲 20 世纪杰出的民族主义思想家、学者,他们所从事的有关非洲历史、文化、文学、哲学等方面的著述宣传工作曾产生过广泛影响。在他们的思想观念中,占重要地位的是两部分内容,一是他们对社会主义的研究宣传,二是他们对非洲传统村社文化的发掘倡导。这两方面的内容,普遍的特征都是在强调一种没有对抗性的、人人平等、社会和谐统一的公有制理想。他们想说明无论在历史上还是在今天,非洲都不是一个对抗性的社会,而是一个全社会共有的社会。他们甚至把"黑人性"、"非洲个性"同社会主义联系起来。桑戈尔说:"个人利益和集体利益合为一体的村社和家庭及其独特的文化价值,乃是塞内加尔以至整个非洲社会主义的现实基础。"杜尔说:"非洲人本质上来说是个公社体社会","我们的社会联合,社会利益优于个人利益的观念,共同的责任感,规定并支配村落生活的真正民主主义传统所有这些都构成了我们社会生活的基础,并构成了我们所说的公社体社会主义的观点。"尼雷尔说:在非洲传统社会里,"一切都是公有的,没有私有财产,一个人所依靠的是全体村民的公有财产,这就是当时的社会主义,也是今天的社会主义。"在这里我们可以说,这些非洲国家领导人之所以如此地强调社会主义的公有制,强调非洲传统村社文化及其公有观念,正是因为在这些国家中 20 世纪 60、70 年代广为盛行的国家干预社会经济,为建立所谓"公有化"、"计划化"的全国统一的经济体制并以此强化国家和政府的权威职能提供了文化方面的支持。反过来,这一切又可逐渐消除各自国家内的那种封闭、分割和破碎状态,推进国家的一体化进程。

以"乌贾马村社社会主义"为标志的坦桑尼亚官方思想"尼雷尔主义"在推进这个国家的现代经济发展方面并无特殊的成效,但是在相当长的一段时期中,"尼雷尔主义"却在很大程度上成了这个国家的一种观念上、文化上和精神上的统一标志,成为这个国家国民文化的一种象征,成为将国内有着十分不同文化、宗教、传统的所有民众聚合起来的一面精神旗帜或文化旗帜。"尼雷尔主义"在当代坦桑尼亚民族国家聚合、形成、发展进程中曾产生过的广泛而持久作用。在相当时期中,坦桑尼亚在非洲各国中政局一直比较稳定,国家观念与国家意识的成长明显快于非洲许多国家,也较少发生如同卢旺达那样的种族冲突与屠杀,这与尼雷尔一生中为这个国家提供的某种统一观念与文化精神有很大的关系,因而坦桑尼亚人把他称之为"国父",一个奠定了现代坦桑尼亚国家精神与民族信念的开国元首。

统一民族国家精神与文化的建构,是当代非洲国家成长的一个必经的艰难过程,其间所面临的复杂挑战与历史任务,都是外部世界的其他国家未必能完全理解的。正因为如此,从现实的非洲社会经济进程和要求来说,"尼雷尔主义"所标示的那种理想、平等、完美的"非洲社会主义",那种乌托邦式的"乌贾马村社"公有制,也许只是人为制造出来的一种"神话",一个虚幻的乌托邦式的现代神话。但是在某种意义上我们又不得不说,"神话"
本身虽然虚幻,但它往往是一个民族诞生的精神土壤,是一个民族得以聚合
得以形成的文化纽带,也是一个民族自我认同,自我识别的精神象征。当今
世界,每个民族都要有自己区别于他人的精神特征,有在国际社会显示自己
个性存在的民族文化。比如,在今天已被称之为"坦桑尼亚"国家的这块土
地上,生存着大小一百多个部族、种族集团,它们各有自己的语言文化、宗教
信仰、历史传统,有象征自己的文化个性。但现在它们共同构成了"坦桑尼
亚"这个国家,那么这个国家的精神文化象征是什么? 一百多个大小部族
需要有一个超越各自文化范畴的国民文化精神体系。这个时候,"尼雷尔
主义"似乎扮演了这样的角色。

正因为如此,我们今天评论尼雷尔所推行坦桑尼亚"村社社会主义"、
"乌贾马精神",应该有更开阔的历史主义眼光与实事求是的态度。尼雷尔
一生所为虽然有诸多空想,在实际中总的来说也是不成功的,但是从它对一
个正在形成中的国家的精神与文化方面的影响与作用来看,情况似乎要复
杂得多。① 因为这些在坦桑尼亚曾产生广泛而巨大号召力,曾使如此之多
的国内民众都卷入其中的官方学说和政府计划行为,它所产生的精神文化
和社会方面的影响力,对于这个新生国家的塑造所发挥的作用,是需要审慎
地加以考察评价的。从 20 世纪 60 年代坦桑尼亚这个国家建立以来,尼雷
尔这个来自坦桑尼亚北方偏僻的布蒂亚马小山村的农民儿子,这个查拉基
小部族酋长的儿子,逐渐地变成这个正在形成中的现代坦桑尼亚国家的统
一旗帜、国家象征。而尼雷尔本人由一个边远山村小部族酋长的儿子成为
国家元首、成为一百多个大大小小的坦桑尼亚部族共识拥戴的政府首脑的
过程,也就是这一百多个大小部族的两千多万黑人在政治身份、文化属性方
面由部族部落成员和村社成员转变为现代国家国民或公民的过程,也就是
坦桑尼亚这个现代国家诞生、巩固和发展成熟的过程。因而我们需要从现
代坦桑尼亚国家成长的这个角度上来对尼雷尔的历史地位和作用予以
评价。

---

①    Ola Akanji, *The Developing Nations in Africa*, Lagos, Nigeria, 1976, p.26.

当代非洲许多国家的第一代领导人,诸如肯尼亚的肯雅塔与莫伊,赞比亚的卡翁达,科特迪瓦的博瓦尼,塞内加尔的桑戈尔,几内亚的塞古·杜尔,他们都在这样一个非洲国家发展的特定阶段上扮演了、发挥过与尼雷尔相似的角色与作用。这些新生国家领导人的思想、观念、言论,他们所倡导宣传过的种种治国学说、主义,一度成为这些国家在那个特定历史阶段上的社会主流文化,成为当代非洲文化发展进程中的核心内容。

总体上看,自 20 世纪 60、70 年代以来,非洲大陆各个年轻国家,在追求统一民族国家文化方面已经取得了明显的进步。在一些国家,超越部族、地区、宗教的国家观念和国民民族意识,正在形成并被广泛认可。这种统一国家文化力量的成长,使非洲各国越来越有能力去克服各自国家内部的分离内乱与冲突,政府的合法性和权威也日益得到全国民众的认可。我们认为,这是几十年来非洲大陆的一大发展成就。

但这个进程并不平衡,有的国家,国民文化与国家统一观念依然还十分脆弱,因而也还会出现反复与动荡。在相当长的时间中,非洲年轻国家都还将处在国家早期建构的动荡状态中,脆弱性与不稳定性将是一个基本的特征。毕竟,这些非洲国家还是这样的年轻,还这样的缺乏治国理政的经验积累与国民文化的积淀。在一些国家,在某些内外因素的作用下,部族主义与统一民族国家观念可能会同步增长,甚至前者超过后者。外部力量的插手与干涉,常常会完全改变非洲本还脆弱的政治稳定基础,瓦解人们对于国家的信心与认同情感。一旦出现这种情况,大难来临各自飞、据公为己各顾各的风气就可能像瘟疫一样漫延开来。当代一些非洲国家贪污腐化严重且成疾顽之症,一个重要原因在于人们对于国家利益与国家前途不再抱有希望与期待时就会做出类似的本能自保反应。这是当代非洲依然要长期面临的与挑战,由此,我们也可以知道文化与观念、民意与民心,对于一个国家民族之发展是何其重要。

不过,从总的趋势来看,非洲国家还是在进步着,非洲各国建国初期 60、70 年代的那种持续不断的内乱冲突和动荡,到 90 年代以后已是渐趋平缓之势,几乎所有国家,除埃塞俄比亚分裂出厄里特里亚、苏丹分裂出南苏丹外,都虽然历经磨难还是保持了统一状态并生存了下来。

应该说,处于部族社会阶段,自身的文化传统还没有完全系统化固定化,而且文化的历史积淀较浅,这种状况在某种意义上又使得非洲各国在重构统一国家文化方面,应该比某些东西方国家具有更大的可塑性。比如要想让前南斯拉夫地区波黑境内的塞族、穆族、克族重新构建成一种新的国民文化体系下的统一民族,已经如此不易,因为它们都早已形成自成一体的、有根深蒂固传统的文化。要将印度的穆斯林族、印度教徒、锡克教徒融合成一个新民族也决非易事。而非洲的情况却有所不同,在这些国家内部的民众之间进行新的统一民族有机体的塑造、培育还是有很大的空间和发展前景的。

二

从世界史的角度上看,国家和民族的发展总是有先有后、起起落落,有如大江东去,一浪接着一浪,历史上的东方国家或亚非国家也曾走在历史的前列,它在近代以后落后了并不意味着就永远失去了再次崛起的可能。

人们曾对当代非洲国家的现状与未来多持悲观的看法,但理解非洲需有一个大的历史跨度,一个开阔的历史视野。20 世纪以来非洲的发展进程可以分为三个大时段,非洲发展的基础力量或前提条件正在成长起来:其一,20 世纪的初叶到 60 年代是由殖民地到主权独立国家的民族解放运动时期,发展之成就是获得了民族独立、自由、平等之地位,这是一切现代发展的前提。其二,60—90 年代是非洲由传统部族社会到构建现代民族国家的"民族国家构建与国民文化构建"时期,其发展成就表现为统一的国家政治共同体的逐渐巩固与国民文化认同体系的成长。其三,21 世纪的头 20 年,非洲大陆将在上述两个发展成就的基础上,逐渐进入以经济发展和社会现代化为主题的新发展时期。总体上可以说,非洲发展进程之上述三大步的推移,是一个合乎人类文明与国家形态成长的"自然历史过程"。从这个意义上说,20 世纪的 80 年代和 90 年代都不是非洲"失去的十年",而是非洲艰难的现代发展史上的一个痛苦却又必经的"过程",因为历史就是这样一步步演进的。

对于中国与非洲的发展问题,我们需要超越过去的某些偏见,动用更多的思想、智慧与知识来重新理解和把握。事实上,近代以来,西方一些思想家一直试图超越西方社会有限的知识与经验范畴而对东方社会做出更深入的理解。马克思恩格斯等人也在此领域做探索。马克思在提出他的社会经济形态理论过程时,就已经感到不能把西方的理论简单用于解释像中国、印度这样的东方社会。所以他曾经考虑在原始的、奴隶的、封建的、资本主义的几种理论外,还应该提出一种"亚细亚的"社会经济形态理论。马克思当时已经意识到东方与西方社会确实存在差异,需要有更多的理论与知识工具来解释不同的历史与文明。到了晚年,马克思更意识到这个问题的重要意义,他曾花了不少时间去研读人类学、民族学的著作,并写下了许多人类学笔记。这反映了西方思想的开放精神与传统,今天,东西方的学术界、知识界都应该让这一传统发扬光大,更好地开展对东方文明的研究,包括对非洲文明个性特征及其当代发展进程特殊性的更深入具体的研究。

亚非文明古老悠远,结构曲深绵长,其现代复兴与发展将是一个十分复杂而多样的过程,在其变革自我创造历史的过程中,在若干重要之领域必然会突破和超越近世以来由西方主导的传统国际关系体制之旧有范畴,其中必有一种基于亚非文明与历史过程而推陈出新的新的世界观念和国际交往关系之形成。这种关系在理念与原则上会反映出亚非国家自身以往的历史文化特性,以及在现代发展进程中既具普适性同时也蕴藏着亚非文明个性的发展要求与路径选择。可以预计的是,随着非洲各国国家统一文化力量的成长,随着各国民族一体化进程的推进,以及由此带来的有利于经济发展的国民文化环境的形成,用以支持民族国家现代经济成长的条件也日渐发展起来。今天,非洲大陆多数国家的政治稳定基础逐渐增强,国家行动能力与社会协调机制也在逐渐成长之中,这为今后非洲各国的经济发展创造着一些更为基础性的条件,因而我们说,对于非洲的现实发展及未来前景,我们应该更多地持一种"历史的长远眼光",未来的非洲,总体上将是充满希望与乐观向上的。

政治、经济、文化是支撑当今中非合作关系的三大支柱,这三者之间必须形成鼎立之势,相互支撑,中非合作关系才会有牢固的基础,才可能获得可持续发展。在某种意义上说,对于中非关系的长远稳定发展,文化合作或人文方面的交流,因其惠及民间,扎根人心,可能更具有基础性、长远性的地位与作用。对于今日中非经贸与文化交流合作来说,文化交流就像一个活力无穷的蓄水池,经贸交流是池里的鱼,鱼要成活、长大,就要有活水源头,就要有适宜的环境。水池里的水虽然不能卖钱,但没有水池,没有水,鱼就长不好,长不大。

当代中非合作大体上包含了政治、经济、人文三个方面的内容。不过,这三个方面的相互关系,在不同时期是有所不同的。在中非合作的第一阶段,即20世纪50—70年代,受时代因素与中非双方内在追求的双重引导,政治关系成为当时中非关系的核心内容,占据着主导地位。在这个政治主导阶段上,中非双方虽然也有经济合作、人文交流,但经济与人文合作是从属于政治合作,或是服务于政治合作的。这个阶段上的中非政治合作,对中国来说是突破了西方对中国封锁,走进了联合国,拓展了外部世界的舞台。

从20世纪80年代起,中国国内发生了重大变化,在改革开放的旗帜下,国家经济的重心转移到了经济工作领域,外交为经济服务成为基本的趋向。在此背景下,中非合作关系日益向经济与发展领域推进,经济合作的地位日显重要,中非合作关系逐渐演变成一种经济为主导的关系。在这个阶段上,中非之间虽然也有内容丰富的政治合作与人文交往,但它们的关系发生了明显的变化,政治合作与人文交流更多地是为经济开道,为经济服务的。这样一种以经济发展为主导、以推进中非经济复兴为主旨的中非务实合作关系,迄今已经推进了约三十年,取得了举世关注的成果,也成为中非合作关系得以快速推进的巨大动力。

而未来的三十年,中非合作关系可能转成一种政治、经济、人文三位一体、文化交流更显重要的新时期。近年来,随着中非经济合作关系的快速推进,中非关系对中非双方普通百姓的关涉日益明显,越来越多的中非普通民众参与到中非交往的进程中来,这是一种我们可以称之为中非关系走向社会、走向民间、走向草根化的新趋势,而这变化目前正在快速推进。因而我们可以说,中非合作与交往关系,或许正在进入"第三个三十年"。在今后的日子里,中非双方在人文社会领域的关系会越来越广泛、直接和复杂。在这个阶段上,中非的政治合作与经济合作依然重要,但人文交流与文化合作已经不再是从属于、服务于政治合作、经济合作的工具,它本身就有存在的价值与追求的目标,因而它会从后台走到前台,会从边缘位移到中心,而与政治、经济并存而立。

# 三

近年来,一些非洲国家领域人开始提出非洲大陆的"第二次解放"这样的概念。他们认为,非洲在 20 世纪 60 年代通过民族解放运动获得了政治解放,建立了数十个政治上独立的主权国家,但几十年来,非洲多数国家的经济发展一直比较缓慢,目前还在国际上处于依附与从属的地位。只有实现经济发展,才会有非洲的真正"解放"。而中国的经济发展及其模式,给了非洲新的启发与思考,非洲应该有经济发展的新的思路与战略,新的政策与模式。一些非洲国家领域人提出,与中国及亚洲新兴国家的合作,可以为非洲的"第二次解放"带来新的机会。于是,一些非洲国家领导人,知识精英们对于中国的国际地位上升有了强烈的感受,并因此而日益重视中非关系,重视与中国的合作,对中国的期待也随之上升。

中国过去 30 年的快速发展,中非合作关系的日益拓展加深,都或许会对非洲发展进程产生积极的影响,也可能给非洲带来新的机会。不过,非洲大陆的发展,其动力从根本上说只能是来自非洲大陆内部的历史变革,来自非洲人民自己的创造。而过去六十多年非洲大陆的发展进程,其实已经取得了重大的成效,一些对未来非洲发展有关键性意义的基础性力量与条件正在成长起来。非洲追求"第二次解放"的内在基础条件正一点点的积累起来。

从长远来看,中非政治互信、经济共赢关系的维持与提升,中非关系要有一个牢固的民意基础,要赢利中非双方人民的理解与参与,实取决于中非在人文交流、民间交往、文化合作、社会互动领域的走向与成效。2006 年中非合作论坛北京峰会上首次提出的"政治上平等互信、经济上合作共赢、文化上交流互鉴"的中非合作关系三足鼎立的结构,不只是一种口号上的宣示,它更应该是一个需要真正落实与推进的进程。

一个国家和民族的对外文化关系,它的文化视野与文化影响力,实际上更真实地反映着它的国力发展水平。但凡文化视野扩大、文化影响力广的时代,也是其国力强盛、文明领先于世的时代。中国自秦汉时期开始大规模的对外交流,迄今与外部世界的文化互动已有 2000 多年的历史,这期间经历了吸收来自南亚佛教文化和学习西方文化的两次高潮,在此期间,中国文化总体上也走在世界的前列,于外部世界之影响力、吸引力很大,且吸收与传播相互增益。历史上,中国人大致用了一千多年的时间来引入、消化和改造佛教文化,经宋明理学的进一步推演而形成儒、道、释三教并立、相互融合的文化格局。近世以来,中国人又大致用了三四百年的时间来努力引进、学习和消化西方文化,并将这种引进学习西方文化的过程变成实现中华文化现代复兴的重要手段。如今,佛教文化和西方文化,都已经成为中国文化核心,成为中国现代文化的一个基本部分了。

过往时代的非洲大陆,大体上也经历了伊斯兰文化和欧洲文化传入而与非洲本土黑人文化融合的两个大的外来文化传入阶段。如今,伊斯兰文化和西方文化与非洲本土文化三足而立,大致上构成了非洲文化的基本格局。

而中国与非洲的当代文化交流,或许会给双方都带来一个全新的天地。今天,从全球范围上看,人类的现代发展正在进入一个"后西方时代",一个非西方世界加速发展、南南合作快速推进、亚非国家间的交往合作日益重要的时代。在这个阶段上,亚非国家间(包括中国与非洲间)直接的文化交往与合作会变得越来越重要。因而在某种意义上我们可以说,正在快速推进的当代中非文化交流与合作,正在逐渐深入的当代中国与非洲国家间的思想对话与知识共享,或许将推进中国和非洲对外文化交流的第三个时期的到来,而这也可能是世界文化交流融合的第三次浪潮。

一百多年来,中国紧盯西方,学习西方,赶超西方,以西方为方位和参照来确定自己的位置,自己的方向。但今日的中国,不能停留在"中国与西方"这样的中西二元史观与文化观上,中国应该有更开阔的全球的眼光,亚非拉都应该是当代中国文化第三次对外开放与文化交流的更广阔世界与关键领域。平等互利、相互尊重的中非文化交流,不仅可以将非洲带入一个更广阔的世界体系当中,也将有助于中国人以一种更加全球性的眼光看待世界。是否可以说,什么时候中国人了解非洲文化就像了解西方文化一样,什么时候中国文化在非洲的影响力能够与西方文化在非洲的影响力大体差不多的时候,中国才是一个真正意义上世界现代国家。今天,中国已经成为推动非洲经济的最重要外部动力,在未来的二、三十年,中国文化或东方文化,如果能够成为非洲大陆上的第三种外来的文化形态,并且与本土的黑人文化、伊斯兰文化和西方文化融合而成,那么可以将非洲带入一个更广阔的世界体系当中去,也将推进一个更和谐、更多元、更平等的世界文化新体系的形成。

# 参 考 文 献

## 一、英 文 著 作

A.A.Nwankwo,*National Consciousness for Nigeria*, Enugu Nigeria, 1985.

A.B.Fafunwa,(ed),*Education in Africa: A Comparative Survey*, London, 1982.

A.Adebayo,*White Man in Black skin*, Ibadan, Spectrum Books, 1981.

A.Ajala,*Pan-Africanism*, London, Andre Deutsch, 1974.

A.Mazrui,*Nationalism and New States in Africa*, London, Heinemann, 1984.

A.R.Radcliffe-Brown,(ed).*African System of Kinship and Marriage*, Oxford University Press, 1950.

A.R.Radciffe-Brown,*Structure and Function in Primitive Society*, London: Cohen and West,1952.

B. A. Ogot and A. Kiernan, eds.*Zamani: A Survey of East African*, Humanities Press, New York, 1969.

B.A.Ogot and J.A.Kieran[eds]:*Zamani:A Survey of East African History*, 1986, Nairobi

B.Davidson,*The African genius: An Introduction to Africa Social and Cultural History*, Boston: Little, Brown, 1969.

B.Davidson,*The Africans: An Entry to Cultural History*, London, Longman, 1969.

B.Lawal,(ed),*Issues in Contemporary African Social and Political Thought*, Ibadan, Nigeria, 1989.

Bennett, Norman, (eds), *Reconstructing African Cultural History*, Boston University Press, 1967.

B. Traore, *The Black African Theatre and its Social Functions*, Ibadan University Press, 1972.

C. Ake, *The Political Economy of Crisis and Underdevelopment in Africa*, Logos,

Nigeria, 1989

C.Young, *Ideology and Development in Africa*, New Haven, 1982.

Dundas, Sir C.*Kilimanjaro and its People*, Witherby, London, 1964.

Duyvendak, J. J. L.*China' Discovery of Africa*, Probsthain, London, 1949.

E.G.Parrinder, *African Traditional Religion*, London, Sheldon, 1974.

Erik Gilbert & Jonathan T.Reynolds, *Africa in World History: From Prehistory to the Present*, 2nd ed. Pearson Education Ltd. New Jersey, 2008.

E.J. Alagoa, " Oral Tradition and History in Africa", Kiabara, *Journal of the Humanities*, University of Port Harcourt, I, Rains Issue, 1978.

E.O.Ayisi, *An Instruction to the Study of African Culture*, Heinemann Educational Books Ltd, Ibadan, Nigeria, 1972.

Felix Chami & Gildert Pwiti: *Southern Africa and the Swahili World*, Dar es Salaam University Press Ltd , 2002.

Felix Chami, et al., *Historical Archaeology of Bagamoyo Excavation At The Caravan-Serai*, Dar es Salaam University Press Ltd , 2004.

Freeman-Grenville, G.S.P.*The East African Coast*, Clarendon Press, Oxford, 1962.

Francis Robinson edited, *Cambridge Illustrated History of the Islamic World*, Cambridge University Press, 1996.

F.Willett, *Ife in the History of West African Art*, London, Thames and Hudson, 1967.

F.Willett, *African art*, London: Thames and Hudson, 1971.

Gary, *History of Zanzibar from the middle Ages to 1856s*, 1962, London.

G.P.Murdock, *Africa, Its Peoples and Their Cultural History*, New York, 1959.

G. S. P. Freeman—Grenville, *The East African Coast, select documents from the first to earlier nineteenth century*, Oxford: Oxford University Press, 1962.

I. N. Kimambo and A. J. Temu edited, *A History of Tanzania*, East African Publishing House, Nairobi, Kenya, 1969.

Ingham, Kenneth, *A History of East Africa*, Cox and Wyman Ltd., London, 1962.

I.Wallerstein, *Africa, the Politics of Independence*, Vintage Books, New York, 1961.

J.Ajayi( eds) , *History of West Africa*, 2 vols. London, Longman, 1971, 1974.

J. E. G. Sutton: *The East African Coast: An History and Archaeological Review*, Nairobi, 1961.

J.H. Greenberg, *Languages of Africa*, 3rd ed, Indiana University Research Center for Language Sciences, 1970.

Jr. Josephy, Alvin. M. edition, *The Horizon History of Africa*, American Heritage.

J.Maquet, *Civilizations of Black Africa*, New York: Oxford University Press, 1972.

J.Maquet, *Africanity, the Cultural Unity of Black Africa*, New York, 1962.

J.O.Olatunji,*Integration and Nation-Building in Africa*: *Problems and Prospects*, Lagos, Nigeria, 1989.

J.S.Trimingham,*A History of Islam in West Africa*, Oxford University Press, 1970.

J.Strandes:*The Portuguese Period in East Africa*,Nairobi,1961.

Jonathan T. Reynolds and Erik Gillbert,*Africa in World History*: *From Prehistory to the Present*, Pearson Education Asia Ltd. 2005.

J. Toutain,*The Economic Life of Ancient World*, London, 1951.

Kirkman, J. S.*The Arab City of Gedi*, Oxford University Press, London, 1954.

Kelly M.Askew:*Performing the nation*:*Swahili Music and Cultural Politics in Tanzania* The University of Chicago Press , Chicago and London &Kapsel Educational Publications , Cares Salaam.

L. Dudley Stamp, Africa:*A Study in Tropical Development*, London, 1964.

Low, D. A. and Alison, Smith eds.*History of East Africa*, Volume Three, Clarendon Press, Oxford, 1976.

M.Fortes and E.E.Evans-Pritchard,(eds),*African Political Systems*, London, Oxford University Press, 1961.

M.J.Herskovits,*The Human Factor in Changing Africa*, New York, 1962.

M.Jahn,*An Outline of the New African Culture*, New York Grove Press,1961.

Murdock, George Peter*Africa*: *Its People and their Culture*, New York, McGraw Hill Book Company, 1959.

Marsh, Zoe and Kingsnorth. W. *A History of East Africa*. Cambridge University press,1972.

Marsh, Zoe, edition,*East Africa*: *Through Contemporary Records*, Cambridge University Press, 1961.

N.S.Booth,(ed),*African Religions*: *a Symposium*, New York: Nok Publishers,1977.

Oliver, Roland and J. D. Fage,*A short History of Africa*, Penguin Books, Inc., Baltimore, 1962.

O.Ogunsola,*Leadership and Nation-Building in Africa*: *the Paradox of the Nigeria Experience*, Ibadan, Nigeria,1989.

O.O.Oreh*Traditional Modes of Communication in Africa*, Nsukka, Nigeria, 1978.

O.R.Dathorne,*The Black Mind*: *A History of African Literature*, University of Minnesota Press, 1974.

Otfenberg,(ed),*Cultures and Societies of Africa*, Random House, 1960.

O.U.Kalu,(ed),*African Cultural Development*, Fourth Dimension Publishers, Nsukka, Nigeria, 1978.

P.C.Lloyd,*Africa in Social Change*, Penguin Books, Maryland, 1967.

Philip Curtin, *African History*, Longman Group Limited, Essex, UK, 1982.

P.M. Martin and P. O'meara, (eds), *Africa*, Seconed Edition, Indiana University Press, 1986.

Pouwels, Randall L. *Horn and Crescent*: *Cultural Change and Traditional Islam on the East African Coast 800－1900*, Cambridge University Press, 1987.

R.Oliver, *The African Experience*, London, 1991.

R.Olaniyan, (ed), *African History and Culture*, Longman Nigeria Ltd. Lagos, 1982.

Roland Oliver and Gervase Mathew, *History of East Africa*, Vol.1. Oxford: Oxford University Press, 1963.

S.J.Ungar, *Africa*: *The People and Politics of An Emerging Continent*, New York, 1985.

Shinne, P. L., *Meroe*: *The Civilization of the Sudan*, Praeger Publishers, Inc., New York, 1966.

T.Olaguniu, *Foundations of A New Nigeria*, The IBB Era, Lagos, Nigeria 1991.

The United Nations Educational Scientific and Cultural Organization, *The African slave trade from the fifteenth to the nineteenth century*, Paris, 1980.

V.C.Ferkiss, *African's Search for Identity*, Cleveland, Ohio, 1969.

V.Klima, *Black Africa*: *Literature and Language*, Dordrecht, Reidal, 1976.

W.Beby, *African Music*: *A People's art*, New York , Lawrence Hill, 1975.

Walker, Eric. A., *A History of Southern Africa*, Longmans, Green and Co. Ltd., London, 1968.

Waller, H. *Heligoland for Zanzibar*, Stanford, London, 1956.

William Rubin Edt. "*Primitivism*" *in 20th Century Art*: *Affinity of Tribal and the Modern*, Volume 1, Published by The Museum of Modern Art, New York, 1984

Werner Gillon, *A Short History of African Art*, Penguin Books Ltd, London, 1991.

Zoe Marsh and Kingsnorth, *A History of East Africa*, Cambridge University Press, 1972.

# 二、中文著作及论文

马文·哈里斯:《文化人类学》,东方出版社中译本 1988 年版。

方汉文:《比较文化学》,广西师范大学出版社 2003 年版。

中国非洲史研究会编写组:《非洲通史》,北京师范大学出版社 1984 年版。

巴兹尔·戴维逊著,屠佶译:《古老非洲的再发现》,三联书店 1973 年版。

宁骚主编:《非洲黑人文化》,浙江人民出版社 1993 年版。

艾周昌、郑家馨主编:《非洲通史》近代卷,华东师范大学出版社 1995 年版。

艾周昌主编:《非洲黑人文明》,中国社会科学出版社 2000 年版。

皮埃皮·古鲁:《非洲》,商务印书馆 1984 年版。

许永璋:《中国与亚非国家关系史考论》,香港社会科学出版社有限公司 2004 年版。

冯玉军、刘艳玲：《流血的非洲——欧洲文明与非洲文明的撞击》，长春出版社 1995 年版。

李保平：《非洲传统文化与现代化》，北京大学出版社 1997 年版。

刘鸿武、李新烽主编：《全球视野下的达尔富尔问题研究》，世界知识出版社 2008 年版。

刘鸿武、姜恒昆编著：《列国志·苏丹》，社会科学文献出版社 2008 年版。

刘鸿武：《故乡回归之路——大学人文科学教程》，清华大学出版社 2004 年版。

刘鸿武等：《从部族社会到民族国家——尼日利亚国家发展史纲》，云南大学出版社 2000 年版。

刘鸿武：《人文科学引论》，中国社会科学出版社 2002 年版。

刘鸿武：《守望精神家园——人文科学论纲》，云南大学出版社 2000 年版。

刘鸿武：《黑非洲文化研究》，华东师范大学出版社 1997 年版。

刘鸿武、李子贤、段炳昌：《中国少数民族文化简史》，云南人民出版社 1996 年版。

伦纳德·S.克莱茵主编：《20 世纪非洲文学》，北京语言学院出版社 1991 年版。

J.F.阿德·阿贾伊主编：《非洲通史：十九世纪八十年代以前的非洲》第六卷，联合国教科文组织编写，中国对外翻译出版公司 1998 年版。

吴汝康等：《坦桑尼亚、肯尼亚古人类概要》，科学出版社 1980 年版。

何芳川、宁骚主编：《非洲通史》古代卷，华东师范大学出版社 1995 年版。

陆庭恩主编：《非洲通史》现代卷，华东师范大学出版社 1995 年版。

佐伊·马什、G.W.金斯诺斯：《东非史简编》，上海人民出版社 1974 年版。

张荣生：《非洲黑人艺术》，人民美术出版社 1988 年版。

克莱德.M.伍兹：《文化变迁》，云南教育出版社中译本 1989 年版。

杨人楩：《非洲通史简编》，人民出版社 1984 年版。

林惠祥：《文化人类学》，上海文艺出版社 1988 年版。

帕林德：《非洲传统宗教》，商务印书馆中译本 1992 年版。

杜波伊斯：《非洲——非洲大陆极其居民的历史概述》，商务印书馆 1964 年版。

杜波伊斯：《黑人的灵魂》，人民出版社 1969 年版。

罗兰·奥利弗、安东尼·阿特莫尔：《1800 年以后的非洲》，商务印书馆 1992 年版。

M.埃尔·法西主编：《非洲通史：七世纪至十一世纪的非洲》第三卷，联合国教科文组织编写，中国对外翻译出版公司 1993 年版。

J.基-泽博主编：《非洲通史：编史方法与非洲史前史》第一卷，联合国教科文组织编写，中国对外翻译出版公司 1984 年版。

菲利普·巴格比：《文化：历史的投影》，上海人民出版社 1987 年版。

W.菲兹杰腊：《非洲社会、经济、政治地理》，人民出版社 1963 年版。

奥尔德罗格：《非洲各族人民》，三联书店 1960 年版。

B.A.奥戈特主编：《非洲通史：十六世纪至十八世纪的非洲》第五卷，联合国教科文组织编写,中国对外翻译出版公司 2001 年版。

普里查德:《东非地理》,江苏人民出版社 1976 年版。

联合国教科文组织编:《15—19 世纪非洲奴隶贸易》,中国对外翻译公司 1984 年版。

塞里格曼著:《非洲的种族》,商务印书馆 1982 年版。

戴尔·布朗主编,史松宁翻译:《非洲:辉煌的历史遗产》,华夏出版社,广西人民出版 2004 年版。

马文宽:《肯尼亚出土的中国瓷器》,《景德镇陶瓷》1983 年总第 21 期。

宁骚:《研究非洲黑人传统文化的方法论问题》,《西亚非洲》1996 年第 1 期。

许永璋:《古代中非关系史若干问题探讨》,《西亚非洲》1993 年第 5 期。

[日]寺田隆信著,田树茂译:《郑和下西洋时期的东非数国》,《非洲问题研究资料》1983 年总第 7 期。

[坦]约·弗雷·姆布威利扎:《东非商道探源》,《信使》1984 年第 8 期。

何芳川:《古代东非沿海的城邦》,《世界历史》1983 年第 5 期。

张铁生:《从东非史上看中非关系》,《历史研究》1963 年第 2 期。

张象:《古代中非关系中的几个问题》,《西亚非洲》1993 年第 5 期。

[坦桑]苏丹著,曹勤译:《斯瓦希里语的早期回顾与今后展望》,《非洲历史研究》1987 年第 1 期。

[几内亚]易·巴·卡尔:《非洲沿海和岛屿文明》,《信使》1984 年第 2 期。

侯仁之:《在所谓新航路发现以前中国与东非之间的海上交通》,《科学通报》1964 年第 11 期。

格尔伐斯·马修:《桑给国》,载《亚非译丛》1964 年第 1 期。

曹勤:《斯瓦希里语的发展与演变》,《非洲历史研究》1989 年第 1 期。

舒运国:《阿拉伯人在东非沿海地区的活动——自公元前至 19 世纪 60 年代初》,《阿拉伯世界》1988 年第 1 期。

舒运国:《阿拉伯人与东非奴隶贸易》,《阿拉伯世界》1991 年第 5 期。

[美]德·纳斯、特·斯皮尔著,秦轩译:《斯瓦希里人及其语言的始源与发展》,《国外社会科学快报》1986 年第 12 期。

穆梓:《7—16 世纪东非国家史话》,《阿拉伯世界》1994 年第 1 期。

# 后　记

　　研究文化,是一件不太容易却又有趣的事。文化实实在在地存在于我们生命世界里,其形态与功能,恰如水与空气,我们置身其中而不觉。不过,置身异域世界时,因为自身文化之差异,便让我们可能对异域文化有一种直觉的把握与观察。正如刘姥姥进了大观园,凡事都感觉新鲜。虽然这种新鲜感可能是因为自身少见多怪,却也十分真实。我对非洲文化的接触,最初也是因为突然到了非洲大陆,置身于那个与中国相距万里的自然人文世界中,一切都是新奇的,因而有感触有联想。这样多年下来,就写了一些有关非洲文化的文字。

　　人们都说非洲落后,怕非洲的战乱、疾病,可我常常看到非洲的另一面。非洲如我儿时生活的云南少数民族边远世界,自然、随意、亲切,总有自己的特点。多年来每次到非洲,非洲给我的最直接感受,就是这块大陆的广袤无边,它的大江大河、山川原野,是这样的拥有难以言表的非凡气势。每次行走于这片大地之上,眼见那绿茵似海的茫茫雨林,那蜿蜒流淌的大江大河,那绵长延伸的蓝色海岸线,那高耸云天的乞力马扎罗雪山,还有无边无际的沙漠世界,总让我心为之震撼,情为之牵引,心中也不由生出对于这宽厚凝重大地的一种感恩与敬畏之情。

　　有一次在非洲旅行,我在东非大峡谷一条炎热的河谷中拾到一块数十万年前的早期人类使用过的石斧,那是一块沉甸甸的青黑色石头,一头被打制得锋利如刃。它随我回到了中国,放置在昆明滇池边我的书房案头上。在夜晚星空淡淡的月光下,它泛着幽幽的光,由远古而至今日。有时看着它,我不由会想,数十万年前,是什么样的人,以什么样的方式,曾用过它呢?

那使用过它的人,如今安在? 当年的他,是否又曾想过数十万年后的今天,他手中的这块石头,会被带到大洋彼岸万里之外的地方去呢? 这种思绪来去无踪,无端而起,飘忽不定,只是感觉,历史,太过漫长而永恒,相形之下,个体生命却是如此短暂且如此偶然,每念及之此,不由心生惶然。

没有人会知道千万年后会是怎样的世界,但至少在过去多少个世纪里,非洲,却是一块值得任何一个追求自由人生与心灵飞扬的人为之歌唱,为之注目的大陆。我们个体的人生,是多么狭小有限,而非洲这块大陆之辽阔、多样性与差异性,其实远远超出我们普遍人的想象。非洲因为距我们每天日常的生活极遥远,使得我们因为走进非洲而得以走出日常生活的局促空间,让心有所飞翔,志有所拓展。每次踏上非洲大地,或自东而西,或自南而北,它的一切,都能牵动我心,感我心怀,那是一种"生活在别处"的生命体验与精神行走。

就人文研究者来说,非洲是一块蕴藏着无尽宝藏的大陆,其所涉及的问题也是如此复杂多样,如此富有理论的挑战性,尽可以让研究者的思想自由放飞,纵横于遥远之天地。中国文化虽厚美精深,因有时又觉得太过精细、太过严密,以至它有些时候会如一张巨大的网把个体包裹得严严实实。这时,可能就会想去非洲,想到非洲的旷野、草原与大峡谷,在那里,可以忘记当下世俗的一切,只面对那本真的天地宇宙及其永恒精神。

我自小生活在云南的大山深处,边远小镇,生命中早已沉淀太多边地生活的性格,固执地偏爱于这种边地、边疆、边远、宁静与自由的生活。对于学问而言,我也更愿意在看似边缘冷落但却可以安放自己情感意志的世界里做一些个体的思考与探寻。过去许多年,非洲研究一直是比较边缘化的,可谓灯火阑珊之处。在其间追寻探求,有时不免会有孤鸟独飞、不知何往的寂寥。当然也是因为有这份寂寥,却让我可以静心独思于遥远的异域文化,可以远离当下生活之喧嚣局促而自由行走于天高地远的他乡异国,静心感受那更为激动人心的自然与文化。几年前,因种种因缘之际合,我暂时放弃了多年来的这种"边地"生活,应聘为浙江省"钱江学者"特聘教授,在各方支持下前往浙江金华组建浙江师范大学非洲研究院,开始了一种忙碌的工作与生活。这种选择并不适合于我,希望只是我人生的一个阶段,在这个过程中，能借助各方面的支持与努力，搭建起一个相对开阔的平台，让更多的年轻才俊进入非洲研究这个领域，并能长期坚持有所作为。这里，我要感谢浙江师范大学，感谢这所大学的几位领导的支持，现在我们有了一支20余人的团队，大都很年轻，研究院周围湖光楼影，茂林修竹，环境清幽，是一个潜心学问的地方。在这个新的平台上，大家在一起关注非洲，切磋学问，携手共进。我想，以这批年轻人的智慧、勤奋和努力，及国家的重视、学校的支持，若干年后在他们中会成长起新一代优秀的非洲研究学者。我们的工作也得到了学界及各方面的关心支持。许多亦师亦友的学界领军者、中国驻非外交官、中央各部委和浙江省相关部门的领导，在非洲研究院建立不久，也前来考察指导工作，就学科建设、人才培养、国际交流等给予指导。是他们的热情鼓励与支持，让我们在金华这个江南小城镇得以有勇气坚持一份国际问题研究的事业。

这本《非洲文化与当代发展》是我多年来接触非洲文化的一些个人所思所感。这些所思所感，一方面来自于长期阅读研习过去岁月各国学者们留下的那些关于非洲文化与文明的优秀著述的体会，另一方面也来自我对这块大陆的留学访问、考察经历之所得。其中的一些内容，源自对十年前出版的《黑非洲文化研究》部分内容的完善，一些内容则是对这些年思考与积累的拓展总结。

中国古人说"读万卷书，行万里路"，学术研究应有规范严谨的程序与规则要遵守，但研究者个人的心灵体验与感悟也是十分关键的。人文研究追求"知性与感性兼长并美，自由与规范比肩而立"之境界，对于另外一个民族的历史和文化，既要靠理性逻辑去"研究"与"分析"，还要靠情感与去"体验"与"感悟"。所以我们提出非洲研究院的治学理念是"非洲情怀、中国特色、全球视野"，我对学术团队的希望，是我们每个人都有一种对于非洲这块大陆的关切之心与赏爱之意，以自己的心灵与知性去探究这块大陆的历史与现实。不过，非洲文化本身有着丰富动人的内容，任何人只要踏上了那块热带大陆，实地去欣赏它的音乐、歌舞、建筑，去那广袤世界里领略它的文化与自然魅力，都会有自己个人的感受体会，并形成自己心目中的非洲文化与自然世界的新形象。

　　两千多年前,古希腊流行着一句关于非洲的话:"非洲总有新奇的事发生",历史上如此,今天的非洲也正在变革,同样的,我们生活世界都正在经历着激动人心的变革。在认知非洲文化魅力及特殊价值方面,中国已经比西方晚了一个世纪,但中华文化有自己的丰富历史积累,有独特的理解尊重他族他国文化的优秀传统,当代国人应该发扬光大这一传统,增长自己欣赏他国他族文化优长之能力,如此,则中非两大文明之交往合作,今后必将有更广阔之前景。

　　最后要感谢人民出版社,感谢杨美艳编辑,作为多年的老朋友,是她的耐心与鼓励让我完成了这部著作。希望本书的出版,能为广大读者了解非洲、了解非洲文明与文化有所帮助。

　　本书在写作与修订过程中,我的博士生、硕士生姜恒昆、肖玉华、暴明莹、王涛、方伟、杨惠曾在资料收集整理方面提供了帮助,非洲研究院科研秘书张月盈、行政秘书郑如也贡献许多,在此一并致谢。本书的出版获得国家社科基金后期资助项目经费的资助,在此也对审稿专家的修订意见表示衷心感谢。

刘鸿武

2012 年 8 月

责任编辑:杨美艳
封面设计:毛 淳 徐 晖
版式设计:周方亚
责任校对:周 昕

**图书在版编目(CIP)数据**

非洲文化与当代发展/刘鸿武 著. -北京:人民出版社,2014.5
(国家社科基金后期资助项目)
ISBN 978-7-01-013234-1

Ⅰ.①非… Ⅱ.①刘… Ⅲ.①文化史-研究-非洲 Ⅳ.①K400.3

中国版本图书馆 CIP 数据核字(2014)第 040551 号

**非洲文化与当代发展**
FEIZHOU WENHUA YU DANGDAI FAZHAN

刘鸿武 著

人民出版社 出版发行
(100706 北京市东城区隆福寺街 99 号)

环球印刷(北京)有限公司印刷 新华书店经销

2014 年 5 月第 1 版 2014 年 5 月北京第 1 次印刷
开本:710 毫米×1000 毫米 1/16 印张:22.25
字数:326 千字 印数:0,001-3,000 册

ISBN 978-7-01-013234-1 定价:49.80 元

邮购地址 100706 北京市东城区隆福寺街 99 号
人民东方图书销售中心 电话 (010)65250042 65289539